이 도서의 국립중앙도서관 출판예정도서목록(CIP)은 서지정보유통지원시스템 홈페이지(http://seoji.nl.go.kr)와 국가자료공동목록시스템(http://www.nl.go.kr/kolisnet)에서 이용하실 수 있습니다. CIP제어번호: CIP2018016914 (양장), CIP2018016915 (반양상)

민교협 ...

촛불항쟁
새로운 민주공화

민주화를위한전국교수협의회 기획 | 김귀옥

한울

촛불 시민과 함께 새로운 민주공화국을 꿈꾸다

1987년에서 2017년으로

"대통령 박근혜를 파면한다." 2017년 3월 10일 오전 11시 21분, 헌법재판소는 "법 위배 행위가 헌법 질서에 미치는 부정적 영향과 파급효과가 중대하므로, 피청구인을 파면함으로써 얻는 헌법 수호의 이익이 압도적으로 크"기 때문에 재판관 8인 만장일치로 박근혜 전 대통령을 파면하기로 했다는 세기의 판결을 내렸다. 1987년 6월 항쟁으로 만들어진 제6공화국 헌법이 제대로 빛을 발하는 순간이었다. 주지하듯 제6공화국 헌법은 6월 항쟁의 산물이었지만, 노태우의 '6·29 선언'을 세간에서는 '속이구 선언'이라 별칭하듯, 제6공화국 헌법 역시 신군부 쿠데타 세력, 즉 적폐 세력에 의한 회유와 기만, 타협에 의해 탄생된 것으로 본다.

그럼에도 그 헌법에 따라 마침내 1998년에는 정권 교체를 해 권위주의 극우 정권은 중도 보수 정권, 김대중 정부와 노무현 정부로 이행될 수 있었다. 또한 민주적 선거에 의해 다시 권위주의 이명박 정권을 불러들였다. 나이기 2013년 박근혜 전 대통령의 등장은 시간을 기슬러 1970년대 유신 시대로 회귀하려 했다. 그 최악의 결과는 세월호 참극과 박근혜-최순실의 국정 농단이었다.

그러기에 영화 〈1987〉이 새삼스럽게 감동을 주고 있다. 2016년 10월 29일 촛불 집회로부터 2017년 4월 29일 23차 촛불 성료 집회에 이르는 감동이 1980년 5·18을 상징하는 영화 〈택시운전사〉와 〈1987〉의 성공으로 이어졌다. 〈1987〉에서는 특정 인물이 주인공이 아니다. 오히려 1987년 자체가 주인공이라 할 수 있다. 주변에 정치의식이 그다지 발달하지 않은 20대들도 그 영화를 보며 큰 감동을 느꼈다고 했다. 당시 대학생들이 애국자 같다고 말하는 청년들도 있었고, 야만의 시대가 낯설지만 재미있다고 말하는 청년들도 있었다. 2002년 월드컵 열기로 뜨거웠던 시청 앞 광장이 100만 인파의 박종철 열사의 장례 행렬로 가득 찼던 것에 놀랐다고 말하기도 했다. 그야말로 학교 교육에서는 사라진 현대사가 영화로 살아났다고 할까?

1987년 6월 항쟁으로 제5공화국이 제6공화국으로 바뀌었고 전두환 정권은 막을 내렸으나 정권 교체 없이 사실상 신군부 정권이 연장되었다. 보수당 중심으로 3당 합당에 의해 김영삼 정부가 출범했고, 1997년 IMF 외환위기로 상징되는 경제위기 속에서 국민의 정부로 불리는 김대중 정부, 참여정부로 불리는 노무현 정부의 10년 정권 교체로도 1987년이 만든 제6공화국 체제를 넘어설 수 없었다. 오히려 외환위기와 IMF 차관 도입에 의해 본격적으로 가속화된 신자유주의 경제정책들은 나라를 더욱 기형적으로 만들었다. 그 결과는 이명박 정부와 박근혜 정부의 등장이 아니겠는가?

지금은 적폐 청산의 시대다

2017년 5월 9일 선거에 따라 제19대 문재인 대통령이 당선되었다. 문 대통령의 취임사에는 지난 10년 정부의 적폐를 청산하겠다는 의지가 담겨 있었다. 문 대통령은 "기회는 평등할 것입니다. 과정은 공정할 것입니다. 결과는 정의로울 것"이며 "나라를 나라답게 만드는 대역사"를 시작하겠다고 선언했다. 2016년 10월 29일로부터 2017년 4월 29일에 이르는 촛불집회가 1차 적폐 청산 운동이었다면, 이제 #미투운동을 기치로 한 2차 적폐 청산 운동이 시작되었다고 할 수 있다. 그렇다면 우리는 어떤 적폐 청산 운동을 해야 하고, 하고 있는가? 우선 적폐에 대한 정의는 적폐 문제를 이해하는 시작이다.

우선 적폐는 이명박·박근혜 정권 시기 불법·비법적으로 행해진 국정 농단의 결과로 정의 내릴 수 있다. 탄핵 직후 13개였던 박근혜의 국정 농단 혐의가 2018년 들어 국정원 특수활동비 수수 혐의, 공천 개입 등으로 21개로 늘어났다. 앞으로 기소 혐의가 얼마나 더 추가될지 알 수 없으나, 기소 혐의 자체가 박근혜 적폐와 동일시될 수는 없다. 기소 혐의 목록에는 누락된 항목들이 헤아릴 수 없을 정도로 많다. 인적·물적 유신 적폐의 동원, 세월호 참사, 백남기 농민 사망 사건을 비롯한 국민 유기 및 사망 방조, 국가재정 파탄 문제, 노동자 탄압과 노동악법 문제, 일본군 위안부 한일 이면 합의, 국정 역사교과서 강행, 강압적 고등교육 차별 및 배제 정책 시행 등, 4년여의 국정 수행 그 자체가 적폐라고 할 수 있을 정도다.

또한 2017년 하반기 본격화된 이명박 정권에 의해 행해진 불법·비법 행위들이 드러나기 시작했다. 2018년 2월 현재 이명박 정권과 함께했던 원세훈 전 국가정보원장, 이현동 전 국세청장 등의 혐의와 함께 다스DAS, 자원 외교, 4대강 문제 등 수많은 문제가 기다리고 있다. 이들을 통칭해

'이명박근혜 적폐'라 할 만하다.

다음으로 적폐는 보다 구조적·역사적인 문제라는 점에서는 최소한 박정희 정권으로까지 거슬러 올라갈 수 있다. 개발 독재 국가로서의 외교, 정치, 경제, 사회, 문화가 자리매김하기 시작했고, 특히 1972년 유신헌법과 3공화국은 사실상 친일·친미, 자본, 반공을 앞세우며, 반노동, 반농민, 반여성, 반민중, 반통일적 제도와 정책을 시행했다. 해방의 과제들은 지연되었고, 이승만 정권 이래로 청산되지 못한 식민적 과제는 쌓여만 갔다. 한 마디로 폐단이 쌓여가는, 적폐의 정치학이다.

적폐를 청산하며 이행기 정의transitional justice를 수립하려는 노력은 거의 대부분의 나라에서 민주화 운동의 국면마다 이루어졌다. 해방 이후 새로운 민주 정부 수립 운동은 친일 반민족자 청산 운동과 동시에 일어났고, 1960년 4·19 민주화 운동 과정에서도 적폐 청산 운동이 1961년 5·16군사쿠데타 직전까지 이루어졌다. 1980년 '서울의 봄'이라고 불렸던 민주화 국면은 적폐 청산 운동을 시작도 못 한 채, 5·18 민주화 운동과 함께 광주·전남의 민간인 학살 사건으로 좌절되었다. 1987년 민주화 운동 이후 형식적이나마 민주화가 회복되기 시작하자, 시민사회단체들이 합법화되면서 제한적이나 시민적·정치적 기본권을 찾을 수 있었다. 적폐 청산 운동이 제대로 시작될 수 있었던 것은 1998년 김대중 대통령의 출범과 함께 이룬 정권 교체의 국면이었다. 적폐 청산을 위한 법제도를 수립하는 것은 국회에서 번번이 실패하여 타협적인 법제들을 만들 수밖에 없었고, 2008년 이명박 정부의 출범으로부터 박근혜 정부에 이르는 9년간 과거의 적폐를 악화시키는 상황이었다.

적폐 청산 운동은 잘못된 과거사를 일소하는 데 있지 않다. 청산된 자리에 참된 민주주의의 법제도를 세우고, 정책을 실천해야 한다. 나아가 2009년 용산 참사에서 보듯 한국의 몰염치하고 비열한 자본과 이에 정경 유착된 국가권력을 비판해야 한다. 이에 기반을 두고 약자에게 측은지심을 갖고, 재벌들이나 부자들의 탈세의 대가로서의 기부가 아닌 정상적인 납세로 함께 살 수 있는 공동체를 만드는 것이 정상적인 사회문화를 만드는 길임을 각성해야 한다. 또한 핵우산이라는 어마어마한 폭력 밑에서 안전을 구걸하는 것이 아니라, 한반도를 정상적인 평화의 땅으로 만들려는 노력이 어떠한 동맹 관계 구걸보다 소중하다고 가르치고, 실천할 수 있어야 한다. 하루아침에 될 일이 아니다. 문재인 정부는 적폐 청산의 노력은 하겠으나, 적폐의 뿌리까지 파낼 능력이 있는지는 의문스럽다. 촛불 시민이 적폐 청산과 새로운 민주공화국을 세울 의지와 노력이 없다면 이러한 적폐 청산의 목표를 현실화하는 것은 불가능하다.

세상은 개인의 이익과 욕심으로 굴러가는 듯하지만, 촛불항쟁 속에서 우리는 개인의 이익과 공동체의 이익을 함께 생각할 뿐만 아니라, 공동체의 이익을 위해 자신의 이익을 내려놓기도 하는 촛불 시민들이 적지 않다는 것을 깨달을 수 있었다. 오히려 문제는 기득 권력을 내려놓지 못하는 지식인이 문제다. 권력과 자본이 쌓아 올린 적폐의 한 축에 지식인의 욕망과 기회주의가 독버섯처럼 서식하고 있다. 민주화를위한전국교수협의회 교수 및 연구자들을 비롯한 이 땅의 지식인들이 반성과 부끄러움을 모른다면 지식은 권력의 도구로 전락하고 말 것이다.

이 책의 구성과 주제

이 책은 민중과 부단한 소통을 통해 연대 의식을 키우려는 지식인의 기록이자 비전의 모음집이다. 때로는 교수로서, 지식인으로서 더 이상 '쪽팔리지' 않기 위해서, 때로는 허무주의에 빠지지 않기 위해서 기록했다. 또 때로는 세월호 유가족과 백남기 농민, 노동자와 청년, 사회적 약자들에 대한 한없는 미안함을 잊지 않기 위해서 집필했다.

이 책에 담긴 글은 대부분 2012년부터 2017년 초반까지 ≪프레시안≫의 '민교협의 정치시평'(현 '민교협의 시선')에 기고된 글이다. 일부는 다른 매체에 실린 글이지만 이 책의 주제와 부합해 싣게 되었고, 또 일부는 선정하는 과정에서 몇 가지 이유로 누락되었다. 여러 편의 글은 내용은 훌륭하지만 이 책의 주제와 맞지 않아서 어쩔 수 없이 넣지 못했고, 어떤 글은 저자가 싣기를 원치 않아서 넣을 수 없었다. 아쉬움과 우여곡절 끝에 선정한 68편의 글을 여덟 개의 부로 나누어 구성했다.

우선 '1부 세월호와 촛불항쟁'은 이 책의 기본이 되는 문제의식을 드러냈다. 필자들에게 세월호 참사는 1980년 5.18 민주화 운동 과정에서 자행된 국가 폭력의 희생, 학살 사건과 유사하다고 할까? 2014년 4월 16일 아침 생방송되다시피 한 세월호 전복을 보면서 우리 모두는 지켜주지 못해서 미안했고, 방임 또는 방치한 눈먼 국가를 비판했다. 나아가 그러한 국가에 대한 비판은 촛불의 불쏘시개로 되어 함께 타올랐다. 촛불은 심지어 박근혜의 정치적 고향이라고 할 수 있는 대구, 경북에서도 피어올랐다. 많은 필자는 촛불항쟁의 성격과 과제를 논했다. 촛불혁명으로 불리기 원하지만, 촛불혁명이 되기에는 한계가 있다는 것을 시인하며, 촛불항쟁의 과제를 짚어나갔다.

'2부 누구를 위한 협치인가?'에서는 참여정부가 운을 뗐던 협치governance가 이명박·박근혜 정부에 의해 어떻게 왜곡되었는지를 보여준다. 참여정부가 직접민주주의의 한 방식으로 도입했던 협치민주주의는 오히려 보수 정부에 의해 지배 집단과 특권 세력을 강화하고, 노동자·민중의 목소리를 억압하며, 불통을 강화하는 도구로 사용되었다. 협치의 구체적 구성물인 블랙리스트는 원래 협치 개념과는 상반되지만, 이명박·박근혜 정부에서는 노동자, 민중을 배제하며 지배 집단을 강화하는 방식의 하나가 되었다.

'3부 누가 박근혜 정부를 만들었는가?'에서는 박근혜의 통치 방식, 국정 농단의 실태를 역사적 성찰에서부터 정치학적 접근에 이르기까지 다양한 방식으로 비판한다. 박근혜식 비밀주의, 비선, 주술, 선거의 정치학, 지방 자치제를 허물고 중앙정부화, 또는 박근혜 중심화, 가속화되는 신자유주의의 정책으로서의 의료 영리화, 연금 개악 문제와 부일파에 의한 한국사 교과서 국정화 문제 등을 짚었다.

'4부 만인의 불평등 헬조선, 무엇이 우리를 개돼지로 만드는가?'에서는 사회 모든 분야에서 벌어진 국정 농단의 결과를 짚어본다. 국정 농단의 결과는 유신정권으로의 회귀이고, 사회적 약자라 할 수 있는 세월호 유족들이나 생존자들, 아동, 노동자, 비정규직, 청년 세대들이 살고 있는 한국 사회는 사실상 헬조선의 좀비와 같은 존재로 만들어지는 것이 아닐까 의심스러웠다. 이보다 구체적으로 세월호 사태나 메르스 사태의 공통점으로 박근혜 정부는 국민에게 '가만히 있으라'고 강요하며, 대다수 국민을 개돼지로 만들고자 했다는 점을 꼬집었다.

'5부 대학 속의 사회, 사회 속의 대학'에서는 대다수 필자가 존재적 기반을 두고 있는 대학 속에서 신음하고 있는 한국 사회의 현 상황을 고발했다. 한국은 해방 이후 변변한 고등교육 정책이 있었던 적이 없고, 대학 역시 특권 의식이 높은 반면 공교육으로서의 위상은 취약했다. 더 심각한 것은 사립대학의 경우 공교육으로서의 성격이 더욱 취약하다는 점이다. 1990년대 사립대학은 1995년 5·31대학설립준칙주의라는 신자유주의적 교육정책에 의해 고등교육기관으로서 위기를 겪고 있었다. 그런 상황에서 이명박근혜 정부의 대학 구조 개혁 평가 사업과 특수 목적 사업 중심의 재정 지원 및 재정 제한 사업이 시작되자, 대학의 교육과 연구 환경은 급속하게 황폐해졌다. 교육에 대한 의식이 전혀 없는 두산 그룹과 같은 기업이 대학을 취했고, 대학 구성원들이 직접 뽑은 총장을 국가에 의해 기부당하며 대학의 자율성이 백척간두에 서게 된 상황에서 맞닥뜨린 2015년 부산대 고현철 교수의 자살 사건. 이에 교수 사회는 더 이상 침묵할 수 없다고 고백하게 되었다. 2016년 7월 본격화된 이화여대 사태는 촛불항쟁으로 이어져, 교수 연구자들이 다시 거리로 나오게 되었다는 것을 성찰하게 한다.

'6부 거꾸로 가는 교육에서 희망을 찾을 수 없다'는 교육 부재의 교육계 상황을 몇 가지 징후로 짚어보았다. '선도'가 폭력으로 작동해온 교육, 학생들 간의 폭력은 결국 교육과 사회구조 속의 폭력과 맞닿아 있었고, 그 단면으로서 대학 입시로 인생이 결정되는 폭력적 구조 속에서 협력이 사라진 교육 현장을 발견했다. 또한 참교육을 실천해왔던 한국 교육의 양심적 지표인 전국교직원노동조합이 법외노조라고 통보받으면서 '학교 문을 닫는 것은 감옥 문을 여는 것'으로 나타났으며, 이명박·박근혜 정부의 거꾸로 가는 교육 및 사회 정책은 비판받았다.

'7부 분단적 인식과 21세기 세계는'에서는 유신시대로 역행한 이명박·박근혜 정부가 유신시대 빨갱이와 간첩을 만들던 방식과 유사하게 부정과 비리를 고발하려는 사람들을 종북 좌파로 낙인찍어온 사건과 내용을 다뤘다. 또한 박원순 서울시장을 공격하기 위해 조선족 출신의 시울시 공무원을 조작 간첩으로 만들려 했던 국가정보원을 고발했다. 그러나 유신시대와 달라진 점이 있다면 1970~1980년대식 냉전적 방식이 더 이상 통하지 않는다는 점이다. 한편 최근 영국이나 미국 트럼프 정권에서도 탈냉전시대와는 다른 흐름이 나타나고 있다. 자국가중심주의로 보이는 흐름 속에서 주류 정치, 지배 세력에 대한 민중들의 비판적 흐름이 존재하고 있고, 또한 여전히 세계화, 금융화, 양극화와 같은 신자유주의적 주류 흐름도 존재하고 있음을 동시에 읽으면서 세계사적 변화를 읽어나가야 한다고 필자들은 경고하고 있다.

'8부 노동과 사회운동의 새로운 길을 찾다'에서는 아직은 미완이지만, 적폐를 넘어 새로운 민주공화국을 찾는 길을 주장한다. 노동자를 안전하게 지켜주는 정부 만들기를 제안하며, 새로운 대안 사회를 만들기 위해서는 국가의 광기를 비녀야 하지만 좌파 운동에서도 마찬가지로 대전환이 필요하며, 한국 사회 나름의 제3의 길을 찾아나가야 한다고 말한다. 그 길이 가능하기 위해서는 진보적 지식인의 숙명적 과제인 1987년의 정치적 진보를 넘어서 사회적 연대의 모색을 위한 민중 속으로 들어가자고 제시한다.

우리의 글들은 담론이자 고민의 표백이며, 비판이자 아직은 부족한 대안이다. 이명박·박근혜 정권에 대한 비판이지만, 더 근본적으로는 지식인 자신에 대한 비판이다. 덜 쪽팔리기 위해 글을 벼렸지만, 여전히 부끄럽고 미안할 뿐이다. 부단한 성찰과 실천 없이 진보는 존재할 수 없다. 또한 진보는 새로운 방법을 부단히 찾지 않은 채 비판만 할 수도 없다. 그러한 인식을 이 책에 담고자 했다.

또한 우리의 노력은 아직도 덜 채워진 또는 큰 밑그림이 결정되지 않은, 새로운 민주공화국을 향한 엉성한 모자이크식 결합에 불과하다. 미완의 책을 독자들과 공유하고자 하는 가장 큰 이유는 새로운 민주공화국의 꿈을 함께 꾸자고 제안하고 싶기 때문이다. 새로운 민주공화국의 출발은 새로운 헌법으로부터 시작될 것이다. 새로운 헌법에는 사람이 담겨야 한다. 국민으로 환원될 수 없는 사람들이 우리에게는 너무도 많다. 새로운 헌법은 이 땅에서 함께 일하고 숨 쉬는 모든 사람, 남녀를 포함한 모든 성에게 공정해야 하며, 평등한 기회가 주어지고, 정의가 살아 있어야 한다. 또한 새로운 민주주의는 정치인을 뽑는 대의제 민주주의로 환원되어서는 안 된다. 대의제는 민주주의의 도구일 뿐 필수충분조건이 아니다. 직접민주주의, 협치민주주의는 문재인 정부하에서도 여전히 멀리 있고, 이 땅의 구성원들은 문재인 정부의 지지도를 말하는 응답자들로 구성되어 있다. 이 땅의 주인이 자신의 운명을 당당하게 결정할 수 있도록 정부는 도와줘야 한다. 특히 정부는 약자를 우선적으로 배려해 모든 사람에게 정의가 제대로 실현될 수 있게 해야 한다. 나아가 한반도 미래를 걸머진 청소년과 청년들이 세상의 주인이 되어 한반도의 운명을 결정하도록 민주주의를 확대해야 한다. 민주주의 확대 속에는 일자리와 복지의 확대는 민주주의와 동의어가 되도록 해야 한다.

 마지막으로 이 책을 함께 만든 김진해 선생님을 포함한 20명 필자들에게 감사의 인사를 전한다. 또한 민교협에 지면을 기꺼이 내어준 《프레시안》에도 고마움을 전하고 싶다. 이뿐만 아니라 이 책에 실린 글을 읽고 논평하거나 댓글을 달고, 사회적으로 소통해준 수많은 오프라인, 온라인의 동지이자 벗에게도 감사의 인사를 전한다. 민교협의 박정직 사무차장은 민교협에 크고 잡다한 업무가 많음에도 불구하고, 입사 직후부터 지금까지 이 책을 만드는 일에 항상 마음을 쓰게 해 늘 미안하고 고마울 뿐이다. 또한 언제나 민교협이 의지하고 있는 지식인의 후원자이자 독려자이기도 한 한울엠플러스(주)의 김종수 대표와 바쁜 와중에도 열심히 책을 만들어준 최규선, 배은희, 임혜정 편집자에게 감사 인사를 전한다.
 마지막으로 민교협 회원들과 필자들이 함께 새로운 민주공화국을 꿈꾸며 만들고자 하는 모든 이 땅의 주인들에게 연대 정신과 애정을 보내고자 한다.

2018년 6월,
필자들을 대신해 김귀옥

차례

1부 세월호와 촛불항쟁

2부 누구를 위한 협치인가?

01

세월호와 촛불항쟁

세월호 사건에서
놓쳐서는 안 되는 것들[*]

정재원

대통령은 진도에서 유족들에게 이렇게 말했다.
"만약에 지금 오늘 여러분들과 얘기한 게 지켜지지 않으면
여기 있는 사람들 다 책임지고 물러나야 됩니다."
그 약속을 지키길 바란다.

세월호 사건으로 나라 전체가 슬픔과 분노에 휩싸였다. 불과 보름도 안 되는 시간 동안 거의 모든 단위에서 거의 모든 국가 문제가 총체적으로 터져 나왔다. 도저히 열거하기조차 힘들 만큼 우리의 상상을 초월하는 비리와 결탁, 거짓과 추태들이 하루가 멀다 하고 쏟아졌다. 사고를 수습하는 과정에서 보게 된 국가의 무능력함과 현장에서의 혼란도 심각한 문제지만, 이것이 이제 사태의 본질이 아니라는 사실이 철저하게 밝혀지면서 상황이 질적으로 달라지고 있다.

대형 선박에 사고가 났을 때 충격을 상쇄할 수 있는 아이템을 개발하고, 여론의 주의를 분산시킬 대체 기사도 만들어야 한다는 해수부의 노골

---

[*] "세월호 참사 17일째, 거대한 은폐와 축소의 그림자", ≪프레시안≫, 2014년 5월 2일 자.

적인 언론 대응 지침이 제대로 작동하지 못할 정도로 정부의 무능력과 거짓의 탑들이 곳곳에서 무너져 내렸다. 교신 자체가 없다던 해경의 말 바꾸기와 교신 기록을 편집하고 삭제했다는 의혹, 지상 최대의 작전이라는 말과는 정반대였던 사고 초기의 구조 상황에 대한 폭로로, 이제는 남은 사람들을 일부러 구조하지 않은 것 아닌지 의문이 들 정도로 극심한 불신을 낳고 있다.

특히 구조 첫날 언딘 때문에 해경이 민간 잠수부들, UDT(특수전전단), SSU(해난구조대) 등의 활동을 막았다는 사실이 폭로되면서 드러난 해수부와 해경, 청해진운, 언딘과의 수상한 관계에 대한 의문은 해수부와 한국해운조합, 한국선급과의 관계에 대한 비판, 그리고 사회 전반에 만연한 관료 지배 집단에 대한 문제 제기 등으로 점차 확대되고 있다. 그러나 이러한 '관피아' 혁파 여론에도 불구하고 이와 무관하게 혹은 오히려 자신들의 입맛에 맞게 이를 변화시키려는 움직임에 대해 비판적으로 접근할 필요가 있다. 무엇보다도 과거의 어떤 대형 재난 사고 시에도 보여주지 않았던 정부와 지배 집단의 대처 방식의 이유에 대해 살펴봐야 한다.

저항으로 확산되지 않게 하기 위한 '의도적' 망언들, 그리고 국가의 위협 행위

국가의 총체적 무능력에 대한 국민의 분노는 언제나 그랬듯 시간이 지남에 따라 기억에서 멀어진다. 그러나 정부 스스로도 처음부터 이번 사건이 단순히 무능력의 문제가 아니라는 것을 명확히 인식하고 있었고, 따라서 향후 다양한 문제들이 폭로되었을 때 맞게 될 심각한 파국을 진정시키는 것이 우선적인 목표가 되었다. 그러나 SNS의 발달로 총체적인 은폐와 축소, 거짓이 대중에게 쉽게 통하지 않았다. 선장과 선원들의 행태를 폭로하고 청해진운과 세모 그룹, 그리고 세모 그룹 전 회장 등에 대해 수사를 진행하는 등 여론 진화를 위한 수습에 나서고 있기는 하지만, 기본적으로 박근혜 정부는 과거의 그 어떤 재난 상황과 비교해도 괴이할 정도로 전방위적인 압박을 가하고 있는 것이 사실이다. 엉망진창이었던 사고 수습 과정과는 달리, 국가기관들은 여론을 호도하고 단속하는 데 놀라울 정도로 일사불란하게 움직이고 있다.

초기 진화에 실패해 분노가 점차 진도 사고 현장을 넘어 전국으로 확산되자 정부는 사고 수습보다는 국민을 위협하거나 불안을 외부로 돌리는 일에 더 적극적이었다. 2014년 4월 22일 정부는 북한의 4차 핵실험 임박설을 대대로 선전했지만, 그날 북한은 남북 관계의 개선 의지를 묻는 공개 질문장을 발표하는가 하면 세월호 참사와 관련해 조의를 보내는 등 비상 상황이라고 보기에는 믿기 힘든 태도를 보였다. 현지에서는 너무나도 당연한 유족들의 항의를 막기 위해 상당수의 사복 경찰을 배치하고, 시위로 이어지자 막아서서 체증까지 감행했다. 이뿐만 아니라 너무나도 당연한 현장과 온라인상의 문제 제기에 '유언비어 유포죄' 등으로 사법 처리한다고 엄포를 놓았다. 정부는 교수와 전문가들이 인터뷰를 하는 데 부담을 느끼도록 직간접적인 제약을 가했다.

군 의문사와 선거 개입 등에 대해 그렇게 미적거려왔던 국방부는 사고 초기에 미군 잠수함 충돌설 등과 같은 유언비어를 퍼뜨린 사람을 고소·고발할 것을 강조했고, 경찰과 검찰 역시 민간 잠수사를 자처한 사람을 리플리 증후군 환자와 한 묶음으로 묶어 유언비어를 유포하는 행위에 대해 엄단하겠다고 엄포하기도 했다. 최근에는 교육부에서도 일선 학교와 학부모들에게까지 유언비어 유포에 대한 책임이 있을 것이라고 협박했다.

정부 부처가 전방위로 방송사를 비롯한 언론을 통제하는 정황도 밝혀졌다. 방송사 인허가 권한이 있는 방송통신위원회(이하 방통위)는 방송 정책국의 주요 임무도 '방송사 소성 통제'를 부여했는데, 방송과 인터넷 오보를 모니터링해 이를 기준으로 방송을 통제한다는 것을 골자로 했다. 해경 등이 참가하는 범정부 사고대책본부에서 방통위는 '여론 환기' 역할을 맡았을 뿐 아니라, 방통위가 수사를 의뢰하면 경찰은 철저히 수사하는 것으로 되어 있다. 방송통신심의위원회 문건에 따르면, 이 두 기관은 삭제, 접속 차단, 시정 요구, 수사를 실제로 실행하는 등 언론과 시민들의 의혹 제기를 강력하게 규제 및 통제하는 활동을 벌이고 있다. 이러한 지침 때문인지 자기 검열 때문인지는 모르겠으나, 언론이 현장의 진실을 보도하지 않아 유족들이 외신하고만 인터뷰를 하는 기현상이 나타나기도 했다.

이뿐만이 아니다. 추모 분위기가 불편했던 정부는 천안함 사건 때와는 정반대로 분향소를 전국에 설치하라는 국민의 요구에 26일에야 마지못해 분향소 설치를 지시했는데, 행정자치부는 분향소 설치 장소를 '실내(청사)'로 제한하고 기초자치단체(시, 군, 구)에는 설치하지 말라는 내용과 분향소 설치 비용은 지방자치단체의 예비비로 해결하라는 황당한 지침을 내렸다. 국민의 항의로 이 방침이 무력화되었지만, 천안함 때에 340개소였던 것과 비교해볼 때, 17개소로 제한했다는 것은 큰 의미가 있다.

추모 분위기의 진화를 막으려는 국가의 법제도적 제약과 함께 전개된 전략은 바로 '종북 좌파'와 '시위 선동꾼'론을 통해 기존의 수구 집단과 중간에 동요하는 집단들을 확보해 향후 항의 집회와 시위가 확대될 경우 대중의 분열을 노리는 것이었다. 집회와 시위를 조직하는 이들에 대한 '낙인 찍기' 전략은 '순수한' 추모와 '불순한' 저항으로 구별 지어 추모를 넘어 대중적 저항으로 확산되는 것을 차단하는 데 가장 효과적인 수단이다.

좌파 단체와 좌파 사이버 테러리스트들이 정부 전복 작전을 전개할 것이라는 새누리당의 최고위원 한기호의 망언을 시작으로 보수 진영의 망언은 지금 이 순간에도 이어지고 있다. 이어 권은희 의원은 실종자 어머니를 선동꾼이라며 모욕했고, 송영선 의원은 사고를 당했다는 것이 꼭 불행한 일만은 아니며 이것이 좋은 공부의 기회가 될 것이라는 망언을 자행했다. 이어 보수 논객 지만원은 '제2의 5·18 폭동', '시체 장사'를 운운하며 유족들을 욕보였고, ≪피플뉴스≫ 서승만 편집장은 "북한의 사주를 받아 선전·선동하는 종북 좌파의 연극"이라면서 "죽은 학생의 부모 중 종북 좌파가 있다면 애도도 할 필요 없다"라며 공수부대를 동원하고 수천만을 죽여서라도 국가를 지켜야 된다고 떠벌렸다. 심지어 자신은 죽은 아이들에 대해 슬퍼하지 않는다는 등 천인공노할 망언을 늘어놓았다. 그리고 정규재 ≪한국경제≫ 논설위원은 국민의 분노에 대해 "분노 조절이 불가능하거나 슬픔을 내면화해 누그러뜨리지 못하는 감정 조절 장애에 함몰되어 있다"라고 비아냥댔다.

이러한 망언들이 일사불란하게 조직적으로 이루어진 것은 아니지만, 망언들이 쏟아져 나올 수 있었던 배경에는 바로 위에서 언급한 목적에 공감대를 형성하고 있었기 때문이라는 것은 두말할 나위도 없다. 우리네 지배 집단들은 다소의 편차만 있을 뿐 공통적으로 전 국민적 슬픔과 분노가 이어지고 있는 현재의 상황이 짜증만 날 뿐이다. 걱정되는 것은 박근혜 대통령의 지지율 하락뿐이기 때문에 경제가 어려워지고 있다는 고전적인 수법도 써보았지만 쉽게 먹히지 않는다. 주목할 만한 점은 설사 그러한 목적이 있다고 하더라도 감히 전 국민이 함께 아파하고 있는 유족들에게까지 정관계 인사가 비난의 화살을 돌리는 현상은 분명 과거에는 찾아볼 수 없었던 모습이다. 이는 무엇을 의미하는가?

관료 지배 권력

여객선의 사용 연한을 20년으로 제한하고 5년 범위 이내에서 연장할 수 있도록 한 '해상운송사업법' 소항을 이명박 정부가 30년까지 운행 가능하도록 완화한 것은 수많은 사고가 발생하도록 촉진한 것이나 다름없다. 20년이나 된 노후한 배의 수명을 연장한 것도 모자라 객실과 화물칸을 증축하는 등 용도를 바꿀 수 있게 허가하고, 화물과 차량 적재를 더 허용한 것 등은 안전 불감증 이전에 안전에는 관심 없는, 오직 자본의 이윤 극대화를 추구하는 경영이며 이것이 이번 사고의 근본적인 원인이라고 할 수 있다. 그러나 우리는 국가와 자본 간의 관계나 자본 권력에 대해서 매우 날카로운 분석을 하곤 하지만, 자본과 결탁한 관료 지배의 문제에 대해서는 놀라울 정도로 무감각하다.

집권 정당 교체와 무관하게 이어지는 우리 사회의 진정한 지배 블록은 정당정치를 마비시키고 있다. 지배 블록의 범위는 언론과 각종 정치 엘리트, 관료들, 전문가들, 그리고 이들과 여러 인맥으로 얽혀 있는 각종 사회 기득권 집단으로까지 확장되었고, 국가는 이들에 의해 철저하게 포획되어왔다. 국가를 포획하고, 사회를 지배하고 있는 과두 지배 세력들 중 중요한 집단인 관료 지배 집단은 정당정치가 제대로 작동하기만 하면 정책이 잘 작동할 것으로 착각하게 만들면서 자신들의 지배를 철저하게 위장한다. 특히 민주화 이후 국가의 공적 기능이 현저하게 약화되면서, 다양한 특권 집단들의 이익을 보장해주는 도구로 전락했다. 이들은 이른바 민주 정부로 일컬어지는 정권 교체 메커니즘과는 상관없이 혹은 별도로 독자적인 이익을 추구할 수 있는 구조를 공고히 해왔다.

바로 이러한 구조가 이번 참사의 중요한 원인들 중 하나였다는 것이 드러나고 있다. 흥미로운 것은 보수 언론들까지 갑자기 관료 지배 집단의 문제, 즉 '관피아'의 전횡을 대대적으로 문제 삼고 있다는 점인데, 이들은 심지어 이러한 문제 제기조차 자신들의 의도에 부합하도록 조작하고 있다. '관피아'를 단순히 퇴직 고위 관료에 대한 '전관예우'의 문제인 것으로 축소시키고 있을 뿐 아니라, 아주 자주 공직 사회의 비리나 '철밥통 문제'

까지 뒤섞어가며, 공공성의 문제를 관료주의의 문제로, 정당한 규제의 문제를 관료주의적 규제의 문제로 왜곡하며, 이 순간조차 자본의 이윤 극대화 논리와 맞닿을 수 있도록 논지를 전개하고 있다. 독점이 기업과 관료 간의 결탁과 비리를 낳았다며 그에 대한 대안으로 여객선 노선의 독점권을 폐지하고 시장과 경쟁 논리를 도입하겠다는 정부안은 결국 무엇을 의도하고 있는지, 현실에서는 어떤 결과를 낳을지 너무나 명확하다.

초기에 구조 작업을 진두지휘했던 해경 수사과장이 세모 그룹의 장학금으로 공부하고 5년간 근무했다는 사실은 그러한 구조의 극히 일부분에 불과하다. 현재 한국선급 전·현직 임직원들이 선박 검사 권한을 이용해 선박 설계 업체와 해운 회사로부터 금품을 받아 수십억 원의 비자금을 조성했고, 일부가 정관계로 흘러들어 갔다는 의혹을 받고 검찰로부터 수사를 받고 있는데, 이러한 구조는 비단 해수부만의 문제가 아니라는 것은 두말할 필요가 없다.

그러나 저들의 저항은 매우 집요하다. 지난해 원전 비리 사건이 터졌을 때도 원자력발전 산업계의 구조적 유착 관계를 근절하고, 비리를 저지르는 경우 처벌의 2분의 1까지 가중처벌할 수 있도록 하며, 관리 사각지대가 없도록 정부의 실태 조사와 관리 감독을 강화하는 내용을 골자로 하는 '원전 마피아 근절법'을 발의했지만 아무런 성과가 없는 상황이다. 또한 지난 1월 발의된 '원자력발전 사업자 등의 관리·감독에 관한 법률안'은 2월 산업통상자원위원회에 상정된 후 지금까지 의결되지 않았다. 또 다른 의원이 발의한 '원전 비리 방지를 위한 원자력발전 사업자 등의 건설·운영에 관한 관리·감독 법안'도 4월 국회에 상정되어 법안심사소위원회에 계류되어 있다.

'관피아'의 폐해 중 퇴직자들의 관련 기관 취업을 막겠다는 공직자윤리법의 취업 제한 제도 역시 곳곳에 빠져나갈 구멍들을 내서 만들어놓았다.

업무 관련성이 있는 기관에 재취업하는 것을 막는 취업 제한 기한은 2년에 불과하며, 퇴직 전 5년간 업무와 관련 있는 업체로의 취업 제한 규정을 피하기 위해 각 기관들은 업무 관련성 심사에 걸리지 않도록 유관 기관으로 빼주는 등 이른바 '커리어 관리'를 해준다. 업무 관련성을 심사하는 정부공직자윤리위원회에서 실제로 취업을 제한한 경우는 전체 요건의 5~8퍼센트 정도에 불과하며, 취업 심사를 받지 않고 재취업할 경우에도 과태료 처분은 대상자의 62퍼센트만 해당되었을 뿐 아니라, 부과된 과태료 금액은 최대 500만 원에 불과하다. 게다가 변호사나 회계사 등 자격증이 있을 경우엔 해당 업체 취업 시 심사를 받지 않아도 된다.

세월호 사건으로 나라가 한창 들썩이던 지난 4월 28일엔 국회 농림축산식품해양수산위원회에서는 이른바 '세월호 방지법'이라는 이름으로 선박 안전과 관련한 법안들을 대거 통과시켰는데, 그중에는 안전을 이유로 제한되었던 항구 내에서의 선박 수리를 원칙적으로 허용하게 하는 등 규제 완화 내용들이 그대로 포함되어 있다. 이 와중에 선박 회사가 국내에서 선박을 발주하면 선박 건조 자금을 위한 대출 이자 중 3퍼센트 금리에 해당하는 이자, 즉 약 500억 원을 지원하고 있는데, 해양수산부는 이것을 두 배로 늘려야 한다고 주장하고, 선박 회사가 외국에서 선령 10년 미만의 중고 선박을 사올 때에 자금을 지원하는 것을 검토하고 있다.

이러한 몇 가지의 예만 보더라도 현재 저들이 선전하는 관피아 혁파론이 어떤 결말로 끝날지 충분히 짐작하고도 남는다. 이 글을 쓰고 있는 순간에도 충격적인 사실들이 계속 터져 나와 추악한 고리의 끝이 어딘지 누구도 알 수 없다. 다만 중요한 것은 시간이 지나 사람들의 기억에서 점차 사라지면 대안적 정책은 누더기가 되거나 상정은 물론 집행되지 않을 것이고, 입안되더라도 구멍과 퇴로는 곳곳에 있을 것이며, 본질적인 탐욕과 비리로 점철된 지배 동맹 구조에는 별다른 영향을 미치지 않을 것이라는 점이다.

결론을 대신해

이번 사태를 겪으며 한 가지 더 주목해야 하는 것은 '일베'로 상징되는, 우리 사회 곳곳에 뿌리내린 젊은 반사회적 범죄자 집단들의 만행이다. 일베는 여성과 장애인, 호남 사람들과 이주 노동자와 같은 약자와 소수자들, 그리고 민주화 투쟁에 헌신한 사람들에 대한 폭력과 차별을 자행하고, 그들의 고통을 희롱한다. 그들은 이번에도 희생자 가족을 '유족충'이라고 칭하며, 심지어 죽은 여성에게 성적 모욕을 가한 글에 낄낄거리며 댓글을 달았다. 최근 국민이 청와대 사이트에 항의 글을 올리자, 그곳에서까지 여론을 호도하는 분탕질까지 했다. 국민을 두고 미개하다고 한 정몽준 아들의 망언은 극우나 보수라는 개념으로 설명할 수 없는 반사회적 범죄자들이 자행하고 있는 사회적 약자와 노동자, 서민들에 대한 공격 행위를 반영한 것에 불과하다. 또한 이들을 이렇게 함부로 날뛰게 하는 것은 바로 수구 보수 정당과 국가 관료 자신들이다.

교육부 장관이 의전용 의자에 앉아 라면을 먹은 일, 교육부 수행원이 유족들에게 "교육부 장관님 오십니다"라고 한 일, 행정자치부 국장이 기념사진을 촬영하자고 한 일, 보건복지부 직원들이 구급차를 출퇴근용으로 이용한 일, 목포 해경 간부가 80명 구했으면 대단하다고 한 일, 유한식 전 세종시장과 홍순승 새누리당 교육감 예비 후보 등이 폭탄주를 마신 일 등을 단순한 말실수나 관례에 따른 실수로 볼 수는 있다. 그러나 기본적으로 이러한 일들이 일어날 수 있는 것은 지배 집단의 감성 저 밑바탕에 인간의 생명에 대한 무관심이 깔려 있기 때문이라고 할 수 있다. 유가족들 대부분은 힘없고 가난한 노동자와 영세 자영업자 등 서민들이다. 권력과 부를 가진 상류 계급의 아들딸들이 300명이나 실종된 상태였다면 관례나 언행에 훨씬 조심했을 것이 틀림없다.

이러한 상황 속에서도 청와대는 자신들이 컨트롤타워가 아니라고 다시 한번 강조했으며, 박근혜 대통령은 제삼자의 입장에서 평론하다가 돌연 국무위원들 앞에서 사과를 했다. 대통령의 진도 방문 시 유족들의 항의는 화면에 나오지 않고, 박수 치는 장면만 나오게 한 기막힌 편집 기술은 최근 청와대가 '부탁'한 일반 조문객들을 대통령이 위로할 때도 발휘되었으며, 일간지의 일면을 장식할 때도 이 기술이 어김없이 등장했다. 대통령이 진정으로 해야 할 일은 이런 유체이탈화법이나 조작을 방조하는 것이 아니다. 얼마나 대단한 '빽'이 있는지 이러한 상황에서도 사망자 명단에서조차 빠져 있던 비정규직 청년들의 장례비를 지원하지 않은 청해진해운의 행태를 보지 않았는가! 세월호 사건 당시 벌어진 이 사회의 비정상적 상황을 진정으로 뜯어고치지 않는 한 그 어떤 약속도 다 거짓이다.

"국가가 가장 기본적인 임무인 국민의 생명과 안전을 보호하지도 못하는 것을 보면서, 국민은 정부의 무능과 무책임에 분노하며 국가에 대한 근본적인 회의를 갖게 되었다."

과거에 박근혜 대통령이 했던 말이다. 머나먼 아프가니스탄의 알지도 못하는 지역에서 살해된 한 명의 국민을 국가가 구하지 못해 이런 말을 했다면, 대한민국 진도 앞바다에서 그 수백 배에 달하는 국민을 구하지 못한 상황에서는 도대체 무슨 말을 해야 할까? 대통령은 진도에서 유족들에게 이렇게 말했다. "만약에 지금 오늘 여러분들과 얘기한 게 지켜지지 않으면 여기 있는 사람들 다 책임지고 물러나야 됩니다." 그 약속을 지키길 바란다.

사회적 죽음들에 대한
사회적 연대의 정치학*

권영숙

진정 한국 사회는, 누군가들이 말하듯
2014년 4월 16일 그 침몰의 시점 전과 후로 나눌 수 있을까.
달리 말하면 우리는 정말 애도와 추모 국면을 넘어서 보편적인 각성에 이르러
새로운 사회적 연대의 서사를 써낼 수 있을까.

세월호가 4월 16일 침몰했다. 많은 이들이 보는 앞에서 서서히 침몰하면서 몇 시간을 물 위에 모습을 보이고 있던 그 배에서 300명이 넘는 이들이 죽게 되리라고 누구도 예상하지 못했다. 충격이었다. 그래서 그것은 사고사가 아니라 '사건'이고 심지어 '수장'으로 보였다.

눈뜨고 번연히 목격한 수장의 장면, 그리고 우리의 무력함. 그것은 너무도 충격적이었다. 이후 사건의 진상을 낱낱이 알아내고 그 죽음의 원인 제공자들을 밝혀내고 처벌해야겠지만, 많은 사람은 이미 세월호의 죽음이 '사회적 타살' 혹은 '제도적 타살'이라는 데 동의하고 있었다. 더불어 세월호에 탔다가 죽은 300여 명 중 230명가량이 학생이었다는 점에서 생때

• "사회적 죽음들에 대한 연대의 정치학", ≪프레시안≫, 2014년 7월 18일 자.

같은 아이들을 잃은 부모들의 비통함에 대한 공감과 애도의 심정은 이른바 '애도 정국'을 만들어냈다. 그리고 이는 점차 정치적 분노로 번지고 있다. 온 나라가 상중이다. 사회적 애도를 하는 중이다. 그런데 나는 궁금하다. 이렇게 많은 사람이 정의감을 분출하는데, 이렇게 많은 사람이 강한 분노와 절망을 드러내는데, 이 나라는 왜 계속 이 모양이(었)지? 이 사회는 왜 이 모양이(었)지? 나는 계속 이것이 궁금했고 지금도 궁금하다.

지금 정부나 언론이 뭐라고 말을 해도 대한민국의 대중은 2008년 촛불에 이어 다시 한번 놀라운 '집단 지성'의 면모를 보이면서, 정부와 언론보다 앞장서서 그들이 '유언비어'로 치부했던 추론을 점차 사실로 확인시키고, 나아가 이 과정에서 감춰진 진실을 규명하고 있다. 또한 "침몰은 자본 탓, 구조는 국가 탓"이라는 구호가 대변하듯이, 국민은 이 사건의 진정한 주범이 바로 이윤 추구의 자본과 그를 방조해온 반생명적인 국가, 무능과 무책임과 부패의 냄새를 잔뜩 피우며 침몰된 배에서 단 한 사람도 구해내지 못한 정부라고 보고 있다. 이렇듯 대중은 세월호 침몰과 그 과정에서 발생한 죽음에 대해 초기의 감정적인 발산을 넘어서, 매우 짧은 시간 내에 꽤 정치적인 사건 분석을 제공하는 가운데 사건의 원인 제공자에 대한 지목에 이르렀고, 나아가 이 사회체제의 모순에 대한 분노와 절망, 나아가 정의감을 강렬하게 드러내고 있다.

그러니 나는 궁금한 것이다. 이렇듯 언론과 정부의 여론 조작에도 휘둘리지 않는 이성을 갖추고, 이들의 사회적 죽음에 이토록 흡인력 있는 공감을 하며, 실천하는 정의감을 갖춘 우리의 사회는 왜 이 모양일까? 혹은 이렇게 사회의 문제점을 즉각 알아채면서 여태껏 우리는 왜 이 사회를 이 상태로 방치했을까? 그러니까, 왜 그들을 죽게 했을까?

이 질문에 머뭇거리지 않고 바로 대답하겠다. 내가 지금 생각하는 이유는 바로 여전히 이른바 '우리'의 정의감이 모호하기 때문이다. 우리들의 분노와 절망이 복수적이고, 다층적이고, 분열적이고 심지어 자기 충돌적이기 때문이다. 사람들은 배가 침몰한 이후 한 명도 구조해내지 못하는, 아주 수상한 해경과 그들을 지휘하는 정부, 정부의 말을 앵무새처럼 읊조리는 언론이 문제라고 말한다. 하지만 사실은 저들이 아니라, 우리가 항상 문제적이(었)다. 즉, '우리'라는 이 집단적이고 구성적인 존재 말이다. 과연 '우리'는 존재하는가, 우리는 이 죽음에 대해서 하나의 목소리, 하나의 입장, 하나의 방향으로 갈 수 있을까? 즉, '우리'는 구성되어 있는가?

자세히 들여다보면 지금 세월호 참극 앞에서 우리가 보이는 슬픔, 집단적 애도는 그렇게 순결하지도, 단순하지도 않다. 모두가 공분하고 공감하고 함께할 듯하지만 그것은 한순간이다. 그 슬픔과 애도는 각자의 존재 조건 속에서 천차만별이며, 각자의 세계관과 정치관, 그리고 이 사회에 대한 자세 속에서 또 한 번 굴절되며, 종국에는 다양한 방향을 지향할 것이다. 여기서 중요한 점은 각자의 존재 조건이고, 각자의 세계관과 정치관, 이 사회에 대한 자세다. 그것들이 현재의 집단적 애도에 깃들어 있는 사회적 맥락이다. 그리고 애도의 정치학이다.

그럼 우리는 '이번에는' 그 한계를 뛰어넘을 수 있을까? 즉, 세월호 참사는 우리 모두를 기존의 삶의 방식을 폐기하고 새로운 삶의 자세를 지니도록 이끌 수 있을까? 진정 한국 사회는, 누군가들이 말하듯 2014년 4월 16일 그 침몰의 시점 전과 후로 나눌 수 있을까? 달리 말하면 우리는 정말 애도와 추모 국면을 넘어서 보편적인 각성에 이르러 새로운 사회적 연대의 서사를 써낼 수 있을까? 그래서 이 사회를 재구성하는 한 걸음을 내디딜 수 있을까? 잊지 않는 가장 확실한 방법은 그들의 죽음을 다시 되풀이하지 않도록 만드는 것이기 때문이다.

바로 이 단락에서 나는 '이번에는'이라고 말했다. 그럼 이전에도? 나는 어떤 반복되는 과거를 말하는 것일까? 그렇다. 사건스럽게 나는 세월호 침몰 때와 마찬가지로 이 사회와 이 국가로부터 구조되지 못한 죽음들이라고 할 수 있는 용산 참사를 연상했다. 용산 참사. 서울 시내 한복판에서 우리의 눈앞에서 죽어간 사람들. 번연히 눈을 뜨고서 목도한 죽음들. 또한 지난 2012년 대통령 선거 다음 날부터 시작된 노동자들의 죽음의 행렬. 또한 최근에는 송국현이라는, 몸이 마비된 3급 장애인이 집에 불이 났으나 침대 밖으로 걸어 나오지 못한 채 홀로 불에 타 죽어야 했다. 마치 세월호의 선실에 갇힌 아이들처럼 말이다.

이들의 죽음 역시 이 사회와 이 국가로부터 구조되지 못한, 혹은 방치된 죽음이다. 이런 죽음들만이 아니다. 이보다 더 일상적이고 구조적인 틀 속에서 매일 죽어가는 노동자들이 있다. 우선 대량 정리 해고로 해고당한 노동자들이 있다. 정리 해고 후 쌍용자동차 노동자들 중 알려진 죽음만 해도 현재 25명에 다다르면서, 정리 해고는 '사회적 타살'로 명명되었다. 그 죽음은 또 무엇을 남겼을까? 또한 산업재해로 하루에 다섯 명씩 사라지는 노동의 죽음은 어떠한가? 세월호 참극이 우리 모두를 분노케 할 때, 울산의 차가운 바닷속으로 또 한 명의 현대중공업 비정규 사내 하청 노동자가 떨어져 죽었다. 벌써 한 달 새 여섯 명, 그해 들어 현대중공업에서 여덟 번째 발생한 죽음이었다. 그리고 급기야 세월호 사건이 일어나는 그때 그 순간에도, 전주의 해고 버스 노동자 진기승은 회사의 인격 모독과 노조 파괴 공작에 항의하며 목을 맸고, 사경을 헤매다 결국 절명했다. 그의 죽음은 한참 동안 장례를 치르지 못한 채 구천을 헤매고 있었다.

사람들은 세월호의 300여 명이 넘는 죽음들을 매우 안타까워하지만, 솔직히 나는 그 죽음과 이 죽음들의 차이를 모르겠다. 나는 이 노동자들의 죽음과 장애인들의 죽음과 세월호 아이들의 죽음의 차이를 모르겠다. 그리고 세월호 아이들의 죽음과 세월호에서 아이들과 비슷한 나이인 20세에 비정규직 일당 승무원으로 일하다 죽은 이들의 차이를 모르겠다. 왜

이 사회가 이 죽음들의 등가성을 인정하지 않는지도 모르겠다. 아니 더 솔직히 말하면, 왜 이렇듯 억울한 죽음에, 사회와 국가가 타살한 죽음에, 구조하지 못한 죽음에 안타까워하는 '우리'가 동일한 애도와 추모를 표시하지 않는지 묻고 싶다. 내 눈엔 다 똑같은 구조적이고 제도적인 죽음인데 말이다.

하지만 구조적이고 제도적인 죽음도 평등하지 않다. 우선 세월호에서 일당으로 고용된 20세 승무원들은 승선자 명단에도 누락되었다가 포함되었고, 일당 승무원이기에 선원이 아니라는 이유로 회사에서 장례비를 받지 못했으며, 심지어 안산의 합동 분향소에 안치되지도 못한 채 쓸쓸히 사라졌다. 죽은 것도 억울한데, 죽고 나서도 애도와 슬픔에서 제외된다면 얼마나 쓸쓸할까? 산업재해로 죽어가는 노동자들은 또 어떤가? 서울 시청 광장 너머 한 귀퉁이 골목에 차려진 장애인 송덕현의 분향소는 또 어떤가? 그리고 2013년부터 시작된 쌍용자동차 해고 노동자들의 죽음 행렬이 노동에 대한 사회적 연대의 기운 속에서 부디 멈추길 기대했으나, 결국 쌍용자동차에서 25번째 죽음이 발생한 것은 또 어떻게 이해해야 하는가?

한국에서 벌어진 세월호 참사를 통해서, 나는 한국인들이 지금까지 벌어진 일상적인 죽음들이 세월호와 어찌 연결되는지 그 죽음들의 일체성을 깨닫기를 바란다. 나아가 지금껏 이렇게 도사린 위험과 상존하는 죽음에 대해 무심했던, 자신의 안위와 안녕을 위하고 걱정했던 우리의 이기심을 숙고하길 바란다. 그 죽음들의 등가성을 이해하는 것은 사회적 애도를 사회적 연대로 모으는 출발점이기 때문이다.

이미 많은 사람이 "함께 살자!", "더 이상 죽이지 말라!"라고 외쳤다. 그리고 이미 많은 사람이 "더 이상 죽이지 말라!"라고 외쳤다. 그러나 이 사회는 그 죽음을 막지 못했다. 이윤 추구 기계인 자본의 일방적인 폭주를 저지하기는커녕, 자본을 향한 기세를 나 풀빈서 니욱너 위림리고 불인찡

한 사회가 되었다. 시장에서 자본의 감시자 노릇을 하면서 사회와 인민을 방어해야 할 국가는 그들의 직무를 방기했다. 그래서 이들 죽음의 원인은 똑같은 것이다. 또한 이들 죽음도 똑같은 것이다. 결국 이들 죽음 사이의 거리를 좁혀서 사회적 연대의 정치학을 새로이 쓸 때 우리는 반복되는 죽음을 막을 수 있을 것이다.

그러나 이 애도의 과정은 그 자체로 정치적이다. 즉, 너무도 자명하게 여겨지는 우리의 애도에서, 애도 말고 '우리'를 문제화해야 한다. 이들을 애도하는 우리는 누구인가, 우리는 왜 이들 죽음을 평등하게 대하지 못하는가? 애도와 추도는 어떻게 해서 사회적이고 또 심지어 계급적이기도 한가? 그래서 마지막으로 우리는 어떻게 사회적 죽음에 대한 사회적 연대의 정치학을 구성할 수 있을까? 즉, '우리'를 재구성할 수 있을까?

망각의 흔적에서 길어 올린
새로운 생명[*]

김태만

우리 아들만 못 찾으면 어떡하지?

죽었어도 좋으니 못 찾는 것보다는 찾아서 몸뚱이라도 만났으면 좋겠다.

유가족은 오열하며 고맙다고 기도했다.

"아들, 돌아와 줘서 고마워!"

'세월호'를 떠올리면, 애도의 종결을 연장시켜보려는 그 어떤 언어도 시詩
가 될 수 없고 소설은 더더욱 역겨워진다. 아이를 잃은 어미나 아비의 짐
승 같은 아픔을 대신할 수 있기나 한 것일까? 당하지 않은 자들이 보내는
애도마저도 값싼 연민에 불과하지 않을까? "금요일에 돌아온다"고 떠났던
아이들, "가만히 있으라"는 선장의 말에 선실에 앉은 채 그대로 수장되던
모습들을 뇌리에서 지울 수 없다. 깔깔거리며 수학여행을 떠나던 아이들
의 얼굴과 이름이 한순간에 물속으로 가라앉아 사라져버렸다. 죽어가는
아이들의 수장 장면을 시민들은 전국에서 생중계로 지켜보아야 했다. 너

● 2016년 10월 1~3일 청주에서 개최된 《동양일보》 주최의 '동아시아의 새로운 미래를 함께
열다' 심포지엄에서 발표된 원고를 수정함.

무도 참혹해 차마 다시 회상하고 싶지도 않은 야만스러운 사건이었다. 전 국민에게 생중계되던 그날의 기억이 오롯이 되살아난다. 우리의 기억과 기록 속에서 세월호는 살아 있는 과거일 뿐, 살아남은 자들의 죄는 망각을 거부하는 것만으로는 씻기지 않는다.

몇 달 동안의 시민적 애도가 있었다. 애이불비哀而不悲라 했던가. 슬프지만 비탄에 빠지지는 말아야 했다. 지속된 슬픔이 불편한 세력들은 잇달아 언론과 자본을 앞세워 애도의 피로감을 노골적으로 드러내기 시작했다. "수학여행 가다가 당한 교통사고"라느니, "시민적 애도 분위기에 경기가 침체되었다"느니, "보상금을 노린 유가족들의 시체 장사"라느니……. 사고로만 본다면 그렇게 말할 수 있을지 모른다. 하지만 짚고 넘어가야 할 것은 "왜 단 한 명도 구조하지 못했느냐"를 따지는 것이다. 제 자식이 죽었어도 그들은 그렇게 말했을까? 인간으로서 가장 고통스러운 게 가족, 특히 자식의 죽음이다. 부모가 죽으면 산에다 묻고 자식이 죽으면 가슴에 묻는다고 하지 않는가. 그러나 인간이 인간에게 지켜야 할 기본과 상식마저도 상실한 조롱과 희화화에 '유가족'이라는 힘없는 개인들은 국가에 대한 분노조차 인내해야 했다.

며칠 있으면 어언 만 4년이 된다. 2014년 4월 16일, 304명의 생명이 차디찬 바다 밑으로 가라앉은 팽목항. 죽은 자의 가족을 포함한 친척, 친구, 동료들은 물론 '탈출'에 성공해 살아남은 172명의 가슴에 너무나 큰 고통과 상처가 새겨졌다. 그 거대한 충격과 슬픔은 대한민국 전체를 뒤흔들기에 충분했다. 그날 이후 팽목항은 한국의 '그라운드 제로'가 되었다. 2001년 9월 11일, 뉴욕의 그곳에서 사라진 것들이 쌍둥이 빌딩만이 아니었던 것처럼, 팽목항에서 사라진 것들 역시 세월호와 거기에 동승했던 아이들만이 아니다. 지금까지 대한민국이 지향해왔던 모든 가치와 행태, 국가와 정부에 대한 신뢰, 자본과 기업의 민낯이 까발려지면서 대한민국 전체가 침몰해 사라진 곳이 되어버렸다.

세월호와 함께 많은 것이 침몰했다. 첫째, 시민을 보호해야 하는 국가 시스템이 통째로 침몰했다. 사고 발생 직후, 보건복지부나 안전행정부 그리고 관련 기관(국정원, 해경, 해군) 등 정부 인사들이 팽목항으로 모여들었고, 언론도 분주히 움직였다. 그러나 바쁘기만 했을 뿐 구조는 없었다. 생존자들은 말한다. 자신들은 '구조'된 것이 아니라 '탈출'에 성공했을 뿐이라고. 컨트롤타워는 작동하지 않았고, 골든타임은 지났다. 시민들은 정부의 책임에 심각한 회의를 느꼈고, '국가란 무엇인가?'에 대한 철학적 고민에 빠졌다. 둘째, 그날 TV를 본 사람들은 안다. 정부는 침몰하고 있는 세월호의 승객들이 '전원 구조'되었다는 방송을 내보낼 정도로 정보에 무지했다. 아니, 아예 탑승 인원조차 파악하지 못하고 있었고, 언론은 팩트에 입각한 어떠한 공정성이나 객관성도 없이 제 마음대로 보도했다. 한술 더 떠 오열하는 유가족이나 방금 인양된 실종자의 모습에 카메라를 들이대는 무례를 무시로 저질렀다. 천박한 선정성이다. 세월호와 함께 언론의 공정성도 침몰했다. 그 결과, 기자들은 '기레기'라는 별칭을 훈장처럼 달아야 했다. 가장 중요한 것은 생명의 존엄성이 침몰했다는 사실이다. 이익 추구에만 매몰된 청해진해운은 제멋대로 배의 구조를 변경했고, 비용 절감을 위해 비정규직 선원들을 고용했다. 심지어 사고 당일 승선했던 선장마저도 대타로 고용된 비정규직이었다. 사고가 나자 선장은 회사와의 통화에서 승객의 안전이 아니라 오로지 보험 처리와 과적 처벌에서 책임을 면할 방도만 상의한 후, 자신은 팬티 바람으로 탈출했다. 인류의 해운사史에서 승객과 배를 버린 선장은 죄다 사형 등 중형에 처해졌다. 대한민국의 기업이 '자본의 시녀' 말고는 그 무엇도 아니라는 사실이 백일하에 드러났다.

'국가는 시민의 생명과 안전을 보호할 의무가 있나'는 것은 상식이나,

망각의 흔적에서 길어 올린 새로운 생명

무능한 국가의 책무 방기, 감독 기관의 안전 불감증, 오직 고속 성장의 이윤 추구 외에는 다른 생각이 없는 기업의 야만적 물욕이 결탁한 대한민국호는 침몰했다. 자유와 정의는 차치하고 기본과 상식만이라도 존중받는 나라는 한갓 꿈일 뿐이었다.

아직도 풀리지 않는 수수께끼를 품고 춥고 어두운 바다 속에 가라앉아 있는 세월호는 대한민국의 총체적 난국을 드러내며 많은 질문을 남겼다. 구조 매뉴얼은 깡그리 무시한 채 "가만히 있으라"라는 방송만 하다가 승객들을 그대로 수장시킨 까닭이 도대체 무엇이었는가? 왜 선장은 승객 구조에 앞서 제가 먼저 살겠다고 팬티 바람으로 도주해야 했는가? 구조한답시고 나타났던 헬기나 해경 경비정은 왜 시도도 하지 않고 바로 퇴각했는가? 멀쩡하던 배가 왜 갑자기 급변침을 해야 했고, 어떻게 그렇게 순식간에 침몰할 수 있었던 것인가? 당시 다른 배들은 모두 불순한 날씨를 빌미로 운항을 연기했는데, 왜 하필 세월호만 출항해야 했는가? 그 배에 승객들 외에 말 못 할 그 무엇이 실려 있기라도 했었던 것인가? 너무나 많은 의혹이 풀리지 않고 있다. 소유권 문제, 불법 개조와 관련한 한국선급*과의 커넥션 문제, 정치권력과 '청해진해운'과의 이해관계 문제, 구원파와의 관계 문제 등등. 세월호에서 '침몰하는 대한민국의 데자뷔'를 상상하는 것은 나만의 착각일까?

세월호와 함께 상실된 가장 큰 손실은 사회적 신뢰와 투명성을 담보하는 공공성이다. "가만히 있으라"는 명령과 지시에 따른 자는 수장되고, 그것을 거부하고 위반한 자는 생존할 수 있었던 상황을 어떻게 이해해야 할

● 한국선급(韓國船級, Korean Register of Shipping, KR)이란 우리나라 유일의 국제선박검사 기관으로 해상에서의 인명과 재산의 안전을 도모하고 조선 해운 및 해양에 관한 기술을 진흥하기 위해 설립되었고 직원이 1000명에 육박한다.

까? 법과 질서, 원칙과 정의 따위를 적극적으로 버려야만 살 수 있는 사회를 상식적으로 용인할 수 있을까?

세월호와 함께 진실은 수장되고, 슬픔은 거리에서 조롱받는다. 단식하는 유가족을 폭식 퍼포먼스로 조롱하는 '괴물'들에 맞서야 했다. 세월호 이후, 우리 사회는 여전히 변한 게 없다. 거짓과 위선, 그리고 진영 논리에만 갇혀 있는 정치권은 세월호의 솔루션을 하나도 내놓지 못하고 있다. 어언 4년이 다 되어감에도 세월호특별법은 누더기가 된 채 한걸음도 못 나가고 있고, 세월호 참사 특별조사위원회(이하 특조위)의 활동 시한 연장 요구는 받아들여지지 않았다. 원인 규명을 위해 특조위가 요구한 최소한의 "수사, 기소권을 가져야 한다"는 주장도 수용되지 않았다. 지루한 싸움은 지금도 이어지고 있다. 정부는 '세월호특별법'의 조속한 합의를 요구하며 농성 중인 유가족들을 물리력을 동원해 매몰차게 거리로 내몰았다. 정부의 오만과 편견만이 횡행하고, 관용을 불용하는 사회다.

지금까지 세월호의 원인에 대한 수많은 추측과 심판이 있었다. 대체적인 결론은 '선장과 승무원의 무책임', '과도한 화물 선적', '낡은 배의 운항', '해경의 초기 구조 실패' 등이라 한다. 국가적으로는 연안 해운 시스템이나 재난 안전 시스템 등 '시스템의 부실'과 '컨트롤타워의 부재'였다. 백번 양보하더라도 이것은 한마디로 대한민국의 실패로 단정 짓지 않을 수 없다. 원인 파악이 끝났으면 결과에 대한 수습이라도 제대로 해야 한다. 그러나 정부는 여전히 책임 모면에만 급급했다. 국가의 무능과 무책임에 대한 절망적인 확인을 넘어, 그 국가가 부추겨온 물신과 증오의 세상을 적나라하게 드러냈다. 사고 과정보다 사후 수습 과정은 더욱 지루하고 역겨웠다. 국가에 부여된 책무 이행을 위해서라도 어떤 난관에도 불구하고 유가족의 명예와 자존심을 위로하고 보호했어야 한다. 유가족이 "그만하라"고 하더라도 성무가 끝까지 나서서 책임졌어야 할 일이나. 특소위의 최통 톡

표가 보상금이 아니었음은 당시의 정부가 더 잘 알 터였다. 적어도 보상금을 둘러싼 이야기가 유가족의 마음을 다치게 하는 일은 철저하게 차단했어야 했다. 위안부 문제를 10억 엔의 돈으로 '불가역적 해결'을 하고 싶어 했던 박근혜 정부의 조급증과 무엇이 다를까? 돈으로 생명을 바꿀 수 있다고 여기는 그 정부는 얼마나 천박했고, 도덕의 최저선마저 외면한 국가는 또 얼마나 잔인했던가?

변화가 필요하다. 그러나 변화에 대한 위기나 두려움을 갖는 세력은 늘 존재한다. 기득권의 상실에 대한 두려움이다. 따라서 변화를 거부하거나 심지어 방해하는 세력이 더 많이 출현할 가능성은 충분하다. 그런 세력이 어디에 잠복해 있는지는 상식적으로 알고 있다. 정부, 언론, 정계, 재계, 학계, 법조 등 그 영역과 범위는 우리 사회 전체에 미만해 있다. 모든 것은 '답지 않은' 것들에서 기인한 것이다.

『논어論語』'안연顏淵' 편에 "군군신신부부자자君君臣臣父父子子"라는 구절이 있다. "군주가 군주다울 때 신하가 신하다울 수 있고, 아비가 아비다울 때 자식이 자식다울 수 있다"라는 의미다. 자신이 처한 자리의 역할과 자질에 오롯이 부합해야 만사가 제대로 돌아간다는 말이다. 한마디로 "다워야 한다"는 것이다. 국가 사회 전체를 놓고 볼 때, 염치없이 제 몸에 맞지도 않은 옷을 걸치고 있는 '가관可觀'들이 너무 많기 때문은 아닐까?

유가족뿐만 아니라 시민들도 함께 팽목항을 지키고 먹먹한 가슴 쓸어내리며 눈물지은 까닭이 무엇이었을까? 각박한 세상의 무한 경쟁 속을 달리는 사람들이라 할지라도 '생명에 대한 연민'과 '슬픔에 대한 공감' 능력은 퇴락하지 않았기 때문이며, 지켜주지 못한 미안함과 죄책감 때문이었을 것이다. 시민들을 정서적으로 연결해주고 있는 '연민'과 '선의'의 가느다란 공감이 아직 꺼지지 않았음을 확인할 수 있어서 얼마나 다행인가? 그리하여 그토록 잔인한 국가를 살아가야 했던 우리는 얼마나 더 불행했을까? 그러나 타인의 고통과 아픔을 공유·공감하고 세상을 직시할 줄 아는 정의로운 시민들이 있어 절망하기에는 아직 이르다.

세월호 참사 특별조사위원회의 「세월호 참사 피해자 지원 실태 조사 보고서」(2016.7.19)에 따르면 세월호 참사로 희생된 단원고 학생 유가족들의 외상 후 스트레스 장애 유병률은 56퍼센트에 달하며, 일반 국민 1년 유병률 0.6퍼센트에 비해 매우 높은 수준이다. 또 이들은 불면증과 같은 수면 장애(75.4퍼센트)와 두통(72.7퍼센트) 등 스트레스 관련 신체 증상을 겪고 있는 것으로 나타났다. 더 이상의 비극은 없어야 한다. "사람은 언젠가는 죽는다"라는 말은 어설픈 위로일 뿐이다. 피로감을 내세우며 "그만하면 되었다"고 타이르지도 말고, 힐링이니 치유니 함부로 이야기하지도 마라. 과거는 그렇게 쉽사리 잊히거나 사라지지 않기 때문이다. 자식의 죽음을 겪어보지 못한 부모라면 어떠한 말로도 그들의 아픔과 상실감을 대신할 수 없다. '괴물'이나 '짐승'이 아니라면 측은지심惻隱之心, 수오지심羞惡之心, 사양지심辭讓之心, 시비지심是非之心●을 지니고 있을 것이기 때문이다.

그러나 망각의 흔적에도 희망의 씨앗은 자란다. 지금 서서히 새로운 변화의 조짐을 감지한다. 아무리 '괴물'과 '짐승'들이 준동하는 세상이라도 희망은 있다. 새로운 공동체에 대한 가능성이다. 중국의 작가 루쉰魯迅 (1881~1936)은 헝가리 시인 페퇴피Petöfi(1823~1849)의 말을 인용해 "절망은 희망처럼 허망한 것"●●이라고 했다. 유가족과 일반인을 철저히 분할한 저

● 사단(四端)이란 유학(儒學)에서 인간의 본성을 가리키는 말이다. 선을 싹틔우는 네 개의 실마리, 즉 측은지심(어려움에 처한 사람을 애처롭게 여기는 마음), 수오지심(의롭지 못함을 부끄러워하고, 착하지 못함을 미워하는 마음), 사양지심(겸손하여 남에게 사양할 줄 아는 마음), 시비지심(옳고 그름을 판단할 줄 아는 마음) 등을 일컫는다. 인간이 본래부터 선한 마음을 가지고 있다고 주장한 '성선설(性善說)'의 기초가 되는 것으로 후에 인(仁)·의(義)·예(禮)·지(智)의 사덕(四德)으로 발전한다.

●● 루쉰의 산문 「희망(希望)」, 『들풀(野草)』(1925)에 실린 구절이다. "그런데 그 어두운 밤은 어

열한 정치 논리에도 불구하고 사람들은 고독한 슬픔을 딛고 일어선다. 망각을 거부한 시민들의 기억과 기록이 쏟아져 나오면서 '그라운드 제로'에 새로운 생명이 돋는다. "그래! 그때 슬픈 세월호가 있었지"라는 관성적 감성만 남아 아득한 망각의 심연으로 빠져들 것만 같았던 세월호. 그러나 시간이 흐를수록 더 명징하게 우리의 기억 너머에서 살아 돌아와 새로운 희망으로 현현한다. 유가족이나 작가들에 의해 망각의 흔적은 되살아나 시가 되고 르포*가 되고 영화나 다큐**가 되었다. 진정한 치유는 묵어야 조금씩 진행될 수 있는 것이다. 이제 달리던 걸음을 멈추고 지나온 길을 되돌아볼 때가 되었다. 허리 펴고 숨 돌리며 먼 미래를 바라보자. 바야흐로 우리의 삶도 더 이상 '성장'을 위한 속도에 매몰될 것이 아니라, 가치와 질을 숭상하는 '성숙'으로 진화해야 한다. 다시 사람으로 돌아가자!

그날 이후 유가족들은 정상적인 생활을 하지 못했다. 관심 어린 동정의 시선조차도 싫어했다. 사고도 판단도 불구가 된 듯한 자발적 자폐도 오래가지 못했고, 유가족들 중 대부분은 사표를 내야 했다. 아이를 화장하고 나서 곧바로 자살을 시도한 경우도 있었다. 삶의 무의미와 세상에 대한 절망 등으로 잠을 이루지 못한 채 선택하게 된 마지막 길이었을지도 모른다. 충격으로 몸과 정신에 새겨진 깊은 상처들, 자식을 잃은 슬픔을 넘은 지독한 그리움, 한배를 타고 가는 길에서 누구는 살고 누구는 죽었다는 배신감과 분노, 절망, 모욕, 다른 한편으로는 도움을 준 사람들에 대한 감사

디에 있는가? 지금은 별도 달빛도 없고 웃음의 허망함과 사랑의 너울거리는 춤도 없다. 청년들은 자못 고요하다. 그리고 나의 앞에서는 마침내 참다운 어두운 밤마저 없어지고 말았다. 절망이란 희망처럼 허망한 것이어라!'

* 『눈먼 자들의 국가』(2014), 『금요일에 돌아오렴』(2015) 『거짓말이다』(2016), 『세월호 그날의 기록』(2016), 『다시 봄이 올 거예요』(2016) 등.

** 〈다이빙 벨〉(2014), 〈나쁜나라〉(2015), 〈업사이드 다운〉(2016) 등.

그리고 깊은 깨달음……. 이는 유가족들이 대부분 겪은 감정이다.

스마트폰에 남겨진 아이들의 마지막 모습을 보면서 눈물을 흘리지 않고 분노하지 않을 시민은 없다. 두려움에 휩싸였을 상황이건만, 아이들은 침착함을 잃지 않았었다. 엄마, 아빠를 찾으면서도 선생님을 걱정할 줄 알았고, 옆 친구들에게는 선뜻 구명조끼를 양보했다.

> "우리 아들이 약간 겁먹은 얼굴로 있더라고요. 그런데 우리 아들이 거기서
> 친구들에게 구명조끼를 챙겨주고 있더라고요. 이렇게 무섭고 힘든 상황에
> 서도 아이들이 서로를 챙겼구나 싶었어요. 생존한 다른 친구들이 하는 말이
> 구해줄 줄 알고 아이들이 서로 밀치지도 않고 줄 서 있었대요."

시간이 지나 하나둘씩 돌아온 아이들의 시신. 수장 시간이 길지 않았던 초기에 발견된 아이들의 얼굴은 식별이 가능했다. 팽목체육관의 유가족들이 하나둘 짐을 싸서 떠나면서 새로운 두려움이 생겨났다. "우리 아이만 못 찾으면 어떡하지?", "죽었어도 좋으니 못 찾는 것보다는 찾아서 몸뚱이라도 만났으면 좋겠다." 시신이 돌아온 유가족은 오열하며 고맙다고 기도했다. "아들, 돌아와 줘서 고마워!" 그러나 이것이 감사해야 할 일인가? 시간이 지나면서 물에 오래 있었던 아이들은 유가족조차 알아볼 수 없는 모습으로 돌아왔다. 몇몇 유가족들은 아이들의 마지막 얼굴을 차마 보지 못했다.

2017년 3월 25일, 드디어 세월호가 침묵의 바닷속에서 뭍으로 올라왔다. 세월호 침몰에서 인양까지 근 3년 동안 국민은 세월호 유가족들과 함께 울고 웃었다. 일면식도 없이 단지 아픔을 공유한다는 사실만으로 연대와 공감을 보내준 많은 시민의 따뜻한 격려 속에서 유가족들은 천천히 어둠을 헤쳐 나오고 있다. 신세가 육시도 이동해 징밀 조사가 진행되면 미지

막 남은 미수습자들의 바람도 이루어질 것이다. 수많은 유가족, 미수습자 가족, 생존의 트라우마로 아직도 고통받는 생존자들, 그리고 국민……. 더러는 종교 안에서, 더러는 시민들의 뜨거운 공감과 연대의 힘으로 지탱해올 수 있었던 것은 아닐까? 아프면 아프다고, 힘들면 힘들다고 말하고, 울고 싶으면 크게 울어도 괜찮다고 다독이며 서로가 어깨동무하고 격려해왔으므로…….

 '부인否認과 망각의 바다를 헤엄쳐' 나온 세월호 아이들의 부모들은 이제 다시 길을 걷는다. 부정, 분노, 좌절, 용서, 희망으로 진화해가는 유가족. 그 속에서 서서히 가족의 중요성과 가까이 있던 사람들의 소중함, 몰랐던 사람들의 소중함을 느끼게 하고 있다.

박근혜 퇴진 운동이
'3차 시민혁명'인 이유[•]

윤지관

정권 퇴진 운동은 과거 독재 정권하에서도 빈발했다.
그러나 이번 경우처럼 대통령의 행태가
대다수 국민의 감정 구조까지 뒤흔든 적은 없었다.

최근 한국 사회의 격동은 우리 역사에서 또 한 번의 시민혁명이 진행되고 있다는 실감을 준다. 지난 토요일 서울 도심에 백만 명의 시민들이 광장에 운집해 촛불 파도로 장관을 연출했으며, 대통령 퇴진을 외치는 함성이 광화문 광장을 넘어 북악산에 메아리쳤다. 거리 곳곳에서 행진하는 시민들은 서로 마주 보며 환호했고, 자유 발언이 속출하는 토론회가 여기저기에서 열렸다. 이 대규모 촛불 집회의 목적은 헌정을 유린한 위정자들을 규탄하고 위기에 빠진 민주주의를 지키는 것이었지만 시민 문화 속에 응축된 에너지가 분출하는 축제처럼 보이기도 했다.

이 같은 혁명적 사태를 촉발한 일차 원인은 박근혜 대통령과 그 측근들

• "박근혜 퇴진 운동이 '3차 시민혁명'인 이유", ≪프레시안≫, 2016년 11월 19일 자.

이 저지른 권력의 사유화다. 최순실을 비롯한 비선 측근들이 연설문 수정 뿐 아니라 중요한 국정을 농단해왔다는 사실이 드러나면서 이들의 범법 행위가 단죄되고 대통령 자신도 퇴진 요구에 직면해 있다. 국민이 분노하고 허탈해하는 이유는 실정도 실정이거니와 자신의 손으로 선출한 대통령이 터무니없을 정도의 국기 문란을 일상적으로 저질러왔다는 사실 때문이다. 정권 퇴진 운동은 과거 독재 정권하에서도 빈발했다. 그러나 이번 경우처럼 대통령의 행태가 대다수 국민의 감정 구조까지 뒤흔든 적은 없었다.

검찰 수사와 앞으로 있을 특검 및 국정조사를 통해 그 위법 행위가 낱낱이 밝혀져야 할 것이고 대통령은 응분의 책임을 져야 할 것이다. 분명한 것은 대통령으로서의 권위를 상실하고 판단력에 심각한 불신을 받는 사람에게 군통수를 비롯한 국가의 안위를 맡길 수 없다는 점이다. 그러나 광장에 모인 백만의 함성과 야당, 시민사회, 일부 여당까지 포함한 정치권의 퇴진 요구에도 불구하고, 현재로서는 대통령은 스스로 물러날 뜻이 없어 보인다. 따라서 정치권에서 구상하고 있는 '질서 있는 퇴진'은 대통령의 하야 선언을 전제로 하기 때문에 당장의 해법이 될 수 없다. 현재의 정치 여건에서 당장 강제로 끌어내릴 방도가 없다면 가능한 방법은 탄핵밖에 없다.

그럼에도 야당은 탄핵을 추진하는 경우 시간적 지연, 헌재에서 부결될 가능성, 현 각료진의 유지, 여론의 역풍에 대한 우려 등을 들어 유보적인 태도를 보여왔다. 이 같은 미온적인 태도는 아이러니하게도 오히려 탄핵할 테면 해보라는 식의 일부 여당 및 청와대의 버티기와 병립한다. 그러나 어떤 정치공학적인 고려도 통치 자격을 상실한 대통령의 직무는 정지시켜야 한다는 원칙을 넘어설 수는 없다. 대통령이 저지른 일은 우리 헌법의 정신에 따라 탄핵의 대상이 되어야 마땅하다. 자진 퇴진을 거부하는 이상 정치권은 즉각 탄핵 소추에 돌입해야 할 것이다.

더 본질적인 것은 시민혁명의 모습으로 대두하고 있는 이 사회적인 힘이 어떻게 출구를 찾고 민주주의에 대한 민중의 열망을 현실 정치에서 구현해낼 수 있을지의 문제다. 당장에는 진상을 규명하고 이 국정 혼란을 수습하는 방안을 찾는 것이 우선일 수밖에 없다. 그러나 동시에 눈감아서는 안 되는 사실은 그간의 보수 집권 세력의 실정과 오만, 민주주의 퇴행, 부패와 기득권 구조의 공고화로 민중들의 고통이 극에 달한 현실이 촛불집회의 밑바탕에 깔려 있다는 것이다. 변화를 요구하는 흐름의 징후는 지난 총선 당시 무력하고 분열된 야당에 뜻밖의 승리를 안겨준 민의로 드러났다. 이번 사태에 대한 언론의 폭로가 대중의 정서에 불을 지른 저변에도 바로 이 변화의 흐름이 깔려 있다. 시민들의 이번 대규모 촛불시위는 '헬조선'으로 상징되는 경제적 불평등과 노동 탄압 등 민중 생활상의 요구와 결합되어 있는 것이다.

지금으로서는 자격 없는 대통령을 권좌에서 끌어내리는 것이 시급한 과제이고, 최순실 무리의 행태 자체에 관심이 쏠리는 것은 당연하다. 그럼에도 이 시민혁명의 흐름이 대통령 하야나 탄핵 소추, 혹은 2선으로 물러나는 것 등으로 종식되어서도 안 되고 그러지도 않을 것이다. 어떤 면에서 이번 시민혁명은 한국 역사에서 삼세번의 기회로 다가오고 있다. 즉, 현대사에서 시민의 직접 참여는 1960년 4월 혁명을 낳았고 1987년 6월 혁명을 거치면서 한국 민주주의 발전에 획을 그었다. 역사상 시민혁명을 야기한 민중의 요구는 동일하다. 우리 사회가 민주주의의 바탕 위에 경제적 평등과 정의를 실현하고, 민주주의를 근본에서 위협하고 있는 분단 체제를 극복하는 것이다.

4월 혁명은 학생들의 주도로 이승만 독재 정권을 무너뜨리는 데 성공했으나 혁명을 실천하는 데 미온적인 보수 정권을 낳았고 곧이어 군부 쿠데타로 그 이념 자체가 부정당했다. 6월 혁명은 군부독재를 종식시키고 문민정부 탄생의 기틀을 세웠으며 형식적 민주주의의 일정한 진전을 이루었다. 그러나 이른바 '87년 체제'는 애초 군부 기득권 세력과의 타협을 통해 구축되었던 만큼 늘 불안 요소를 안고 있었다. 결국 분단 체제에 기생하는 세력이 연속 집권하기에 이르면서 민주주의는 퇴행을 겪고 기득권 구조는 더욱 공고해지는 결과를 빚은 것이다.

2016년 11월 우리 사회는 세 번째의 시민혁명이 움트는 것을 지켜보고 있다. 유신 독재의 시기에 영부인 역할을 했던 박근혜 대통령의 추락은 지금도 남아 있는 유신 체제의 잔재와 적폐를 청산할 계기가 될 수도 있다. 아울러 박정희 이래로 부추겨지고 왜곡되어온 영호남 대립 구도를 통한 패권주의도 변화의 전기를 맞이할 수 있다. 앞으로 시민들의 변화 욕구가 어떻게 분출될지 아직은 미지수이지만, 이제 우리 사회는 지금까지 미완의 시민혁명을 한 단계 진전시킬 수 있는 중요한 변곡점에 서 있는 것이다.

1960년대 시인 김수영은 4월 혁명이 일어나고 한 달 후 쓴 시 「기도」에서, 뱀이나 쐐기나 쥐나 살쾡이가 득세하는 정글과 같은 사회 속에서 "이번에는 우리가 배암이 되고 쐐기가 되더라도/ 이번에는 우리가 쥐가 되고 살쾡이가 되고 진드기가 되더라도", "시를 쓰는 마음으로/ 꽃을 꺾는 마음으로", "우리가 찾은 혁명을 마지막까지 이룩하자"라고 기원했다. 현실 속에서 혁명은 그만큼 난관을 겪기 마련이지만, 시민으로서의 순수한 마음으로 스스로를 대면하면서 나아가자는 것이다. 김수영은 이후 혁명의 배신을 목격하면서 소시민이 되어가는 스스로를 자성하는 빼어난 시들을 썼다. 이제 50여 년의 세월을 넘어 우리는 다시 시민으로서의 위엄과 지혜를 바탕으로 우리 사회의 미래를 열어나가야 할 순간에 직면해 있다.

탄핵 이후 우리는
무엇을 할 것인가?[*]

이도흠

이명박-박근혜 정권 내내 노동 투쟁은
비정규직과 해고 노동자들이 주도했다.
이들 노동자들이 때때로 목숨까지 걸고
수백·수천 일을 장기 파업해도 언제나 '섬'이었다.

청와대 앞에서 8시간을 농성하고 광화문에서 시국 강연을 하던 필자를 독감으로 몰아넣던 추운 겨울이 가고 온갖 꽃들이 흐드러진 봄날이 되었다. 결국 박근혜는 탄핵에 이어 감옥에 갇히는 신세가 되었다.

에리카 체노웨스Erica Chenoweth 교수가 지적한 대로 3.5퍼센트인 180만 명을 넘어 220만 명의 시민이 광장으로 나와 비폭력 평화 시위를 하자 머뭇거리던 야당 의원은 물론 일부 여당 의원까지 탄핵 소추에 가담했고, 헌재의 탄핵 소추의 인용과 파면, 그리고 대통령의 구속으로 이어졌다. 이것만으로도 촛불은 혁명의 자격이 있다. 하지만 정치혁명을 넘어 사회혁명을 달성할 때 대혁명의 자격이 주어진다. 촛불이 대혁명이 되려면 아직

● "탄핵 이후, 우리는 무엇을 할 것인가", 《레디앙》, 2017년 4월 3일 자.

넘어야 할 산이 많이 남아 있다. 탄핵이 1단계라면, 2단계 정권 교체, 3단계 적폐 청산 및 사회 개혁, 4단계 노동 중심의 정의롭고 평등한 민주공화국으로서 대한민국의 건설로 나아가야 한다.

지배 동맹체를 해체해야 사회혁명으로 승화한다

박근혜가 구속되었지만, '박근혜 없는 박근혜 정권'은 계속 진행 중이다. 사드 배치처럼 국가의 운명이 달린 중대 사안은 물론, 내치와 외교 모두 달라진 것이 없다. 이재용이 구속되었지만 재벌의 야만을 규제하고 정경 유착을 해체하며 노동의 모순을 해소하는 그 어떤 정책이나 입법도 이루어지지 않고 있다.

1600만 명의 시민들이 촛불을 들고 대통령을 몰아냈어도, 자본, 국가, 보수 언론, 사법부, 종교 권력층, 어용 지식인 및 전문가 집단으로 이루어진 지배 동맹체는 조금도 균열되지 않은 채 견고하게 작동하고 있다. 조금 흔들리기는 했지만 지배 동맹체는 비정상적인 수구 반동을 털어내며 다시금 재빠르게 권력을 재정비하고 있다. 재벌, 보수 언론, 보수 관료와 지식인, 김앤장으로 이루어진 지배 동맹 세력에 김호기, 박명림, 김상조 등의 진보 인사까지 망라하고 홍석현 JTBC 전 회장과 이광재 전 강원도지사가 주도하는 '리셋 코리아'의 행보도 심상치 않다. 연이은 국정 농단의 근본 원인은 박근혜와 최순실이 아니다. 물론 최종 결정권자로서 박근혜와 최순실의 역할을 무시할 수는 없지만, 이 지배 동맹체의 유착이 너무도 견고한데 이를 견제할 수 있는 세력인 진보 정당, 노동, 언론, 시민사회가 지리멸렬했기 때문이다.

그동안 자본은 실정법까지 어겨가며 선량하고 성실한 노동자를 대량 해고하고 그 자리를 비정규직으로 채웠으며, 이에 항의하면 국가는 폭력을 가하고, 언론과 종교인은 종북이나 폭도로 매도하고, 사법부는 노동자를 구속하고 수십억 원대의 손해배상 청구 소송을 걸고, 어용 지식인과 전문가 집단은 경제위기설 등 자본과 정권에 유리한 담론을 확대 재생산했다. 이에 맞서야 할 자유주의 야당은 여당의 2중대로 전락했고, 진보 정당은 분열되고, 언론은 거세되거나 통제되고, 시민사회는 제대로 형성되지 못했으며, 노동자 집단은 계급의식과 연대 정신을 상실했다. 그러니 지배 동맹체는 이명박-박근혜 정권 내내 아무런 견제를 받지 않은 채 야만적인 폭력과 착취를 행하고 부패와 부조리를 마음껏 자행했으며 시민과 노동자의 요구를 수용하기는커녕 반노동 정책을 강행했다.

이명박-박근혜 정권 내내 노동 투쟁은 비정규직과 해고 노동자들이 주도했다. 이들 노동자들이 때때로 목숨까지 걸고 수백, 수천 일을 장기 파업해도 언제나 '섬'이었다. 실례로 2013년 2월 11일 시점에서 코오롱은 2912일, 영남대 의료원은 2438일, 콜트콜텍은 2202일, 재능교육은 1878일, 3M은 1358일, 대우자동차판매는 749일, 유성기업은 632일, PSMC(구 풍산마이크로텍)은 462일, 골든브릿지투자증권은 292일, JW생명과학은 239일째 농성 중이었다. 드물게 투쟁에서 승리한 노동자도 있었지만, 강고하고 지난한 투쟁에 비해 얻은 것은 별로 없었다. 다른 요인도 있지만, 굳건하게 결속한 지배 동맹체에 비해 투쟁하는 노동자들은 언제나 새 발의 피였기에 자본이 조금도 양보하지 않았던 것이다.

이는 다른 분야에서도 마찬가지였다. 정권은 별다른 견제 없이 역사 교과서 국정화, 사드 배치 강행, 위안부 할머니에 대한 밀실 야합, 개성 공단 폐쇄, 문화·예술인 블랙리스트 작성, 노동 배제와 탄압, 언론과 인터넷 통제 등 반민주적·반민중적·반민족적 정책을 감행했으며, 서슴지 않고 국민을 '개, 돼지'로 호명했다. 세월호 참사가 일어나 절대다수의 국민이 "이세 나라냐?"라며 박근혜 정권을 신랄하게 비판하고 혁명적 수준의 개혁을 요구해도, 야당의 헛발질로 재보궐선거에서 승리하자 대통령이 국민 앞에서 약속한 조사와 개혁책마저 모르쇠로 일관하고 외려 세월호 유가족을 조롱하고 탄압했다. 이런 안하무인식의 폭정은 결국 국가 폭력에 의한 백남기 농민 살해로 이어졌다.

이런 사례들은 지배 동맹체의 해체나 교체 없이 대한민국의 진정한 민주주의는 요원하며 촛불도 탄핵 이상의 성과를 거두기 어려움을 뜻한다. 그렇다면 정권 교체가 이를 담보할 수 있는가. 만약 안철수 후보가 개헌을 빌미로 김종인, 정운찬, 홍석현이 만든 제3지대 텐트에서 보수와 연합하면 선거판을 뒤흔들 정도로 엄청난 폭발력이 생기겠지만, 지금 상황에서만 보면 문재인 후보가 대통령에 당선될 가능성이 크다. 하지만 다음 정권이 재벌 개혁, 사법 개혁, 언론 개혁, 정치 개혁을 올바로 수행해 지배 동맹체에 균열을 가하고 신자유주의 체제를 극복할 정책들을 실행할 가능성은 아주 낮다고 본다. 2월 임시 국회에서 촛불의 압박, 여소야대, 여권의 분열, 국민의 전폭적인 지지 등 엄청나게 좋은 여건임에도 단 한 건의 개혁 입법도 통과시키지 않았다. 민주당은 국회 선진화법과 여당 탓만하면서 적극적으로 이를 추진하지 않았다. 박근혜에게 패배한 지난 대선에서도 민주당은 중도 프레임에 젖어 있더니 시민들이 혁명을 이룬 상황에서도 촛불의 의제를 수용하지 않은 채 이 프레임에 충실한 대선 공약을 유지하고 있다.

분단 모순, 대미 종속을 비롯한 국제 관계 등 구조적 요인, 민주당의 약한 권력과 여소야대의 국회 구도, 좌고우면하는 개인의 품성, 집권 이후 대항마의 위상을 차지할 보수 세력 등과 더불어서 이런 요인들은 민주당으로의 정권 교체가 정치적 민주주의를 조금 확대하고 상식적인 정치를 복원하는 것 이상의 개혁을 이루어내기 어려우리란 추론에 신빙성을 더한다.

주관적·객관적 조건은 혁명의 상황

이제 우리는 무엇을 어떻게 할 것인가. 먼저 주관적·객관적 조건을 따져 보자. 지금 온 국민의 관심이 박근혜-최순실이 빚은 국정 농단에만 초점이 맞추어져 있지만, 한국 사회는 신자유주의 체제로 빚어진 모순의 극단에 있다. 경제는 거의 공황 상태다. 가계 부채는 임계점이라는 1300조 원을 넘어서서 1500조 원을 돌파했다. 2016년 우리나라의 명목 GDP(1637조 4000억 원) 대비 가계 부채(1565조 8000억 원, 비영리단체 포함) 비율은 95.6퍼센트나 된다. 작년 3분기에 제조업은 -1.0퍼센트 성장을 했고, 적금 해약은 45.2퍼센트인 259만 건에 달했다. 양극화는 더욱 심화되어 상위 1퍼센트가 전체 종합소득의 22.9퍼센트, 상위 10퍼센트가 55.5퍼센트를 가져갔으며, 근로소득은 상위 1퍼센트가 전체 소득의 6.41퍼센트, 상위 10퍼센트가 27.8퍼센트를 점유했다. 이 상황에서 국민 대다수가 생존 위기에 놓여 있다. 1100만 명의 비정규직 노동자가 같은 일을 하고도 절반의 임금밖에 받지 못하면서 그나마 언제 잘릴지 모른다는 불안감과 공포 속에서 생을 연명하고 있다. 720만 명의 자영업자 가운데 절반이 100만 원도 벌지 못한 채 빚만 키우고 있고 매년 80만 명, 5년 안에 70퍼센트가 폐업하고 있으며, 이도 여의치 않아 다단계 판매로 나선 572만 명 가운데 78퍼센트가 단돈 1원도 벌지 못했다. 노인 가운데 45퍼센트가량이 빈곤 상태에 있으며 청년의 절반이 백수로 거리를 떠돌고 있다. 이런 경제 상황에 더해 대미 종속 구조나 분단 모순이 그대로 상존하며, 사회는 권위적이고 종북 담론과 반북·친미 이데올로기는 아직 대중에게 상당한 영향을 미친다. 무엇보다도 앞에서 말한 대로 지배 동맹체는 견고하다.

주관적 조건을 보면, 촛불 시민의 모순 심화에 대한 인식과 저항은 사회 변혁을 이끌 수준에 있다. 이들은 주권자로서 시민의식도 높고 사회 모순에 대해 어느 정도 인식하고 분노하고 있으며 사회적 약자에 대한 공감과 연대감도 뛰어나다. 무엇보다도 박근혜의 탄핵과 구속으로 승리감과 성취감도 높다. 이들은 개발 독재, 자본주의 체제, 신자유주의 체제, 분단 체제가 빚은 모순에 분노하고 있다. 헌법 제1조 "① 대한민국은 민주공화국이다. ② 대한민국의 주권은 국민에게 있고, 모든 권력은 국민으로부터 나온다"에 대해 구체적으로 각성해 정권에 맞서서 항의하고 대통령도 끌어낼 수 있다는 인식을 한 주권자로서 시민들이다. 박근혜 정권을 통해 대의 민주제의 문제점을 통렬하게 느낀 터라 직접 및 참여 민주주의에 대한 욕구가 강하다. 이성적 인식을 바탕으로 조직에 의해 행동하는 아날로그 세대와 공감을 바탕으로 SNS를 매개로 자율적으로 움직이는 디지털 세대가 결합했다. 여러 사회 모순과 연이은 국정 농단에 대한 분노만이 아니라 그동안 바다에서, 공장에서, 거리에서 죽은 이들에 대한 공감을 바탕으로 연대하고 있다. 이들은 평등과 공공성을 추구하고, 개인의 존엄, 여성 및 소수자 혐오에 민감하게 반응한다. 이에 나는 이들을 1987년 체제의 시민과 분명히 구분되는, 자기 앞의 세계의 모순에 분노하고 저항하면서 타자의 고통에 공감해 연대하는 새로운 주체●의 탄생으로 해석한다.

이들이 이번 촛불 혁명의 주체이기는 하지만, 너무 과대평가해서도 안된다. 이들의 정치의식과 사회의식이 고양된 것이 사실이지만, 아주 높은 수준으로 보기는 어렵다. 진보 정당이 분열되어 있는 한계가 있고 일부

● 필자 용어로, '눈부처 주체'를 의미한다. 이성을 바탕으로 자기 앞의 세계의 의미를 해석하고 세계의 부조리에 맞서서 실천하는 근대적 주체는 계승하되, 이것이 동일성에 포획되어 약자를 타자화해 배제하고 폭력을 행사하며, 심지어 때로는 대량 학살을 하면서 동일성을 강화하는 것은 지양하는 주체. 상대방의 눈동자에 맺힌 내 모습인 눈부처를 보는 순간 주와 객의 구분이 무너지고 상대방과 공존하려 하고 더 나아가 동일성을 해체하며 고통받는 타자에 대한 공감과 자비를 바탕으로 그와 연대하는 주체를 눈부처 주체라 한다.

이재명 후보의 지지로 이동한 데서 기인하지만, 촛불 시민들 대다수가 신자유주의 모순에 분노하면서도 이 모순의 극복을 내세우는 진보 정당의 지지율은 별로 상승하지 않았다. 상당수가 신자유주의 모순에 감정적으로 분노하면서 이에 대한 첨예한 사회의식으로 전환하지 못하고 있다. 박근혜-최순실의 비정상적인 국정 농단에 대한 감성적인 분노를 정치의식으로 변환하지 못하고 있기도 하다. 이들은 평등과 공공성을 요구하면서도 신자유주의 체제나 자본주의 체제의 극복이나 해체를 지지하지는 않는다. 기성 정치만이 아니라 시민사회단체나 진보 진영에 대해서도 불신하고 있으며, 지도와 피지도 모두에 거부감을 드러낸다. 한마디로, 이들은 아직 시민사회나 집단적 정치 조직화를 하지 못한 불안정성에 있다.

평등과 공공성을 지향하는 민주공화국으로서 노동 중심의 생태 복지국가가 대안

이런 주관적·객관적 조건하에서 우리는 몇몇 권력 엘리트층이 권력과 자본을 독점하면서 모두 구할 수 있는 304명을 수장시키고, 그 여섯 배에 달하는 노동자들을 매년 산업재해 사고로 사망하게 만드는 나라를 변혁하는 일에 모두가 나서야 한다. 이제 바다에서, 공장에서, 거리에서, 학교에서 억울하게 죽는 이들이 더 이상 나오지 않아야 한다. 열심히 일하면 흙수저도 행복한 나라가 되어야 한다.

우리가 지향해야 할 나라는 평등과 공공성을 지향하는 노동 중심의 생태 복지국가다. 이제 이윤과 효율보다 생명과 자연, 인권을 소중히 여기며 지속 가능한 발전을 추구하는 평화롭고 안전한 대한민국으로 전환한다. 양적 발전보다 삶의 질, GDP보다 국민의 행복 지수, 경쟁보다 협력, 개발보다 공존, 기업 하기 좋은 나라보다 노동하기 좋은 나라, 한 사람의 열 걸음보다 열 사람의 한 걸음을 지향하는 나라로 바꾼다. 나만의 빵과 행복이 아니라 모두를 위한 빵과 행복을 추구해 신자유주의를 극복한다. 이에 모든 모순의 고리인 재벌해체부터 단행한다. 단기적으로는 최저임금 1만 원과 기본소득을 실시하고 장기적으로 비정규직과 정리 해고를 단계적으로 철폐하고, 의료와 주택, 교육, 철도를 공공화하고 이를 뒷받침하기 위해 조세 혁명을 단행한다. 구조적 폭력을 제거하고 적극적 평화를 이루고 개성 공단을 세 곳 이상 세워 활성화하고 핵과 평화 협정을 맞바꿔 한반도 평화 체제를 수립한다. 국정원, 국세청 등 국가 권력기관과 검찰을 시민의 통제 아래 두고 권력 엘리트의 독점을 해체하고 대의민주제에 숙의민주제와 참여민주제를 종합한다. 대학 서열화를 해체하고 대학 입시를 철폐해, 서로를 악마화하며 경쟁과 탐욕을 증대하는 교육에서 모두가 공감하고 협력하는 교육으로 전환한다.

일터의 민주주의를 이루고 곳곳에 광장을 건설하자

이를 달성하려면 '일터의 민주주의'를 이루어야 한다. 개인적으로는 '우리 안의 박근혜와 최순실'을 성찰하며, 상대방과 역학 관계에서 내가 갑일 때 갑질을 하지 않고 을일 때는 부당한 권력에 저항하는 것을 습관화해야 한다. 노동조합과 직장과 학교에서 모든 독점과 갑질을 일소하고 아래로부터 민주화를 이룬다. 온라인이든, 오프라인이든 곳곳에 광장과 공공 영역을 만들고 촛불을 통해 확고한 주권 의식을 형성한 시민과 노동자, 농민이 스스로 조직화한다. 조직화한 시민과 노동자와 농민이 그 광장에서 '성찰 없는 과거는 미래가 된다'는 생각으로 무엇이 '헬조선'으로 만들었는지 반성하고, '실천하는 상상은 현재가 된다'는 생각으로 새로운 대한민국을 건설한다.

  지금 당장 해야 하는 것은 대선 국면에서 야권과 언론을 압박하고 담론

투쟁을 전개해 재벌 개혁, 검찰 개혁, 언론 개혁, 정치 개혁 등 사회 대개혁을 노동자와 민중의 입장에서 더욱 진보적으로 구현하며, 야당의 대선 후보에게 6대 적폐 청산 및 100대 촛불 개혁 과제, 노동 및 진보 의제를 정책으로 수용하도록 압박해 야권과 진보의 승리를 견인하는 것이다. 이것이 이루어지지 않으면 대선 이후에도 이를 밀고 가는 운동을 대대적으로 전개한다.

시민사회를 조직화하려면 세 가지 경로가 필요하다

우선 촛불 시민들은 최소한 한 시민사회단체, 노동단체, 노동조합에 가입하자. 단체들은 적극적으로 선전전을 펼치고 시민들은 자신의 가치관과 이념, 취향에 따라 한 단체나 조합에 가입하자. 각 단체나 조합 또한 패권이나 권력 독점을 일소하고 모든 것을 아래로부터 수렴하는 시스템을 만들자. 그리하여 단체와 노동조합의 양적 확대를 추진하고 이를 기반으로 질적인 변증법적 전환을 이루는 것이 필요하다.

곳곳에 광장을 건설해 풀뿌리를 튼실하게 엮어내자. 그동안 진보는 풀뿌리 없이 몇몇 명망가나 활동가 중심으로 열매만을 따내려 했다. 온라인이든 오프라인이든, 곳곳에 광장을 만들어 이를 공공 영역으로 바꾸고 여기서 공론을 형성하자. 그 자리에서 독재 9년 동안의 고루한 운동을 반성하고, 새로운 패러다임에 입각한 상상과 의지로 적(노동)·녹(생태)·보(여성 및 소수자)가 연대하는 진보의 풀뿌리를 튼실하게 구성하고, 더 나아가 광장을 코뮌화하자.

스페인의 포데모스처럼 시민들의 의사를 민주적으로 수렴하고 이를 정책으로 전환하는 온라인 플랫폼을 만들자. 이 플랫폼을 통해 사회 개혁을 녹표도 정책을 개밀하고 토론하고 소통하면서 이를 정책과 법으로 세도

화하자. 이를 토대로 시민의회, 시민정부를 만들어 정의롭고 평등한 민주
공화국을 구현할 수 있는 헌법을 새롭게 제정하자. 그럴 때 비로소 세월
호에서, 쌍용자동차에서, 거리에서 억울하게 죽은 이들이 지상정토를 바
라보며 고이 눈을 감을 수 있으리라.

촛불
혁명[•]

곽차섭

'촛불'이 지닌 상징성 역시 특별한 데가 있다.
그 하나하나의 빛은 미약하지만,
광장에 모인 수십만의 촛불들은 감히 누구도 끌 수 없는 하나의 광휘였다.
그것은 열려 있는 광장의 빛이었다.

1688년 11월 1일, 오라네 공 빌렘 3세가 이끄는 대규모 함대가 비밀리에 홀란드 서부의 군항 헬레부츨라위스를 떠나 잉글랜드 남동부 해리치로 향한다. 빌렘은 에스파냐에 대한 항전을 통해 네덜란드 공화국 시대를 연 빌렘 1세의 증손자로, 할아버지 이래 네덜란드의 최고 수장인 스타트하우더 직에 있었다. 11월 5일, 바람과 안개로 우여곡절을 겪은 끝에 빌렘의 함대는 원래의 방향과는 거의 반대편인 잉글랜드 남서쪽 토베이의 한 어촌 마을에 상륙한다.

빌렘의 군대는 약 1만 5000명 정도였고 이에 맞선 제임스 2세의 잉글랜드군은 그 두 배였다. 게다가 그는 오촌 아저씨뻘인 프랑스 왕 루이 14세

[•] "촛불 혁명", ≪부산일보≫, 2017년 3월 22일 자.

의 재정 지원까지 받고 있었다. 하지만 전투는 싱겁게 끝나고 만다. 양쪽이 실제 벌인 전투는 단 두 번에 불과했고, 12월 9일에 벌어진 본격적인 리딩 전투에서의 사상자도 도합 수십여 명에 지나지 않았다. 잉글랜드의 패인은 군대의 전력이 아니라 민심에 있었다. 휘하의 주장主將들이 전투도 하기 전에 속속 빌렘 쪽으로 전향해버렸고, 심지어는 자신의 딸 앤까지도 여기에 가담했다. 의기 상실한 제임스는 전투다운 전투도 해보지 못한 채 프랑스로 도피하고 말았다.

네덜란드가 잉글랜드를 공격한 배경에는 제임스 2세에 대한 잉글랜드 국교파(영국식 프로테스탄트)의 강력한 의심이 자리 잡고 있었다. 그들은 제임스가 가톨릭과 절대주의 쪽으로 선회할 것이라고 우려했다. 잉글랜드는 헨리 8세의 프로테스탄트 개혁 이후 끊임없이 가톨릭과의 분쟁이 지속되어오던 곳이었다. 절대왕권을 지향하는 궁정파(종종 가톨릭)와 그것에 저항하는 지방파와의 갈등은 불에 기름을 부은 격이었다. 일찍이 왕권신수설을 주장한 제임스 1세를 이은 아들 찰스 1세는 결국 퓨리턴 혁명에서 올리버 크롬웰에 의해 유럽 최초로 신하에 의해 죽임을 당한 왕이 되었다. 그의 아들 찰스 2세는 크롬웰 사후에 겨우 왕위에 올랐으나 가톨릭 전향에 대한 의심은 계속되었다. 찰스 2세의 동생으로 그의 뒤를 이었던 제임스 2세 역시 의회와 권력 투쟁을 벌인 지 불과 4년 만에 폐위되면서 왕권을 빌렘과 자신의 친딸 메리에게 넘겨주고 말았다.

이듬해인 1689년, 의회는 권리장전을 선포해 의회의 동의 없는 법률 제정 및 평화 시의 군 징집을 금지하고, 국민의 자유로운 청원권, 의회 선거의 자유, 의회에서의 언론 자유를 보장하며, 과도한 보석금이나 벌금 및 형벌 금지를 명시했다. 이로써 이른바 명예혁명이 완성된 것이다. 명예혁명은 절대왕권주의의 종식과 의회정치의 확립이라는 측면에서 영국사를 넘어서는 역사적 의의를 가진다. 이는 이후 1776년의 미국 독립선언과

1789년의 프랑스 인권선언에도 큰 영향을 끼쳤다. 국민의 인권과 행복과 가치의 보장을 규정한 한국의 헌법 제2장(국민의 권리와 의무) 역시 그 연장선상에 있다.

　최근 우리 모두가 지켜보고 경험한 촛불 혁명은 한국판 21세기 명예혁명이다. 그것은 분명히 17세기 영국인들이 시발한 인권에 대한 인류사적 유산을 이어받고 있다. 이는 또한 대통령 탄핵 심판이라는 극적인 사건을 통해 그동안 명목상으로만 존재하는 것이 아닌지 의심받던 법치주의가 앞으로는 현실적으로도 작동할 것이라는 희망을 주었다. 게다가 촛불 혁명은 모든 계급과 성별을 아우르는 밑으로부터의 자발적 비폭력 저항운동이라는 점에서 세계 민주주의 역사에서 더 각별한 의미가 있다. '촛불'이 지닌 상징성 역시 특별한 데가 있다. 그 하나하나의 빛은 미약하지만, 광장에 모인 수십만의 촛불들은 감히 누구도 끌 수 없는 하나의 광휘였다. 그것은 열려 있는 광장의 빛이었다. 같은 광장에 (성조기와 함께) 넘실 댄 태극기는 그저 국가주의와 파시즘의 망령으로 전락해버렸으나 촛불은 모여서 어느덧 민주주의를 밝히는 횃불로 하늘 높이 불타올랐다.

포획된 국가, 그리고
포획된 민주주의[•]

이병천

대한민국의 3대 미스터리에 대한 이야기가 널리 퍼졌다.
박근혜의 창조 경제, 안철수의 새 정치,
그리고 북한 김정은의 속마음이 바로 그것이다.

나라 안팎으로 우리 삶의 지축을 뒤흔드는 초대형 미스터리가 터졌다. 세
계와 대한민국 모두 더 이상 구체제의 모순을 참을 수 없다는 분노의 대항
운동countermovement이 일어나 새로운 변화의 분기점에 들어섰다. 다시 시대
정신이 변했다. 그러나 새롭다고 해서 곧 민주적·진보적인 것은 아니다.
일찍이 칼 폴라니Karl Polanyi가 자본주의 시장 사회와 사회 보호를 위한 대
항 운동 간의 이중 운동에 대해 말한 것처럼 오늘의 새로운 변화는 매우
다기한 방향으로 열려 있다. 우리는 지금의 변화가 혼돈, 불확실성, 심지
어 어지러움을 내포하고 있다는 것을 알아야 하며 거역할 수 없는 변화의
격류를 슬기롭게 순항시켜야 할 과제를 안고 있다.

● "대한민국은 '약탈적 포획 국가'", ≪프레시안≫, 2016년 11월 28일 자.

트럼프의 집권과 세계화의 균열, 한국에 주는 함의

패권국으로서 위상 때문에 미국의 문제는 곧 세계의 문제가 된다. 일찍이 '변화'라는 말을 유행시켰던 버락 오바마가 역사의 무대에서 퇴장하고 도널드 트럼프의 새 시대가 열렸다. 어느 누가 미국 대선에서 인종주의와 신고립주의 깃발을 높이 치켜든 막말 '저질' 트럼프가 승리할 줄 알았을까. 전체 득표수로 힐러리 클린턴이 200만 표나 앞선 것은 분명히 간과할 수 없는 부분이다. 그러나 그것만으로 트럼프 승리의 의미를 덮을 수는 없다. 노벨 경제학상 수상자이며 미국의 대표적인 진보 경제학자 폴 크루그먼Paul Krugman은 "우리가 모르는 우리나라Our unknown country"라는 글을 써서 화제가 되었다. 그렇지만 이 일급 경제학자는, 미안한 말이지만, 힐러리가 왜 패배했는지, 왜 트럼프가 승리했는지 잘 모르는 듯하다. 인종주의자 트럼프에 대한 그의 비판은 분명히 적절한 것이다. 그러나 그는 친민주당 계열의 진보 지식인과 미국식 '진보적 자유주의(경제학으로는 네오케인지언)'의 한계도 동시에 드러내고 있으며 세계화와 과잉 시장화, 월가 중심의 금융 주도 축적 체제가 미국에(전 세계는 별개로 하고) 어떤 심각한 화禍와 불화不和를 불러왔는지 제대로 알지 못하거나 모른 체한다.

러스트 벨트rust belt(중서부 공업 쇠락 지역)에서 분노한 저학력 백인 노동자들의 지지가 트럼프 승리의 결정적 요인이 되었다는 소식은 매우 의미심장하다. 힐러리의 마지막 보루였던 미시간주마저 무너졌다. 1990년대 '신경제' 호황이 끝나면서 무리하게 재구축된 2000년 이후 대대적 규제 완화 정책과 금융-부동산 거품 축적 체제가 심화되는 동안, 무려 500만 개 이상의 일자리가 격감했을 정도로 미국 제조업이 붕괴되었다고 한다. 이른바 '제2차 탈산업화' 현상이다. 트럼프는 '메이킹 인 아메리카' 정책으로 이 위기 상황을 반전시키겠다고 약속했다.

미국의 이런 변화와 신자유주의 세계화의 균열상은 결코 강 건너 남의 이야기가 아니며 한국에 주는 함의도 매우 크다. 1997년 외환위기를 전후해 세계화 및 신자유주의 '미국 표준'의 길에 적극적으로 편승했던 지난 정부(개혁, 보수를 통틀어)는 물론, 다시 대권을 도모하고 있는 여러 정치 세력들, 장차 들어설 한국의 신정부도 트럼프의 승리와 지난번 영국의 브렉시트가 말해주는 심대한 변화의 의미를 진지하게 받아들여야 할 것이다. 그저 '국민 성장'이나 '공정 성장' 등과 같은 밋밋한 말로 답할 수 있는 상황이 아닌 것 같다.

박근혜-최순실 게이트와 거꾸로 돌아간 한국 민주주의 시계

목하 대한민국에서 일어나고 있는 새로운 변화는 미국과 모양새가 크게 다르다. 트럼프가 미국의 새 변화(매우 뒤틀린 변화)를 이끌 떠오르는 주인 공이 되었다면 박근혜는 내려와야 할 주인공, 더러운 게이트의 주인공이 되었다. 더 정확히 말해 국민으로부터 위임받은 신성한 주권, 민주적 책임 국가의 공공성을 비선의 사인私人이 사유화하도록, 그 사익 추구를 위해 공공성을 넘겨주며 헌정을 유린하고 삼성을 비롯해 거대 재벌의 하수인 역할을 하며, 서로 한 몸처럼 뒤얽힌 정경 유착 관계의 한가운데에 있는 주인공이다.

유신 독재자였던 아버지 박정희의 명예를 회복하겠다고 정치에 뛰어든 이래 그의 후광에 절대적으로 힘입고 수구-보수 세력의 등에 업혀 최고 권력자 자리를 '상속'받다시피 한 대한민국 18대 대통령 박근혜, 그는 이미 수차에 걸쳐 국정을 농단했고 국민을 배신한 바 있다. 그러던 그가 오늘날처럼 헌정을 유린하고 국가 공공성을 공동화空洞化시킨 타락한 권력자로 몰락할 줄이야. 알 만한 자들은 알고 있었을 것이다. 그러나 이 정도일

줄이야. 1987년 체제가 여러 대목에서 심각한 '결손 민주주의'로서의 한계를 갖고 있는 점에 대해서는 이미 여러 반성적 지적들이 있었다. 그렇다고 해도 나라가 이렇게 국가 사유화와 정경 유착으로, 박근혜-최순실-재벌이라는 '삼각 동맹'으로 얼룩진 저질 불량 국가로 굴러 떨어질 줄이야. 우리는 언제, 어디서, 어떻게, 왜 길을 잘못 든 것일까.

대한민국의 박근혜 미스터리는 미국의 트럼프 미스터리에 비해서 훨씬 알기 쉽다. 우리는 폴 크루그먼처럼 "우리가 모르는 우리나라"라는 글을 쓸 필요는 없겠다. 박근혜 정부 집권 초기였던 것 같다. 누리꾼들 사이에 대한민국의 3대 미스터리에 대한 이야기가 널리 퍼졌다. 박근혜의 창조 경제, 안철수의 새 정치, 그리고 북한 김정은의 속마음이 바로 그것이다. 한동안 박·안·김, 세 사람은 모호함 뒤에 숨어 덕을 좀 본 것 같다. 그러나 이제는 그 정체가 거의 다 밝혀졌다. 창조 경제든, 새 정치든, 속마음이든 그것들은 더 이상 미스터리가 아니다. 진짜 풀어야 할 미스터리는 세월호 참사 당일 박근혜의 7시간이다. 그때 대통령이 청와대 집무실에 출근도 하지 않고 관저에 틀어박혀 뭘 했는지, 어떤 중한 일이 있었기에 막중한 책임을 방기하고 사고를 대참사로 번지게 만들었는지, 배가 완전 침몰한 후 7시간 만에야 중앙재난안전대책본부에 나타나 "학생들은 구명조끼를 다 입었다고 하던데 발견하기가 그렇게 힘듭니까?"라고 생뚱한 말을 했는지 궁금하다.

세월호 7시간 미스터리뿐만 아니라 박근혜-최순실이 나라를 어떻게 '창조적으로' 망쳐놓았는지, 이들에 의한 국가 사유화와 권력 재벌 간 정경 유착의 실상 및 그 성격에 대해 여전히 풀리지 않은 부분, 논란되고 토론도 해야 할 부분이 많다.

법률적 시각에서 볼 때 검찰이 박근혜를 피의자(피해자가 아니라)로 명시한 것은 일보 진전이다. 아직은 직권남용 및 강요죄(53개 대기업 징내로 미르재단과 K스포츠재단 설립 출연금을 강제로 모금한 것 등 여섯 가지 혐의)와 공무상 비밀 누설죄(정호성과 공범 혐의)만 적용되었을 뿐이다. 가장 중한 뇌물죄는 빠져 있다. 그리고 재벌은 박근혜-최순실 게이트의 공범인데도, 즉 박근혜가 그간 재벌 하수인 역할을 해왔을뿐더러 두 재단 설립 및 중요 사건들, 친재벌 정책들에서 재벌이 뇌물을 제공하고 그들의 숙원 사업을 처리해주는 특혜적 정경 유착 공생 관계였음에도 뇌물공여죄를 빼놓은 것은 물론 모금을 강요당한 '피해자'로 만들어놓았다.

민주사회를 위한 변호사모임(이하 민변), 참여연대 등 시민단체에 따르면 박근혜의 피의 사실은 모두 일곱 가지인데, ① 군사 기밀 누설죄, ② 외교상 기밀 누설죄, ③ 공무상 비밀 누설죄, ④ 대통령 기록물 무단 유출죄, ⑤ 수뢰죄 또는 (제삼자) 뇌물 제공죄(미르재단, K스포츠재단 설립 행위 등 관련), ⑥ 직권남용죄, 강요죄, 위력에 의한 업무 방해죄, ⑦ 뇌물공여죄 또는 제삼자 뇌물공여죄, 특별 경제 범죄 가중처벌 등에 관한 법률(업무상 배임) 위반, 뇌물수수죄(삼성물산과 제일모직 합병 사건 관련) 등을 포함한다.

현행법상 직권남용과 공무상 비밀 누설죄는 상식 밖으로 형량이 가볍기 때문에 이후 검찰 수사에서는 뇌물죄의 적용 여부가 핵심 쟁점이다. 시민단체는 이미 박근혜 대통령과 재벌 총수들을 뇌물죄, 제삼자 뇌물공여죄로 형사 고발한 상태다. 그리고 국회에서 그간 미루고 있던 대통령 탄핵 절차에 들어갔는데 탄핵 소추안에는 검찰 공소장과 달리 비선 실세에 의존한 위헌 행위를 우선적으로 명시하고, 직권남용 및 공무상 기밀 유출뿐만 아니라 제삼자 뇌물죄도 포함시킬 것이라고 알려졌다.

박근혜 정권, 강한 국가 혹은 약한 국가?

그런데 여기서 나는 국가 사유화의 정치경제학이 법률적·법학적 시각을 넘어서야 한다는 것을 말하고자 한다. 법률적으로는 뇌물죄의 죄질을 가장 무겁게 본다. 물론 그것은 실로 중대한 문제다. 하지만 비판사회과학의 관점에서는 공공의 국가가 허약한 '비선 국가'가 된 사실에 주목해야 한다. 즉, 위임받은 민주적 책임 권력의 공공성과 공적 시스템이 비선 사인에 의해 실질적으로 사유화·공동화된 것, 국민이 위임한 대통령의 헌법적 통치 권한이나 내외 주권의 중요 부분이 비선 사인에게 실질적으로 '이양'되고 그의 사익 도모 수단으로 전락한 것이 중요하다.

박근혜가 비선 사인 최순실에 의해 국가권력과 기관이 사유화하도록 한 것은 법률적으로 탄핵 사유에 해당하는 중대 범죄다. 그러나 우리는 박근혜 정부에서 실질적으로 국가 자율성과 국가 능력이 유례없이 약화되고 무력화되었다는 사실에 주목해야 한다. 재벌들의 약점을 잡아 돈을 뜯어내는 것을 보니 과연 박근혜는 힘이 센가? 하지만 미르재단, K스포츠재단은 비선 실세가 마구잡이로 사익을 챙기는 창구에 불과하다. 또 재벌들이 돈을 뜯긴 것처럼 보이지만 권력은 훨씬 더 큰 특혜로 재벌에 보답했다. 예컨대 박근혜-최순실이 얻은 것과 삼성물산 합병 등으로 3대 세습에 성공한 이재용이 얻은 것을 비교해보라. 이 검은 거래는 재벌이 입금하면 대통령이 친재벌 담화와 정책들로 응답하는 방식이었다. 박근혜-최순실 게이트에서 사실 최대의 수혜자는 이재용이었다고 해도 과언이 아니다. 민주화의 역설인데 권력이 시장으로, 아니 재벌로 넘어간 이래 국가권력은 진작에 재벌의 하수인 위치로 전락해갔다.

박근혜 정부가 미래창조과학부를 만들고 민관 합동 창조 경제 추진단을 구성하고 창조경제혁신센터를 굴리고 하는 걸 보면 뭔가 거창하게 '창조적' 산업 정책을 구사하고 있다는 착각에 빠질 수 있다. 그러나 포장만 화려할 뿐이다. 그 같은 껍데기에 현혹될 일이 아니다. 정작 우리가 시선을 집중해야 할 것은 조선업·해운업 부실 사례에서 보는 바와 같이 정부의 산업 정책 및 금융 감독과 국책 은행 역할의 거대한 실패, 정부의 경제 운영 체계 및 기업 지배 구조에서 발생한 책임 규율의 총체적 붕괴다. 이것이야말로 통탄해야 할 사태가 아닐 수 없다.

포획된 지대 국가

실제 8·15 해방 이후 현대 한국에서 박근혜 정부만큼 시대 과제에 맞춰 경제사회 발전을 위한 목표를 수립하고 실행하는 능력이 형편없이 취약했던, 자율적 능력이 낙제 점수이며 자기 규율이 바닥이었던 정부가 있었던가. 이 대목에 집중한다면 박근혜-삼성의 정경 유착 관계는 박정희 체제보다는 오히려 김영삼-한보의 관계에 가까워 보인다. 그러나 박근혜 정부에서는 최순실이라는 비선 사인이 끼어 있다는 점이 크게 다르다. 따라서 박근혜 정부는 비선 사인과 재벌 양자에 의해 사유화된 '포획 국가 captured state'로 전락했다고 말할 수 있다. 국가 포획과 그에 따른 국가 실패, 공공적 국가다움의 타락은 매우 다양한 형태로 나타난다. 그렇지만 한국의 박근혜-최순실 게이트에서 보는 바와 같이 비선 사인과 재벌에 의해 양면으로 무력화된 '포획 국가' 또는 '파열 국가 fractured state'는 매우 희귀한 사례이고, 강력한 자율성을 띠며 권력을 휘두른 '약탈 국가 predatory state'와도 크게 다른 모양새다.

미국의 비판사회학자 피터 에번스 Peter Evans 의 이야기를 들어보자. 그는 국가의 자율적 능력과 사회 연계성('착근성 embeddedness'이라고 불린다)을 기준으로 개발 국가와 약탈 국가의 두 유형을 구분한 바 있다. 그의 경우 국가 자율성이란 국가가 사회 내 특수 그룹의 사익에 포획되지 않고 발전을 위한 공적 이익과 목표를 자율적으로 구성하고 실행할 수 있는 능력이다. 또 착근성이란 국가가 경제 발전의 공동 프로젝트를 공유하는 사회의 특정 집단과 맺는 협력 관계다. 에번스는 자율성과 착근성을 모두 가진 '착근된 자율성embedded autonomy'의 국가를 '개발 국가'라 부른다. 반면 약탈 국가의 경우는 거의 절대적이라 할 만큼 강력한 자율성이 있으면서 독재자를 중심으로 소수 패거리 집단이 사회와 국민 대중을 약탈적 사익 추구 대상으로 삼고, 국가 구조에 내적 일관성이 결여되어 있다. 에번스는 약탈 국가의 전형을 자이르(모부투 세세 세코가 콩고를 지배했던 시기의 콩고 민주공화국의 이름)로 들면서 사회 위에 서서 강력한 지배 자율성을 발휘하는 약탈 국가를 '도둑-가산제 국가klepto-patrimonial state'라고 부르기도 한다.

에번스가 말하는 '도둑-가산제 국가'는 일견 박근혜 정권하의 한국과 비슷해 보인다. 그러나 그의 국가 유형론에는 결함이 있다. 에번스는 개발 국가와 약탈 국가를 지나치게 이분법적으로 다룬다. 개발 국가 자체 내에 약탈 국가적 요소, 정경 유착을 통한 지대 추구 국가의 종양이 존재하고 있음을 간과한다. 이는 그가 개발 국가의 전형으로 파악한 한국에 대한 설명에서 잘 드러난다. 나아가 에번스의 국가론에는 사적 개인이나 대기업을 포함한 이익 집단, 기관들, 세력들에 의한 '국가 포획state capture'의 문제 영역이 빠져 있다. 이 공백은 에번스의 중요한 결함이다.

내가 말하고자 하는 것은 박근혜-최순실 게이트에서 보여주는 한국은 에번스가 말하는 약탈 국가 모습과도 꽤 다르다는 것이다. 우리의 경우 문제의 본질은 강력한 지배 자율성을 가진 자이르식의 약탈 국가 현상이 아니고 오히려 비선 실세의 허수아비로 전락했다 할 정도로 약한 국가의 자율성에서 빚어진 독특한 국가 포획과 국가 사유화로 보인다. 박근혜가 최순실에 포획되어 함께 사익 추구를 도모한 것이다. 그러니까 일종의 '약탈적 포획predatory capture' 또는 '포획된 지대 국가captured rentier state'라고 할 수 있다. 오늘의 대한민국에서 우리가 대면하고 있는 국가는 '포획된 지대 국가'라고 부름 찍하나.

그렇지만 동아시아의 한국이 아프리카 저개발국 자이르와 갈라지는 또 다른 대목들을 생각해야 한다. 첫째, 한국은 민주화 이행 성공, 나아가 절차적 '민주주의 공고화' 진행 속에서 이런 역주행 현상이 일어났으므로 '타락한degenerate' 약탈적 포획 국가라고 할 수 있다. 둘째, 한국의 국가권력은 자이르와 달리 세계적 경쟁력을 가진 재벌의 성장 성과에 종속되어 있는 가운데 그들과 정경 유착 관계에 놓여 있다. 우리는 포획 국가의 약탈적 행위에만 매몰될 것이 아니라 재벌의 '지대 추구rent-seeking' 행위, 더 나아가 사회경제 구조에서 재벌 내부 경제와 외부 경제로의 분단 및 전자에 의한 후자의 지배와 지대 수탈을 함께 보아야 한다. 재벌이 국가권력에 약탈을 당했다기보다 재벌이 약탈자 자체였으며 그런 의미에서 국가 및 기업의 공공성이, 그리고 민주주의가 약탈당했다고 말해야 한다. 따라서 만약 우리가 박근혜-최순실 게이트로 드러난 한국의 국가를 포획된 지대 국가라고 파악한다 해도 이는 이런 내용들을 포괄하는 의미로 이해되어야 할 것이다.

왜 법률적 차원을 넘어서는 이런 논의가 중요한 것일까. 이는 오늘 우리들이 마주하고 있는 과제가 범법자의 법적 처벌, 그리고 새로운 대통령 선출과 함께 그치는 것이 아니라 민주화 이후 거꾸로 간 민주주의의 실질적인 재구축 작업, 과거 적폐의 철저한 청산과 모두를 위한 새 민주적 책임 국가로의 개조 작업이기 때문이다. 이는 앞으로 통과해야 하는 중차대한 난제가 아닐 수 없다.

투 트랙 촛불 시민혁명의 길, 대한민국은 민주공화국이다

미국의 떠오르는 주인공이 트럼프 대통령이라면 우리의 경우 타오르는 진정한 주인공은 광장의 촛불 시민이다. 미국의 시민 불복종은 (미국 시민들께는 매우 미안한 말이지만) 곧 사그라질 것처럼 보이는 반면, 대한민국 광장 시민의 촛불은 (바람이 불면 꺼지기는커녕) 한층 더 뜨겁게 타올라 1960년 4월 혁명, 1987년 6월 항쟁에 이어 새로운 시민혁명으로 나아가고 있다.

우리는 이제 암 덩어리, '과거 적폐' 그리고 '나쁜 사람'이라는 말을 타락한 권력에 되돌려 주어야 한다. 낡은 권력의 정당성은 이미 죽었다. 거짓말과 배신을 밥 먹듯이 해온 죽은 권력이 검찰 조사에도 불응하고 버티기 '불법 농성'에 돌입했지만, 사방이 포위된 이 고립무원 상황이 얼마나 오래갈까. 그러나 죽은 박근혜를 확실히 끌어내려야 할뿐더러 박근혜 이후, 박근혜를 떠받쳐온 뿌리 깊은 구체제 기반과 세력들을 갈아 치우고 새로운 나라다운 나라, 모두를 위한 민주적 책임 공화국과 평화 복지국가로 가는 길을 준비해야 한다. 수구 보수 기득권 동맹, 적폐 세력들은 박근혜 이후 그들의 질서를 재구축하기 위해 플랜 B를 준비하고 있다.

광장의 촛불 시민 앞에는 어떤 내일이 기다리고 있을까. 이제 국회에서도 대통령 탄핵 절차에 착수했다. 탄핵 정치와 촛불 집회는 어떻게 상호작용하게 될까. 촛불 시민은 박근혜 하야는 물론 박근혜 이후 구체제를 발본적으로 갈아엎는 새 나라를 염원하고 있다. 내일의 민주주의, 민주적 평화 복지국가를 원하는 거리의 광장정치와 계산기 두드리는 제도정치의 두 바퀴로 가는, 불안정을 내포한 '투 트랙 시민혁명'의 길은 과연 어떤 결과를 가져올까.

우리는 지난 시기 이미 야권 분열과 제도정치에 끌려간 시민사회운동의 방향 감각 상실로 엄청난 대가를 지불한 바 있다. 또다시 그 과오를 반복할 것인가. 결코 선거정치로 해소되어서는 안 되는 거리의 광장정치, 참여·숙의 민주주의의 깃발 아래 국가와 구분되는 자율적 참여 사회의 창조를 지향하는 시민적 진보정치는 시선의 중심을 확고히 옮겨뒤어야만

한다.

어둠은 빛을 이길 수 없다. 거짓은 참을 이길 수 없다. 진실은 침몰하지 않는다. 우리는 포기하지 않는다. 대한민국은 민주공화국이다. 대한민국의 주권은 국민에게 있고, 모든 권력은 국민으로부터 나온다. 시민 주체의 민주공화국을 재창조하자!

탄핵 촛불의 성과,
디지털 촛불의 한계*

이항우

해결 능력을 상실한 사회 시스템은
지난 신자유주의 세월의 결과물이라는 사실이 이제는
소수 급진 좌파들만의 구호가 아니라
전 세계 시민들의 상식이 되고 있다.

232만 개의 촛불은 마침내 국회의 압도적인 찬성으로 대통령 탄핵을 이끌어냈다. 헌법재판소의 판결을 앞둔 지지율 5퍼센트의 박근혜가 법률적으로나 정치적으로 회생할 가능성은 거의 전무하다. 그래서 현재 상황은 종종 국내 언론에서 '촛불 혁명', '시민혁명', '무혈 혁명', '11월 혁명', '주권자 혁명' 등으로 명명되기도 하며, 해외에서는 미국과 유럽이 배워야 할 새로운 민주주의의 모범으로 칭송받기도 한다. 하지만 이는 아직 설익은 낙관론에 가까우며, 이번 촛불 집회의 한계는 그 성과와 가능성만큼이나 진중하게 평가되어야 한다.

오늘의 박근혜 퇴진 시위는 2008년 광우병 쇠고기 수입 반대 촛불 시

---

* "탄핵 촛불의 성과, 디지털 촛불의 한계", ≪테크M≫, 2016년 12월 31일 자.

위, 2011년 1월과 2월 이집트와 튀니지의 시민혁명, 2011년 5월 스페인의 M15 운동, 그리고 2011년 9월 미국의 월가 점령 운동 등에서 일관되게 나타난 몇 가지 특징적 양상들을 공유하고 있다. 무엇보다도 그것은 스마트폰과 소셜 미디어를 빼놓고는 제대로 설명하기 어려울 정도의 디지털 저항운동이 되었다. 페이스북을 통한 개인들의 실시간 집회 중계방송, 팟캐스트를 통한 풍부한 정치 정보 획득, '주식갤러리(혹은 주갤러)'의 실시간 청문회 증거 자료 제공, 정보통신 기술을 통한 정확한 집회 참여 인원 파악 등은 디지털 미디어가 정보 수집과 확산, 대화와 토론, 집단 형성과 유지, 행동 조직과 조율 등과 같은 집합행동의 병참적logistic 요구를 얼마나 잘 충족시키는지를 분명하게 보여준다.

다음으로 이번 시위는 '개인화된 집합행동', 즉 공식적 위계 조직에 대한 소속감이 부재하고 독특한 자기 스타일과 자아실현에 더 많은 관심을 갖는 사람들의 집합행동이라는 차원에서 설명할 수 있다. 대부분의 참가자들은 공식 조직에 소속함으로써가 아니라 자신의 생활 방식을 토대로 다양한 대의를 선별하고 행동을 조직하는 사람들이다. 그들은 친구와 함께 개인으로 행동하지 시민이나 노동자나 혹은 그밖에 특정한 공동체 정체성으로 행동하지 않는다. 실제로 이번 촛불 시위 참가자들은 '혼자 온 사람들', '장수풍뎅이 연구회', '고산병 연구회', '사립 돌연사 박물관', '민주묘총', '전국고급시계 화물운송연합' 등 세상에 존재하지 않는 조직의 깃발로 스스로를 대표하는 모습을 보이기도 했다. 박근혜 퇴진의 공동 행동 속에서 단일한 연대성보다는 다중적인 유동성이 더 부각되었던 것이다.

그러나 단일성, 중앙 집중성, 공식성, 강력한 리더십보다는 다양성, 탈중심성, 정보성, 풀뿌리 민주주의와 같은 원리가 두드러지는 최근의 네트워크형 집합행동이 과연 얼마나 구조적이고 체계적인 사회 변화를 이끌어낼 수 있을지에 대한 회의론도 만만치 않다. 참가자들의 약한 유대 관계와 저위험 행동으로는 그러한 변화를 만들어내기가 어렵다는 것이다. 2008년 촛불의 경우, 수백만 명의 사람들이 밤을 새워가며 3개월이 넘도록 참여했음에도 불구하고, 그 성과는 별로 크지 않았다. 두 번에 걸친 대통령 사과와 미국과의 추가 협상에 만족하기에는 분출된 촛불 에너지의 양이 너무 많았다. 하지만 그것은 정권의 반격을 막아낼 정도로 강력하지도 못했던바, MBC 프로듀서들은 법정에 세워졌고, '유모차 부대'는 경찰에 불려갔다. 2011년의 월가 점령 운동의 경우에도, 전 세계 82개국 951개 도시에서 수개월에 걸친 금융자본 반대 시위가 전개되었음에도 그것이 과연 어떤 구체적인 목표를 세우고 있는지에 대한 비판이 지속적으로 제기되었다. 실제로 그것이 정부와 자본으로부터 얻어낸 양보는 무엇이었는지 기억하기가 어렵다.

행동의 전개 과정에서도 쇠고기 촛불 시위와 월가 점령 시위는 '지도해야 할 대중이란 없으며, 대중은 지도받기 싫어한다'고 믿었다. '지도자 없는 운동'은 자신들을 지도하거나 계몽하려는 행위에 대한 강한 거부감과 반감을 드러냈다. 또한 자신과 의견이 다른 사람들을 '프락치'로 쉽사리 낙인찍는 행태가 나타나기도 했다. 특히 쇠고기 촛불 시위는 배후 세력으로 의심받을 만한 일체의 행동을 하지 말아야 한다는 배후 세력 경계론이 일종의 자기 검열 기제로 작동했다. 아울러 쇠고기 촛불 시위와 월가 점령 시위는 시종 비폭력 기조로 일관했지만, 참여자들 사이의 '폭력·비폭력 논쟁'은 끊이지 않았다. 폭력과 공포 전략은 원래 지배 세력의 무기에 다름 아니며, 폭력을 유발하는 사람은 바로 경찰의 프락치라는 논리가 지배적이긴 했으나, 과거의 수많은 비폭력 저항이 실제로 거둔 성과는 미미한 반면 모든 심각한 투쟁은 결코 평화적으로 진행될 수 없다는 역사적 교훈이 강조되기도 했다.

최근의 박근혜 퇴진 촛불 시위가 또다시 '죽 쒀서 개 주는 꼴'이 되지 않

탄핵 촛불의 성과, 디지털 촛불의 한계

게 하려는 사람들은 1960년의 4·19 운동, 1980년의 서울역 시위, 1987년의 6월 항쟁의 한계에 주목한다. 더욱 근원적으로 오늘날 점증하는 양극화, 한 줌의 엘리트만을 위한 정부 정책, 경제위기에 대한 해결 능력을 상실한 사회 시스템은 지난 신자유주의 세월의 결과물이라는 사실이 이제는 소수 급진 좌파들만의 구호가 아니라 전 세계 시민들의 상식이 되고 있다. 그래서 주권자인 시민이 정치적 의사결정 과정에 직접 참여할 수 있는 기회를 확장해 기존의 대의제 제도권 정치의 한계를 보완하고자 하는 '온라인 시민 의회'가 제안되기도 했다. 그리고 '국민 발안 제도', '국민 소환 제도', '시민 헌장 제정' 등과 같은 직접민주주의의 수단을 도입해 민주주의를 더욱 확대하고 심화시키고자 하는 '시민 주권 회의'가 출범하기도 했다.

그러나 이러한 시도들은 대통령 탄핵이라는 승리를 맛본 촛불 시민들로부터 별로 환영받지 못하고 있다. 그들은 디지털 기기를 이용해 국회의원들을 얼마든지 강제할 수 있다고 믿는다. 그래서 이런 조직들을 난데없이 자신들을 대표하거나 대변하겠다고 나서는 정치 지망생들의 사기 플랫폼에 불과하다고 폄하하기도 한다. 하지만 이번 촛불 집회는 2008년 촛불의 한계를 넘어설 수 있어야 한다. 2011년의 튀니지와 이집트 시민혁명이 뚜렷한 야권 지도자도 없고 선거 일정과도 직접 연결되지 않은 상황에서 경찰의 폭력에 맞선 투쟁 끝에 독재 정권을 축출한 것에서도 교훈을 얻을 수 있어야 한다. 오늘의 촛불 시위는 시민 지도부 구성을 고민해야 하고, 배후 세력 경계론의 자기 검열 기제를 해체해야 하며, 폭력·비폭력에 대한 개방적 감응성을 가질 수 있어야 한다. 촛불은 한층 더 진화되어야 한다.

대구의 촛불 시위와
지역 의제*

이동진

이들은 "대구·경북 언론이 그동안 무엇을 했는지
스스로 묻지 않을 수 없다"라며,
"대통령 자격이 있는지 철저히 검증해왔는가?
지역 정서라는 편한 변명 뒤에 숨지 않았는가?"라고 성찰했다.

대구 촛불 시위도 서울과 마찬가지로 민족민주운동 단체와 시민운동 단체가 함께 주도했다. 대구에서는 2016년 10월 1일에 전국노동자대회가 개최되었다. 제주 4·3항쟁과 5·18 민주화운동을 계승하는 전국노동자대회가 해마다 개최되고 있는데, 2016년에는 대구 10월 항쟁 70주년을 맞아 대구에서도 전국노동자대회가 개최된 것이다. 다음 달인 11월 12일에는 2015년에 이어서 민중총궐기 전국노동자대회가 예고되어 있었다. 서울에서는 5월 1일 노동절과 11월 13일 전태일 열사 사망 주기에 맞추어 매년 전국노동자대회를 개최해왔는데, 2015년 11월 14일에 개최된 전국노동자

• 2017년 2월 5일 대구경북전문직단체협의회가 주관한 '촛불 시위와 지역의 정치 의제' 토론회에서 발표한 원고를 수정함.

대회는 민중총궐기 전국노동자대회였기 때문에 농민들도 참가했는데 경찰이 살수차로 직사 살수(물대포)를 했기 때문에 백남기 농민이 사경을 헤매게 되었고, 이미 수배 중에 있었던 한상균 민주노총위원장이 조계사에 피신했지만, 경찰에게 체포되었으며, 2017년 5월 31일에 대법원에서 징역 3년이 확정되었다. 백남기 농민이 2016년 9월 25일에 서울대학교병원에서 사망한 후에 사망진단서가 사망 원인을 '외인사'가 아니라 '병사'로 기재되었다. 검찰은 추가 자료를 제출한 끝에 유족과의 협의를 전제 조건으로 하는 '조건부 영장'을 발부받았지만, 10월 25일 영장 집행 기간이 끝난 후인 28일에 영장 재발부 신청을 하지 않기로 했다.

검찰이 부검 영장 재발부 청구를 포기한 데는 이유가 있었다. 2016년 10월 24일 JTBC에서 최순실의 태블릿 PC를 공개하면서 '최순실 게이트'가 표면화되었다. 최순실에 대해서는 이미 9월 20일 ≪한겨레신문≫에서 처음으로 보도했지만 결정적인 증거가 된 것이 태블릿 PC였다. 그날 낮에는 박근혜 대통령이 국회 시정연설에서 정부 내에 개헌위원회를 설치해서 임기 내에 개헌을 추진하겠다고 밝혔다. 같은 날 교육부는 11월 28일에 국정교과서를 공개하겠다고 발표했다. 대통령의 연설 도중에 야당 국회의원 중에는 "그런데 비선실세들은?", "그런데 최순실은요", "나와라 최순실", "백남기 농민 부검 대신 사과" 등의 손 팻말을 들고 항의를 했다. 최순실 국정 농단 의혹은 이미 ≪한겨레신문≫의 일련의 '미르재단과 K재단 의혹' 보도를 통해서 드러나기 시작했으며, 마침 이화여대 학생들이 총장 퇴진을 요구하는 투쟁 중에서 최순실의 딸 정유라의 부정 입학과 부정 성적 문제 등이 드러났던 참이었다. 대통령은 10월 20일 열린 수석비서관 회의에서 최순실 의혹을 인신공격성 논란이라고 일축한 바 있었지만, 태블릿 PC 보도로 인해서 다음 날에는 대국민사과 담화를 발표해야 했다.

다음 날 대통령의 대국민 사과 담화에도 불구하고, 대통령에 대한 지지율이 걷잡을 수 없을 정도로 추락했다. 10월 26일에 실시된 한 여론조사에서는 대통령 하야 찬성이 37.9퍼센트, 국회의 탄핵 소추 찬성이 31.1퍼센트에 달해 대통령 퇴진에 찬성하는 입장이 69.0퍼센트에 달했다. 그리고 10월 31일에 실시된 한 여론조사에서는 대통령의 하야에 동의한다가 67.3퍼센트에 달했고, 박근혜 지지율이 9.2퍼센트로 한자릿수를 기록했으며, 대구·경북 지지율이 전국 평균보다 낮은 8.8퍼센트를 기록했다. 대구는 박근혜 대통령을 절대적으로 지지한 지역이라는 점에서 관심의 표적이 되었으나 이후의 여론조사에서는 다시 대구·경북은 다른 지역보다는 상대적으로 대통령 지지율이 더 높게 나타났다.

서울에서 10월 29일에 1차 촛불 시위가 열렸다. 참가자 수가 2만여 명(경찰 추산 1만 2000명)에 달했다. 11월 3일 검찰이 최순실을 구속했다. 다음 날 다시 대통령이 검찰 수사와 특검도 수용하겠다는 2차 대국민사과 담화를 발표했지만, 콘크리트 지지율이라고 하던 대통령의 지지율이 역대 최저인 5퍼센트로 곤두박질쳤다. 11월 5일 오후에는 광화문광장에서 2만 명이 모인 가운데 백남기 농민의 영결식이 거행되었고, 저녁에는 2차 촛불 집회에 20만 명이 모였으며, 전국적으로 촛불 집회가 확산되었다. 대구에서도 2000여 명이 참가하는 '1차 대구시국대회'가 열렸다. 서울에서와 마찬가지로 대구에서도 민족민주운동과 시민운동 단체가 연대해 촛불 집회를 진행했다.[*] 대구의 촛불 시위는 참가 인원에 따라 이후 장소를 바꾸어가면서 개최되었다. 이것은 대구에 광장이 없는 것과 관련이 있다. 대구에는 중앙 광장으로서 대구역전 광장이 있었지만, 이후 광장이 사라

---

[*] 촛불 집회를 이끈 두 축은 민주노총과 전국농민회총연맹 등이 속한 민중총궐기투쟁본부와 참여연대, 경실련, 환경운동연합 등이 있는 시민사회단체연대회의였다. 이러한 양 진영의 결합은 민중 그룹의 실무능력, 헌신성과 시민단체의 기획력과 대중적 확장력이 결합해 나름의 균형을 잡고 있다는 평가를 받았다(≪한겨레신문≫, 2016년 12월 7일 자)

졌다. 대구역전 광장은 대구의 중앙역이 동대구역으로 이전된 후에는 그 상징성이 약화된 것이 사실이지만, 대구역전 광장은 대구의 역사와 함께 해온 유서 깊은 장소였다. 대구역전 광장은 10월 항쟁 시기와 4·19 혁명 시기의 중심적인 정치적 공간이었다. 4·19 시기의 사례로는 1960년 9월 26일 경북교원노조 1500여 명의 5일간의 시한부 단식 투쟁과 1961년 4월 2일에 전국에서 가장 대규모로 일어났던 '2대 악법' 반대 데모를 들 수 있다. 1987년 6월 항쟁은 대구백화점 앞의 동성로 광장이 항쟁의 중심지였고, 이후에도 도심 집회는 주로 이곳에서 열렸다. 동성로 광장은 많은 사람들이 지나다니는 곳이기는 했지만, 광장이라고 하기에는 좁은 곳으로서 대규모의 집회를 개최할 수 없었다. 1차 촛불 집회가 2·28 기념중앙공원 옆길(엔제리너스 카페 네거리까지의 길이 180미터, 너비 9~13미터, 인도와 2차선 도로)에서 개최된 것은 의미가 있었다. 2·28 민주화운동이 3·15와 4·19를 촉발해 이승만 대통령을 하야시킨 것을 상기할 수 있기 때문이다.

2차 촛불 시위(11월 12일)는 대구백화점 앞길(길이 600미터, 너비 11미터의 보행자 전용 도로)에서 개최되었으며, 5000여 명이 참가했다. 3차 촛불 시위(11월 19일)는 2009년 국내 최초로 조성된 대중교통 전용 지구인 중앙로(길이 600미터, 너비 21미터, 기존의 4차선 도로를 2차선 도로로 좁히고 인도를 확장함, 집회 인원은 중앙파출소 앞에서 알라딘 서점 앞까지 미쳤음)에서 개최되었는데, 2만여 명이 참가했다. 대구에서 대중교통 전용 지구에서 집회가 개최된 것은 이번이 처음이었다. 3차 집회에 많은 인원이 참가한 것은 대통령이 검찰 조사를 연기하며 사실상 조사 자체를 거부한 것과 이화여대의 입시 비리가 확인된 것 등이 영향을 미쳤을 것으로 추정된다. 촛불 집회 참가자들은 오후 6시 30분부터 중앙네거리-공평네거리-봉산육거리-반월당네거리-중앙 파출소 구간 2.1킬로미터를 행진했다. 행진 행렬이 600미터에 달했다. 경북에서는 이날 포항, 경주, 안동, 영주, 상주,

성주, 김천, 등 여덟 곳에서 촛불이 켜졌다. 이날 지방에서 35만 명(경찰 추산 7만여 명)이 촛불 시위에 참가했는데, ≪매경이코노미≫에 의하면 이날 촛불 시위에는 광주가 3만 명 이상(경찰 추산 1만 7000여 명), 부산이 2만여 명(7000여 명), 대전이 3만여 명(6000여 명), 대구가 1만 5000여 명(5000여 명)이 참가했다.

11월 26일에는 대구 출신 방송인 김제동이 사회를 보는 토크 콘서트 '만민 공동회'가 예정되어 있어 많은 인원이 참가할 것으로 기대되었다. 집회는 대중교통 전용 도로인 삼성화재 옆에서 우리은행까지 더 길게 이어졌고, 대형스크린도 두 개로 늘어났으며, '내가 대통령이 된다면', '박근혜 하야 서명운동' 등 부스도 설치되었다. 본 집회에 앞서 청소년, 노동자, 장애인 시국 대회가 개최되었다. 반월당네거리 무대에서는 오후 3시부터 '오늘도 무사히' 등 지역 예술가들이 '하야하락 페스티벌'을 개최하고, 중앙네거리 무대에서는 오후 4시에 '박근혜 퇴진, 새누리당 해체, 재벌 해체 노동자 대회'를 열었으며, 오후 5시에 반월당네거리에서 '내려와라 박근혜!' 대구 4차 시국 대회를 개최했다. 시국 대회에는 '박라임을 체포하라', '비아그라와 프로포폴이 가득한 청와대로 오세요', '박근혜 당신은 노답', '거 하야하기 딱 좋은 날씨다', '대한민국 아야한다 근혜 님은 하야하라' 등의 특이한 손 피켓도 많았다. 시국 대회에서 자율 발언과 공연을 진행한 후 6시 30분부터 중앙네거리, 공평네거리 방향과 반월당네거리에서 계산오거리 방향으로 각각 두 팀으로 분산해 행진을 진행했다. 7시 30분부터는 반월당네거리 무대에서 김제동의 사회로 1시간 30분 동안 토크 콘서트를 열렸다.

대구에서는 토요 집중 시국 대회 외에도 주중 시국 대회가 개최되고 있었다. 11월 21일에는 문재인 전 대표가 교수와 학생이 후순위자 총장 임용에 항의하는 뜻으로 단식 농성 중인 경북대 등을 낮에 방문하고 저녁 5~8시까지 중앙로에서 개최된 촛불 집회에 참가했다. 전국민주노동조합총연맹(이하 민주노총) 대구본부는 11월 24일 대구경북시도당 사무실 앞에서 30일에 총파업에 돌입할 것을 선언하고, 30일에는 같은 장소에서 출정식을 갖고, 동성로 대구백화점 앞까지 행진했으며, 11월 28일에는 2·28 공원 앞에서 여성 시국 대회가 열렸다. 11월 30일에는 민주노총 대구본부가 새누리당 대구경북시도당 앞에서 출정식을 하고, 동성로 대구백화점 앞까지 행진했으며, 오후 6시에 총파업대회를 개최하고 7시부터 같은 장소에서 매일 열리는 촛불 집회에 참가했다.

11월 29일 박근혜 대통령이 자신의 거취를 국회의 결정에 따르겠다고 하는 3차 담화를 발표하여 국회의 탄핵 소추 결정이 부결될 수도 있었기 때문에 가장 많은 인원이 참가할 것으로 예상되었다. 대통령은 12월 1일에는 서문시장 화재 현장을 방문했으나 대구에서의 민심도 전국과 그다지 다르지 않았다. 지난번에 신청했지만 허가되지 않았던 국채보상로의 한일로(중앙네거리에서 공평네거리 약 550미터 구간 도로, 왕복 6차선 중 2·28 공원쪽 4개 차선을 집회 장소로 사용)에서의 집회 신청이 허가되었다. 2·28 공원 앞 무대 집회 장소에서는 3시에 사전 행사로 하야하락 페스티벌이, CGV 앞 거리무대에서는 청소년 대회가, 중앙파출소 앞에서는 '세계장애인의 날 맞지 부글부글 결심대회'가, 4시에는 공평네거리에서 노동자대회가 각각 개최될 예정이었다(≪한겨레신문≫, 2016년 12월 2일). 이날 집회에는 대구에서도 역대 촛불 시위 중 가장 많은 5만 명이 참가했으며, 집회후에는 시위 행렬이 두 갈래로 나뉘어서 각각 3.4킬로미터를 행진한 후에 새누리당 대구경북시도당 사무실 앞에서 합류하는 장관을 연출했고, 대구경북도당 사무실에 '정계 은퇴당', '내시 환관당' 간판을 붙이는 퍼포먼스를 진행했다. 이러한 촛불 민심에 힘입어 12월 9일 탄핵 소추안이 국회에서 가결되었다. *

국회에서 탄핵 소추안이 가결된 직후에 개최된 6차(12월 10일) 촛불 집회는 한일로에서 열렸고, 공평네거리까지 행진했다. 8차(12월 24일) 촛불 집회는 다시 집회 장소가 중앙로로 바뀌었고, 남구 새누리당 국회의원 곽상도(박근혜 대통령 초대 민정수석 출신) 사무실까지 행진했다. 12차(1월 21일) 촛불 집회는 200여 명이 참가하여 자유 발언(박 대통령 퇴진 촉구, 이재용 삼성그룹 부회장 영장 기각 비판 등), 문화 공연을 하고, 중앙네거리에서 반월당네거리를 거쳐 가는 도심 2.5킬로미터 구간을 행진하던 중 삼덕동 박근혜 생가터 앞에서 '가짜 대통령 박근혜 생가터' 표지판을 설치하는 퍼포먼스를 진행했다. 이곳에는 2013년 박 대통령 취임식 때 중구청이 설치한 생가터 표지판이 있었는데, 2016년 11월 18일에 생가터 표지 조형물이 훼손돼 철거된 상태로 있었다(연합뉴스, 2017년 1월 21일).

대구에서도 촛불 시위에서 나타나는 정치 의제는 서울과 다르지 않았다. 대학가에서 먼저 시국 선언의 바람이 불었다. 경북대, 영남대, 대구대에서 교수들이 잇달아 시국 선언문을 발표했고, 경북대, 영남대, 계명대, 대구교대 학생들이 시국 선언을 발표하거나 대자보를 붙였다. 경북대에서는 총장 문제로 교수들이 본관에서 릴레이 단식 농성을 하고 있었기 때문에, 총장 문제를 시국 문제의 한 부분으로 제기하기도 했다. 경북대 학생회는 10월 31일 시국 선언을 했고, 활동에 한계를 느낀 학생 60여 명이 별도로 학생 실천단을 결성해서 활동했다. 경북대 학생회가 시국 회의에 참가했으나 실제적인 활동은 학생 실천단 '이것이 민주주의다(이하 이민주)'를 중심으로 이루어졌다. 영남대 학생회는 짧은 글로 자신의 입장을 표명했을 뿐 시국 선언단과의 협력은 지나치게 정치적이라는 이유로 거

● 이후 촛불 시위의 위력은 2017년 3월 10일 헌법재판소가 국회의 대통령 탄핵 소추안을 인용하고, 3월 27일 검찰이 대통령을 구속하는 것으로 나타났으며, 대통령 선거에서 정권 교체를 이루게 했다.

절했다고 하며, 계명대 학생회는 시국 선언에 참가하지 않았는데, 재학생과 졸업생이 시국 선언을 위해 개설한 네이버 밴드를 모체로 해 '시국 선언을 위한 계명인 모임(시계모)'을 꾸리고, 1008명의 서명을 받아 11월 2일 시국 선언을 했다. 대학가에서의 시국 선언은 대통령 탄핵 소추안 가결이 임박하게 되는 11월 말에 또 한 차례 시작되었다. 11월 24일 안동대 학생들(시국을 걱정하는 안동대학교 학생 모임), 11월 25일 대구교대 총학생회, 12월 1일 영남대의 시국 선언단(교수, 대구일반노조 영남대 시설지회, 보건의료노조 영남대의료원 지부 등이 함께 참여)이 시국 선언에 참가했다.

대구에서는 초기에 대학생 참가가 조금 있었지만 갈수록 저조했다. 여기에는 총학생회가 교체되는 시기였던 것도 약간 영향을 끼쳤을지 모른다. 경북대의 예를 보면 한 팀만이 총학생회 회장단에 입후보한 상태였고 공약을 보면 대부분이 학생 복지와 관련되어 있어서 이른바 '비운동권(비권)' 후보였던 것으로 보인다. 입후보자가 없어서 총학생회가 구성되지 못하는 경우조차 있었다고 한다. 이것은 현재 대학생들의 정치적 무관심이 심각한 상황임을 반영하는 것인데, 대구·경북은 2012년 대선에서 유일하게 20대와 30대에서 박근혜 후보가 문재인 후보보다 더 많은 득표를 한 지역이다. 대학생의 정치 참가가 소극적인 것은 지역에서 청년 의제가 자리 잡는 데 불리하게 작용한다는 점과 대구는 대도시이기는 하지만 청년의 역외 유출이 많은 지역이라는 점에서 결코 바람직한 일이 아니다. 대구의 대표적인 공장지대인 성서산업공단은 같은 중소기업 단지인 부산의 녹산산업공단과 비교해 노동자의 열악도가 더 높았다. 성서공단 노동자는 녹산공단 노동자보다 더 장시간 일하고도 월평균 급여가 180만 원으로 녹산공단 노동자의 월평균 급여 216만 원보다 낮았다. 성서공단 노동자의 임금이 더 낮은 것은 다단계 하도급 구조가 더 심하기 때문이었다(≪대구신문≫, 2014년 3월 18일 자). 대구의 청년 아르바이트 노동자의 임금도 매우 낮은 편이다. 대구에서는 성서공단노조, 대구여성노조, 대구청년유니온과 같은 사업장 단위가 아니라 개별 노동자가 가입해서 활동하는 노동조합(유니온), 그리고 대구청소년노동인권네트워크 등이 영세기업과 여성, 청소년 노동자의 권익을 대변하는 활동을 하고 있다.●

　대학생의 참가가 저조한 것과는 대조적으로 중고등학생 등 청소년들은 촛불 집회에 활발하게 참가했다. 청소년들은 자유 발언에서도 적극적으로 참가해 현장에서 많은 박수를 받았을 뿐 아니라 그 장면이 나오는 동영상이 많은 조회 수를 기록했다. 청소년들이 촛불 시위에 적극적으로 참가한 것은 세월호 참사에서의 단원고 학생들의 희생, 한국사 국정화 추진, 위안부 문제에 대한 졸속 합의, 이화여대 입학과 학점 비리 의혹 등 청소년의 마음과 맞닿아 있는 의제들이 많았기 때문으로 짐작된다. 촛불 청소년들은 18세 참정권 요구 운동도 전개하고 있다. 대구의 청소년들은 독자적인 청소년 집회와 행진을 조직하고, 공동구호와 공동노래도 준비했다. 지역의 청소년인권단체인 '아수나로'에서 활동하는 청소년들이 시국농성장을 운영하다가 11월 5일에는 '박근혜 하야를 촉구하는 대구 청소년들의 모임(이하 박하 모임)'을 결성했다. 11월 11일에는 '대구청소년시국 선언단'이 2·28 기념 중앙 공원에서 600여 명이 서명한 '청소년 시국 선언'을 발표했다. 이들은 '2016년, 2·28 정신으로 민주주의 지켜내자'는 펼침막과 '청소년 모여라', '청소년들이 말한다', '박근혜 나라의 개돼지가 아닌 대한민국의 국민!', '이러려고 공부했나 자괴감이 든다', '우리가 배운 정의는

● 대구 인터넷 신문인 ≪평화뉴스≫는 2016년 6월 5편의 '최저임금 1만 원 연속기고'를 연재했는데, 여기에는 민주노총대구지역본부, 대구장애인차별철폐연대, 전국여성노조대구지부와 함께, 대구청년유니온, 대구청소년노동인권네트워크의 대표의 글이 실렸다. 대구청소년노동인권네트워크가 2015년에 대구시내 특성화고등학생 712명에 대한 조사에 의하면, 2명 중 1명이 아르바이트를 했고, 아르바이트생 4명 중 1명이 최저임금에 미치지 못하는 급여를 받았다.

어디에?' 등의 구호를 적은 손 팻말을 들었다. 이들은 11월 12일 서울 명동역에서 열리는 '박근혜 하야 청소년 공동 행동' 집회에도 참가했다.

12월 3일 오후 3시에는 '박하 모임'과 '대구 청소년 시국단'이 한일극장 앞에서 청소년 시국 대회를 개최했다. 청소년 시국 대회는 서울, 광주, 전주에 이어서 개최된 것이었다. 이는 청소년 인권 단체 '반딧불이'가 지원했는데, 행사 중에는 자유 발언과 함께 '하야 촛불 컵 깃발 만들기', '박근혜, 최순실, 하야하라, 청소년 등을 제목으로 하는 시국 3~4행시', '박근혜 ㄴㄴ(노노) 내가 대통령이 된다면?', '플레시몹 마네킹 챌린지' 등 각종 부스를 운영했다. 공연도 준비했으나 시험 기간과 겹쳐서 취소했다고 한다. 청소년 시국 대회를 마친 후에는 오후 5시부터 개최되는 시국 대회에 합류했다. 청소년이 촛불 집회에 적극적으로 참가하는 배경에는 세월호 참사가 있었다. 대구에서도 12월 10일에 개최된 촛불 집회에서 세월호 희생자 추모 행사를 함께 진행했다. 2017년 1월 18일에는 정의당 대구시당 청년 위원회가 주관하는 '2017 대구 청소년 시국 토크'가 개최되었다. 여기에는 대구 청소년 시국 선언단, 경북대(경북대학교 학생 실천단 '이민주'), 영남대(시국 선언단), 계명대(시국 해결을 위한 계명인 모임) 학생들이 참가했다. 이민주의 회원 수는 초기의 60여 명에서 1월 18일 당시는 26명으로 감소했다고 한다. 대구 청소년 시국 선언단은 청소년 참정권을 요구하는 활동을 전개하고 있다.

11월 26일 개최된 시국 대회에서는 10세 초등학생, 위안부 피해자 이용수 할머니, 전국 언론 노조 MBC 대구지부 도건협 위원장, 전국 공무원 노조 조창현 대구·경북 본부장 등이 자유 발언에 참가했다. 이날 2·28 공원에서는 언론 노조 대구 경북 협의회가 '대구·경북 언론 노동자 시국 선언'을 발표했다. 이들은 "대구·경북 언론이 그동안 무엇을 했는지 스스로 묻지 않을 수 없다"라며, "대통령 자격이 있는지 철저히 검증해왔는가? 지역 정서라는 편한 변명 뒤에 숨지 않았는가?"라고 자성의 목소리가 나왔고, "사상 초유의 국정 농단과 국기 문란의 실체적 진실을 밝히고 권력에 언론을 통째로 갖다 바친 언론 부역자들을 척결하는 데 앞장설 것"이라고 밝혔다. 이 시국 선언에는 ≪매일신문≫, ≪영남일보≫, 대구·경북 KBS 노조, 대구·포항·안동 MBC 노조, TBC 노조, CBS 노조 등 전국 언론 노조, 대구·경북 협의회에 소속된 여덟 개 신문사, 방송사 노조가 모두 참여했다.

대구의 촛불 집회에서 또 하나 특기할 만한 것은 동네 촛불 집회의 개최였다. 이것은 2008년 광우병 미국산 쇠고기 수입 반대 촛불 집회 당시에는 없었던 일이었다. 11월 12일에 대구에서 처음으로 지역주민회(정의당 동구위원회 등)가 동구 율하동 용계공원에서 '박근혜 수준 이하야, 안심마을 동네 촛 궐기'의 명칭으로 촛불 집회를 개최했다. 이들은 사회자를 별도로 두지 않고 주민 참여 부스 설치와 자유 발언으로 집회를 진행하고 집회 후에는 동네를 걸었다. 11월 16일에는 북구의 강북풀뿌리단체협의회(북구여성회 등)가 칠곡3지구 구암동 롯데리아네거리에서 동네 촛불 집회를 개최했다. 북구 칠곡의 동네 촛불 집회는 2차와 3차로 이어졌다. 11월 24일에는 달서구 주민 1000여 명이 상인동 홈플러스 앞에서 '대구 달서 촛불 궐기' 집회를 개최했다. 대구여성광장 대표가 사회를 맡았는데 청소년의 참가가 눈에 뜨였다. 상인동 동네 촛불 집회는 세월호를 기억하는 주민 30여 명이 참여하는 채팅방에서 처음 제안되었다. 촛불 집회 후에는 새누리당 윤재옥(달서 을) 사무실까지 행진했다. 12월 8일에는 서구주민연대가 주최하는 '내려와라 박근혜 우리 동네 촛불 집회'가 서구 평리동 서구청 앞 인도에서 개최되었다. 서구는 2102년 대선 당시 박근혜가 대구에서 가장 높은 득표율(84퍼센트)을 차지했던 지역이었다.

대구는 대통령 탄핵 무효 집회의 규모도 다른 지역보다 더 큰 편이었다. 11월 26일 오후 1시 20분에는 서문시경 주차 빌딩 앞에서 '박근혜를 사랑하는 모임(이하 박사모)' 회원 500여 명이 주최하는 '헌법 질서 수호를 위한 결의 대회(맞불 집회)'가 열렸다. 이들은 집회를 마치고 오후 2시 30분에 서문시장, 동산네거리, 서성네거리, 중앙네거리를 거쳐 서문시장으로 돌아오는 코스로 행진을 했다. 서울과 마찬가지로 대구에서도 탄핵 무효 집회의 규모가 점차 커졌다. 설 직전인 1월 26일은 동성로에서 탄핵 무효 집회가 개최되었다. 오후 2시부터 5시까지 박사모 등 51개 단체가 참여하는 '탄핵 기각을 위한 총궐기 운동 본부' 주최로 대구백화점 앞에서 탄핵 무효 촉구 총궐기 대회를 개최했다. 집회 참가자는 부산, 경주, 구미, 안동, 영주 등 타지에서 온 사람들을 포함해 1만여 명(경찰 추산 1500여 명)에 달했고, 대형스크린을 설치해 '정규재 TV'에서의 박 대통령 인터뷰 영상을 틀어놓은 후 군가와 새마을 노래 등을 불렀다. 집회가 끝난 후에는 '탄핵 무효, 특검 해체, 국회 해산'을 구호로 외치면서 1시간가량 도심에서 행진했다. 집회와 행진 중에 이들은 ≪미디어워치≫, ≪미래한국≫, ≪블루투데이≫, ≪뉴스타운≫ 등 보수계 잡지 특별판을 대량 배포했다.

같은 날 오후 2시에 동대구 역사 앞에서는 86개 단체가 참가하는 박근혜 퇴진 국민 행동이 '천만 촛불 국민 여러분, 박근혜 정권 퇴진 복 많이 받으세요'라고 적은 펼침막을 내걸고 '대통령 즉각 퇴진 촉구 집회'를 개최해 설 귀성 시민을 대상으로 선전전을 전개했다. 이들은 10장짜리 소책자인 「촛불의 꿈, 함께 사는 세상」, 「사드 이것만은 알자」와 세월호 추모를 위한 노란 리본을 귀성객들에게 배포했다. 이들은 사드 배치 철회, 세월호 참사 진상 규명, 언론 장악 방지, 국정 역사 교과서 폐기, 성과연봉제 중단, 백남기 농민 특검 실시 등을 적은 피켓 시위를 했고, '나쁜 대통령 재벌 세상 끝장내자'는 떡메 치기 행사를 가졌다. 대구 촛불 시위는 1월 28일은 설 연휴로 쉬고 2월 4일 13차 촛불 시위로 이어갔다. 집회는 동성로 대구 백화점 앞에서 열렸고, 800여 명이 참가해 도심 1킬로미터를 행진했다. 1월 26일 피켓 시위에서 대구 촛불 시위의 정치 의제들을 확인할 수 있다. 물론 촛불 집회의 자유 발언에서는 더 다양한 의제가 제시되었다. 1월 21일 오후 2시부터 대구 YMCA 회관에서는 '2017 촛불, 대구 시민이 말한다' 토론회가 개최되었다.

촛불 집회에서 나타난 지역의 의제를 해결해나가는 것이 촛불 시위 이후의 대구 지역 정치의 과제로 남았다. 이번 대선에서 그리고 나아가 내년의 지방선거와 또 그다음의 총선에서 대구가 전국적인 여론과 동떨어지지 않게, 아니 10월 항쟁에서 '4·19'로 이어지던 진보 도시의 전통을 회복하기 위해서는 촛불 집회에 나타난 시민의 역량을 지방 정치의 역량으로 발전시켜 나가야 할 것이다. 그 첫걸음은 촛불 집회가 구현했던 정치적인 의사소통, 곧 전국과 지역이 하나의 '의제'로 소통하는 것이다. 이것을 '지역의 의제화'라고 하자. '의제화'가 이루어지기 위해서는 '의제'가 생산되어야 하고, 또 그 '의제'가 다른 '의제'와 맞물려 이어지는 확장성과 순환성이 있어야 한다. 촛불 시위에서도 '의제'는 중앙에 집중되었고, 지방은 '의제'에서 밀려났다. 지방의 촛불 집회는 서울의 촛불 집회의 부차적인 현상밖에 되지 못했다. 이러한 정치적 의제의 중앙화는 지방 안에서도 대구의 촛불 시위와 비교할 때 경북에서의 촛불 시위가 부차화되는 현상으로 나타났다. 그러나 하나의 예외가 있었다. 그것은 성주군과 김천시의 촛불 시위였다. 성주군과 김천시에서는 전국적으로 촛불 시위가 벌어지기 전부터 '사드 배치 반대'를 위해 매일 촛불 시위를 해오고 있었다. 우리는 전국적인 촛불 시위를 만들어갔던 지방에서의 다양한 촛불 시위와 거기에서 표출되었던 의제들을 기억해야 한다. 이것은 촛불 시위 중에 드러났던 다양한 지역의 의제들이 각각 고립되지 않고 그물코처럼 맞물려서 전국적인 의제가 되어야 하며, 촛불 시위의 결과도 중앙 정치에서의 변화뿐만 아니라 지방 정치에서의 변화로도 이어져야 함을 뜻한다.

박근혜 탄핵,
'대한민국 조율' 첫걸음[●]

이병천

> 그럼에도 주권자의 명령을 거역하고
> 민주공화국을 모욕, 능멸하는
> 그와 그들의 파렴치한 행동은
> 쉼 없이 계속되고 있다.

희대의 꼭두각시놀음으로 '최순실과 공동 정권'(차은택)을 차려 국정을 농단하고 신성한 민주공화국과 주권자의 존엄을 더럽힌 박근혜를 퇴진시키고 박근혜 이후 나라다운 새 나라를 세우려는 촛불 시민들의 항쟁은 모든 이의 상상 그 이상의 것으로 힘차게 발전하고 있다. 그럼에도 주권자의 명령을 거역하고 민주공화국을 모욕·능멸하는 그와 그들의 파렴치한 행동은 쉼 없이 계속되고 있다.

1. 박근혜는 국민주권을 팔아넘긴, 매국적 비선 정치 놀음은 물론, 세월호가 가라앉을 때 '올림머리'를 하느라 골든타임을 놓쳤다는 사실만으로

● "탄핵 부결 후폭풍, 감당할 수 있나?", ≪프레시안≫, 2016년 12월 9일 자.

도 퇴진과 탄핵 사유로 충분하다. 그러나 그는 세 차례에 걸쳐 꼼수 담화를 하면서 주권자의 퇴진 명령을 거역했고 탄핵안 표결을 앞두고는 "탄핵안이 가결되더라도 헌법재판소 과정을 보면서 국가와 국민을 위해 차분하고 담담하게 갈 각오가 되어 있다"며 기회를 엿보는 불동 장기전을 불사하고 있다.

2. 이정현이 이끄는 새누리당의 친박 세력은 여전히 박근혜의 꼭두각시 친위대 역할을 사수하고 있다. 그들은 "바람이 불면 촛불은 꺼진다"거나 "세월호 참사 때 대통령은 노서도 되어요"라는 따위의 말을 서슴지 않고 내뱉고 있다.

3. 기회주의적 태도로 왔다 갔다 하던 새누리당 비박 세력은 촛불항쟁 기세에 겁먹어 막판에 탄핵 대열에 끼어들긴 했으나 국회 탄핵안에 세월호 사유를 빼라는 등 그들의 주제넘은 요구는 촛불 민심을 한참 배신하고 있다.

4. 박근혜를 비선으로 지도하며 사실상 '공동 정권'을 운영했다고 할 최순실은 국정조사 청문회에 '공항(?)장애'라는 황당한 이유를 대며 출석하지 않았다(최순실은 불출석 사유로 '공황장애'를 '공항장애'로 오기해 빈축을 샀다). '최순실 없는 최순실 청문회', 이른바 '앙꼬 없는 찐빵'과 다름없는 청문회가 진행되었다.

5. 박근혜-최순실 '공동 정권' 국정 농단의 핵심 주모자들인 우병우, 안종범, 이재만, 안봉근, 정호성은 재판 준비, 건강상 이유, 출석통지서 수령 거부, 사생활 침해 등 황당한 이유를 대며 청문회에 출석하지 않았다.

6. 박근혜 정권 전반기 최고 실세였으며 박근혜 정권을 사실상 '제2기 유신정권'으로 만드는 데 주도적 역할을 해온 김기춘은 청문회에서 박-최 씨의 국정 농단과 자신의 직권남용 등 과오에 대해 '모르쇠'로 일관했다.

7. 박근혜 최순실 공동 정권과 공모하면서 그들의 사익을 비음및 항Ⅱ

하고 불평등-불공정 세습자본주의 체제의 공고화를 도모해온 재벌 총수들은 정경유착 검은 거래에서 대가성을 부인하며 '모르쇠'로 일관했다. 더구나 총수 다수가 그들의 공동집행위원회인 전경련의 해체에 반대하는데 당당하게 손을 높이 쳐들었다.

지금 우리 민주공화국의 주권자들은 위와 같이 파렴치한 행태들이 여전히, 버젓이 용인되고 있는 나라에 살고 있다. 이런 행태들은 설사 박근혜가 탄핵되어 물러난다 해도 박근혜 이후 체제가 어떤 모습이 될지 충분히 짐작케 한다.

지난 시기 6월 항쟁이 만들어낸 1987년의 민주화 전환점 이래 한국 민주주의는 시민운동과 노동운동의 괴리, 노동 참여권과 지역자치 없는 민주주의, 야권의 분열, 3당 합당, 그리고 1997년 외환위기 이후 압축 시장화와 사회 공동체성의 해체 등으로 퇴행을 거듭해왔다.

한국 민주주의는 이른바 '공고화consolidation' 과정 이상으로 그 핵심적 대목들에서 심각한 '결손화defectivication'의 확대·심화 과정을 걸어왔다. 한국 민주주의 결손화의 결말은 마침내 박근혜가 최순실 및 재벌에 이중으로 포획되고 그들과 공모, 공범자가 된 전대미문의 '국가 사유화 동맹'에 이르러 막장에 이른 것이다. 이 전대미문의 막장 게이트는 거꾸로 가는 한국 민주주의의 대실패를 말함과 동시에 반성할 줄 모르는 한국 수구 보수주의의 대실패를 증명해준 사건이다. 그것은 한국 민주주의와 함께 한국 수구 및 보수주의의 발본적 조율을 요구하는 사건이다. 그러나 수구 보수 지배연합은 박근혜를 버리며 지배 체제의 재구축을 준비하고 있다. 반면 촛불항쟁은 단지 박근혜의 퇴진만이 아니라 대한민국 구체제의 오랜 과거 적폐를 털어내고 민주 역사의 새 장을 여는 것, 대한민국을 정의로운 새 나라로, 민주, 평등, 복지, 평화의 나라로 새롭게 '조율'하기를 원하고 있다.

그러나 지금의 상황은 박근혜 탄핵에 집중해야 할 때다. 광장정치와 의회정치의 두 경로로 가고 있는 오늘의 시민혁명의 길에서 탄핵은 의회가 ~~수행해야~~ 할 죄대 과제다. 이 중차대한 기본 책무를 수행하지 못한다면 새누리 세력은 물론이고, 국회 자체가 설 자리를 잃을 것이다. 후폭풍을 감당할 수 없을 것이다. 탄핵안이 부결될 경우 촛불 시민혁명은 완전히 새로운 국면에 접어들 것이다.

앞서 지적한 것처럼 우리는 막판에 탄핵 대열에 기어들어 온 새누리당 비박 세력이 어떤 자들인지 잘 알고 있다. 또 이들과 '거래'하려 한 일부 야당(인사)의 태도 또한 위험천만하기 짝이 없다. 이뿐만 아니라 자세히 들여다보면 탄핵안의 내용에도 문제가 많다. 특히 박근혜의 '헌법 위배 행위' 속에 재벌 기업체들이 헌법상 기본권을 침해당했다고 서술함으로써 그들을 피해자로 설정해놓은 부분이 눈에 띈다. 그간의 경과로 볼 때 국민의 당 탄핵안이 반영된 것 같다. 이는 광장과 의회 간의 긴장뿐만 아니라 의회-제도정당 내부의 긴장과 갈등도 잘 보여주는 대목이다. 이후 재판에도 영향을 미칠 것 같아서 우려된다. 갈 길이 멀다. 그러나 먼 길도 첫걸음부터다. 박근혜 탄핵안은 기필코 가결되어야만 한다.

박근혜를 탄핵하라! 대한민국을 조율하라!

세월호 1년, 다시 돌아가는
무책임 - 희생 시스템[*]

이병천

어느새 세월호 1주기를 맞게 되었지만,
대한민국의 시계는 불행히도 2014년 4월 16일의 시간에,
'가만히 있으라'는 시간에 멈춰 있다.
아니 갇혀 있다.

봄의 시간 정신이란 죽어 있던 생명이 돌아나고 새로움의 꽃이 피어나는
것, 그러나 한쪽의 봄에는 꽃이 피지만 다른 쪽에서는 떨어진다. 그것도
차갑고 안개가 짙은 4월의 남녘 바다에서. 불행히도 이 땅에서 4월의 봄
은 생生의 시간 정신을 거역하고 있다. 우리는 "공기에 봄 냄새가 나는 것
이 두렵다"는 말을 듣는다. 단원고 2학년 5반 오준영 학생의 어머니 임영
예 씨가 그렇게 토로했다. 어느새 세월호 1주기를 맞았지만, 대한민국의
시계는 불행히도 2014년 4월 16일의 시간에, '가만히 있으라'는 시간에 멈
춰 있다. 아니 갇혀 있다.

　그간 무엇이 변했나. 세월호 참사를 둘러싼 권력-재벌 동맹의 전략과

---

[*] "세월호 1년, 그래도 한국은 '재난자본주의' 향한다", ≪프레시안≫, 2015년 4월 15일 자.

시민적 대응 간의 이중 운동이 보여주는 현주소는 어떤가. 우리는 정녕 새로운 내일로 가고 있는가. 멀쩡한 평상시에 무고한 희생과 위험을 대량으로 토해 내면서도 나 몰라라 하는 살인적인, 조직화된 무책임체제를 넘어서, 권한과 책임을 공정하게 공유하며 모두를 치유하는 살림의 사회경제는 어떻게 가능한가.

세월호 참사는 '줄푸세'의 업보

4·16 세월호 참사에 대한 진단은 여러 층위에서 짚어져야 한다. 장기 시간대로 보면 지난 시기 권위주의적 압축 근대화 방식, 즉 사람가치, 생명가치가 아니라 성장가치를 제일 앞에 내세우고 고성장과 함께 고부패와 고위험을 축적하며, 시민사회 억압과 노동탄압으로 이 지배체제를 지극히 견제하기 어렵게 만든 박정희식 관민결탁 시스템이 파탄 났다고 할 수 있다. 중기 시간대로 보면 프란치스코 교황이 새로운 독재라고 꾸짖은, 규제는 풀고 세금은 줄이고 복지와 안전을 비롯한 국가의 공적 책임을 사유화하고, 노동은 유연화 아니 '쓰레기화'한, 자본세계화 시대의 압축 시장화 시스템, 또는 무책임-희생 시스템이 파탄했다고 할 수 있다. 단기 시간대로 보면, 경제민주화와 복지국가, 안전사회 만들기로 '줄푸세' 정책과 시스템을 고치겠다고 국민 앞에 약속해 집권해놓고도 이를 재빨리 헌신짝처럼 내던진 박근혜 정부 시기 '재판再版 줄푸세' 주의가 큰일을 저질렀다고 해야 한다.

여기서 단기란 경기가 좋았다 나빴다 하는 의미의 짧은 경기순환적 시간대를 말하는 것이 아니다. 오히려 세월호 참사가 빚어진 박근혜 정부 시기의 단기에는 앞서 말한 장기 시간대의 '타락한 개발주의degenerate developmentalism', 그리고 중기 시간대의 줄푸세 압축 시장주의가 불러준 '피거 적폐'들이 중첩·집약되어 있다고 봐야 한다. 내가 볼 때, 세월호 참사는 박근혜 정부가 이들 과거 적폐가 주는 엄중한 교훈을 저버리고, 그 청산 약속을 깨고 무책임하게 밀어붙인 재판 줄푸세주의의 자기 업보, 그 부메랑 효과와 같은 것이다.

나는 4·16 세월호 참사에 대해 '국가가 국민을 구조하지 않은 사건'이라고 한 어떤 소설가의 진술이 참이라고 생각한다. 그렇지만 이 참사는 정부가 국정 기조를 국민에 약속한 대로 성실히 이행하는 방향으로 잡았더라면 충분히 피할 수 있었을 것이다. 그게 아니라 국민을 속이고 무분별한 규제완화와 민영화, 외주화 쪽에 온 정신이 팔려 있었고 부패 비리를 일삼았기 때문에 그 결과 미증유의 대참사가 일어난 것이다. 따라서 참으로 두려운 일이 아닐 수 없다. 이 정부의 입장에서 솔직하게 세월호의 진실을 인정한다는 것, 그리고 그 실체적 진실을 규명하는 작업을 순순히 용인한다는 것 말이다.

다시 돌아가는 '무책임-희생 시스템'

그렇다면 이 정부가 세월호 참사 이후 종래의 '살인적' 국정 기조를 결코 바꾸지 않았다는 것은 별로 놀랄 일이 아닐지도 모르겠다. 이는 재난 또는 안전과 직결된 문제뿐만 아니라 보다 넓게 사회·경제 정책의 기조를 봐도 알 수 있다.

먼저, 정부는 안전사회로 가기 위해 절실히 요구되는 기업과 국가의 기본 책임을 외면했다. 징벌적 손해배상제 및 기업살인법의 도입, 위험 업무의 외주화 금지와 같이, 기업의 엄청난 권한에 상응해 엄정한 책임규율을 세운다는 생각은 찾아볼 길이 없다. 또한 국민안전에 대해 국가가 공적 책임을 담당하는 것이 아니라 안전을 '창조적 돈벌이'(창조경제?) 분야로 삼아 안전산업을 육성하는 방안을 제시하고 있다. 이는 참사를 기회로 삼아 본격적으로 한국판 '재난자본주의' 길로 가겠다는 이야기와 다를 바가 없다.

그러나 한층 공격적인 정부의 선략은 규제 완화에 입각한 경제활성화를 통해 세월호 사태를 덮어버리려는 것이었다. 그들의 기본 전략이란 세월호 사태에 연연함은 곧 경제의 발목을 잡는 것이라고, 경제활성화를 가로막는 것이라고 대대적으로 선전하는 것이었다. 대통령이 앞장서서 '규제는 암덩어리', '쳐부수어야 할 원수', '단두대에 올려 처리해야 한다'고 하면서(진짜 암덩어리, 쳐부수어야 할 원수, 단두대에 올려야 할 것은 무분별한 규제완화인데도) 밀어붙였다. 이에 따라 참사 이전 정부가 표방했던 경제혁신·규제완화 3개년 계획도 새롭게 힘을 받게 되었다. 그리고 '비용절감형 책임전가형 수출 독주경제-불평등과 불안정 심화-가계소득정체와 내수위축-저성장-가계부채 폭증'이라는 축적체제의 구조적 모순을 다시 '빚 권하기-주택 구입 유도-경기부양'으로 땜질하려는 정책도 재생산되기에 이르렀다.

박근혜 정부에서 권력-대재벌의 관민결탁 블록은 세월호 참사가 주는 생생한 교훈을 거역하고 자신들이 다짐했던 약속도 수차례 깼다. 마침내 그들의 책동은 세월호 1주기에 즈음하여 특별조사위원회와 특별법을 껍데기로 만드는 시행령안을 내어놓은 데서 정점에 달했다.

슬픈 일이다. 광복 70년, 근대화 50년, 민주화 30년을 맞는 오늘의 대한민국이, 이 땅에 피와 땀과 눈물을 쏟은 우리 주권자 국민들이 이토록 눈 멀고 파렴치한 국가와 무능, 무책임, 희생의 시스템의 늪에 빠져 허우적대야 한다니. 이 와중에 국정 최고 책임자는 세월호 1주기에 맞춰 국민의 부름에는 응답하지 않고, 때아닌 외국 나들이를 떠난다고 한다.

가만히 있지 말고 함께

고약한 것은 우리더러 다시 패배와 좌절의 쓴맛을 보게 하는 것이 지배 블록의 전략으로 보인다는 것이다. 그리고 국가에 대한 불신, 우리 서로에 대한 불신을 한껏 조장함으로써 참사 없는 안전한 나라, 이윤보다 생명이 먼저인 나라, 함께 책임지는 살림의 사회경제로 가는 길을 지워버리려고 한다는 것이다. 그러니까 그들은 우리를 길들이고 있는 중이다. 이 프레임에 갇혀서는 희망이 없다. 진실을 규명함이 없이는 신뢰도, 정의도, 연대도 세울 수 없다. 304명의 무고한 희생자의 죽음을 헛되이 해서는 안 될 일이다. 다시 살아 돌아올 수 없는 타자가 된 영령들의 요청에 대한 우리들의 책임 있는 응답이 대한민국의 내일을 판가름 지을 것이다. 끝까지 진실을 규명하고 정의를 세우는 그날까지 잊지 말고, 가만히 있지 말고 함께 연대!

02

누구를 위한 협치인가?

협치, 그 뜻은 알고
말하는 걸까?[*]

서영표

거버넌스와 소통을 이야기하고

민주주의 강화를 이야기하면서

민주주의를 가로막고 있는 가장 심각한 장애인

시장의 논리와 성과주의를 벗어나고 있지 못한 것은 아닐까?

협치協治라는 말이 유행이다. 거버넌스governance라는 영어 표현의 번역어로 글자 그대로 보면 협력해[協] 다스린다[治]는 말이다. 이와 더불어 정치권 제1의 화두는 소통이다. 서울시와 수원시에서 시작해 경기도지사와 제주도지사가 협치와 소통 '경쟁'에 나서고 있다. 그런데 많이 헷갈린다. 누구와 협력해서 어떻게 다스린다는 말인지 도무지 갈피를 잡을 수 없다. 모든 정책 결정 과정에서 지역 주민과의 소통을 내세우지만, 실제로 어떤 절차를 통해 소통하고 소통의 결과를 어떻게 정책 결정 과정에 반영할지에 대한 이야기는 찾아보기 어렵다. 솔직히 거버넌스를 협치로 번역하는 것이 맞는지도 확신이 서지 않는다. 그래서 이글에서는 협치보다는 거버넌

[*] "싱기노와 세수노의 협치가 생송하려면", 《프레시안》, 2014년 10월 31일 차.

스라는 말을 사용하고자 한다.

소통과 협력이 이렇게까지 자주 언급되는 것은 그만큼 소통이 안 되고 힘의 논리만이 작동하고 있는 현실을 반증한다. 소통의 가장 기본인 경청을 전혀 할 줄 모르는 정치인들이 소통을 이야기하는 것을 보면 실소를 금할 수가 없다. 말끝마다 협치를 갖다 붙이지만 그 말뜻을 진지하게 고민한 흔적을 찾을 수 없다. 한국, 특히 정치권을 표현하는 가장 적절한 단어가 '경박함'인 이유가 여기에 있다. 벤치마킹이라는 이름 아래 무수히 많은 개념과 제도를 들여오지만 그것들의 사회적·문화적 배경에는 관심이 없고, 그것을 어떻게 발전시켜 한국에서 실현할 것인지는 중요하지 않다. 다만 정치인들 스스로를 멋진 상품으로 포장해서 시장에 내다 팔 때 얼마만큼의 광고 효과를 가질 수 있는지를 고민할 뿐이다.

거버넌스의 주요 무대는 지방 정치일 수밖에 없다. 거버넌스를 내세우는 유력 지방 정치인들이 그 뜻을 진중하게 고민하지 않았다는 '비판'은 그들이 한국 지방 정치의 특징을 정확히 짚어내고 있지 못하고 있다는 의심에서 나온다. 잘 알려져 있다시피 한국의 풀뿌리 지역 정치를 좌지우지하는 집단은 극히 보수적이며 그 보수적 정치 집단을 뒷받침하는 것은 건설 자본을 중심으로 한 기득권 동맹이다. 토지 소유자, 개발업자, 부동산업자, 지역 정치인, 학계, 언론 사이에 맺어진 굳건한 동맹을 타고 돈이 흐른다. 이들은 자본과 권력을 독점하고 그들의 '사적' 이익을 '공적'인 것으로 조작할 수 있는 힘을 가지고 있는 집단이다. 이러한 부와 권력의 극단적인 쏠림 현상을 고려하지 않고 협치를 이야기하는 것은 이미 작동하고 있는 기득권 동맹을 그럴듯한 새로운 개념으로 포장하는 것에 지나지 않는다. 협치에 참여할 수 있는 사람들은 결국 그들뿐이지 않겠는가?

지역의 개발 동맹은 정치권과 학계에 그치지 않고 관료 사회까지 뻗쳐 있다. 협치를 기획하고 추진하는 주체는 공무원들이지만 이들은 중립적인 조정자나 자원의 배분자가 아니라 기득권 동맹의 일부분이다. 그래서 만약 유력 정치인들이 실질적인, 또는 이념형적인 의미에서 거버넌스를 실현할 의지를 가지고 있다면 '고양이에게 생선을 맡기는' 꼴이 될 수밖에 없다. 좀 더 진실에 가까운 것은 거버넌스가 실현하고자 하는 민주주의의 심화 내지는 급진화에 대해 애초부터 관심이 없는 것이다. 그래서 자신이 주장하고 있는 거버넌스의 실현 가능성은 처음부터 중요하지 않다.

부와 권력의 불평등이 거버넌스를 가로막는 장애물이라면 거버넌스를 실현하기 위한 정치적 실천에서 첫 번째로 해결되어야 하는 것은 자원, 정보, 지식의 급진적 재분배여야 한다. 이것이 시정되지 않은 상태에서의 참여는 형식에 그칠 수밖에 없다. 그런데 부와 권력의 불균형을 시정하기 위한 자원, 정보, 지식의 급진적 재분배는 지배 집단, 즉 기득권 동맹의 반발을 불러올 수밖에 없다. 그렇다면 실질적인 의미의 거버넌스를 구현하는 길은 존재하는 갈등을 '협력'으로 덮어버리는 것이 아니라 지역의 지배 집단에 의해 억눌려온 갈등을 정치적 장으로 끌어들이는 것이어야 한다.

거버넌스가 민주주의를 깊게 하고 넓게 하는 것이라면 그것은 투표와 비용-편익 분석의 지불 의사를 통해 표현할 수 없는 평범한 사람들의 필요 및 욕구가 대화와 토론의 과정에서 표현될 수 있는 장과 통로를 만드는 것이어야 한다. 이는 매우 시끄럽고 때때로 혼란스럽기까지 할 것이다. 거버넌스는 그 시끄러움과 혼란스러움을 회피하고 않고 겪어서 견디면서 서로의 의견을 조정하고 합의에 이르는 방법을 터득하는 것까지 포괄할 수 있어야 한다. 결론적으로 거버넌스가 기존의 권력관계를 허무는 과정이라면 그것의 실현은 사회적 '연대'를 회복하는 것과 동시에 '적대'를 확인하는 것이어야 한다는 것이다.

지금까지 살펴본 바에 따르면 거버넌스는 단순히 참여의 통로를 만들고 사람들의 이야기를 들을 수 있는 다양한 장치들을 만드는 것에 머물러서는 안 된다. 그것은 거버넌스 이전에 존재하지 않았던 새로운 정치적 주체를 만들어내는 창조의 과정이어야 한다. 우리는 이것을 평범한 사람들의 '정치 주체화'라고 부를 수 있을 것이다. 제도의 변화와 그에 따른 부와 권력의 재분배는 그것을 지탱하고 지지하고 유지할 수 있는 새로운 정치적 주체를 만들지 못하면, 주기적인 선거정치의 부침 속에서 쉽게 사라져버린다. 그래서 거버넌스는 참여일 뿐만 아니라 학습이어야 하는 것이다. 참여와 학습은 곧 보통 사람들의 정치적 역량capability을 강화하는 과정일 수밖에 없다.

거버넌스를 협치라고 번역하는 것이 적절하지 않은 첫 번째 이유는 그것이 연대뿐만 아니라 적대를 동반하는 것이기 때문이다. 이것은 앞에서 지적한 대로다. 하지만 더 중요한 이유가 있다. 거버넌스를 기획하고 실행하는 지방자치 정부와 그것을 통해 정치적 주체로 성장해나가는 지역 주민들 사이의 관계도 협력으로만 치우쳐서는 안 되기 때문이다. 전 세계에서 실험된 수많은 거버넌스 사례에서 가장 문제가 되었던 것은 주민의 자치적 역량을 키우자는 목표로 시작하지만 정부에 의한 간섭과 통제로 귀결되기 쉽다는 점이었다. 그래서 거버넌스는 시민사회의 압력에 반응하는 정부에 의해서 준비되고 집행되지만, 즉 지방자치 정부가 권력과 부를 급진적으로 재분배하는 조정자 역할을 하지만 그것을 통해 강화된 시민사회는 정부를 비판하고 견제할 수 있는 역량을 키워야 한다. 이것은 결코 일방적인 협력 관계일 수 없다. 긴장, 하지만 적대적이지 않고 생산적인 긴장을 유지할 수 있어야 하는 것이다.

한발 앞선 주자들인 서울시와 수원시가 거버넌스의 주된 영역으로 간주하고 있는 것은 사회적 기업과 마을 만들기인 것 같다. 그런데 자치 정부와 정치 주체화된 주민들 사이의 적절한 긴장이 유지되지 않으면서 문제점들이 노출되고 있다. 겉으로는 지원과 협력처럼 보이지만 자세히 들여다보면 제한된 자원을 경쟁을 통해 배분한다. 자율적인 자치 역량을 키우는 것이 아니라 자치 정부의 심사 기준을 통과해 재정적 지원을 받는 것에 초점이 맞추어진다. 지원을 받은 후에도 지표화된 성과에 맞추는 것이 사업의 최우선 목표가 된다. 거버넌스의 핵심은 사회적 연대의 회복과 권력과 부의 재분배에 있다고 했다. 그리고 그것은 학습의 과정이며 평범한 사람들의 자기 통치 역량을 강화하는 것이라고 주장했다. 이것은 분기별 계량화된 수치로 평가될 수 있는 것이 아니다. 거버넌스와 소통을 이야기하고 민주주의 강화를 이야기하면서 민주주의를 가로막고 있는 가장 심각한 장애인 시장의 논리와 성과주의를 벗어나고 있지 못한 것은 아닐까?

이 글에서는 거버넌스의 번역어로 받아들여지고 있는 협치라는 말을 의도적으로 사용하지 않았다. 앞서 밝힌 대로 거버넌스는 협력보다 적대와 긴장을 담아내야 하기 때문이다. 그렇다면 거버넌스는 종착점이 아니라 시작점이다. 거버넌스를 통해 길러진 평범한 사람들의 역량은 관료적인 속성을 가진 국가 제도를 견제하고 지속적으로 민주화하는 힘으로 작동할 뿐만 아니라, 기본적 필요needs와 욕구wants를 충족시키는 데 적절하지 못한 시장을 사회적 관리하에 두는 시장의 사회화로까지 뻗어 나가야 한다. 그럴 때에만 특정 정치인의 대권 도전을 위한 이미지 만들기에 동원되는 말뿐인 '협치'가 아니라 사람들의 삶의 질을 높이고 민주적인 역량을 성숙하게 하는 지속적인 민주화, 민주주의의 급진화로 나아갈 수 있을 것이다.

'보수 세력'에 대한
재정의가 필요하다*

정재원

사회 세력으로서의 사회 모든 영역에서의
기득권 세력들에 대한 제어와 통제 수단이 마련되지 않으면
모든 실험은 실패로 돌아갈 것이라는
문제의식을 가져야 한다.

최근 한 신문에서 흥미로운 칼럼을 읽었다. 그 칼럼의 내용은 이렇다. 학술 세계에서나 적용할 수 있는 '보수와 진보', '좌파와 우파'라는 관념적 이분법을 옛 한나라당이 현실 정치 세계에 끌어들여 상대를 이념의 늪에 가두려 한 강력한 프레임의 위력에 대한 것으로 이러한 프레임, 이념 전쟁의 결과 총선과 대선에서 이들이 승리할 수 있었고, 정권도 재창출하는 데 성공했다는 것이다. 특히 이 과정 속에서 '보수는 다소 부패했지만 대체로 유능하고, 진보는 다소 깨끗하지만 대체로 무능하다', '보수는 성장, 진보는 분배'라는 식의 근거 없는 가설이 설득력 있게 퍼졌고 이는 지금도 우리 사회에 만연해 있다고도 했다.

● "'보수 세력'에 대한 재정의가 필요하다", ≪프레시안≫, 2015년 8월 3일 자.

그에 따르면, 바로 이러한 프레임 공세는 매우 성공적이어서 국민으로 하여금 현재의 새정치민주연합으로 이어져 온 보수 야당을 엉뚱하게도 진보 좌파 정당으로 인식하게 했다. 여기에 더해 이석기 의원 사태와 통합진보당 해산을 강행함으로써 이들과 선거 연대를 한 사람들에게 한국 사회에서 가장 혐오스러운 개념인 종북 좌파 프레임까지 덧붙여지게 되면서 한층 더 왜곡된 현실로 국민을 세뇌해왔다는 것이다. 그러면서 그는 이분법은 모든 분야에서 복잡한 흐름을 파악하는 유용한 도구이지만, 지나친 단순화는 위험하다면서 특히 정치를 이분법으로 설명하는 대가는 치명적일 수 있다고 주장한다.

사실 이러한 주장은 새로운 것이 아니며, 큰 틀에서 봤을 때 내용상 틀린 부분은 없다. 그러나 이런 단순한 이분법 프레임을 노골적으로 사용하면서, 비정상적인 방법으로 중도 보수 야당의 집권을 저지하고 있는 이분법의 한 당사자인 이른바 한국의 보수 세력에 대한 명확한 정의를 다시 할 필요가 있다. 사전적인 의미에서의 보수주의保守主義, conservatism는 관습적인 전통 가치를 옹호하고, 기존 사회체제의 유지와 안정적인 발전을 추구하는 이념을 말한다. 특히 가치로서의 보수는 현상 유지status quo를 하거나 점진적이고 안정적인 발전을 추구하는 등 다양한 의미를 지니고 있다고 사전에 쓰여 있다. 그러면서 여타 다른 보수적 가치를 추구하는 방식들, 즉 과거로의 회귀를 추구하는 반동주의와 현상을 유지하려는 수구주의와는 구별이 필요하다고 주장한다.

'보수'는 현실에서 존재하지 않는다, 기득권이 존재할 뿐

그러나 한마디로 말해 이러한 사전적 의미의 보수주의나 보수파는 현실에서는 존재하지 않는다. 현실에서는 전통적 가치를 옹호하거나 기존 사회체제 유지를 통한 안정적 발전을 추구하는 것이 아닌 탐욕과 특권의 독점적 확보와 확대를 추구하는 기득권 세력이 있을 뿐이다. 그리고 이들의 헤게모니하에서 그들의 지배 이데올로기에 적극적으로 동의하는 집단과 오랜 기간 세뇌된 집단이 있을 뿐이다. 오히려 반동주의와 수구주의, 혹은 극우주의를 구별하는 것이야말로 커다란 의미가 없는 관념적인 학술적 분류이다.

단지 서구에서는 오랜 기간 아래로부터의 끈질긴 저항의 결과로, 그리고 사회주의 국가들의 탄생에 따른 위험으로 지배 집단들이 어쩔 수 없이 일국 내에서는 타협을 하고 일정 부분 양보를 하면서 제도적으로 통제를 받게 된 것뿐이다. 따라서 일국의 경계를 넘을 경우 이들은 자신의 본성을 어김없이 드러내는 것이 작금의 국제 정치·경제의 현실인 것이다. 이는 다른 이론으로 설명해온 서구 복지국가와 신자유주의 세계화의 주도 세력인 중심부 국가의 모습이기도 하다. 반대로 이러한 조절 장치가 없는 비중심부·비서구 국가들에서는 외부의 힘과 때로는 대립하고 때로는 같이하며 자신의 이익을 극대화할 수 있는 모든 수단을 동원하는 것이 보수의 진짜 모습이다.

칼럼의 저자는 보수의 장기 집권이 보수의 건강성 상실로 나타날 수 있다고도 했지만 현실에서 그들은 건강성을 가져본 적이 없다. 이들은 자신의 이익에 따라서는 정반대로 전통적 가치도 벗어던질 수 있고, 기존 사회 체제를 뒤바꿀 수도 있으며, 얼마든지 불안정성의 확대로 자신의 이익을 극대화할 수도 있다. 신자유주의를 '기득권 지배 집단의 이익 극대화를 위한 국가의 시장 기능 조정'이 아닌, 이론 그대로 '국가의 후퇴와 시장의 자율성 극대화'로 이해하는 오류와 마찬가지로 가장 심각한 학술적 관념의 산물이 바로 보수주의와 보수 세력에 대한 정의라고 할 수 있다.

합리적(?) 보수 정당과 진보 정당이 존재하는 서구 등 선진적인 정치 정당 제도를 갖춘 국가들의 예를 들며 반론을 제기할 수도 있겠지만, 나의 주장은 이러한 정당 중심의 보수·진보 세력에 대한 논의가 아니다. 정치 사회의 보수 정당 세력은 이 사회의 지배 집단 이익을 반영하는 세력들 중 일부분일 뿐이며, 부를 독점하고 착취하며 지배하고 있는 실제 세력에 대해 정확히 파악하고 대응하는 것을 방해하는 역할을 해오고 있다. 시끌벅적한 보수 정치 세력들의 정치 쇼 뒤에서 벌어지는 일들, 가령 세월호 사건 와중에 의료 민영화나 5대 강 사업을 추진하는 등 이들의 지배 메커니즘은 매우 조용하면서도 치밀하게 작동한다. 따라서 얼마든지 민주적으로 정권 교체가 가능한 것처럼 착각하게 만드는 정치 정당으로서의 보수 세력이 아니라, 정당정치의 뒤 우리 사회 곳곳에서 '보수'라는 이름으로 위장해 자신의 이익을 극대화하고 있는 사회의 기득권 지배 집단의 지배 방식에 대한 분석이 절실하다.

그런데 사실 현실에서는 기득권 지배 집단들은 '보수와 진보', '좌파와 우파'의 세련된 이분법이 아닌, 괴이한 이분법으로 대중을 현혹하고 있다. 이미 아주 오래전부터 친일파에 이은 친미 독재 집권 세력들과 그 후신 세력들은 더 공격적인 이분법으로 야당과 노동 진영, 그리고 시민사회에 대한 거짓 선동과 음해, 그리고 이에 근거한 탄압을 일삼아왔다. 특히 가장 효과적으로 작용했던 친북·종북 프레임이 정치적 민주화 이후 약발이 떨어지면서 복지국가를 공격하는 서구 신자유주의 우파들이 사용하던 진보 좌파에 대한 다소 세련된 비판 프레임으로 잠시 옮겨가나 싶었다. 하지만 전반적인 사회의 우경화, 특히 젊은 층의 보수화로 다시 종북 프레임의 효용 가치가 커지면서 이제 야당뿐 아니라, 사회의 거의 모든 영역에서 비판적 세력이나 여론에 대해 폭압적으로 억누르는 기제로 무차별적으로 활용되고 있다.

과거 종북 프레임이 효용 가치가 없어지게 된 가장 큰 이유가 깊은 중의 거부감이었는데, 정치적 민주화가 실질적 민주화로 발전하지 못한 채 강화된 한국 사회의 신자유주의화로 젊은 층들이 급격하게 보수화되면서 종북 프레임은 과거와는 달리 이들에 의해 급격하게 부활했다. 여기에 더해 한국 사회의 고질적 문제인 반여성주의, 지역차별주의에 인종주의와 같은 서구식 극우 프레임까지 뒤섞여 진행되고 있는 한국 사회의 우경화, 특히 젊은 층의 보수화는 보수 기득권 세력들의 특권과 탐욕을 구조적으로 보장해주는 중요한 토양이 되고 있다. 문제는 이러한 '보수화'나 '우경화'는 단순한 '우향우'가 아니라, 무복지 사회, 무한 경쟁 사회에서 고통받고 분노하는 젊은이들이 그 저항의 방향성을 상실한 채, 오히려 언젠가는 기득권 집단과 같은 지위에서 그들과 같은 이익을 누릴 수 있다는 무조건적 믿음 속에서 기존의 기득권 시스템을 옹호하고, 비판자들을 공격하는 현상이라는 데에 그 심각성이 있다.

이러한 상황 속에서 지난 정권하에 집요하게 이루어진 언론 장악이 거의 완료된 현재, 이들은 놀랍게도 거짓 주장마저 태연하게 늘어놓으며 대중을 현혹하고 정치나 경제 영역에서는 물론 사회의 모든 영역에서 자신들의 지배 이데올로기를 마음껏 확산하고 있다. 정상적인 사람들의 눈으로 보면 도저히 이해가 가지 않는 언행을 일삼는 것은 이들이 모자라서가 아니라 모든 것이 치밀하게 계산된 것이기 때문이다. 가령, 그리스 경제 위기의 원인으로 과잉 복지를 꼽는 등 조금만 관심을 기울이면 뻔히 드러날 거짓말로 선동을 일삼는 것이나, 탄저균 사건과 같은 중요한 사안은 언급도 안 한 채 일국의 여당 원내대표라는 사람이 미국인들을 업거나 그들 앞에서 큰절하는 쇼를 한 것, 그리고 그 와중에 중국과 국내 진보 좌파, 노동 개혁(?)을 언급하는 일 등으로 대변되는 일련의 언행은 자신들의 헤게모니하에 놓인 집단들을 결집할 수 있는 자신감의 표출이기도 한 것이다.

물론 이러한 공세는 단지 보수 야당의 집권을 막는 데에만 목적이 있는 것이 아니다. 서로의 머리와 발목을 잡고 있는 한국의 진보 좌파는 실질적으로 별다른 위협이 되지 않는다고 그들은 인식한다. 그럼에도 이들 세력들 중 일부가 가끔씩 제기하는 정책들이 한국의 보수 기득권 세력들의 탐욕을 확대시키는 데 실질적인 타격을 주는 경우가 있기 때문에 이러한 프레임을 더욱 노골적으로 한층 더 강화하고 있는 것이다.

선거는 '보수'와 싸우는 게 아니다, '지배 집단'과 '특권'과 싸우는 것이다

물론 현실적으로 선거라는 수단으로 보수 정당을 패배시키는 방식 외에는 현재 적절한 통제 수단은 없는 것도 사실이다. 그리고 다당제를 인정하는 한, 정치 사회에서의 전략 역시 매우 중요하다. 그러나 이러한 본질적 문제에 대한 관심과 분석 없이 우리 스스로 정치 사회 내에서 허구의 '보수'와 그 대당으로서의 '진보'라는 이분법적 틀 속에서 허우적거리는 것은 분명 큰 문제다. 따라서 설사 진정한 진보 좌파 정당이 집권을 하는 상황이 닥치더라도 이러한 사회 세력으로서의 사회 모든 영역에서의 기득권 세력들에 대한 제어와 통제 수단이 마련되지 않으면 모든 실험은 실패로 돌아갈 것이라는 문제의식을 가져야 한다. 우리는 이러한 사례들을 해외에서도 무수히 보았지만, 단지 근본적 체제 변혁이냐 아니냐의 문제로만 축소해 엉뚱한 평가만 100년 이상 해왔고 그런 오류는 지금도 현재 진행형이다.

특히 정치에서의 퇴행도 문제지만, '일베'라는 사이트 하나의 문제를 넘어 각종 반인간적 차별과 혐오 범죄적 표현 및 행동이 아무렇지도 않게 공공연하게 이루어질 정도로 우리 사회가 심각한 범죄화의 위기 상황에 놓여 있음에도, 우리는 너무 태평하다. 수많은 정치적 사안에 대응하는 것도 벅찬 것은 사실이지만, 지난 정권부터 지금까지 도저히 얼기힐 수 없을 만큼 많은 반민주적·반민중적 작태가 난무했고, 이에 맞서는 저항은커녕 서로 '무슨 주의'나 '개량이네 뭐네'로 나누어 싸우기 바빴다. 그런가 하면 단임제하에 최고의 정권 재창출 전략인 '여당 내 야당' 프레임에 불과한 유승민 사태에 대한 동정 등에서 보이듯 진보 좌파 중 다른 일부는 보수에 대한 잘못된 환상을 퍼뜨리고 있다.

이제는 더 이상 가능하지도 않은 근본적 체제 변혁에 대한 지지 여부 때문에 갈등을 일으키는 등 현실에 아무런 도움이 되지 않는 사변적 논쟁을 버려야 한다. 또한 기득권 세력이 생길 수밖에 없는 시장경제 체제의 한계 속에서 형식적으로는 어쩔 수 없는 '보수 대 진보'의 정치적 틀을 인정하고 그 속에 숨어 있는 기득권 세력의 지배 및 이익 추구 방식에 대한 분석과 대응을 입체적으로 할 필요가 있다.

이러한 맥락에서 우리가 진정으로 그리스 등 유럽과 중남미 좌파의 경험에서 배워야 하는 것은 특정 정당 지배 분쇄가 아닌, '올리가르히'라고 칭하는 실제 지배 집단의 특권을 타파하려는 태도이며, 집권 그 자체를 넘어 풀뿌리 단위에서도 일상적으로 다양한 연대를 이루어내는 작업을 매우 다양한 정치 정당과 시민사회단체들이 함께하려고 노력하는 태도다. 물론 주변부 지역 국가에서의 좌파 집권은 외적인 영향에 대한 민족주의적 반발로 이루어진 부분도 크지만, 어찌 되었든 바로 그러한 시민사회 내에서의 다양한 작업의 결과가 한국 진보 좌파에서는 불가능한 수십 개 조직의 정치 연합 블록 형성이고 집권인 것이다.

그들이 '법카'로 룸살롱에
쏟은 돈, 1조 원[•]

정재원

우리는 주기적으로 돌아오는 절차적 민주주의의 환영 속에
주기적으로 갇히면서 많은 진실을 잊고 만다.
그중에서도 가장 중요한 것은
우리 사회를 지배하는 세력들에 관한 진실이다.

한국 민주주의가 후퇴를 거듭하는 가운데 절차적 민주주의의 한 축인 총
선이 다가오고 있다. 그런데 말 그대로 가관이다. 도저히 눈을 뜨고 봐줄
수가 없다.

지지율에서 타 정당에 비해 압도적 우위를 보이고 있는 새누리당 내에
서는 이미 오래전부터 친박, 진박, 원조박, 종박, 가박, 비박이라는 천박한
용어를 자랑스럽게 사용할 정도로 한국 정치의 수준을 크게 저하시켰다.
그 후 선거가 임박해오자 단순한 공천 갈등을 넘어 계파 간 권력 투쟁이라
고 하기에는 너무나 창피한 수준의 칭얼거림이 연일 언론의 1면을 차지하
는 등 정치 혐오증을 부추겨왔다.

[•] 그들이 '법카'로 룸살롱에 쏟은 돈, 1조 원 , 《프레시안》, 2016년 4월 2일 자.

공천 못 받았다고 뛰쳐나온 유승민계(?)가 민주 투사인 양 포장되는가 하면, 김무성의 앙탈 쇼는 '옥새' 투쟁으로 묘사되는 등 한국 정치의 수준은 끝없이 추락했다. 심지어 최근에는 대통령의 사진을 '존영'이라고 일컬으며 사진을 반납해달라는 요구와 이를 거부하는 등의 쇼까지 이어지며 절차적 민주주의조차 난장판이 되는 모습으로 이어지고 있다. 언제나 그랬듯 탈당 인사들은 당선 시 복당하는 것이 수순인데, 우리네 언론은 필요 이상의 무소속 후보 선전을 운운하고 호들갑을 떤다. 또한 마치 선거 민주주의의 묘미인 양하며 쇼의 한 축을 담당하고 있다.

야당이라고 다를 것은 없다. 새 정치를 한다며 민주당을 비판하면서 탈당한 안철수는 새누리당과 본격적인 대결을 피하고 야당끼리 전멸하는 전략을 들고나오더니, 결국 특정 지역에서 토호화되어 진보성을 상실한 퇴물들을 모아 정당을 창당했지만, 아니나 다를까 공천 과정에서 심각한 불협화음을 내며 현재 당 지지율이 크게 추락한 상태다.

더불어민주당으로 이름을 바꾼 민주당 역시 본질적으로 큰 차이는 없다. 퇴물들의 탈당으로 오히려 야당으로서의 정체성이 살아나는가 싶은 상황에서 또 다른 종류의 퇴물 정치인인 김종인에게 막대한 권력을 쥐어줌으로써 야당으로서의 색깔을 한층 더 잃게 되었다. 이 와중에서 일부 의원들은 국민의당이 아니라 아예 새누리당으로 이적했으며, 소수이지만 거꾸로 새누리당에서 이적해온 사람도 있는 등 선거를 앞둔 이합집산은 가히 절정에 이르렀다. 그 이후 최종 공천자들을 확정하면서 여당과 야당의 동반 정치 쇼의 1막이 끝났다.

선거가 얼마 남지 않았으니 이제 곧 전형적인 정치 쇼 단계로 넘어가서 '야권 통합 후보가 성립되었다, 아니다' 하는 뉴스나 '당선이 거의 불가능한 지역들에서 의외의 선전이 이루어지고 있다, 아니다' 하는 뉴스들이 도배를 하게 될 것이다. 이뿐만 아니라 이러저러한 폭로전과 선거법 위반으로 고소·고발이 난무하는 등 쇼는 극으로 치달을 것이다. 그 와중에 많은 사람이 최면에 걸린 듯 각자 흥분의 도를 높여가며 환호와 탄식을 반복하며 살아갈 것이다. 물론 훨씬 더 많은 사람이 힘든 일상 속에서 정치 혐오증에 사로잡히거나 무관심으로 일관하겠지만 말이나.

물론 다당제에 기초한 선거정치는 민주주의 사회에서 절대적으로 필요한 정치 과정이다. 그러나 우리는 주기적으로 돌아오는 절차적 민주주의의 환영 속에 주기적으로 갇히면서 많은 진실을 잊고 만다. 그중에서도 가장 중요한 것은 우리 사회를 지배하는 세력들에 관한 진실이다. 정당정치, 선거정치, 대의정치의 화려한 룰 속에 갇혀서 우리 사회를 지배하는 다양한 기득권 세력의 존재를 잊는 것이다.

어떤 정당이 총선이나 대선에서 승리하든 그러한 정당정치 뒤에서 실질적으로 우리를 지배하는 권력은 따로 있다. 그것은 넓은 의미의 지배계급인 자본가 계급과도 연결되어 있지만, 그 자체는 아닐 수도 있는 관료 등 다양한 과두적 지배 동맹체 내 다양한 집단들을 의미한다. 중요한 것은 이러한 실질적 지배 세력에 대한 철저한 분석이 없으면 주기적으로 반복되는 절차적 민주주의의 틀 속에서 기득권의 영구적 지배 구조를 공고히 하는 데 우리의 노력을 영원히 바치게 될 것이다.

정당정치 이면에서 우리 사회를 지배하는 자, 누구인가?

공교롭게도 이와 관련해 최근 『대한민국 무력 정치사』(2016)라는 책이 출간되었다. 한국 사회의 정치권력과 자본은 물론, 검찰과 경찰 등 수사기관 관료, 그리고 조폭 등 간의 관계에 대해 역사적으로 살펴본 연구 결과물이다. 바로 정당정치의 이면에서 우리 사회를 지배하는 자들에 대한 매우 치귀힌 연구 성과문인 것이다.

이 책의 미국인 저자 존슨 펄트Jonson Nathaniel Porteux는 과거 한국의 정치권력은 선거에서 이기기 위해 경찰과 폭력배들을 동원해 부정을 저지르는 것이 기본이었다고 설명한다. 그러나 직접적인 동원이 정치 영역에서는 점차 사라진 반면, 현재 국가는 여전히 민간 무력 집단들을 '용역'으로 고용해 범죄적 폭력을 대신하게 하고 있다는 충격적인 사실을 다양하게 폭로한다.

저자에 따르면, 이러한 협력이 특정한 정치 조건에 대한 국가 행위자들의 계산된 대응이라고 해석한다. 특히 그는 조폭에 주목하는데, 이들의 주요 수입원 2위는 정치권력과 경찰 등의 묵인하에 이루어지는 '용역 깡패'다. 이미 잘 알려진 '용산 강제 철거 사건'이나 '쌍용자동차 파업 파괴', '유성 기업 파업 파괴', '인사동 노점상 철거'와 같은 사건들에서 합법적 기업으로 진화한 조폭들이 경찰들과 함께하며 활약하는 모습에 주목한다.

국가는 이런 현장에서 직접 폭력을 수행하지 않고, 폭력의 관리자로서 행동한다. 특히 저자는 중산층이 민주화 이후 계속 사회에서 방관자적 태도를 취하도록 국가가 방조해왔음을 강조하는 등 그동안 간과해왔던 중산층의 문제를 제기하고 있다. 조폭들이 유독 강제 철거와 노동 탄압에 동원되는 것은 민주화 이후 침묵하고 있는 중산층이 깨어나 시민사회를 활성화하지 않기 위해 국가가 잡음이 생길 수밖에 없는 활동을 직접 앞에 나서서 하지 않으면서 중산층의 이익을 보장해주는 데 가장 적절한 국가의 폭력 행사 방식이기도 하다.

그리고 이 책은 우리 사회를 실질적으로 지배하는 집단들 중 조직폭력배 문제를 정면으로 제기했을 뿐 아니라, 이들은 국가 공권력에 의해 적극적으로 만들어지고 동원되는 존재라는 충격적인 사실을 다양한 자료들을 통해 폭로하고 있다는 점에서 매우 높은 가치를 지닌다. 그러나 다른 한편으로는 노동 탄압과 철거민 혹은 노점상 철거 문제를 중심으로 살펴보다 보니 국가(관료)-자본-조폭 등의 연계에 대해 조금 더 근본적인 부분들을 밝히지 못하는 한계를 보이는 것이 사실이다. 즉, 그보다 더 근본적인 유착과 동맹 관계를 이루는 진정한 '내부자들'의 문제로 접근하지 못하고 있는 부분이 있다. 또한 이러한 동맹 관계를 맺게 된 경제적 토대가 무엇인지를 밝히기보다는 정치권력, 검경과 조직폭력 집단 간의 관계를 폭로하는 데에 집중하고 있다는 점에서도 다소 한계가 있다.

그런데 마침 이러한 부분을 보충하는 중요한 연구 결과가 나왔다. 형사정책연구원에서 발행한 「조직범죄단체의 불법적 지하경제 운영실태와 정책대안 연구」는 2015년 8월 기준 전국 교도소와 구치소에 수용된 전·현직 조직폭력 단체 조직원 307명을 대상으로 한 설문 조사 및 심층 면접을 통해 매우 의미 있는 결과를 보여준다. 이 보고서에 따르면 조폭들은 여전히 직간접적으로 다양한 성매매업을 주 무대로 하고 있음을 보여준다.

물론 건설·토목·산업 분야 등 성매매 산업과 직접적인 연계가 없는 분야로 합법적인 가면을 쓰고 진출하는 경우도 많아졌지만, 여전히 조폭은 120조 원대에 이르는 사채업이나 불법 추심업, 사행성 도박 등의 분야를 팽창시키는 주범이기도 하다. 물론 국가 공권력은 이 과정을 방조하고 있으며, 부유층은 물론 다양한 계층의 남성들을 때로는 성구매자로서, 때로는 조폭의 하청 관계로서 어마어마한 규모의 부패를 저지르고 인간을 착취하며, 10대 청소년을 포함한 여성 인권을 파괴하는 구조로 끌어들이고 있다.

이 보고서에서는 한국의 성매매 시장 규모는 연간 30조~37조 원, 불법 대부 시장 규모는 3조 5000억~7조 원, 유흥업 관련 불법 시장 규모는 6조 7000억~10조 2000억 원 정도로 추정되며, 이들 세 개 시장의 규모를 합치면 대략 연간 40조 2000억~54조 2000억 원 규모에 이르는 것으로 보인다고 설명한다. 여기에 불법 사행 산업의 연간 시장 규모인 101조~160조 원

규모까지 모두 합하면 불법 시장 규모는 연간 141조 2000억~214조 2000억 원 규모에 이를 것으로 분석된다.

이렇게 어마어마한 수익 구조를 창출하고 있음에도 이들 조폭은 세금을 거의 내지 않고 있는데, 이는 단순히 법적인 하자를 이용한 조폭들의 머리만으로 이루어지는 것이 아님을 직시해야 한다. 또한 어찌 된 일인지 범죄 수익 환수를 위한 입법적 보완은 지속적으로 지체되고 있으며, 이에 따른 범죄 수익 환수 제도는 작동하지 않고 있다. 게다가 실제 환수 실적도 아닌 환수 보전 조치 실적 역시 2012년 기준 연간 2800억 원 수준에 불과하다.

'조폭 범죄' 시장 규모 114조 원, 진짜 지배 세력은?

우리나라 지하경제 규모는 연구 기관마다 차이가 크지만 대략 최대 450조 원, GDP의 30퍼센트에 달하는 것으로 추정하고 있다. 이러한 지하경제 중 노동 대중의 삶에 직접적으로 타격을 입히는 분야인 성매매, 성매매가 전제된 각종 유흥업, 고리대금업, 사채업 등의 시장 규모는 위에서 살펴보았듯이 약 연 141조 원에 이른다. 그러나 막대한 지하경제를 바로잡아야 할 국가는 오히려 이러한 세력과 손을 잡거나 혜택을 보고 있는 것이 현실이다. 심지어 형사정책연구원의 보고서에서조차 조직폭력배, 그리고 이들과 동업 관계에 있는 업소 사장들, 투자자, 그리고 검찰과 경찰 등 국가 공권력과의 연계 고리를 차단해야 한다는 결론을 내리고 있을 정도로 이러한 기득권 카르텔 문제는 매우 심각하다.

국가 공권력만이 문제가 아니다. 누구나 잘 알고 있듯이, 이러한 국가 방조 조폭 경제에 가장 큰 젖줄이 되고 있는 영역이 바로 지하경제를 지배하고 있는 기업들이다. 마찬가지로 위 자료에 따르면, 2014년 한 해 동안 국내 기업(법인세 납부 기업 55만 472개 업체)이 접대비로 사용했다고 신고한 금액은 총 9조 3368억 원이었다. 이 중 기업들이 유흥업소에 법인 카드로 사용한 금액은 1조 1819억 원에 달하며, 주로 룸살롱(62퍼센트)과 단란주점(17.1퍼센트)에서 사용한 것으로 나타났다. 신고하지 않은 금액까지 고려한다면 아마도 훨씬 더 큰 금액이 유흥업소에서 사용되었을 것으로 추정된다. 또 법인 카드가 아닌 각종 편법적 비용 지출 방식이나 개인 카드 지출까지 합한다면 일부 사기업에서만도 어마어마한 돈이 지출되고 있는 것이다. 여기에 자영업자 등의 성매매 산업으로의 비용 지출까지 합한다면 가히 천문학적인 숫자가 될 것이다.

순수하게 경제적인 측면만 보아도 이는 매우 심각한 상황이다. 이뿐만이 아니다. 그 돈을 단순히 곧바로 사회복지 등에 돌릴 수 있다고 생각하는 것은 오류겠지만, 이러한 구조를 어떻게든 조금씩이나마 고치려는 노력이 있었다면 국가와 자본이 언제나 내세우는 경제위기론을 잠재우고 복지사회로 나아갈 수 있었을 것이다.

그뿐인가? 이러한 구조로 말미암아 수많은 우리의 청소년이 집을 나와 결국은 각각 조직폭력 단체와 성매매 산업으로 빠져드는 심각한 사회 문제도 어느 정도 제어할 수 있었을 것이다. 그러나 온갖 사회적·경제적 지표가 최악으로 치닫고 있으며, 언제나 민생 경제를 외치는 권력자들이 정작 중요한 사실들을 모른 체하는 이유는 무엇일까? 진정으로 저들은 이 사실을 몰랐을까? 그리고 왜 이러한 부분에 대한 연구는 지금까지 거의 이루어지지 않았던 것일까?

무엇보다 진보적 성향의 남성들조차 이러한 영역에 직간접적으로 얽혀 있다는 것이 이 문제의 기저에 흐르는 근본적인 이유다. 물론 조폭 문제는 나와는 상관없는 범죄 영역의 문제이고, 성매매 문제는 여성의 문제라고 생각해온 데에도 원인이 있다. 그러나 그보다 더 근본적으로는 우리 사회의 문제점을 드러내는 작업들을 수행해야 하는 진보적 지식인들과 활동가들이 국가와 자본, 계급과 노동, 젠더와 성소수자, 시민사회와 사회운동, 진보정치와 사회혁명 등과 관련해 서구(혹은 서구에서 시작된) 역사, 정치와 사회, 경제 이론에만 관심이 있을 뿐 우리 사회 고유의 문제에 대해서는 고민이 적었다는 데에 원인이 있다.

선거에 관심을 갖고 투표에 참여하는 것은 너무나 당연하지만, 그 과정과 결과에 관한 과도한 몰두는 금물이다. 이제는 정당정치, 선거의 뒤에 숨어서 노동 대중의 돈으로 자신들의 욕심을 채우고, 대중을 지배하는 우리 사회의 진짜 지배 세력의 실체를 드러내는 것이 필요하다.

협치와 야합은
'한 끗' 차이다[●]

윤지관

사회구조를 변화시키는 것이 본래적 의미의 정치라면,
누구나 외치는 협치가 기성세력끼리의 야합으로 전락되는 사태를 막아내는
진정한 정치의 복원이 긴요한 시점이다.

최근 정치권의 최대 화두는 '협치'다. 총선 이후 갑자기 부각된 이 용어는 20대 국회가 개원하면서 여야에서 한목소리로 강조하고 있고 여론도 이를 뒷받침하고 있어 일종의 시대정신이 된 양상이다. 박근혜 대통령부터가 국회 개원 연설에서 국회와의 '협치'를 내세웠고 이후 각 교섭단체 정당 대표들의 연설에서도 빠지지 않고 거론되었다. 정진석 새누리당 원내대표는 '협치 실현'을 정치권의 당면 과제로 꼽았고 김종인 더민주당 비대위원장은 '협치 국회'가 시작되었다고 선포했으며, 안철수 국민의당 대표는 자당이 협치의 진면목을 보여야 한다고 주장했다. 여야 의원들이 참여해 최근 창립한 국회 내 '경제재정연구포럼'을 두고 심상정 정의당 대표도

● "협치와 야합은 '한 끗' 차이다", 《프레시안》, 2016년 6월 25일 자.

국회가 '민생 협치'를 해야 한다고 거들었다.

이처럼 정부와 여야가 협치를 공통의 가치이자 목적으로 삼게 된 결정적인 계기가 지난 총선이라는 것은 말할 나위도 없다. 국민이 여야 어느 쪽도 독주할 수 없는 균형을 잡아주었으니 협치는 바로 총선을 통해 느러난 국민의 명령이라는 것이다. 틀린 말은 아니다. 이번 총선 결과에 대화와 타협이 실종된 정치권에 대한 국민의 염증이 분명 작용했겠고 여소야대 국면 자체가 이를 요구하고 있기 때문이다. 그러나 달리 보면 협치를 내세우는 것 자체가 동어반복에 해당한다. 협치는 실상 민주 사회라면 반드시 확보되어야 할 필요조건인 까닭이다. 협치를 해야 한다는 말이 무성할수록 한국 사회가 얼마나 반민주적이고 왜곡됐는지가 더 분명해질 뿐이다. 협치를 말할 때는 우선 이 점부터 짚어야 한다.

다음으로 과연 총선의 민의란 것이 협치에 대한 요구에 그치는지 물음이 따른다. 그동안 대통령을 위시한 정권의 일방통행식 국정 운영에 국민이 분노한 점은 분명히 있다. 그러나 더 본질적인 것은 이 집권 세력이 국민의 안전이나 국가 안보 그리고 경제적 불평등이라는 한 공동체의 생존과 관련된 기본 과제에서 너무나 무능했다는 점이다. 협치를 내세우든 강행 일변도든 문제는 집권 세력이 공동체의 공익보다 기득권층의 이익을 더 지켜내고자 한 데서 발생한다. 그 방법이 더 부드럽고 그렇지 않고의 차원이 아닌 것이다. 사실 대통령이 화합과 협력이 중요하다고 강조한 것은 비단 이번만이 아닐뿐더러, 알고 보면 늘 하던 소리다. 초점은 협력 여부가 아니라 도대체 무엇을 위한 협치인가 하는 것이다.

협치라는 말은 영어의 거버넌스governance의 역어로 흔히 쓰였다. 통치government와 대비되어 쓰이는 이 말은 민주 사회에서 일방적 통치는 성립하기 어렵기 때문에 일반화되었다. 거버넌스는 정부, 국회, 시민사회가 공동체의 중요한 결정에 같이 참여하는 그런 지배 구조 및 운영 방식을 지칭

한다. 말하자면 거버넌스는 민주 사회의 기본 틀인 셈이다. 총선 전 일각에서 우리 사회에 '저강도 쿠데타'가 진행되고 있다는 경고가 잇달아 나온 것처럼 실제로 집권 세력의 의도는 민주주의의 형식인 선거를 통해서 더 공고하고 장기적인 기득권 지배 구조를 확립하는 것이었고, 이번 총선 결과가 그들의 뜻대로 나왔다면 충분히 가능한 시나리오였다. 이 기도가 일단 좌초되고 이들조차 협치를 말할 수밖에 없게 된 점, 이것이 이번 총선의 역사적 의미라고 할 것이다.

문제는 협치라는 말이 국민 통합이니, 여야 협력이니, 소통이니 하는 그럴싸한 포장을 빌려서 실질적인 민의의 소재, 즉 양극화의 악화를 막고, 국민의 안전을 보장하는 진정한 개혁의 요구를 약화시키고, 회피하는 이데올로기로 작용할 위험성이다. 집권 여당은 경제문제든 국민의 안전 문제든 모든 대립에서 기득권 구조를 지키고자 하는 완강한 수구적 자세를 견지해왔으며 지금도 마찬가지다. 협치를 한다지만 재벌 개혁이 되었든 세월호 조사가 되었든 기득권 구조를 혁파하려면 불가피한 사회적·정치적 갈등을 무마하는 논리로 동원될 소지가 충분하다. 협치 국면이 오히려 민의를 배신하는 타협이나 봉합의 빌미를 제공하지 않도록 하는 것이 그래서 중요하다. 그런 점에서 협치의 본보기로 널리 알려진 영국 빅토리아 시대의 보수와 혁신을 대표하던 두 정치가 벤저민 디즈레일리Benjamin Disraeli와 윌리엄 글래드스턴William Gladstone의 경우가 시사적이다.

1860년대 영국 정치권의 가장 큰 쟁점은 선거법 개정이었다. 이는 선거권을 도시 노동자에게까지 확대하는 개혁 법안으로, 노동조합 연합 등 진보 진영이 요구한 반면 보수 기득권층은 사회 안정을 뒤엎는 발상이라고 비난했다. 그러나 정작 개정 선거법을 통과시킨 것은 진보적인 글래드스턴의 자유당에 이어 정권을 획득한 디즈레일리의 보수 정권이었다. 보수당은 자유당이 기존 법안보다 더 진전된 개혁안을 추진해 통과시켰고, 이 과정에서 내부 분열을 겪기도 했다. 더구나 이 선거법 개정에 따라 다시 치러진 총선에서 보수당은 자유당에 패했다. 보수당 정권이 이런 선택을 하게 된 것은 당시 협치의 아이콘으로 떠오른 디즈레일리의 정치력이 발휘된 대목이지만, 이보다도 다수 국민의 민의가 그 방향으로 가고 있다는 판단에서였다. 결국 핵심은 형식상의 협치가 아니라 사회변혁을 추동하는 힘의 존재이며, 그 밑바닥에는 합치할 수 없는 이해관계의 충돌이 존재한다. 지난 총선을 읽는 방식은 여러 가지겠으나, 강고해지는 기득권 구조를 혁파하라는 다수 국민의 요구가 폭발한 것으로 이해할 필요가 있다.

지금 시점에서 '87년 체제'의 극복이라는 지난 대선의 명제가 다시 의미를 획득하게 되는 것은 이 때문이다. 10월 항쟁을 통해 쟁취한 87년 체제는 군부독재를 종식시키고 문민 통치를 확립했지만, 당시 야권의 분열로 구세력과의 어정쩡한 타협을 통해 유지되었다. 그 때문에 분단 체제 극복이라든가 빈부 격차의 완화 등 사회의 핵심 과제는 진척되지 않거나 악화되었다. 무엇보다 보수 정권이 이어지면서 그동안 확보된 절차적 민주주의조차 심각하게 훼손되는 퇴행을 겪었다. 협치를 통한 민주주의 회복도 물론 중요하지만, 단순히 87년 체제를 지켜내고 갈등을 수습하는 것이 총선의 민의를 살리는 길이 될 수 없다. 지금이야말로 '어떻게 87년 체제를 극복할 것인가'라는 물음을 중심으로 사회변혁을 위한 정치 기획을 세워나가야 할 시기다.

프랑스의 철학자 자크 랑시에르Jacques Rancière는 기성 질서 내에서 조정과 타협을 추구하는 통상적인 의미의 정치를 '치안police'이라고 명명하고, 이와 대비해 질서화된 구조를 변화시켜나가는 역동적인 과정을 '정치politics'라고 정의한 바 있다. 진정한 정치의 차원에서는 봉합될 수 없는 불일치의 요소들이 있기 마련이며, 갈등을 동반하는 이 불화의 존재들이 기성 질서의 해체와 사회 변화를 추동한다. 현재 정치의 현안인 경제 개혁,

정치 개혁, 세월호 문제 등 산적한 사안들에는 분명 기득권 구조와 충돌하고 화해할 수 없는 지점들이 있다. 협치는 양날의 칼이다. 들리지 않는 소리가 들리도록 사회구조를 변화시키는 것이 본래적 의미의 정치라면, 누구나 외치는 협치가 기성세력의 야합으로 전락하는 사태를 막아내는 진정한 정치의 복원이 긴요한 시점이다.

합치와 야합은 '한 끗' 차이다

평화의 댐에 속고,
테러방지법에 또 속을까?[•]

윤찬영

이제 국민은 어린아이처럼 단순하지 않다.

민주국가의 경험이 일천했던 과거에 군사독재 권력이 했던 것처럼

마음먹은 대로 할 수 있는 존재가 아니다.

국가 비상사태라고 한다. 그런데 군인, 경찰, 공무원들 중에 휴가를 나오
는 사람들이 있다. 군軍은 진돗개니 뭐니 하는 비상 상황을 선포하지도 않
았다. 전국의 모든 마트에서 소비자들이 라면이나 비상식량, 생활필수품
을 사재기한다는 소식은 없다. 학교는 여전히 개학 준비로 바쁘다. TV에
나오는 오락 프로그램과 드라마는 여전한 시청률을 고수하고 있다. 인천
공항은 해외여행을 하려는 인파로 붐비고 직장인들은 퇴근 후 술자리 약
속에 바쁘다.

그럼에도 불구하고 사드THAAD(고고도미사일방어체계) 배치니 테러방지
법 제정이니 하며 국가가 위험에 처했다는 경고가 연일 끊이지 않는다.

● "'평화의 댐'에 속고, 테러방지법에 또 속을까?", ≪프레시안≫, 2016년 2월 26일 자.

중국과 미국이 긴급히 만나더니 미국 측에서 사드 배치 계획이 없다며 한 발 물러나는 형국이다. 야당 국회의원들이 테러방지법에 반대하는 무제한 연설을 행하는 이른바 필리버스터filibuster가 진행되고 있다. 이에 대통령이 회의 중에 책상을 치며 분노했다는 뉴스도 들려온다.

국가가 위험한 비상사태에 빠진 것이 사실이라면 우리나라 국민은 제정신이 아닌 게 분명하다. 지금 이렇게 한가하게 찬반 논란을 하고 개인적 일거리에 몰두할 때가 아니기 때문이다. 그러나 국가 비상사태가 아니라면 오히려 비상 상황이라고 주장하는 쪽이 제정신이 아닌 것으로 볼 수밖에 없다. 설마 나라를 대표하고 이끄는 분들이 그런 터무니없는 주장을 하겠는가? 가장 많은 고급 정보를 가지고 있는 분들의 판단이니 일단 믿을 수밖에 없지 않은가? 그런데 왜 야당은 반대를 하며, 사람들은 평온하게 일상생활을 하고 있는가? 이해할 수 없다.

'평화의 댐' 국민 모금 사건, 국민은 이제 단순하지 않다

어린 시절 읽고 들었던 『이솝 우화』의 「늑대와 양치기 소년」 편이 떠오른다. 1970년대 많은 간첩 사건, 시국 사건이 시대가 지나면서 허위였다는 것이 밝혀졌다. 유신 독재 권력을 유지하기 위해 국민에게 경각심과 공포를 주입하고자 조작된 사건들이 많았고, 그것을 근거로 국민의 자유와 권리를 통제하고 억압했다는 사실이 이미 드러났다. 1980년대 북한의 수공水攻 위협을 내세워 평화의 댐을 건설하기 위해 대대적인 국민 모금을 전개했던 사건은 대표적인 공포 조작 사건이다. 1997년 12월 대선을 앞두고 벌어진 총풍 사건은 국민을 경악게 했던 사건이다. 우리의 주적이자 불구대천의 원수로 여기는 북한에 정부 인사가 돈을 주고 휴전선에서 총을 쏴 달라는 거래를 하다니, 이것은 선량한 국민의 상상을 초월하는 충격적인 사건이었다.

그런데 지금 북한의 테러 위험이 임박했다며 테러방지법을 제정하자고 한다. 1970년대에서 1990년대를 경험한 국민 중 많은 분들이 이미 돌아 가셨겠지만 여전히 매우 많은 국민이 살아 있다. 그들은 결코 쉽게 믿지 않는다. 심지어 테러의 위험을 입증하기 위한 모종의 사건이 터질 것이라 는 예측까지 하고 있다. 이제 국민은 어린아이처럼 단순하지 않다. 민주 국가의 경험이 일천했던 과거에 군사독재 권력이 했던 것처럼 마음먹은 대로 할 수 있는 존재가 아니다. 이제 머리가 클 대로 커진 성인이 된 것이 다. 그런데 여전히 국민을 어린아이 다루듯이 예전의 기만적이고 고압적 인 방식을 고집한다면 결국 반감만 키우게 된다.

독재 권력은 정당성을 버리고 실효적인 힘에 의존하는 부패한 권력이 다. 부모로서 해야 할 희생과 헌신을 포기하고 자식에게 폭력만을 행사하 는 가정 폭력 사건들을 자주 보게 된다. 국가가 국민을 이와 같이 대하는 것이 독재 권력이다. 대한민국 헌법 제1조 제1항은 대한민국이 민주공화 국이라고 선언하고 있다. 따라서 독재 체제는 용인되지 않는다. 그러나 이는 이념적인 것일 뿐 현실적으로는 가능하다. 그래서 헌법의 이념을 지 키고 달성할 수 있도록 국가의 조직과 제도를 끊임없이 개혁해나가는 것 이 중요하다.

민주적인 공화국이 되기 위해서 권력분립은 필수다. 근대 초기 국가는 입법, 사법, 행정의 삼권분립을 추구했다. 그러나 사회가 복잡하게 분화 되고 확대되면서 권력은 더욱 커졌다. 따라서 분립시켜야 할 권력이 많아 졌다. 합리적인 권력분립이 이루어져야 민주공화국을 유지할 수 있다. 국 가권력이 정보와 미디어를 독점적으로 장악하게 되면, 이는 흐르는 물에 독극물을 푸는 것과 같다. 그래서 국가정보원과 언론 등을 견제할 다른 권력기관을 두는 게 필요하다.

그런데 테러방지법안은 국가정보원의 권한을 더욱 키우고 있다. 이 자체만으로도 독재 권력이라고 할 수 있다. 혹자는 대통령중심제 국가이므로 대통령에게 권한이 집중되는 것은 어쩔 수 없는 일이라고 한다. 행정부의 수반인 대통령이 법률안거부권을 갖는 정도만 되어도 대통령중심제 국가를 이루는 데 크게 문제가 없다. 그런데 대통령이 검찰, 국세청, 감사원, 국정원 등 권력기관과 언론을 마음대로 조종할 수 있는 권한을 갖는 것은 대통령중심제가 아니라 독재 체제인 것이다. 다만, 우리나라가 과거 군사독재 체제에 비해서 대통령의 권한이 조금 순화되었을 뿐이다. 앞으로도 개혁해나가야 할 과제가 많다는 것이다.

대통령 권한 중 4대 권력기관 조종 권한 제한해야

과거 내부의 권력 다툼으로 청나라 군대와 일본 군대를 끌어들여 결국 일본에게 나라를 통째로 빼앗겼던 우리의 역사를 되돌아보자. 외국군이 우리나라에 주둔한 역사가 1세기도 넘게 장기화되는 것은 우리 스스로 독립국가의 주체성을 부정하는 것이다. 게다가 국민의 일상적인 생각이나 대화까지 일일이 파악하기 위해서 국가정보원에 더 많은 권한을 부여하려는 것은 조선총독부 체제에서나 생각할 수 있는 발상이다. 국민이라는 존재가 국가로부터 일차적으로 의심을 받아야 하는 존재라면 이미 나라가 아니거나 국가권력에 문제가 있는 것이다. 우리나라와 국민을 지키기 위해서 우리 스스로 노력하고, 국가와 국민이 상호 신뢰를 전제로 진정성 있게 토론하며 의견을 모으는 것이 민주공화국의 모습일 것이다.

대한민국을 군건하게 지키고 국민이 안심하고 살 수 있도록 하기 위해서 우리는 한반도의 평화와 내부의 갈등 요인을 민주적으로 해결해나가려는 노력을 해야 한다. 이를 위해 외민기독계가 군사독계와 같은 독개

체제를 용납해서는 안 된다. 세계 10위권의 강소국이라는 대한민국이 가난한 독재 체제인 북한 앞에서 전전긍긍하는 것은 상서롭지 못하다. 그들이 핵무기를 가지고 있다고 해서 그것을 빌미로 국민을 옥죄고 억압하는 것은 정당한 국가의 모습이 아니다. 설사 대통령과 여당이 직접 나서서 부당한 테러방지법을 만들겠다고 해도, 야당은 소극적으로 방어할 것이 아니라 독재방지법안을 내걸고 맞서야 한다. 그리고 정치권에서 시작해 국민적 토론을 이끌어야 할 것이다.

4·13 총선 이후
무엇이 바뀌고 있나?[*]

신승환

"선거 기간에는 무슨 말을 못 해", "국민이 공약에 속은 거야"
따위의 천박한 인식을 아무런 반성 없이 내뱉는 이들이
어떻게 민주주의를 이해하고 민주주의를 실천할 수 있단 말인가.

지난 4·13 총선 결과에 대한 반응이 다채롭게 나타나고 있다. 많은 사람
이 현 정권의 독선과 소통 부재에 대한 심판이었다는 평가와 함께 희망 섞
인 전망을 내놓고 있다. 그런데 과연 그 선거가 우리 정치와 삶의 어떤 부
분을 바꾸어놓았는가. 선거가 끝난 뒤 보름이 지났지만 이런 전망을 긍정
적으로 바라볼 어떤 징후도 보이지 않는다. 오히려 그 이전 선거에서, 또
이전의 정치 상황에서 너무도 익숙하게 볼 수 있었던 모습들이 되풀이되
고 있을 뿐이다.

물론 대구에서, 또 경남 지역에서 보여준 변화와 수도권의 선거 결과는
위의 '심판'과 관련된 평가가 틀리지 않았다고 말하는 듯하다. 분명 변화

---

[*] 4.13 총선 이후, 무엇이 바뀌고 있나?", 《프레시안》, 2016년 5월 1일 자.

는 시작되었고, 그것도 2002년 이래 계속되어오던 기득권 정치의 횡포와 독단에 대한 거부, 부정으로 읽을 수 있는 많은 징후가 나타난 것도 사실이다. 변화는 작은 계기로 시작되며 미세한 징후를 통해 감지할 수 있기 때문이다. 그럼에도 변화가 변혁이 되기 위해서는 그 이후의 동력이 필요하다. 또한 변화를 거부하고 이를 되돌리려는 힘도 함께 강고해지고 있다.

지난 2주간의 움직임은 이런 희망의 징후를 예단하지 못하게 만든다. 2016년 4월 26일 청와대는 언론사 편집·보도국장과의 오찬 간담회를 가졌다. 여기서 대통령은 여전히 국회와 기존 정치권에 대한 심판을 강조했으며, 국면 전환을 위한 내각 개편을 비롯한 다른 변화를 거부했다. 대통령은 심지어 "대통령이 되었는데도 내가 한번 해보고 싶은 것을 이렇게까지 못할 수가 있느냐"고 한탄했다고 한다.

이 말을 보면 대통령이 얼마나 민주주의를 잘못 이해하고 있는지 여실히 알 수 있다. 현재의 민주주의가 근본적인 한계를 지니고 있으며, 그조차도 시민의 의사를 표현하는 대의제에서 심각한 문제를 지니고 있다는 비판은 일반적이다. 백번 양보해서 대의 민주주의 제도를 있는 그대로 받아들여도 이런 생각에는 심각한 문제가 있다.

대의 민주주의는 선거를 통해 국가 구성원들의 의사를 재현할 사람을 뽑아 그에게 주어진 시간 동안 주어진 한도 내에서의 정치권력을 위임하는 제도다. 정치적 재현representation 이론은 국민의 권력을 대리자를 통해 집행되도록 하는 제도의 토대다. 헌법 제1조에서 말하듯이 대한민국의 모든 권력은 국민으로부터 나온다. 이 권력이 모두에 의해 행사될 수 없기에 대리자를 뽑아 주어진 조건하에서 그 권력을 재현하도록 하는 것이 대의 민주주의의 핵심 원리다.

그런데 이런 원칙을 어떻게 권력을 위임한 사람들의 의사를 거부하고, 국민의 기본 권력을 무시한 채 자신이 원하는 방식으로 그 권력을 전횡해도 좋다는 뜻으로 받아들이는가. 그들은 선거라는 일회적 행위를 통해 독선과 독단으로 치달아도 좋은 권력, 자의적으로 행사해도 되는 권력을 위임받은 것이 아니다. 그렇다면 그것은 5년 중 하루만 자유로운 독재정치일 뿐이다.

선거 기간에 그들이 내세우는 공약은 정치적 재현을 위한 약속이다. 정치권력을 획득한 뒤 지켜야 할 최대한의 범위를 보여주는 것이다. 그래서 물리적으로 불가능한 것이 아니라면 공약은 의무 조항이며 국민과의 약속이고 권력의 한계치다. 공약을 정면으로 어그러뜨리면 물러나야 한다.

그런데 "선거 기간에는 무슨 말을 못 해", "국민이 공약에 속은 거야" 따위의 천박한 인식을 아무런 반성 없이 내뱉는 이들이 어떻게 민주주의를 이해하고 민주주의를 실천할 수 있단 말인가. 그럼에도 지지를 받는다는 사실이 더 부끄럽지만, 여전히 이런 인식을 가진 사람들이 정치 주도권을 지니고 있다는 데 문제가 있다.

그래서 그들은 국민 대부분이 반대하는 국정 교과서를 여전히 강행한다. '지금과 같은 교과서로 배우면 북한을 위한, 북한에 의한 통일이 될 수밖에 없다'는, 도저히 믿기 힘든 인식을 고스란히 드러냈다. 이 말에 동의할 사람이 과연 몇이나 될까?

국민의 헌법적 권력을 재현하는 대통령과 국회의원은 국민의 권력을 벗어나 자신의 정치력을 발휘해서는 안 된다. 그럴 때 그는 정치적 약속을 배반한 것이며, 민주주의의 권력을 재현하는 데 실패한 것이다. 그는 계약 위반자다. 그래서 국민소환은 거부할 수 없는 국민의 권리다.

총선에서 일시적 승리를 거두었는지, 조그마한 위안을 얻었는지는 모르겠다. 그러나 자신의 헌법 권리와 시민으로서의 삶의 권리를 지키려면 우리는 대의 민주주의를 넘어 참여 민주주의적 삶으로 나아가야 한다.

무엇이 바뀌고 있는가? 국가기관이 벌이는 불법적이고 탈법적인 행태,

반민주적이며 반국민적인 권력 남용은 해소되었는가? 아니 해소하려는 시늉이라도 하고 있는가? 정권을 수호하는 정치 검찰의 행태는? 국정원의 조작 혐의와 불법적 정치 개입과 관련해 무엇이 밝혀졌고, 각종 탈법적 행태에 어떤 처벌과 감시가 이루어지고 있는가?

그 가운데 권력은 전경련과 국정원, 심지어 청와대를 통해 친정부적·반인권적 시위를 지원했으리라는 의혹만이 난무한다. 그런데 그런 행태가 또다시 '개인적 일탈'이란다. 국정원 대선 개입에서도, 군 사이버 사령부 대선 개입 의혹에서도, 채동욱 검찰총장 건에도, 비선 실세 국정 개입에서도 개인이 저지른 일탈이란다.

수없이 반복되는 진부하기 그지없는 눈가림이다. 지겹지도 않은가? 백번 양보해서 개인적 일탈이었다 하더라도 그를 감독할 책임은 져야 하지 않는가? 누구나 아는 헛소리를 청와대만 모르는 것 같다. 이 사안은 결코 흘러버려도 좋을 일이 아니다. 만약 사실이라면 현행 민주주의를 정면으로 위반하는 심각한 퇴행이다. 더욱이 이와 관계된 기관의 면면을 보면 이런 반국가적이며 반헌법적인 행태는 반드시 조사하고 처벌해야 한다는 생각이 든다. 그런데 한 번의 선거가 이런 사안을 얼마나 단죄할 수 있을까?

총선에서 나타난 민의를 보면서 '기레기 언론'은 무엇을 반성하고 있는가? 늘 그들의 편을 들었던 천박한 종편은 변했는가? 그들은 변신할 뿐이다. 기업이 벌이는 사익만을 추구하는 행태를 공공성이란 개념으로 제한하려는 노력이 보이는가? 자본의 독점은 수정되고 있는가? 심지어 그들의 탈법적이며 불법적이기까지 한 행태는 고발당하거나 처벌받고 있는가? 조세피난처를 이용해 탈세를 했다고 의심되는 기백 명의 명단이 발표되었는데 그 뒤 어떤 조사와 감시가 이루어지고 있는가? 노동의 현실은 달라졌는가? 북한의 위험을 해소할 정책으로 바뀌었는가? 위안부 합의와 국정 교과서는? 세월호는 어디에 있는가?

언급하기도 힘들 지경이다. 무엇이 바뀌었는지 묻지 않을 수 없다. 한 번의 선거에서 위안을 맛보고 참여 정치의 핵심을 놓치면 1년 뒤 우리는 다시금 이 모든 것이 되풀이되는 참사를 보게 될 것이다. 기득권 정치는 분식하고 있을 뿐이다. 여야 막론하고 기성 정치권을 감시하지 않으면 이런 선거 행태는 되풀이될 것이다. 우리가 참여하지 않으면 독단의 정치는 반드시 우리를 찾아온다.

생활 정치를 회복하지 않으면 우리는 그저 허깨비에 지나지 않게 된다. 너무도 비정상적이며 반민주적인 행태가 반복되다 보니 사람들은 무뎌진다. 외면한다. 그래서 냉소적이게 된다. 경제라는 프레임에 갇혀 인간다운 삶의 가치와 그런 삶을 위한, 또 그런 삶에 의한 세계를 보지 못한다면 우리 삶은 무슨 의미가 있을까?

정치는 이런 삶을 위한 생활 정치, 생명 정치가 되어야 한다. 그런 정치는 우리 삶의 필수 조건이며 현실이다. 그들이 만든 정치 혐오를 벗고 우리 삶과 생명을 위한 정치를 만들어야 한다. 그 모두는 우리 손에 달려 있다.

탄핵 방아쇠가
'종편'이라는 걸 직시하자•

우희종

대통령 탄핵이 처음부터 국민의 자각과 야권의 노력으로 얻어낸 것이 아니라
실질적으로 보수 기득권층의 갈등으로 빚어진 결과라는 점에서
역사의 가르침을 충분히 새겨야 한다.

"해방 후 일본 제국에 부역한 자들을 청산하려던 반민족행위특별조사위
원회(약칭 반민특위)는 무참히 와해되었고, 친일 세력은 세계 경찰인 미국
으로 그 지지 기반을 옮겨 반세기 넘게 나라의 근간을 이루게 되었다."

당연한 이런 언급을 국정 역사 교과서에서 찾을 수 있을까? 그렇다면
현 정권이 굳이 국정 역사 교과서를 비공개로 추진할 이유가 없다.

21세기인 지금도 역사의 한 부분을 지우고 싶어 하는 이들이 있다는
것, 그리고 우리 사회가 친일 부역과 군사독재의 역사를 미화한 국정 역사
교과서의 등장을 우려해야 한다는 것 자체가 위 문장의 정당성을 보여준
다. 여전히 논란 중인 건국일 논의도 그 점에서 다르지 않다.

• "탄핵 방아쇠가 '종편'이었다는 걸 직시하자", ≪프레시안≫, 2016년 12월 17일 자.

1945년 제2차 세계대전의 종식으로 얻게 된 해방은 미군정을 이 땅에 들여왔다. 이들의 지지를 얻은 친미 세력은 그동안 독립운동을 헌신적으로 전개해온 임시정부 측 인사에 대한 궤멸 작업은 물론, 친일 세력과의 잡종 집단을 형성해 우리 사회의 기득권층을 만들었다. 그 폐해가 반세기 지나도록 진행 중인 것은 더 말할 나위 없다.

2016년 12월, 200만이 넘는 촛불 시민들의 함성으로 대통령은 탄핵되었고 지금은 국무총리 대행 체제가 되었다. 즉각 퇴진을 요구하던 많은 시민은 탄핵으로 대통령의 비정상 행보와 국정 농단 상황을 멈추게 했다며 조금은 안심한다. 또한 하루속히 모든 것이 정상으로 돌아가는 사회가 만들어지기를 기대하고 있다. 특히 제왕적 대통령으로서의 박정희 망령을 우리 사회에서 불식시킬 수 있는 기회로 생각한다.

그러나 우리 역사에 새겨진 해방 후 상황과 지금의 상황은 묘한 공통점이 있다. 우리 스스로의 힘이 아니라 미국과의 일본 패전으로 얻은 해방의 결과는 반세기 넘도록 한반도 고통의 원인으로 자리 잡았다. 탄저균 등의 생물 무기 관련 주피터 프로그램의 일방적 이식이나 사드 배치 논란을 보자. 자국의 전시작전권도 없으며, 수도 내에 외국 군대가 주둔하고 있다. 비록 일본 제국주의 통치처럼 겉으로 드러나지는 않지만 일상에 스며든 은밀한 형태로 그것은 여전히 우리를 구속한다.

사이비 교주 일가와 허수아비 추종자의 국정 문란 상황이 이번 촛불 사태를 불러일으켜 대통령 탄핵까지 이룬 것은 분명하다. 하지만 권력 사유화에 대한 이번 촛불이 시민이나 야권의 힘만으로 촉발되어 이뤄진 것이라는 데에는 동의하기 어렵다.

이번 상황은 차기 정권에 대한 주류 기득권층 사이에서의 갈등이 시초였다. 네이처리퍼블릭이라는 한 회사의 비리로 비롯된 일련의 상황은 재벌 기업인 롯데 그룹 수사로 이어졌고, 재단 내부의 재벌 간의 불협화음으로 표출되어 결국은 청와대와 ≪조선일보≫ 간의 힘겨루기로 발전했다. 심지어 ≪한겨레신문≫의 최순실 보도마저 묻히는 상황이었다. 과거에도 그랬듯 최순실과 관련된 모든 것들이 다시 묻혀 종료될 상황이었다.

그러나 정치적으로는 늘 함께하던 청와대로부터 부패 언론이라는 비난과 더불어 일방적으로 무릎을 꿇었던 ≪조선일보≫와 ≪중앙일보≫의 종편 JTBC는 최순실과 박근혜 사이의 유착과 이에 따른 국정 문란을 대중 앞에 적나라하게 던짐으로써 결정적으로 200만 촛불을 광장에 나오게 했다.

돌이켜보면 해방을 우리 손으로 이뤄내지 못한 결과 우리는 친일 부역자 청산을 제대로 하지 못했다. 해방의 기쁨도 잠시였다. 동족상잔과 국토 분열은 물론이고, 냉전 시대가 끝난 지도 오래건만 지구상 유일한 구시대 냉전 산물로 한반도 분란은 지속되고 있다. 친일 부역자를 청산하지 못한 인과응보로 다양한 방면의 막대한 피해를 몇 세대에 걸쳐 안고 간다.

대통령 탄핵이 처음부터 국민의 자각과 야권의 노력으로 얻어낸 것이 아니라 실질적으로 보수 기득권층의 갈등으로 빚어진 결과라는 점에서 역사의 가르침을 충분히 새겨야 한다.

어찌 보면 탄핵이 진행되는 지금, 가장 바쁜 집단은 기득 보수 집단이다. 최순실-박근혜 사건이 그들의 차기 국정 권력 갈등 중에 노출될 상황이었다면, 대통령 탄핵과 그 일당의 몰락은 비록 기득권 집단 내에서 예상했던 구체적 모습은 아닐지라도 정국의 흐름으로서 크게 문제될 것은 없다. 예상을 넘은 국민 촛불 규모에 당황하기는 했겠지만 어차피 자신들의 기득권을 위해 던져버리기로 한 그들의 희생양이기 때문이다.

롯데 그룹 수사가 진행될 때, 이명박이 차기 정권은 자신의 손으로 만든다고 호언했던 것을 기억한다. 당시 이명박은 반기문 유엔 사무총장을 차기 대통령 후보로 생각하고 있다는 사실이 보도된 바 있다. 그리고 이제 국내에서는 반기문 씨를 중심으로 새로운 민주국가를 재건하자는 창당 움직임까지 등장했다.

살펴본다면 촛불 상황의 발단과 마찬가지로 탄핵이 끝난 지금, 시국의 흐름은 여전히 보수 기득권이 쥐고 있다고 볼 수 있다. 공안 검사 출신이자 극보수 특유의 각종 행보를 보였던 황교안이 국무총리로서 대통령 임무 대행을 하면서, 보수 일색의 학계·언론계 인사들과 오찬 간담회를 비공개로 하는 등 오히려 보다 적극적으로 움직이고 있다. 부역자가 부역자 청산 과정에 실질적 주역을 와해시킨 과거 반민특위의 비극이 상기되는 지점이다.

반민특위가 어떻게 무너졌고, 그 척결 대상인 부역자들의 움직임이 어떻게 진행되었는지 역사는 말한다. 스스로의 힘으로 얻어낸 결과가 아닌 상태에서 그런 상황을 연출할 수 있었던 기득권자들의 농간을 결코 가볍게 보아서는 안 된다. 그들의 권력 싸움 중에 던져진 그들 나름의 희생양에 민중의 시선이 한정된다면, 초등학생까지 광장으로 나왔던 200만의 순수한 민심이 또다시 이들의 연출 속의 한 장면으로 남게 될지도 모른다.

사이비 교주에 물든 박근혜라는 낡은 독재자의 딸을 청와대 뒷방으로 보냈다고 한숨 돌릴 때가 아니다. 국가권력의 사유화로 요약되는 박근혜는 부정부패 기득권 세력의 상징이었을 뿐, 그들의 실체는 전혀 바뀐 것이 없다. 눈에 명확히 보이던 목표가 탄핵으로 전면에서 물러나고, 구체적인 비판의 대상이 사라지면서 결과적으로는 확실히 청산해야 할 실체를 잃어버리는 악재가 되었다.

세월호 참사에 대해 진상 규명보다는 대통령의 진료나 미용 시술에 집중하는 황당한 상황마저 연출되고 있다. 국가 기밀을 일반인에게 넘기고 재벌과의 거래에만 신경 쓰던 무능한 대통령 말이다. 이미 탄핵된 대통령의 사적 무능이나 편법 여부를 밝히기보다는 세월호 참사 시의 국가 재난 구조 체계의 문제점과 국정원 연루 이후 등이 규명이 더욱 필요하다

기회주의자들인 부역 집단도 이 틈에 국정 문란의 책임은 남의 일인 양 미사여구와 함께 개혁을 외칠 것이다. 더욱이 부역의 최전선 황교안이 국정을 운용하고 있지 않은가. 그 점에서 정작 권력 사유화와 남용 및 검찰과 재벌 등의 기득 세력이 보여준 국민 우롱에 대한 촛불이 단지 박근혜나 관련 인물 몇몇에 대한 분노에 그친다면 기득 보수 집단에 의한 제 2, 3의 국정 농락 박근혜 분신은 또다시 등장한다.

급변하는 국제 상황과 더불어 나라 안의 근심과 나라 밖의 재난이라는 내우외환內憂外患이라는 고사성어가 새삼 절실하게 느껴지는 요즘이다.

결국 '성주 밖'
사람들이 문제다[•]

김진해

다시 말하지만 문제는 구경꾼이다.
권력자들에게 가장 무서운 존재는 당사자보다 구경꾼이다.
당사자는 구경꾼 중에서 나오기 때문이다.

체스 판이 벌어졌다. 늙은 고수와 낯선 청년이 대결한다. 늙은 고수는 마을에서 패한 적이 없다. 고루한 옷차림의 그는 정석대로 두며 상대의 약점을 놓치지 않을 뿐만 아니라, 결코 실수를 하지 않는다. 청년은 변칙적이고 도도하게 예측 불허의 수를 구사한다. 중요한 말을 적지 한가운데로 들여보내 무작정 싸움을 건다. 예측할 수 없는 행마에 늙은 고수도 청년의 노림수가 뭔지 몰라 고민을 거듭한다. 어쩌면 청년은 체스의 기초도 모르는 사람이었는지도 모른다. 늙은 고수에게 늘 졌던 마을 구경꾼들은 청년이 이기기를 간절히 바란다. 말도 안 되는 수를 두었을 때도 뭔가 기발한 전략이 있을 거라고 믿는다. 하지만 믿었던 청년은 맥없이 패배하고

• "결국 '성주 밖' 사람들이 문제다", 《프레시안》, 2016년 8월 25일 사.

인사도 없이 표표히 떠난다. 자신들의 패배를 일거에 만회해주리라 열광했던 구경꾼들은 헛기침을 하며 서둘러 흩어졌다.

『좀머씨 이야기』로 유명한 파트리크 쥐스킨트의 단편소설 「승부」의 줄거리다. 여기서 청년은 기존 규칙을 과감하게 어기거나 인습에 도전하는 존재다. 그는 사건의 당사자로 자신의 의지에 따라 상황을 주도한다. 도전하는 자 대부분이 그렇듯 그 역시 패하기는 하지만, 두려움과 긴장감에 휩싸여 견고한 규칙과 관습을 지키기 위해 전전긍긍하는 늙은이를 압도한다. 체제에 살아남거나 질서를 유지하는 것을 자기실현과 동일시하는 사람에게 '통제 밖에 있는 자'들은 가장 위협적인 존재다. 그들은 정해진 절차를 밟지 않고, 허점은 있지만 그보다 더 예리한 진실을 담은 말을 발설하고, 절제되지 않은 거친 말과 행동으로 이 세계가 거짓되다고 윽박지른다.

문제는 구경꾼이다. 소설에 나오는 구경꾼들은 바로 우리다. 싸움이 벌어지면 곁눈질로 기웃거리다가 싸움이 끝나면 아무 일 없었다는 듯이 흩어진다. 그러다 또 다른 구경거리가 생기면 우르르 몰려간다. 아마도 성주 군민들도 구경꾼이었을 것이다. 우리처럼 이 세계의 모순과 아픔에 술안주로 몇 마디 훈수나 두다가 시간이 지나면 제 앞가림하기 바쁜 사람들이었을 것이다.

지금은 성주 군민들의 강고한 저항을 존경심으로 바라보지만, 최초의 시선은 양가적이었다. 성주를 방문해 지지 발언을 하는 많은 사람이 "그동안 1번 당만 찍으셨죠?", "밀양이나 제주 강정마을 얘기는 남 일이었죠?", "세월호 가족들 욕하셨죠?", "그 사람들 빨갱이들이라고, 세금 도둑이라고 하셨죠?"라고 물으면 순순히 "예"라고 답한다. 그것은 반성의 언어다. 각성은 순식간에 이루어졌고, 구경꾼이던 사람들은 어느새 당사자가 되었다.

성난 군중 앞에 선 국무총리의 논리

어쩌면 현 정부는 늙은 체스 고수와 같아 보인다. 자신들의 정석과 규칙대로 세상을 움직일 수 있고 매사에 승리할 수 있다고 생각하는가 보다. 예를 들어보자. 2016년 7월 15일, 황교안 국무총리는 성난 군중 앞에 서기로 결심했다. 군중 앞에 섬으로써 그는 모종의 반전을 노렸을 것이다. 대통령이 출국해 없는 사이, 대통령의 대행자로서, '말하면 들으리라'는 신심으로 내려갔을 것이다. 신실한 개신교 신자이기도 한 총리는 십자가에 못 박으라고 소리치는 군중들 앞에 선 예수를 떠올렸을지도 모른다. 예수와 달리 그의 손에는 어리석은 군중들을 설득할 수 있는 '마이크'가 있었다. 시골 성주에 총리가 친히 내려가서 사드 배치 예정지를 시찰하고, 걱정 어린 눈으로 성주 읍내를 굽어보고, 직접 군민들을 만나서 진정성 있는 말을 하면 설득될 것이다. 그의 머릿속 매뉴얼은 그랬다.

그는 헬기 안에 있는 동안 내내 무슨 말을 꺼낼까 고심했다. 전날 밤 출력한 메모지를 가방에서 꺼내 다시 읽고 지우고 쓰며 다듬었다. 그가 의례적으로 "미리 말씀드리지 못해 죄송합니다"라고 사과한 다음에 꺼낸 논거는 두 가지다.

하나는 습관적이고 진부한 것이었다. "하루가 멀다 하고 핵을 쏘아대는 북한으로부터 국가의 안위가 걱정되고 국민의 생명과 신체가 위태로운 상황입니다." 북한의 핵 개발이 어제오늘의 일이 아니며 미사일 발사로 우리의 안위가 위태롭다는 건 세 살 먹은 아이도 다 안다. 그러니 무조건 사드를 배치해야 한다는 것은 다른 얘기다. 준비가 부족했고 논리가 박약했다.

다른 하나는 헛웃음을 자아낼 정도로 옹색한 것이었다. 그는 아마도 인터넷을 검색했을 것 같은 말을 꺼냈다. "성주는 일제 지하에서 위엄과 함께 독립 청원서를 만들어서 파리 만국평화회의에 제출한 김창숙 선생님을 비롯한 많은 유공자와 독립운동가, 유학자를 배출한 충절의 고장으로 알고 있습니다." 독립운동가와 유학자의 고향이니 당신들도 정부의 결정에 복종하라는 것은 충忠이나 애국을 '복종'으로 이해하는 얕은 생각이다. 국가권력에 무조건 복종하는 것은 독립운동이나 유림의 전통이 아니라, 매국노와 노예의 전통일 뿐이다.

여기에 '당사자'인 성주 군민은 물병과 계란을 던지고 차량을 가로막는 걸로 가뿐히 논파했다. 성주 군민은 이미 성주가 그저 여러 지역 중 하나가 아니라, 하나밖에 없는, 무엇과도 바꿀 수 없는 곳임을 발견하고 있다. 그래서 성주가 아니라 한반도 어디에도 사드 배치를 반대한다는 외침은 자연스럽다. 그건 한국의 권력자들이 절대로 이해하지 못하는 '삶의 유일성과 대체 불가성'을 알게 된 사람들이 하는 말이다. 그래서 고유명사로 거듭난 성주는 막무가내로 밀어붙이는 권력에 밀릴지도 모르지만 등을 돌려 물러나지는 않을 것이다.

문제는 구경꾼이다

다시 말하지만 문제는 구경꾼이다. 권력자들에게 가장 무서운 존재는 당사자보다 구경꾼이다. 당사자는 구경꾼 중에서 나오기 때문이다. 미셸 푸코가 지적했듯이 중요한 것은 어떤 사건이 벌어졌을 때, 그 사건에 직접 참여하지는 않지만 그 주위를 배회하면서 거기 함께 있고, 좋든 나쁘든 사건에 휩쓸려 들어가는 구경꾼들이 그것을 어떤 방식으로 받아들이느냐 하는 것이다. 엉망진창으로 흘러갈 수밖에 없는 사건 자체가 아니라, 사건을 일으키지 않는 사람들, 주동자가 아닌 사람들의 머릿속에 일어나는 그 무언가가 중요하다. 자신들이 일으키지 않은 사건에 대해 구경꾼들이 맺는 윤리적이고 정서적인 관계 말이다.

좋은 구경꾼들은 사건에 열광하며 정신적 변화와 승리를 향해 갈망한다. 칸트의 말처럼 구경꾼이 미성숙한 구경꾼으로 남게 되는 이유는 '아는게' 없어서가 아니라, '결단과 용기'가 없기 때문이다. '구경거리로서의 사건'을 관망하면서 머릿속에 감정적으로 떠오르는 무엇이야말로 사건을 야기하는 사람보다 더 중요할지 모른다. 구경꾼들이 어떤 과정으로 자기를 형성하느냐가 중요하다.

2016년 8월 18일 전국 90여 개 시민사회·종교 단체가 참여한 '사드 한국 배치 저지 전국 행동'을 꾸려 성주 촛불이 100일이 되는 날 전국 100개 도시에서 사드 반대 촛불 집회와 범국민 서명운동을 전개하기로 했다고 한다. 이제 전국의 구경꾼들이 체스 선수로 나설 모양이다. 생각하는 것으로 생각의 제약을 넘어설 수는 없다. 생각하고 느끼는 방식을 근본적으로 바꾸고 싶다면 우리가 행하는 것을 바꾸어야 한다.

구경꾼의 미덕은 훈수가 아니라 열광이다. 결국 성주가 아니라 성주 밖 사람들이 문제다. 그래서 쥐스킨트는 다른 글에서 모든 걸 다 망각하더라도 "너는 네 삶을 변화시켜야 한다"라는 시구는 잊지 말라고 외쳤는지 모른다. 역습의 기회는 구경꾼이 만든다.

아, 깜빡하고 소설의 마지막 장면을 놓칠 뻔했다. 젊은이의 자신감, 저돌성, 예측 불가능성에 고전한 늙은 체스 고수는 하찮은 풋내기에게 승리했음에도 승부에서 패배했다는 낭패감에 휩싸여 영영 체스를 그만두었다. 지금까지 살아오면서 이렇게 졸렬하게 체스를 둔 적이 없다는 생각 때문이었다.

블랙리스트와
편 가르기*

김규종

문화계 블랙리스트로 심사가 더욱 편하지 않다.

1만 명에 달한다는 문화-예술계 인사의 목록에도 끼지 못했으니

"내가 이러려고 국립대 교수질을 했나"

하는 자괴감마저 든다.

시드니 포이티어 Sidney Poitier 가 주연한 영화 〈초대받지 않은 손님〉은 흑인
과 백인의 결혼 문제를 다룬다. 교양 있고 지적인 흑인 의사와 청순하고
재기발랄한 백인 처녀가 맺어질 수 있는지가 줄거리의 핵심이다. 영화가
개봉된 때는 미국에서 흑인이 백인과 결혼할 수 있는 권리가 공식적으로
부여된 원년인 1967년이었다. 공교로운 일치다. 하지만 불과 1년 후 인종
차별에 저항하고 인종 화합에 앞장섰던 마틴 루서 킹 Martin Luther King 이 암살
당한다.

'검은' 색과 '검은' 것에 대한 백인들의 혐오와 공포가 만들어낸 비극이
었다. 아메리카의 흑인들은 제국주의가 불러온 것이다. 값싼 노예노동으

• "블랙리스트", ≪경북매일≫, 2017년 1월 12일 자.

로 최대의 이윤을 챙기려 했던 백인들의 더러운 욕망이 야기한 인신매매의 결과다. 백인들은 흑인들을 인간 이하로 생각했고, 그런 관념은 남북전쟁(1861~1865) 이후에도 뿌리 깊이 살아남았다. 언론에 보도되는 백인 경찰의 비무장 흑인 청년 살해나 구타는 연원이 깊은 것이다.

밤과 어둠, 암흑에 대한 동물적인 두려움과 기피가 검은색에 불온한 딱지를 붙였는지 모른다. 그러나 계몽주의와 과학기술 혁명, 민주주의 확산 이후에도 검은색과 검은 피부에 대한 혐오가 지속된 것은 인간의 본능이 진화하지 않았음을 보여준다. 우리 조상들은 양자의 대결보다는 조화를 찾으려 한 듯하다. "까마귀 노는 곳에 백로야 가지 마라" 했던 선비가 있었지만, "까마귀 검다 하고 백로야 웃지 마라"라고 백로를 비난한 선비도 있었으니 말이다.

기억에 남는 명구名句는 덩샤오핑의 '흑묘백묘론'이다. 검은 고양이든 하얀 고양이든 쥐만 잘 잡으면 된다는 주장이다. 거기 담긴 함의는 자본주의든 사회주의든 중국 인민들의 배만 채워주면 그만이라는 것이다. 오늘날 우리가 목도하는 중국 굴기의 단초를 제공한 덩샤오핑의 유연한 사고는 배움직하다. 그것을 나는 바꿔 말한다. "나는 원칙을 타협하지는 않지만, 타협한다는 원칙은 가지고 있다." 원칙 고수보다 더 중요한 것은 결과 아닌가?!

나라 안팎을 엉망으로 들쑤시는 '최박 게이트' 때문에 정유년 벽두부터 우울하다. 근자에 회자되는 문화계 블랙리스트로 심사가 더욱 편하지 않다. 1만 명에 달한다는 문화-예술계 인사의 목록에도 끼지 못했으니 "내가 이러려고 국립대 교수질을 했나" 하는 자괴감마저 든다. 청와대와 정부의 관제 행사와 사업에 비판적인 인사들을 예외 없이 얽었다니 기가 막힌다. 반대자들의 사상 검증을 광명천지 21세기에 감행한 시대의 희화戲畵가 아닐 수 없다.

천만 관객의 〈변호인〉(2013)과 〈광해〉(2013)마저 그 사슬에 걸려들었다니 놀라운 일이다. 외국인과 재외국민을 대상으로 하는 상영에서 〈천안함 프로젝트〉(2013)와 〈변호인〉, 〈광해〉를 금지했다는 언론 보도가 나왔다. 노무현 전 대통령을 주인공으로 삼은 영화에 권부 실세들이 반감을 가지는 것은 일견 당연해 보인다. 국민의 아낌없는 지지와 성원을 받은 전직 대통령에 대한 열등감과 열패감, 시기와 질투에서 비롯한 치기 어린 사감私憾의 발로일 테니까.

〈광해〉까지 상영을 금지한 것은 뜻밖일지 모르겠다. 500년 전 환란의 시대를 살다가 비운을 맞이해 군왕의 호칭마저 빼앗긴 광해. 〈광해〉는 조선의 백성들뿐만 아니라 21세기 국민이 바라는 최고 지도자의 덕목을 환하게 밝힌다. 그것은 가난하고 헐벗고 주린 백성들을 위한 정책 집행과 자주적인 외교를 실행하는 것으로 요약 가능하다. 옹졸하고 졸렬하며, 무능하고 부패하고 타락한 권력자와 부역자들의 금지와 칼질이 참 고약하다.

국가권력의 실행이란 반대자들을 포용하는 것에 요체가 있다. 권력자와 생각과 정서와 이념이 다르다고 해서 그들을 적으로 돌리는 짓이야말로 유아기의 단계에 머물러 있는 어리석은 행위다. 그런 자들이 만들어내고 유포한 블랙리스트가 득세하는 암울한 시기를 우리는 경험하고 있다. 어쩌면 블랙리스트의 대상 영역과 범위가 확장될지도 모를 일이라 한다. 그 어느 곳에 내 이름자가 오롯이 자리하기를 간절히 소망한다.

03

누가 박근혜 정부를 만들었는가?

박근혜식 '배신의 정치'를
심판해야 한다[•]

신승환

그는 이 배신의 정치에서 이렇게 말했다.
"당선 후에 신뢰를 어기는 배신의 정치는
패권주의와 줄 세우기 정치를 양산"한다고.
그러니 "반드시 선거에서 국민께서 심판해주셔야 한다"고.

2012년 대선 직전 국가정보원에서 스마트폰과 카카오톡을 해킹할 수 있는 프로그램을 구입해 이를 민간인 사찰용으로 사용했단다. 이 사건은 참여연대와 민변이 통신비밀보호 및 정보통신망법 위반으로의 전·현직 국가정보원장을 검찰에 고발함으로써 새로운 국면으로 접어들었다. 그 어느 나라에서도 찾아볼 수 없는 국가정보원 직원 일동의 성명서에도 불구하고, 국민 대다수는 국정원이 실제로 이 해킹 프로그램을 이용해 민간인을 사찰했으리라 믿는다는 여론조사 결과도 있었다. 얼마 전 박근혜 대통령이 '배신의 정치'를 운운하면서 일었던 정치 파동이 잠잠해지기도 전에 그보다 더 큰 사건이 벌어진 것이다. 국민의 세금으로 국민을 보호하라고

[•] "박근혜식 '배신의 정치'를 심판해야 한다", 《프레시안》, 2015년 7월 24일 자.

만든 정보기관이 국민을 감시했다면 이는 가장 본질적인 배신이 아닌가. 2015년 한국은 여전히 배신의 정치로 뜨겁다.

어쩌다 우리 사회가 이렇게 배신이 판치는 세상이 된 것일까? 말도 안 된다고 치부하기엔 너무도 몰상식적이며 민주주의 사회를 역행하는 일들이 너무도 자주, 너무도 태연히 벌어지고, 또 그렇게 소비되고 해소된다. 그런 일이 미처 해결되기도 전에 반복된다. 배신이 배신을 낳고 그 배신을 응징하지 않으니 배신은 되풀이되고 증폭된다. 이제는 모두들 무뎌진 것 같다. 나서서 항의하고 싸우기에도 지친듯하다. 아예 '유체이탈화법'과 몸짓으로 송두리째 무시해버리니 싸우려는 사람이 너무도 허망해질 수밖에 없다. 말 그대로 말도 안 되게 행동하니 말해야 할 사람들이 뭐라고 말해야 할지를 모르게 된다. 어떻게 맞서야 할까? 흔하게 정치 혐오로 빠지거나 정치를 포기하고 각자의 삶의 껍질로 파고드는 것이 이들이 원하는 가장 좋은 결과다. 그들이 원하는 대로 그렇게 할 수는 없으며, 또 그렇게 해서도 안 된다. 이럴 때일수록 말하고, 분석하고, 항의하고, 참여해야 한다. 정치는 결코 '여의도만의 정치'가 아니라 바로 우리의 구체적 삶과 관심사가 걸린 가장 원초적이고 밀접한 영역이기 때문이다. 정치를 그들에게 맡겨버리면 우리의 삶은 배제되고 우리는 삶의 무게에 짓눌려 자기 목소리를 잃어버린 바보가 될 것이다. 그저 소셜 네트워크 서비스SNS를 통해 정치 풍자나 쏟아내면서 카타르시스를 맛보는 것은 정확히 그 사람들이 원하는 일이다.

김지운 감독의 2005년 작품 〈달콤한 인생〉은 두목의 젊은 애인을 감시하던 부하가 자신을 배신했다고 느낀 두목의 제거 명령에 맞서는 조폭 이야기를 담은 영화다. 죽을 위험에 처한 이병헌이 두목에게 대항하는 영화지만, 복수와 배신이라는 관점에서는 생각해볼 여지가 많다. 특히 이병헌이 두목에게 총을 겨누면서 절규하듯 묻는 장면은 참으로 생각할 거리가 적지 않다. 몇 년을 몸 바쳐 충성했지만 사소한 실수로 자신을 죽음으로 몰아가는 두목에게 "말해봐요. 나한테 왜 그랬어요?"라고 묻는다. 과연 누가 누구를 배신한 것일까? 두목은 왜 그랬을까?

대통령은 유신을 지지하던 이들이 "아버지의 죽음 이후 '그때 무슨 힘이 있어 반대할 수 있었겠느냐'고 말하는 것을 보니 인생의 서글픔이 밀려왔다"라고 했단다. 뼛속 깊이 배신에 대한 트라우마가 있단다. 그래서 일부에서는 그런 개인사로 이 사태를 설명하고 용납하려 한다. 도대체 민주주의 정치에서 그런 설명이 가능하기나 한 것일까? 가장 공적인 영역이 지극히 개인적 욕구의 차원으로 환원된다. 그는 심지어 "배신의 정치는 반드시 선거로 국민께서 심판해주셔야 할 것"이라고 했다. 전형적인 조폭 양아치 영화가 되풀이된다. 오히려 선거에서 국민이 심판해야 할 것은 이런 양아치 정치가 아닌가? 유승민은 "대통령께 거듭 죄송하다", "저희에게 마음을 풀고 마음을 열어주시길 기대한다"라고 사죄했단다. 누가 뽑아줬는데 누구에게 사죄하나? 그래도 복수는 계속된다. 결국 그는 원내대표직을 사퇴했다. 나는 정말 유승민이 대통령을 배신했는지, 아니면 배신에 대한 트라우마가 과잉 표출된 것인지 아무런 관심이 없다. 그건 그들끼리의 이야기일 뿐이다. 문제는 민주주의 사회를 살아가는 우리이며, 일상의 삶의 무게에 허덕이는 우리다. 사회의 심각한 불평등과 불의한 현실, 부패하고 사익에 물든 현실과 이를 증폭시키는 정치가 몇백 배 더 중요하다.

배신이란 말 그대로 신의를 저버린다는 뜻이다. 정치에서 배신이란 정치적 신의를 저버린다는 말이다. 민주주의 사회에서 정치적 배신은 민주주의 본래의 뜻을 저버리는 행위다. 배신을 말하는 대통령은 누구를 배신하고 있는가? 그야말로 가장 심각하게 국민 전체를 배신하지 않았는가? 민주주의는 국민의 권리와 의사를 선출된 이들을 통해 재현하는 정치체제나. 국회의원이나 지방자치 선거는 말할 것도 없고 대통령조차도 주어진 범위 내에서 국민의 의사를 대변하는 위임된 권력일 뿐이다. 그들은 그들을 선출했던 국민의 의사를 저버려서는 안 된다. 그것이야말로 가장 본질적이며 공적인 배신이다.

자신을 선출해달라고 약속하는 것이 선거공약이며, 이 공약은 지켜도 좋고 아니면 말고 해도 좋은 그런 헛약속이 아니다. 공약을 배반하는 행위는 가장 본질적인 배반이다. 이는 조폭 영화에서 보듯이 총질이나 하면서 끝날 일이 아니라 자신의 선출 자체를 뒤집는 행위이기에 그 자리에서 물러나야 하는 일이다. 민주주의가 과거의 군주제와 다른 이유는 그 자리를 물러난다고 해서 총질하지 않기 때문이다. 정책과 그 약속이 국민에게 받아들여지지 않을 때 그들은 선출되지 못하며, 선출되었으면 그 약속을 지켜야 한다. 그 약속을 지키지 않는 것이 배신이며, 그때 그가 해야 할 일은 물러나는 일뿐이다. 그게 민주주의의 원칙이기 때문이다. 정치적으로 지원했는데 내 뜻을 저버렸다는 따위의 문제는 사적으로 따질 문제다. 민주주의에서 국민에게 약속한 신의를 저버리는 행위는 그런 개인들 사이의 문제와는 애초에 비교가 되지 않는 본질적인 문제다. 경제민주화도 뒤엎고, 4대강, 반값 등록금, 전시작전통제권 전환 약속 등 이루 헤아릴 수 없는 많은 공약을 모두 뒤엎었다. 이보다 더 큰 배신이 어디 있나?

그는 이 배신의 정치에서 이렇게 말했다. "당선 후에 신뢰를 어기는 배신의 정치는 패권주의와 줄 세우기 정치를 양산"한다고. 그러니 "반드시 선거에서 국민께서 심판해주셔야 한다"고. 옳은 말이다. 그러니 반드시 심판하자. 공적인 약속을 하나도 지키지 않은 그들을 심판하자. 그래도 '묻지 마 지지'를 하는 30퍼센트를 제외한 나머지 시민들은 나서서 배신을 심판해야 한다. 조폭들은 총으로 배신을 응징한다. 그러나 민주주의는 총이 아니라 정치 참여로 심판할 뿐이다. 배신했음에도 아무런 반응을 보이지 않으면 또 배신한다. 아니 더 크게 배신할 것이다. 그래도 배신자를 지지한다면 그것이야말로 배신을 부추기는 일이다. 대통령은 "정치의 본령은 국민의 삶을 돌보는 것"이라고 강조했다. "국민의 삶을 볼모로 이익을 챙기려는 구태 정치는 끝내야 한다"라고도 했다. 옳은 말이다. 옳은 말은 옳게 실행해야 한다. 민주주의의 가치와 원칙을 배반하는 행위는 우리가 심판해야 한다. 한 번의 선거만이 아니라 올바른 정치적 참여를 통해 올바르게 판단하고 그렇게 행동해야 한다. 그렇지 못할 때 우리는 노예가 된다. 자신이 노예인지 알지 못하는 노예, 배신당하는지도 모르고 묻지 않고 지지하는 노예. 민주주의와 생활 정치는 우리의 행동과 판단, 참여를 통해서만 지켜진다. 그런 참여 없이 한탄만 하는 것은 시민으로서 우리들의 의무를 저버리는 배신 행위다. 배신은 배신을 낳는다. 배신의 정치를 심판함으로써 우리의 생활 정치를 되찾아야 한다. 그럴 때 우리는 노예가 아닌 계몽된 시민으로 거듭날 수 있다.

박근혜와 김정은,
복지 철학은 닮았다[*]

윤찬영

누가 대통령이 되어도 우리는 복지국가를 하게 될 줄 알았다.

증세 없는 복지국가를 제시한 박근혜 후보의 공약이 미심쩍기는 했으나

아무튼 복지국가 논쟁에 불을 붙이지 않았던가?

2015년 8월 20일 휴전선에서 남북 간 포격전이 벌어지고 북한은 준전시 상태를 선포했으며, 남한도 진돗개 1호를 발령하면서 전면전 일보 직전까지 치달았다. 8월 25일 남북 고위급 회담 결과가 발표될 때까지 우리는 전면전 위협 속에서 공포의 시간을 보내야 했다. 자녀를 군대에 보낸 부모와 가족은 물론 많은 국민이 뉴스에 촉각을 곤두세우며 긴장의 시간을 보내야 했다.

1945년 해방 이후부터 분단이 되었다고 했을 때 70년간 분단되어온 한반도의 실체를 간을 졸이면서 실감했다. 한국전쟁 이전에도 남과 북이 국지전을 벌였다는 점을 상기해볼 때 참으로 심상치 않은 분위기였다. 이에

● "박근혜와 김정은, 복지 철학은 닮았다", ≪프레시안≫, 2015년 9월 18일 자.

대한 정치적 뒷이야기와 해석들은 차치하고라도 참으로 악몽 같은 시간이었다.

전쟁의 위협을 겪으면서 지난 대선 때의 장면이 떠올랐다. 그 당시 우리는 잠시나마 복지국가의 꿈을 꿨다. 맞춤형 복지(선별적 복지)와 보편식 복지가 격돌했다. 누가 대통령이 되어도 우리는 복지국가를 하게 될 줄 알았다. 증세 없는 복지국가를 제시한 박근혜 후보의 공약이 미심쩍기는 했으나 아무튼 복지국가 논쟁에 불을 붙이지 않았던가?

그러나 복지국가의 미몽에서 깨어나는 데에 그리 오랜 시간이 필요하지 않았다. 워낙 강력하게 복지국가를 제시한 후보가 대통령이 되었으니 일말의 희망은 있었다. 그러나 그것도 오래지 않아 깨졌다.

전쟁과 복지의 미묘한 관계

역설적이게도 복지는 전쟁과 깊은 관련이 있다. 전쟁에 따른 파괴는 너무나 전폭적이어서 그 참상은 이루 말할 수 없다. 많은 사람의 죽음 자체가 비극이지만 그 때문에 많은 사람들의 가족관계와 사회관계가 파괴되고 씻을 수 없는 상처를 만들어낸다. 많은 사람이 절대 빈곤의 나락으로 빠지게 된다. 게다가 범죄와 질병의 창궐로 사람들의 삶은 지옥 같은 상황으로 내몰리게 된다. 이는 해당 국가든 국제사회든 기본적인 복지를 제공하도록 만든다.

제2차 세계대전 직후 노동당이 집권하면서 '복지국가'를 천명했던 영국은 「베버리지 보고서」에 근거해 전쟁에 따른 빈곤 문제를 극복하기 위해 사회보장제도의 확충을 기본으로 하는 복지국가 건설을 추진했다. 또한 리처드 티트머스Richard Titmuss가 지적했듯이 전쟁은 사람들로 하여금 사회적 유대감을 깃도록 해 평등주의의 집합주의collectivity 국가 개입이 확장을 받아들이도록 만들었다. 이것이 복지국가를 가능하게 한 요인이 되었다. 전쟁 중 방임적 상황의 혼란과 공포보다는 국가의 적극적 개입이 더욱 안전하다는 경험과 전쟁 피해에 대한 반대급부의 기대 심리 등이 복지국가 건설에 전제적 요건으로 작용했던 것이다.

'복지국가'라는 용어의 기원에 대해서는 여러 가지 설이 있지만, 제2차 세계대전 연합국 측에서 독일을 '전쟁국가warfare state'로 규정하면서 연합국은 평화를 추구하는 '복지국가welfare state'로 규정하는 정치적 선전을 펼쳤다는 것은 명백히 알려진 사실이다. 윈스턴 처칠은 제2차 세계대전에서 국민에게 "피와 땀과 눈물"을 조국에 바칠 것을 요구했고, 조국(영국)은 국민에게 전쟁이 끝나면 복지국가를 만들어서 보답하겠다고 했다. 물론, 처칠은 「베버리지 보고서」의 대안을 거부해 전후 노동당에게 전권을 내주고 말았다. 그러나 복지 공약으로 국민의 충성심을 자극했다는 점은 눈여겨볼 만하다.

복지는 내부 국방

국방national security과 사회보장social security의 관계는 밀접하다. 전자가 대외적으로 국가의 안전을 도모하는 것이라면, 후자는 대내적으로 국가의 안전을 도모하는 것이다. 평화 시에 보훈 복지와 노동자들을 위한 복지를 충분히 한 나라와 그렇지 않은 나라는 전쟁 국면에서 엄청난 차이를 보이게 된다. 그러므로 사회보장을 중심으로 국가 복지를 튼튼히 하는 것이 곧 국방이다.

그런가 하면 양자는 대립 관계에 있기도 하다. 특히 국가 예산 분배에서 국방비를 우선할 것인지, 복지비를 우선할 것인지로 긴장 관계에 놓이기도 한다. 영국이 한국전쟁에 거액의 군사비 부담을 지게 되자 무상 의

료 복지 제도인 국민 보건 서비스national health service 예산을 삭감했다. 이에
영국 노동부 장관이 사회보장 예산 삭감에 책임을 지고 사임하기도 했는
데, 그 당시 군비와 사회보장비 지출 논쟁이 벌어져 "총이냐 버터냐?guns or
butter?"라는 유명한 실문을 남기게 되었다.

우리나라는 지난 노무현 정부에서 국방 예산과 복지 예산이 동반 상승
했었는데, 이는 매우 이례적인 경우이기도 하다. 분단국가이며 내부적으
로 불평등이 심화된 상황에서 선택했던 현명한 정책 노선이었다고 볼 수
있다. 그러므로 위정자들은 명심해야 한다. 평소의 복지 체계가 국방의
초석이 된다는 점을 잊어서는 아니 될 것이다.

통일을 위한 복지국가

전쟁과 복지의 관계는 밀접하면서도 대립적인 관계를 갖는다. 그러나 분
명한 것은 우리가 지향해야 할 것은 전쟁이 아니라 복지라는 점이다. 야
만의 신생국가보다는 평화를 지향하는 복지국가를 선택하는 것이 옳
다. 복지국가는 민간의 자선이나 노블레스 오블리주로 이루어지는 것이
아니다. 제도화된 장치를 통해 국가의 책임 아래 체계적으로 이루어진다.
능력에 따라 부담하고 객관적 욕구need에 따라 분배되는 제도적·체계적
장치를 마련해 운영해야 한다.

2008년 1월에 채택되고 그해 10월과 2012년에 수정·보충된 북한의 사
회보장법을 보면 제2조에서 대상자를 노인, 장애인, 아동에 국한하고 있
다. 전형적인 선별주의적 복지 체계다. 아마도 교육, 의료, 주거 등은 사
회주의 방식으로 제공될 것이다. 공교롭게도 박근혜 정부와 노선이 유사
하다. 또한 같은 법 제4조에서는 보훈 대상자들에 대한 우대 원칙을 선언
하고 있다. 이것은 우리보다 앞선 규범으로 볼 수 있다. 국가를 위해 생명

을 담보하거나 희생한 사람들과 가족에 대해서는 국가가 일차적·우선적으로 보호와 보장의 책임을 지는 것은 당연하다.

남한과 북한이 전쟁국가 체제를 유지하는 한 통일은 어렵다. 통일이 되더라도 오히려 재앙으로 돌아올 가능성이 크다. 평화적인 복지국가를 추구하는 것이 통일에 도움이 될 것이다. 금강산도 식후경이라는 속담이 있다. 그만큼 먹고사는 것이 중요한 문제다. 북한에 있는 금강산을 한민족이 공유하려면 일단 서로 잘 먹어야 한다. 그게 통일을 위한 복지국가를 구축하는 길이다.

남한도 북한도 평화를 추구하는 복지국가 건설을 약속하자. 더 이상 공포 마케팅은 사절이다.

박근혜 정부, 복지도
'국정화'하려 하나?[●]

윤찬영

박근혜 대통령의 공약이 무엇이었던가?
이렇게 복지를 후퇴시키는 것이
한국형 복지국가인가?

고등학교 역사 교과서 국정화 문제로 온 나라가 시끄럽다. 아니 너무 어처구니가 없어 망연자실할 정도다. 게다가 2015년 11월 14일 민중 대회 이후 복면 시위를 금지하겠다면서 국정 교과서 집필진에게는 복면을 씌우는 이율배반까지 벌어지고 있다. 전국적으로 많은 반대와 저항이 이어지고 있으며 국제적으로도 망신을 당하고 있다. 역사를 해석하는 데 하나의 견해만 인정된다는 것은 아무리 너그럽게 받아들이려 해도 도무지 될 수 없는 일이다.

[●] "박근혜 정부, 복지도 '국정화' 하려 하나?", 《프레시안》, 2015년 12월 1일 자.

복지는 중앙정부만 해야 하나?

그런데 이와 논조가 비슷한 일이 사회복지 영역에서도 벌어지고 있다. 국무총리 산하에 사회보장위원회가 있다. 이는 사회보장기본법에 근거한 위원회다. 여기에서 2015년 8월 11일 각 지방자치단체가 자체 사회보장 사업으로 실시하는 5981개 사업 중 1496개 사업(사업 수로는 25.4퍼센트, 예산으로는 15.4퍼센트)이 유사·중복 사업이라며 정비하라는 내용의 '지방자치단체 유사·중복 사회보장 사업정비 추진 방안(이하 정비 방안)'을 의결했다. 이에 8월 13일, 보건복지부는 각 지방자치단체에 지침을 공문으로 보내고 정비 추진단을 구성해 이를 추진 중이다.

말인즉슨 중앙정부가 행하는 복지사업과 유사하거나 중복되는 지방자치단체의 복지사업은 중단 또는 폐지하라는 얘기다. 복지는 중앙정부가 알아서 할 테니 지방자치단체는 손을 떼라는 말이다. 중앙정부가 충분한 수준으로 복지를 한다면 일면 수긍이 갈 수도 있겠지만, 그것은 애초에 불가능한 얘기다. 기본이 되거나 혹은 전국적으로 공통되는 사항은 중앙정부가 책임지고 해야 하지만, 지역의 특수성에 맞춰 부족한 것은 지방자치단체가 보충해야 하는 것은 너무나 당연한 일이다.

사회복지 관련 법들을 보면 모든 복지사업이나 정책에 대해 주어가 국가와 지방자치단체로 규정되어 있다. 국가와 지방자치단체는 국민의 복지를 위해 파트너로서 공동 책임을 지고 있는 것이다. 게다가 사회복지사업법에서 국가와 지방자치단체 외에도 누구나 자유롭게 사회복지사업을 행할 수 있도록(법 제34조) 복지 다원주의를 규정하고 있으며, 지역사회 주민 누구나 시장, 군수, 구청장에게 사회복지 서비스를 신청할 수 있게 규정하고 있다(법 제33조의2~제33조의8).

또한 지방자치제의 취지로 봐도 중앙정부가 지방자치단체의 복지사업을 하라, 하지 마라 하는 것은 자치권을 침해하는 것이다. 지역 주민의 복지 욕구는 지방자치단체가 중앙정부보다 잘 파악할 수 있으며, 중앙정부의 제도가 섭렵하지 못하는 부분을 지방자치단체가 보충하는 것은 너무니도 당연한 일이다.

정비 방안의 위법성

이러한 정비 방안은 법적으로도 위법의 소지가 다분하다. 정비 방안은 중앙정부의 지침이다. 지침은 법규범이 아니기 때문에 이것이 법령을 위반하면 위법하게 되며 무효가 되는 것이다.

사회보장기본법 제20조 제2항 제7호에는 국가와 지방자치단체의 역할 및 비용 부담에 대해 사회보장위원회가 심의·조정하도록 규정하고 있다. 이것은 중앙정부의 사업 또는 지방자치단체에 위탁하는 사업에 대해 중앙정부와 지방정부의 역할과 비용을 합리적으로 분담하게 하려는 취지의 규정이다. 정비 방안이 요구하는 것처럼 지방자치단체의 고유 사업에 대해서 말하는 것이 아니다.

송파 세 모녀 사건에 따라 제정한 사회보장급여의 이용 제공 및 수급권자 발굴에 관한 법률(이하 사회보장급여법)에서는 사회보장급여를 필요로 하는 사람은 누구든지 자신의 의사에 따라 사회보장급여를 신청하도록 하고, 보장 기관(국가기관과 지방자치단체)은 그에 필요한 안내와 상담 등의 지원을 제공하도록 하고 있다(법 제4조 제1항). 또한 보장 기관은 지원이 필요한 국민이 누락되지 않도록 하며, 국민의 다양한 복지 욕구를 충족시키고 생애주기별 필요에 맞는 사회보장급여가 제공되도록 노력할 것을 규정하고 있다(법 제4조 제2항과 제3항). 이 규정은 기존 사회복지사업법의 사회복지 서비스 신청권에 관한 규정을 사회보장 사업으로 확대해 제정한 것이다. 법률은 이렇게 만들어놓고 정부는 반대 방향으로 간다는 것이 참으로 어불성설이다.

또한 지방자치법 제166조 제1항은 중앙 행정기관의 장이나 시·도지사가 지방자치단체의 사무에 대해 조언, 권고 또는 지도를 할 수 있다고 규정하고 있으나, 사회보장위원회는 중앙 행정기관이 아니며 보건복지부가할 수 있는 조언, 권고, 지도는 일반사무에 관한 것일 뿐 자치 사무의 본질적인 내용을 침해할 수 없는 것이다.

우리나라 헌법 제117조는 지방자치를 규정하고 있으며, 지방자치법 제9조 제1항은 지방자치단체는 자치사무와 국가 위임사무를 처리한다고 규정하면서 그 일환으로 주민의 복지 증진에 관한 사무를 예시하고 있다. 사회보장기본법, 사회보장급여법 그리고 사회복지사업법에서 규정한 사회보장급여와 사회복지 서비스는 지역주민의 복지 증진을 목적으로 하는 것이므로 지방자치단체가 사회보장급여와 관련된 사무를 처리하는 것은 주민의 복리 증진을 지향하는 지방자치의 본질적인 내용에 속한다. 이를 어기라고 지침을 내려보내는 정부는 도대체 무엇인가?

정부의 입법적 공격

이러한 위법성을 인식해서 그랬을까? 최근 정부는 사회보장위원회의 결정을 따르지 않는 지방자치단체에 대해 교부세를 감액하는 방안을 추진하고 있다. 행정자치부는 2015년 9월 30일 지방교부세법 시행령 및 시행규칙 일부 개정령(안)을 입법 예고했는데, 지방자치단체가 사회보장위원회의 심의·조정 결과를 따르지 않고 사회보장 사업을 시행할 경우 해당 지방자치단체에 대해 교부세를 감액할 수 있는 조항(안 제12조 제1항 제9호)이 여기에 포함되어 있다(이 시행령은 12월 1일 국무회의에서 의결되었다).

이번 지방교부세법 시행령 개정안에는 그동안 거론되지 않던 사회보장 기본법 제20조 제4항이 새롭게 추가되었다. 사회보장기본법 제20조 제4항에 "관계 중앙 행정기관의 장과 지방자치단체의 장은 위원회의 심의 조정 사항을 반영해 사회보장제도를 운영 또는 개선해야 한다"라고 되어 있다. 여기서 말하는 심의·조정은 사회보장기본법 제20조 제2항에 의해 사회보장위원회가 수행하는 심의·조정을 말하며 이 심의·조정의 대상은 사회보장기본계획이나 사회보장제도 평가, 사회보장제도 신설·변경, 급여 및 비용 부담 등 사회보장제도 전반에 걸쳐 있다.

따라서 현재 정부가 추진하는 지방교부세법 시행령 개정은 사회보장제도 신설·변경만이 아니라 일반적인 의미에서의 사회보장 사업에 관한 심의·조정에 대해서도 지방교부세 감액이라는 채찍을 만들어 지방자치단체를 통제하겠다는 의지로 읽힌다. 나아가 이는 최근 정부가 추진하고 있는 유사·중복 사회보장 사업 정비 방안과 관련해 지방자치단체에 강제력을 행사할 수 있는 법적 근거를 만들고자 하는 것으로 볼 수 있다.

이는 헌법과 지방자치법에 규정된 지방자치의 본질과 내용, 사회보장 기본법 및 사회보장급여법 등에 규정된 주민의 욕구를 고려한 맞춤형 사회보장제도의 구축, 운영을 법률의 하위규범인 시행령으로 침해하는 꼴이 된다. 지난 누리사업 예산 편성을 시행령으로 지방교육청으로 떠넘긴 것과 같은 수법이다. 위법하고 위헌이라는 문제가 제기될 수밖에 없다.

복지국가를 건설하기는커녕

박근혜 대통령의 공약이 무엇이었던가? 이렇게 복지를 후퇴시키는 것이 한국형 복지국가인가? 증세 방안에 대한 합리적 대안 없이 약속했던 복지 공약이 일부라도 시행하려다 보니 기존 예산은 깎고 깎아 새로운 복지 프로그램의 예산을 마련하려는 꼼수가 아닌지 의심스럽다.

　이제 본격적인 겨울로 접어든다. 서민들과 빈민들에게는 더욱 추운 계절이다. 따뜻하고 자상한 복지를 기대하는 것조차 어려운 일인가? 어려울수록 중앙정무와 지방자치단체, 민간이 힘을 합쳐 공생을 도모해야 할 것이다. 복지조차 중앙정부가 독점하겠다며 줄이는 것은 참으로 어처구니없는 일이다.

박근혜, '정치인'이 아닌
'종교인'?[*]

김진해

한평생 사과만 그렸다는 어느 미술가처럼
그도 뭔가 하나에 집중하고 있다.
미천한 우리는 그게 무엇인지 정확히는 모른다.
하지만 뭔가 하나에 집중하고 있음은 틀림없다.

반가웠다. 기껏해야 투표용지에 동그라미 하나 얌전히 찍는 걸로 공화국
민의 책임을 다하는 사람들에게 친절한 대통령께서는 정확한 판단 기준
을 제시해주셨다. 말끝마다 "내가 해봐서 아는데"라면서 이 세상 모든 일
을 다 섭렵한 전임 대통령도 있었다. "너 그 일 해봤어? 난 해봤거든. 안
해봤으면 말도 마"라는 경험제일주의는 듣는 사람의 기를 꺾고 무력감을
주었다. 이에 비해 현 대통령의 발언은 격조와 깊이를 갖췄고 아름다움마
저 풍긴다. 드디어 한국 정치는 국민의 심리까지 파고들어 잠언과도 같은
절대 지침을 제시해줄 정도로 고도화되었다. 더구나 그 발언은 우리에게
정신 상태의 근본적 개조를 요청한다는 점에서 인류사적 의의마저 확보

[*] "진신이 박근혜, '정치가' 아니라 '종교인'?", 《프레시안》, 2016년 1월 20일 자.

했다.

먼저 기억해두자. 국무회의 자리에서 "국민을 위해서 진실한 사람들만이 선택을 받을 수 있도록 해주시기를 부탁드린다"라고 한 대통령의 발언을 두고 그저 자신과 배짱 맞는 사람들을 뽑아달라고 한다는 식으로 비난하면 안 된다. 그런 욕을 먹을 정도로 우리 대통령은 협량하지 않다. 자신과의 친소 관계나 충성심을 기준으로 우리의 투표 행위에 영향을 미치려고 할 정도로 편파적이지 않다. 그럴 마음이었다면 "무슨 장관을 한 아무개, 무슨 비서관을 지낸 아무개, 어디 구청장을 역임한 아무개를 찍으라"라고 정확히 말했을 것이다. 그러지 않고 '진실'이라는, 말인 듯 말 아닌 듯한 화두를 던진 것은 '생각하는 국민'을 만들기 위한 대통령의 국민 교육적 발언이다.

그 말에 용기를 얻었나 보다. 벌써부터 도처에 나부끼는 '진실한 사람 ○○○'이라는 식의 현수막은 대통령의 깊은 뜻을 오독한 사람들의 경박하고 사특한 짓일 뿐이다. 보수 권력의 발원지인 어느 도시의 발전과 권력의 성공을 위해 나선 진실한 사람들이 식당에 모여 인증샷을 찍었음에도 지지도가 바닥을 헤매는 것을 봐도, 우리 해석이 잘못되었다는 것을 알 수 있다. 그가 일국의 계몽주의적 대통령인 한, 우리는 그가 보여주고자 하는 지평의 언저리에라도 가닿기 위해 노력해야 할 의무가 있다. 그리하여 새벽 찬바람, 고요 속에서 우주의 기운을 느끼며 '진실'의 정치를 말하는 대통령은 어떤 분인지 가늠해본다.

진실의 정치를 하는 대통령은 어떤 사람인가

첫째, 대통령은 정치가라기보다는 종교인이다. 정치가 논리를 뛰어넘는 '믿음과 관념'의 영역이라는 것을 동물적 감각으로 간파한 분이다. 진실하다는 말이 진실함의 유일한 증거가 되는 외통수 순환논법이다. 대통령은 눈으로 볼 수 없는 '진실'이라는 심성을 눈에 보이는 것으로 육화肉化시켜 우리 눈앞에 만질 수 있게 해주었다. 육화된 진실이 다시 정치로 세속화 퇴있다.

둘째, 대통령은 정치가라기보다는 언어 전략가다. "진실한 사람을 뽑으라"는 말은 반대항을 쉽게 떠올릴 수 없을 정도로 항상 참이다. 누가 감히 허위와 거짓을 일삼는 사람을 뽑자고 하겠나. 반대항에 자신이 놓이는 것을 상상하지 못한다는 게 좀 더 정확하다. 그럼에도 자칭 '진실한 사람들'이 진실의 반대말로 '거짓'이나 '허위'가 아닌 '배신'을 거론하는 것은 의미심장하다. 진실과 거짓의 대립이 사건 자체의 진위에 주목하는 반면, 진실과 배신의 대립은 그것을 행하는 사람 쪽으로 시선을 돌리게 만든다. 사람이 배신을 하지 사건이 배신하지는 않으니 말이다. 또한 그는 사실fact과 가치value가 구분되지 않는다는 언어학적 통찰을 잘 이해하고 있다. 예컨대, 내가 누군가에게 머리를 한 대 맞았다면 사실과 가치가 곧바로 연결된다. 우리는 폭력을 행사하는 사람은 어떤 이유에서든 잘못을 저지른 것이며 그렇게 하면 안 된다고 말한다. 다시 말해, "그가 나를 때렸다"라는 말은 "그는 그렇게 하면 안 된다"라는 말로 쉽게 넘어간다. "때리는 것은 나쁜 것이다"라고 말하는 것이다. 대통령은 진실한 사람이 있다는 사실과 그런 사람만을 뽑아야 한다는 가치를 양립시켰다.

셋째, 대통령은 정치가라기보다는 예술가다. 뭔가를 창조하는 일은 사물을 보는 시선의 독특함에서 온다. 모종의 인식상의 도약, 모든 것을 간파한 독특한 관점의 발견이야말로 예술가의 덕목이다. 한평생 사과만 그렸다는 어느 미술가처럼 그도 뭔가 하나에 집중하고 있다. 미천한 우리는 그게 무엇인지 정확히는 모른다. 하지만 뭔가 하나에 집중하고 있음은 틀림없다. 자기 손에 망치밖에 없다면 모든 것이 못으로 보인다. 예술가로서의 성장은 자신이 알고 있는 모든 것을 현실에 완전히 구현하는 것이다. '진실한 사람'이라는 말은 대통령이 이 세계에 관해 밝힌 자기만의 예술가적 해석이다. 이런 독특성이나 집착은 진실한 이인자인 국무총리가 국가공무원의 공직 가치에 민주성·다양성·공익성을 지우고, '애국심'을 밀어 넣는 것으로도 에둘러 표현된다. 대통령은 예술가 중에서도 시인에 가깝다. 대통령은 표어 정치에 능하다. 그의 말은 일본의 하이쿠처럼 절제와 함축미가 넘친다. 마쓰오 바쇼松尾芭蕉의 "너무 울어 텅 비어버렸는가? 이 매미 허물은!"과 같은…….

넷째, 대통령은 정치가라기보다는 전형적인 선동가다. 파시즘을 분석한 연구자들은 파시스트들이 자신들의 이데올로기적 모호성과 불안정함을 속이기 위해 시각적 선동(프로파간다)을 창안했다고 한다. 공간의 재배치, 군중 동원, 반복적인 구호, 독특한 경례와 걸음걸이, 끝없는 선전물 등은 지배 권력의 의지를 시각화함으로써 대중의 동의를 끌어낸다. '민생 살리기 입법'을 위해 친히 거리에 나선 대통령의 서명 행위는 진실을 향한 자신의 간절함과 절박함을 시각화함으로써 그의 구체적 행위와 정신을 연결시킨다. 대통령은 시시때때로 자신의 간절함을 시각적으로 특권화해 대중의 판단에 깊이 관여한다.

거칠게 말해 진실도 공적 진실과 사적 진실이 있다. 사적 진실은 내면의 진실이자 개인의 진실이다. 개인의 진실은 겸손을 동반한다. 다른 사람에게 "당신은 진실하게 살아왔다"라고 칭찬하거나 "진실되게 살아라"라고 권면할 수 있다. 스스로 "나는 진실하게 살아왔다"라고 말하는 사람을 진실하다고 보기는 어렵다. 그저 "진실하게 살려고 애썼다" 정도면 된다. 선한 행동을 하면서 내심으로는 인정받고 싶은 욕망이 일어난다면 스스로 진실함과 정직함을 어긴 것이다. 사적인 진실은 행동과 의도가 일치될 때 가능하다.

반면에 공적 진실은 겉과 속을 구분할 수 없다. 정부가 행하는 권력 행사와 구분되는 국가적 의도란 것이 있을까? 있다고 해도 그걸 가정할 수는 없다. 이를테면, 세월호 참사의 진실을 인양하라고 했을 때, 그건 공적 진실에 대한 요구다. 정부가 그때 무엇을 했느냐 하는 것이지 그때 선의를 가졌는지 악의를 가졌는지를 문제 삼지 않는다. 공적 진실을 다툴 때 국민은 국가나 자본의 '의도'에 아무런 관심이 없다. 슬프게도 대통령은 사적 진실을 공적 진실의 영역에 끌어들였다.

여전히 '진실'은 보여줄 수도, 증명할 수도 없다. '진실'은 종교, 형이상학, 윤리학의 영역이기 때문에 '말할 수 없는' 영역이다. 참·거짓을 따질 수 없기 때문이다. 루트비히 비트겐슈타인의 말을 빌리자면, 말할 수 없는 것에 관해서는 침묵해야 한다. 그럼에도 대통령은 이를 말해버렸다. 아쉽게도 그는 우리와 공감하지 못하는 듯하다. 테리 이글턴의 말처럼, 권력이 사람들에게 안긴 고통을 느끼지 못하는 이유는 살이 없는fleshless 존재이기 때문이다. 살 없는 존재는 타인의 고통에 공감하지 못한다. 그 때문에 사람들이 대통령의 진실에 선뜻 동의하지 못하는 것이다.

우리 모두는 박정희·박근혜의
'주술'에 걸려 있었다[*]

우희종

1987년의 행동이 밖을 향했다면,
이번엔 우리 안을 향한 외침이 되어야 한다.
박근혜 대통령을 마지막으로
허구의 낡은 카리스마 시대는 끝나야 한다.

네이처리퍼블릭이라는 회사의 비리로 시작되었다. 그 연결고리는 청와대
와 ≪조선일보≫ 간의 힘겨루기를 거쳤고, 이화여대의 자존심이 그 흐름
에 가세했다. 급기야 한 방송국이 제시한 작은 휴대용 컴퓨터로 본격적인
영계와 인간계의 드라마가 펼쳐지게 되었다. 그 와중에 결코 허물어지지
않던 박근혜 대통령에 대한 철통 지지율이 무너지고 모든 국민이 분노하
기 시작했다. 대통령에 대한 견고한 심정적 지지가 휴대용 컴퓨터 하나로
속절없이 무너진 것이니, 과학기술과 이성이 개인의 막연한 신념을 더 이
상 유지하지 못하도록 한 셈이다.

박정희 군사독재 시절부터 내려온 우주의 기운은 사적 관계를 통해 대

---

[*] "우리 모두는 박정희·근혜의 '주술'에 걸려 있었다", ≪프레시안≫, 2016년 11월 10일 자.

통령과 국민의 일상을 규정하고 있었고, 대를 이은 유사 종교의 계시 속에 실질적 대통령은 교주의 딸이었다. 평소 과묵한 언사나 사람 대면을 좋아하지 않는 현 대통령은 진중한 정치인이라기보다는 아바타에 가까운 독재지 딸의 모습 그대로를 보여줬는데, 이는 현실 공간에서 그 무엇이리도 일어날 수 있다는 삶의 의외성을 새삼 일깨워준 일종의 희극이었다.

드라마의 주역인 교주와 독재자의 딸들, 그들은 그동안 주변의 고위 공무원들은 물론 새누리당 국회의원들과 주류 언론에 의해 철저히 변호되고 연출되어왔다. 그러나 결국 이들은 대통령까지도 포함해 검찰 수사의 대상이 되었다. 물론 검찰 수사를 통한 진상 규명을 믿는 이는 별로 없다. 더욱이 국민의 하야 요구에도 불구하고 불통 개각 속에 총리 내정자가 등장했다. 최근 대통령 담화 내용은 '내치와 외치 분리'라는 총리 내정자의 입장과도 달랐다. 앞으로도 정국 혼란은 피할 수 없을 것으로 보인다.

분노의 모습

내면의 소리에 귀 기울이는 깊은 사려, 상황의 본질을 꿰뚫는 통찰 등으로 보였던 대통령의 모습이, 실제로는 영계와 소통하고 혼을 거론하며 우주의 기운을 통해 이뤄진, 일반인으로는 이해하기 어려운 황당한 무속에 가까운 형태였다니, 모두 아연할 수밖에 없다. 특히 국민 분노에 결정적 기여를 한 최순실의 딸 정유라의 이화여대 부정 입학 의혹과 특혜는 뼈 빠지게 일해서 자식을 키우는 부모에게, 그리고 아르바이트를 하며 취직과 승진 준비를 하는 사람들에게 상식과 성실한 노력이란 무의미하다는 사실을 맛보게 했다.

이는 가족도 없이 국가를 위해 열심히 노력하는 위엄 있는 대통령이 간혹 던지는 말 한마디에 의미와 무게를 부여하며 찬양하고 환호했던 국민이 느낀 허탈감이었다. 이것이 성실히 노력하면 최소한 그에 상응한 대가는 받을 수 있다는 기대마저 철저히 우롱당했다는 배신감으로 이어진 것은 타당하다. 대통령 하야를 요구하는 국민의 거국적 분노는 매우 정당하다.

그런데 굳이 쌍용차나 안신 중공엽 사태를 서론하시 않나라노, 빛 백 명의 어린 학생들이 타살에 가까운 모습으로 수장되는 모습을 보고도, 공권력의 물대포에 의해 사람이 죽어가도, 역사를 비웃듯이 국정 역사 교과서를 비공개로 만들어도, 한반도 전쟁 위험을 높이는 정책이 무리하게 채택되어도, 경제가 무너져도, 꿈쩍은커녕 심지어 조롱까지 하던 국민도 있었다. 어찌 보면 늘 그러하듯 분노하던 이들이 분노했을 뿐이다. 정치자금 몇천 억은 이미 노태우 때도 있었다. 정치권력의 각종 비리나 구조적 문제는 결코 새롭지 않다. 그럼에도 불구하고 대통령에 대한 강고한 지지가 무너지고 전 국민이 분노했다.

그 점에서 지금의 거국적 분노는 공공성이나 민주 질서 수립을 위한 분노라기보다는 허탈감과 배신감, 즉 개인적이면서 동시에 이 사태를 자신의 문제로 인식한 국민의 열기 때문에 나타난 것으로 보인다. 상식적이고 건강한 사회였다면 삼백여 명의 어린 학생들이 그렇게 수장되었을 때 이런 거국적 국민 분노가 등장했어야 했다.

따라서 지금 국민의 분노는 이성적이라기보다는 교주와 독재자들이 우리 내면에 심어놓았던, 내면에서 기생하고 있던 그 암묵적 부분을 건드렸기 때문으로 보인다. 그렇기에 현 상황은 또 다른 형태의 교주나 독재자가 국민의 이런 부분을 만족시켜준다면 의외로 허망하게 끝나거나 전혀 예상치 못한 방향으로 흘러갈 수도 있다.

암묵적 자기 검열

우리 삶에는 일상의 대화를 포함해 암묵적인 부분이 많다. 글이나 말이라는 형식을 통해 서로 명확히 전달 가능한 명시적 지식이 강조되는 근대사회에서도 암묵적 지식은 결코 무시할 수 없다. 암묵적 지식이란 말과 글의 이면과 행간에 담겨 있으면서 '각자의 내면에 침투해 서로 부지불식간에 공유할 수 있는 의미'이기에 개인마다 뜻하는 바가 조금씩 다르다. 이것은 인간과 같은 인공지능 개발에서 극복해야 할 높은 장벽이기도 하다.

정치꾼들은 사회가 지닌 암묵적 지식을 적절히 활용하고, 일상의 사기꾼들은 개인의 암묵적 지식을, 종교 장사치들은 집단과 개인의 암묵적 의미를 적절히 혼용해 활용한다. 분야를 불문하고 사기꾼의 특징은 우리가 공유하는 암묵적 지식을 활용하는 능력이 뛰어나, 굳이 말로 설득하기보다는 지레짐작이라는 암묵적 지시로 상대방을 착각하게 만들어 행동을 유발한다는 점이다.

다시 말하면 말이 필요 없을 정도로 분위기가 좋을 때, 사람들은 환호하고 열렬히 지지하게 되며 상대가 주는 메시지를 쉽게 내면화한다. 감성적으로 작동하는 이것은 이성에 근거해 명시적으로 설득하는 것보다 훨씬 강력한 설득력을 지닌다. 교주와 독재자는 초기에는 말이 많을지 몰라도 기본적으로 말을 거의 하지 않는다. 그들은 몸짓, 눈빛, 아니면 분위기가 담고 있는 암묵적 지시를 통해 의사를 전달한다. 굳이 말이 필요하면 가까운 주변 인물을 통해 전달하는 식으로 이루어진다.

카리스마로 불리는 이런 암묵적 암시나 통제야말로 사이비 종교의 교주는 물론 독재자들의 전형적인 통치 수단이다. 일반 종교 집단에서도 이를 통해 사람들을 길들인다. 동서양을 막론하고 이를 위한 노력은 정치인들의 각종 포장된 이미지 연출로 나타난다. 독재 정권 시절 〈대한뉴스〉라

우리 모두는 박정희·박근혜의 '주술'에 걸려 있었다

는 홍보물이 국민에게 끼친 암묵적 영향은 지금도 60대 이상의 사회 구성원들에게 작동한다. 현 대통령이 아무도 말하지 않음으로써 우리 스스로로 하여금 자신을 검열하고 비판하며 무릎 꿇게 한 자기 검열 방식도 대표적인 암묵적 통제 방식이다.

국정 운영자들에 의한 암묵적 대국민 최면은 이미 지난 이명박 정권 때부터 시작되었다. 4대강 국책 사업이라는 명목으로 사용된 22조가 넘는 막대한 국가 예산이 토목 건설사와의 유착 속에 부실 공사만을 남긴 채 단 몇 년 만에 사라졌고, 해외 자원 개발이라는 명목으로 각종 부실 사업이 국가 예산을 탕진했으나 국민은 분노하기보다는 여전히 책임을 묻지 않고 있다. 이번 정권에서는 한발 더 나아가 교주의 딸과 그 주변 인물들에게 청와대와 정부 고위 공무원들이 스스로 몸을 낮추었고 대기업들도 알아서 엎드렸다. 이렇게 사기업화된 국가는 국책 사업뿐만 아니라 국가정책마저 그들의 사욕을 채우는 수단으로 전락시켰다.

이성과 상식의 사회

그러나 정치나 사회 문제 변화에서 투명한 공론화 과정이 필수라는 점은 분명하다. 이것은 지금의 혼란 정국을 바로잡는 과정에도 필요하고, 또한 우리 사회가 지금과 같이 전근대적 형태로 국내외를 놀라게 하지 않기 위해서도 요구된다. 특히 정치 문화에 무조건적인 철통 지지가 아닌, 상식적이고 합리적인 지지율이 자리 잡게 하는 데에도 필요하다. 이제 냉정한 이성과 상식을 되찾아 다시 한번 사회와 미래를 긍정적으로 풀어갈 때다. 뚜렷이 드러난 권력의 잘못된 정책이나 사업에 대한 반대, 시정 요구를 하는 것은 그리 어렵지 않다. 지금 드러난 미르재단이나 K스포츠 비리 사례처럼 사건을 조사해 처벌하면 된다. 하지만 겉으로 드러난 사안별 접근은 그런 불미스러운 사건들이 발생하게 된 이면의 구조와 문화를 놓치게 한다. 생각해보면 이번 국정 농락과 이에 따른 국민 분노의 저변에는 국사 독재 이후 끊어졌다고 생각되던 정치권력의 일방적인 횡포가 있다. 그리고 이명박 정권 이후 임묵묵으로 내면화하면서 길들여진 우리의 모습이 있다.

지금 상황에서 중요한 것은 사교에 빠진 독재자의 딸이나 그녀를 이용해 국정을 농락하며 막대한 부를 축적한 교주의 딸 및 관련된 자들의 횡포만이 아니다. 이들의 행태를 뒷받침한 새누리당과 보수 주류 언론에 의한 사회 기조의 붕괴에도 주목해야 한다. 이들이 지난 4년간 망가뜨린 수많은 국가 기조와 국정 현안들의 재검토, 사회 전반의 건강성 회복 역시 중요하다. 이를 위해서 가장 우선적으로 극복해야 하는 것은 이번 국민 분노에서 드러났듯이, 해방 이후 위선자들이 우리에게 심어놓은 암묵적이고 감성적인 지점이다.

정치는 대중을 따른다. 작금의 상황에서 정치적 혼란 속에 기득권들은 권력 유지를 위해 연대할 것이 분명하다. 건강한 사회를 고민하는 지식인이라면 민주 사회나 공공성보다는 권력과 돈의 암묵적 권위 속에 개인 이해관계의 감성적 차원에서 발언하고 움직이는 국민들로부터 성숙한 민주 시민의식을 어떻게 이끌어낼 것인지를 고민할 필요가 있다.

카리스마 시대의 종언

과거와 같이 카리스마를 지닌 정치인이 없다며 한탄하는 이들도 있다. 그 점에서 박정희, 김대중, 김영삼, 전두환 등의 시대는 자의든 타의든 암묵적 감성으로 만들어지거나 선택된 지도자가 나라를 이끄는 시대였다. 하지만 21세기 건강한 한국 사회를 위해서라도 이번 국민 분노는 암묵적 이미지를 통해 형성되는 카리스마 있는 인물보다는, 이성과 상식이 있는 평범한 인물이야말로 좋은 정치인이라고 인식할 수 있는 계기가 될 필요가 있다. 1987년의 행동이 밖을 향했다면, 이번엔 우리 안을 향한 외침이 되어야 한다. 박근혜 내봉팅을 마시막으로 허구의 낡은 카리스마 시대는 끝나야 한다.

카리스마를 지닌 정치인이 아니라 평범한 상식과 이성을 지닌 인물을 지도자로 선택하는 사회가 되어야 암묵적으로 각종 기득권을 휘두르는 친일 기득권이 우리 사회를 이끄는 세력으로 더 이상 자리 잡지 못한다. 그래야만 세월호 참사와 같은 비극적 상황에서 국민의 분노가 거국적으로 나타날 수 있다. 그래야 너와 나, 보통 사람들이 살기 좋은 사회가 된다.

끝으로, 국민을 자신들을 위한 개돼지로 만드는 권력 집단의 암묵적 횡포와 시도에 저항하는 가장 좋은 방식은, 스스로의 생각과 선택에 대해 다시 한번 되돌아보는 것이다. 무심코 그냥, 적당히, 다들 그러니까, 혹은 좋은 것이 좋으니까, 더 나아가 노력해도 안 될 것이기에 등과 같은 여러 이유로 생각 없이 저들의 암묵적 지시를 수용하기보다는 다시금 자신의 생각이나 선택에 대해 "내가 왜 이렇게 생각하지"라며 잠시 동안 하던 것을 멈추고 자신 선택의 의미를 알아차리는 것을 통해 개인 삶과 사회의 주인이 될 수 있다.

아르카나
임페리[●]

박자섭

아직도 그들만의 '아르카나'가 허용되어야 하는 것인가?
그렇지 않다면 백 개의 얼굴을 가진 아르카나 임페리를 통해
끊임없이 초법적 위치를 견지하려 드는 권력자들을
어떻게 막아야 할까?

로마의 정치가이자 역사가 코르넬리우스 타키투스Cornelius Tacitus가 쓴 『연대기』를 보면, 권좌를 노리던 갈루스와 그의 정적政敵 티베리우스 황제 간에 일어났던 암투의 과정에서 갈루스가 '아르카나 임페리arcana imperii'를 간파하려고 했다는 대목이 나온다. 이 말은 직역하자면 권력의 비밀 혹은 통치의 비밀 정도가 될 것인데, 국가사의 가장 내밀한 부분을 관장하는 최고 통치자의 절대적 권위를 상징한다.

　황제의 특권과 유사한 개념으로 쓰인 이 말은, 13세기 신성 로마 황제 프리드리히 2세의 법학자들을 거쳐 17세기 초 잉글랜드의 제임스 1세에 이르며 절대왕권의 신정적 성격을 가리키는 의미를 담게 된다. 즉, 정부

● "아르카나 임페리", 《부산일보》, 2016년 11월 2일 자.

란 왕-사제 동일체로서의 통치자와 그 대신들에 의해서만 지배되는 일종의 비밀체로서, '국가의 신비mystery of state'라는 이름 아래 행해지는 모든 행위들은 그들의 인격과 관계없이 그 자체로서 정당하다는 것이다.

선동적으로 동치사들이 규정한 금지된 지식에는 아르카나 임페리뿐 아니라 아르카나 데이arcana dei와 아르카나 나투라이arcana naturae도 있었다. 전자는 "높은 마음을 품지 말고 두려워하라"라는 바울Paul의 유명한 언명이 내포한 함의를 통해 신에 관한 앎의 한계를 제시하는 것이었고, 후자는 자연이 보여주는 놀라운 현상 역시 신에 의해 만물이 창조되었음을 웅변하는 또 하나의 '비밀'이라는 것이 근대 초 기독교 세계의 확고한 믿음이었다. 하지만 후자의 경우 갈릴레오 갈릴레이와 같은 과학자들에 의해 가장 먼저 금기의 벽이 뚫렸고, 전자도 계몽사상과 현대 과학의 발전으로 상당 부분 그 힘을 상실했다. 하지만 아르카나 임페리만은 여전히 살아남아 마치 독버섯처럼 불쑥불쑥 고개를 내밀고 있다.

과연 지금과 같이 의회와 법치에 기초한, 인권과 민주주의를 지향하는 세상에서 위정자들에게 아직도 그들만의 '아르카나(비밀)'가 허용되어야 하는 것인가? 그렇지 않다면 백 개의 얼굴을 가진 아르카나 임페리를 통해 끊임없이 초법적 위치를 견지하려 드는 권력자들을 어떻게 막아야 할까? 우리는 그 답의 중요한 한 단서를 칸트에게서 찾을 수 있다. 그는 일찍이 "대중으로 하여금 스스로의 이성을 자유로이 사용할 수 있도록 하는 것이야말로 계몽을 실현하는 유일한 길"이라고 천명한 바 있다. 즉, 각자의 지성을 용기 있게 사용하는 것이 무엇보다 중요하다는 것이다. 물론 칸트는 결코 현대적 민주주의의 신봉자가 아니었고, 대중의 적극적인 정치 개입에는 더더욱 부정적이었지만, 그의 말에 담긴 함의를 현재적으로 되새기자면 공익적 정보 공개와 그에 기초한 시민적 정치 참여가 민주주의의 관건이라는 것이다.

스스로 절대군주를 자처하며 그 이론적 근거까지도 제시하려 했던 제임스 1세는 한 연설에서, 권력의 비밀은 오직 마치 지상에 주재하는 신처럼 국가의 신비를 관장하는 사제와 왕만이 이해할 수 있기 때문에, 왕의 권력은 의회의 권력에 종속되지 않는다고 말한 바 있다. 이런 유의 언어는 신비라는 것을 통치 행위의 본질로 보고, 권력과 그에 따른 복종의 의무에 대한 어떤 합리적 설명도 배제하는 특징을 갖고 있다. 하지만 역사적으로 권력의 원천이 왕에서 의회로 넘어감에 따라 통치 행위를 신비로운 것으로 보는 관점은 서서히 사라지게 된다.

그러나 나는 박근혜 대통령과 최순실 일가를 둘러싸고 벌어지고 있는 작금의 믿지 못할 사태를 지켜보면서, 이미 역사적으로 소멸한 것으로 간주되어온 중세적 아르카나 임페리가 21세기 초엽의 한국에서 다시 부활한 것이 아닌가 하는 느낌을 지울 수 없었다. 연륜의 일천함을 감안한다 해도, 명색이 민주주의 국가에서 어떻게 이런 '원시적' 사건이 일어날 수 있단 말인가. 공무원은 청지기나 하인으로 전락하고 국정은 '비선'이라 불리는 사람들에게 농단당하는 이러한 권력의 사유화를 어떻게 막을 것인지에 대한 진지한 성찰이 필요한 때다.

박근혜 정부의
의료 영리화를 바라보며[*]

백도명

3분 진료라는 의료계의 현실은
지금까지 많은 비판을 받을 수밖에 없었으며,
종국에는 의료보험 수가에서 벗어나 있는
성형 미인들로 대한민국이 넘쳐나는 시점에까지 이르고 있다.

우리나라에서 의료보험법이 제정된 시기는 1963년으로, 이 법이 제정된 의도에는 박정희가 군사정권을 거치면서 대통령으로 출마하기 위한 업적을 내세우려던 것이 깔려 있었다. 그러나 당시 법은 만들었으나 사회적 비용을 충당할 수 없었기에, 1977년 유신 폭압으로 사회의 민심이 냉랭해지던 시기까지 본격적인 도입이 미루어졌다. 처음에는 500인 이상 대기업 직원만을 대상으로 해 사회 여론 주도층을 다독이던 사업이, 다시 군사정권이 들어서면서 민심 완화책을 찾고 있던 제5공화국하에서야 본격적으로 확대되기 시작해 결국 1980년대 말 전 국민 대상의 의료보험 시대를 맞이하게 되었다.

● "박근혜 정부의 의료 영리화를 바라보며", ≪프레시안≫, 2014년 4월 4일 자.

다시 되돌아보면 1963년 법이 만들어지고 제도가 시작된 처음부터 지금까지 의료보험의 주된 작동 원리는 민심 수습 그리고 그것을 위한 최소한의 비용 조달과 통제였다. 이렇게 처음부터 국가가 관리해야 하는 건강의 성격과 방법을 체계적으로 고민하기보다는 사상 우선적인 고려가 민심 수습과 그에 따른 비용 조달·통제에만 주어졌기 때문에, 결국 제도의 구성과 운영은 파편적일 수밖에 없었다. 파편성을 보여주는 가장 단적인 예가 한국 의료보험의 근간을 이루는 행위별 수가 제도다. 이 제도는 국가가 부담하는 비용을 제어하기 위해 제도적으로 비용을 부담하는 의료 행위를 선정하고, 그 수가를 규제하는 것이 핵심이다. 의료보험 제도가 있음에도 불구하고 행위별 수가 제도에서 벗어나 보험 적용이 되지 않아 아픈 사람들이 직접 부담해야 하는 자기 부담금은 처음 시작부터 지금까지 계속 문제로 남아 있다. 다른 한편 의료 행위의 횟수를 증가시키거나 보험 수가가 적용되지 않는 비수가 항목들을 계속 개발함으로써 국가가 민심 수습이라는 실리를 얻어내는 동안, 이러한 제도의 적용을 받게 된 의료계는 자신들이 원하는 수준의 의료비를 계속 거두어들일 수 있었다. 그 결과 이와 같은 파편적인 제도가 만들어낸 작품인 3분 진료라는 의료계의 현실은 지금까지 많은 비판을 받을 수밖에 없었으며, 종국에는 의료보험 수가에서 벗어나 있는 성형 미인들로 대한민국이 넘쳐나는 시점에까지 이르고 있다.

그러나 이제 21세기에 들어와 의료 행위의 횟수를 증가시키거나 비수가 항목을 새로이 만들어내는 일들이 그 한계에 봉착하면서, 비용을 원하는 만큼 증가시키는 일이 점점 더 어려워지자, 의료 자본은 새로운 돌파구를 계속 모색하고 있다. 지난 정부들에서 의료와 관광, 의료와 숙박, 의료와 레저 등을 결합한 새로운 사업 영역을 개척하려는 시도들을 계속했으며, 이제 박근혜 정부 들어서는 원격 진료와 영리 자회사를 그 돌파구로 내세우고 있다.

여기서 한 가지 짚고 넘어갈 것은 이 같은 일들이 벌어지면서 생겨나고 있는 의료 자본의 균열이다. 그동안은 의사가 병원을 세워 잘 운영하면 의료 자본을 축적하는 것이 가능하기도 했다. 하지만 이제는 그 기회가 거의 소멸되면서 새로이 배출되는 의사가 의료 노동자가 아니라 의료 자본가로 등장할 가능성이 앞으로는 거의 없어졌다는 점에서 의료계에 균열이 발생하고 있다. 2014년 3월 70퍼센트의 찬성률을 보인 의사 파업 결의가 가능할 수 있었던 것도 순전히 전공의들과 새로 배출된 의사들 때문이었다. 원격 진료와 영리 자회사는 의료 자본, 특히 대형 병원 자본에 유리한 사업이며, 동네 의사에게는 장비나 기술 도입의 측면에서 결코 이득을 볼 수 없는 사업인 것이다. 그럼에도 불구하고 의료 자본가로서의 문화가 아직도 진하게 남아 있는 의료계에서 자신을 의료 노동자로 생각하는 의사들이 조만간 많이 등장할 것이라는 기대는 아직 성급할 수 있다.

지금 우리 사회에서는 의료 제도를 둘러싸고 정부, 대형 의료 자본, 보건 의료 노동계가 각자의 속셈을 관철시키려 하고 있다. 정부의 속셈은 앞서 밝혔듯 최소한의 비용 조달과 통제를 통한 민심 수습이기 때문에 앞으로도 영혼 없는 정책으로 어떻게 민심을 수습할 수 있을지에만 급급할 것이다. 한편 대형 의료 자본은 돈을 빌려 몸집을 불리더라도 이를 메꾸는 일이 점점 더 어려워지기 때문에 현재 목소리를 높이고 있는 상황이다. 이러한 와중에 보건 의료 노동계와 환자들의 목소리는 여러 갈래로 흩어져 있다. 장기적인 전망을 갖고 의료 제도를 정상화하기 위해서 앞으로는 어떻게 환자들의 목소리를 묶어낼 수 있는지, 그리고 분열되는 의료 자본의 분화를 이용해 어떻게 의료 자본 속에서 의료 노동자들의 목소리를 만들어낼 수 있는지가 그 주요 관건이 될 것으로 판단된다.

연금 개혁의
방향[*]

윤찬영

제로섬도 아닌 마이너스섬의 제도 개혁은
강한 저항에 부딪칠 수밖에 없다.
플러스섬의 개혁을 바라는 것은
너무 지나친 기대일까?

박근혜 정부 출범 초기부터 기초연금 공약이 파행으로 치닫더니 이제는 공무원연금 개혁을 놓고 뜨거운 공방전이 벌어지고 있다. 느닷없이 기초연금을 국민연금과 연계함으로써 우리나라 사회보장제도는 복잡하게 엉키기 시작했다. 국민연금은 의무적으로 연금에 가입한 사람들이 법에 정해진 보험료를 납부해 이루어지는 사회보험제도다. 이에 반해 당시 기초노령연금은 공공 부조 방식이었고, 박근혜 대통령이 후보 시절 공약한 것은 모든 노인에게 일정액의 연금을 지급하는 사회 수당 방식이었다. 그러니까 공공 부조에 머물러 있던 기초노령연금을 사회 수당 방식으로 전환해 모든 노인에게 월 20만 원씩 연금을 지급하겠다는 것이었다. 그러나 재정 조달의 난감한 문제 때문에 국민연금 급여와 합산해 기초연금의 액수

[*] "연금 개혁, 왜 고통 분담을 강요하는가?", 《프레시안》, 2015년 4월 24일 자.

를 조정하는 방식으로 귀결된 것이다. 사태가 이렇게 되니 이것이 기초연금인지 기본연금인지 국민연금의 부가연금인지 도무지 헷갈리게 되었다.

그러다가 공무원연금의 급여 수준이 너무 높아서 정부의 재정 조달이 어려워졌다는 명분 때문에 정부와 여당은 상대적으로 급여 수준이 낮은 국민연금과 선정적인 비교를 통해 공무원연금의 급여 수준을 낮추겠다는 개혁 아닌 개혁안을 제시해 야당과 협의해왔던 것이다. 일반 국민을 대상으로 하는 국민연금과 공무원을 대상으로 하는 공무원연금은 역사적 연혁도 다르고 보험료율이나 급여율도 모두 다른 별도의 제도인데, 갑자기 급여 수준을 맞춰야 할 것 같은 상황으로 몰리고 있다. 공무원을 타격하는 희열을 느끼는 듯 언론은 정부와 여당의 주장을 받아쓰며 분위기를 고조시켰다. 국민의 노후를 위해 모든 공적연금제도를 통합하려는 것도 아니고, 단지 공무원연금에 정부의 부담금이 부담스럽다거나 국민연금에 비해 급여를 많이 받는다는 식의 선정적인 이유를 들어 오히려 노후 불안을 야기하고 있는 것이다.

하나의 제도를 온전히 이해하는 것은 쉽지 않은 일이다. 게다가 역사가 제법 쌓이게 되면 더욱 그렇다. 공무원연금은 이미 1960년 1월 1일 법률이 제정되어 시행되었으며, 국민연금은 1973년 국민복지연금법으로 제정되었으나 시행되지 못하고 1986년 국민연금법으로 전부개정 되어 1988년 1월 1일부터 시행되었다.

공무원연금 및 연금제도 일반을 둘러싼 논쟁들을 이해하기 위해 몇 가지 사항들에 대해 살펴보고자 한다.

보험 원칙과 부양 원칙

국민연금과 공무원연금 모두 보험 방식으로 운영되어왔다. 그러므로 국가의 사회보장제도이지만 보험 원칙이 적용될 수밖에 없다. 급여 비용이 가입자의 기여금과 사용자의 부담액으로 충당되어야 한다. 공무원연금도 가입자인 공무원의 기여금과 사용자인 정부의 부담금을 합해 연금 급여 비용을 충당해야 할 것이다. 보험료로 납부한 총액과 급여 총액도 어느 정도는 상등해야 한다.

그러나 독일의 경우 공무원연금은 부양 원칙을 적용해 연금 급여에 소요되는 비용을 국가가 전액 부담한다. 중국의 경우도 그렇다. 이것은 공무원이 국가를 유지하기 위해 특별한 기여와 희생을 할 수밖에 없다는 점을 인정하는 것이다. 그러니까 보험 원칙을 기준으로 볼 때, 공무원 개인의 보험료 납부를 국가가 대신해주는 것이 된다. 우리나라도 일반 사기업보다 낮은 보수를 받는 공무원들에게 노후 부양을 위해 비교적 후한 연금 급여 조건과 수준을 유지해왔다고 볼 수 있으므로 일정한 정도는 부양 원칙이 적용된 것이다.

그러므로 이번 개혁에서 공무원연금의 부양 원칙을 어느 정도 포기 또는 유지·강화할 것인지를 결정하는 것이 필요하다. 이것은 군인연금에 대해서도 마찬가지로 적용되어야 한다. 현재 정부의 입장은 이를 포기하는 쪽으로 가닥을 잡은 것으로 보인다. 그러나 이것은 가입자들과 합의가 우선적으로 필요한 부분이다.

공무원의 사용자는 정부

사회보험에 관련되는 주체는 가입자(근로자), 사용자, 정부다. 이 중에서 사회보험의 재정 부담은 단독 부담, 양자 부담, 삼자 부담의 모델이 있다. 세계적으로 보면 대개 산재보험과 실업보험은 사용자의 단독 부담으로 하며, 제도에 따라서 3자 부담인 경우도 있었다. 대개의 사회보험은 가입자와 사용자 양자 부담으로 이루어지는 경향이 있다.

우리나라 공무원연금은 완전 부양 제도가 아니기 때문에 가입자인 공무원과 사용자인 정부가 50퍼센트씩 보험료 부담을 한다. 그런데 지난 3월 25일 대한민국공무원노동조합총연맹이 그동안 정부가 공무원연금 기금을 부당하게 사용해온 것에 대해 헌법 소원을 제기했다. 이것은 보험 관계에서 봤을 때, 공무원 노조가 기금 조성의 파트너로서 정부의 책임이 심각하다며 문제를 제기한 것이다.

공무원들에게 월급에서 매월 연금 보험료를 징수하는 것과 마찬가지로 정부도 정확하게 부담금을 납부해야 한다. 그런데 이런 부분에 대해 정부가 신의성실의 원칙을 위배한 것은 심각한 문제다.

기득권이 아니라 기대권

연금제도는 장기간에 걸쳐 적용되는 사회보험이다. 따라서 가입할 때부터 퇴직 후 노후 소득 보장에 대한 기대권을 갖게 된다. 그러므로 연금제도를 변경할 때에는 기존 가입자의 각종 조건을 보장하는 것이 기본이다. 즉, 가입자에게 불리하게 소급 적용하는 것은 헌법에도 위배된다.

공무원연금을 비판하면서 기득권 운운하는 것은 적절치 않다. 기득권이란 이미 확보한 권리다. 그러나 연금 수급권은 미래에 대한 기대권이다. 즉, 노후 보장을 기대하며 현업에 종사하는 것이다. 미래에 대한 기대이지만 이미 가입할 때 보험료 납부와 연금 수급의 공식이 정해져 있기 때문에 미래에 발생할 결과에 대해 예측이 가능한 것이며 이에 대해 권리성을 인정하는 것은 당연하다.

이렇듯 연금제도는 미래에 대한 기대를 보장하기 위해 신뢰를 전제로 오랜 시간 의무를 이행하는 제도다.

고통 분담보다 행복 공유

무릇 연금제도는 정년 또는 장애 등 때문에 소득이 중단될 때를 대비해 소득이 있을 때 지축하듯이 적립했다가 납입 요건이 발생하면 연금을 받는 제도다(적립 방식). 물론 적립해놓은 기금이 고갈되면 부득이 보험료를 납부하는 세대가 더 부담할 수밖에 없다(부과 방식). 우리나라 국민연금은 수정 적립 방식이어서 적립 방식으로 시작했다가 기금이 고갈되는 시점에 부과 방식으로 전환하도록 설계되었다. 그러므로 연금 기금의 고갈이 문제가 아니라 고갈 시점이 문제가 된다. 2007년 참여정부는 국민연금 기금의 고갈 시점을 늦추기 위해 보험료율을 인상하고 연금 급여율을 낮추는 국민연금 개혁을 단행했다.

참여정부의 국민연금 개혁과 현 정부의 공무원연금 개혁의 공통점은 국민의 노후 보장에 있지 않다는 점이다. 연금 재정을 안정화시키는 것이 주목적이다. 공무원연금 개혁의 저변에 깔려 있는 발상은 일종의 고통 분담이다. 공무원연금의 수준이 높으니 국민연금 수준으로 낮춰 일반 국민의 연금수준과 균형을 맞추자는 발상이다.

고통 분담보다 행복 공유가 더 좋지 않을까 생각해본다. 즉, 수준 낮은 국민연금을 공무원연금 수준에 가깝게 끌어올리려는 노력이 더 발전적인 발상이 아닐까 싶다. 물론, 여기에는 국민 개인의 부담과 국가의 책임성이 더 높게 담보되어야 한다. 제로섬zero sum도 아닌 마이너스섬minus sum의 제도 개혁은 강한 저항에 부딪칠 수밖에 없다. 플러스섬plus sum의 개혁을 바라는 것은 너무 지나친 기대일까?

친일파를 친일파라
부르지 말자*

윤찬영

이 문제는 정치적으로 풀기보다는 교육적·학문적으로 풀어야 한다.
어설프게 정치적으로 손봐주기 또는 망신 주기 정도의 대응을 하다가
친일, 아니 부일 세력들이 강시처럼 되살아나는 계기가 되었던 것이다.

친일파에 대한 분노와 방어가 뜨겁다. 해방된 지 70년이 지난 이 순간에
도 여전히 친일파 청산이 이루어지지 않았으니 그럴 만도 하다. 한국사
교과서 국정화를 놓고 반대의 열기가 뜨겁게 퍼지고 있다. 찬성의 맞불도
이어지고 있다. 이 과정에서 친일의 미화가 쟁점이 되고 있다. 일본이 이
모습을 보면서 흘릴 미소를 생각하면 얼굴이 뜨겁고 속에서 불이 나기도
한다.

　그러나 뜨거운 분위기를 조금 벗어나 냉정하게 생각해보면 몇 가지 따
져보고 싶은 문제가 있다.

---

* "친일파를 친일파라 부르지 말자!", ≪프레시안≫, 2015년 10월 23일 자.

친일파가 아니라 부일파

흔히 '친일파'라 부르는데, 이 용어는 정확한 표현이 아니라고 본다. 사실 민간인들 사이에서는 일본인들과 친하게 지낸 사람들도 있을 수 있다. 지일_{知日}파도 있고 친일파도 있을 것이다. 국가적으로도 대외적 관계를 튼튼히 하려면 친일파, 친미파, 친중파, 친러파 등이 다양하게 있어야 한다고 본다. 문제가 되는 것은 친일 정도가 아니라 일제에 부역_{附逆}한 경우다. 부역이란 국가에 반역하는 일에 동조하거나 가담하는 것을 말한다. 이는 빼앗긴 나라에 반역해 침략국에 가담하는 행위를 가리킨다. 그러므로 '친일파'라고 부르는 것은 일제의 편을 들어 부역한 행위가 주는 반역의 의미를 오히려 탈색시키는 용어다.

1948년 9월 22일 제정된 '반민족 행위 처벌법'의 명칭에서 볼 수 있듯이, 분명한 것은 반민족적 행위를 한 자들을 처벌하고자 했다. 이 법 제4조에 12가지 죄가 규정되어 있는데, '악질적', '반민족적'이라는 형용사가 여러 번 쓰였다. 이런 표현을 본다면, 이는 느슨하고 애매한 이미지를 주는 '친일'을 넘어서 반민족적 범죄를 규정하고 처벌하고자 했다는 것을 알 수 있다.

그러므로 처벌과 청산의 대상에 대한 정확한 표현은 '반민족 행위자'이며, '친일파'라는 표현보다는 차라리 '부일_{附日}파'라고 부르는 것이 적절하다. 뜻을 좀 더 분명하게 해 통용하려면 '반민족 행위자'로 불러야 한다. 일제시대 많은 사람이 생존을 위해서 일본에 적대적으로 저항하지 못하고 일본인들과 친하게 지내려 했을 수 있다. '친일파'라는 용어를 사용하면 '반민족 행위 처벌법'에서 규정한 것보다 훨씬 넓은 범위에서 일반인들마저 모두 문제 삼는 것처럼 보일 수 있다.

때늦은 반민족 행위자 진상 규명

참여정부 시절 2004년 3월 22일 '일제강점하 친일반민족행위 진상규명에 관한 특별법'이 제정되었고, 2005년 12월 29일에는 '친일반민족행위자 재산의 국가귀속에 관한 특별법'이 제정되었다. '반민족 행위 처벌법'이 무산되고 해방된 지 60년이 지나서야 반민족 행위자에 대한 처벌까지는 아니더라도 진상을 규명하고자 참여정부가 법 제정에 나섰던 것이다. '일제강점하 친일반민족행위 진상규명에 관한 특별법'은 친일반민족 행위를 18가지로 구체화했다.

그러나 참여정부의 이러한 시도는 커다란 역풍을 맞게 되었다. 수십 년 동안 조용히 묻혀 있던 반민족 행위자와 그 후손들의 반격을 받게 되었으며, 결국 정권을 내어주고 말았다. 현재 친일파와 그 후손이라고 규정하는 사람들 대부분은 집권 여당과 그 세력하에 있다. 참여정부의 어설프고 미지근한 접근이 오히려 살벌한 앙갚음을 당하고 있는 것이다.

이른바 친일 잔재를 청산하지 못한 것은 우리 역사의 핵심적인 오류다. 그러나 때를 놓친 것이 더 큰 오류일 수 있다. 친일 청산은 역사적·도의적으로는 옳으나 정치적으로는 이미 실기했다. 이 문제는 정치적으로 풀기보다는 교육적·학문적으로 풀어야 한다. 어설프게 정치적으로 손봐주기 또는 망신 주기 정도의 대응을 하다가 친일 아니 부일 세력들이 강시처럼 되살아나는 계기가 되었던 것이다.

부일 세력들은 이미 1951년에 '반민족 행위 처벌법'이 폐지되었으므로 이 문제는 끝난 것으로 인식해왔다. 그런데 느닷없이 참여정부가 진상 규명을 하겠다며 입법을 하고 시행에 들어가니 기득권의 결집된 힘으로 반격을 가해왔던 것이다. 그러므로 참여정부는 어설프게 문제로 삼았다가 크게 되치기를 당한 셈이다.

이제는 반국가 행위가 문제다

70년 동안 이렇다 할 해결을 못 하고` 끌어온 문제가 반민족 행위자의 문제, 이른바 친일파 문제나. 대한민국 정부 수립 직후, 그리고 참여정부 시절 그것을 청산할 수 있는 두 번의 기회가 있었지만 결과적으로 정치적 실패로 끝났다. 당시 친일 부역을 했던 당사자들은 이미 고인이 되었고, 이제 그것을 정치적으로 거론하면 후손들은 명예에 큰 상처를 받게 될 것이다. 우리나라 사람들의 통념적 정서를 생각해볼 때, 조상, 그것도 먼 조상이 아니라 할아버지나 아버지에 대해서 부정적인 평가와 언사를 하게 되면 그 자식이나 후손들은 매우 심한 모멸감을 느낀다. 심지어 참을 수 없는 분노마저 일으키게 할 것이다. 이렇게 되면 문제 상황은 더욱 악화된다.

이제는 국가의 존립과 통합을 걱정해야 할 상황에 와 있다. 극단적으로 비유하자면, 한반도 북쪽을 고구려가, 남서쪽을 백제가, 동쪽을 신라가 지배했던 삼국시대가 재현되는 듯한 양상이다. 헌법에 따르면 대한민국은 한반도와 그 부속 도서를 영토로 한다. 국가의 3요소는 영토, 주권, 국민이다. 영토를 무단 점거하거나, 주권을 부정하고 타국에 넘기거나, 국민을 배제하고 부정하는 것은 곧 국가를 부정하는 것이며, 이러한 행위들은 반국가적 범죄다.

예를 들어, 국가의 중요한 정보를 타국에 넘기거나, 세금을 포탈하고 병역을 기피하는 등 국민으로서 의무를 이행하지 않는 경우, 국민이 낸 세금을 자기 돈처럼 빼먹는 짓은 전형적인 반국가 행위다. 당신의 아버지 또는 조부가 이러한 행위를 저지른 친일파였다고 지적할 필요가 없다. 그의 행위 자체가 반국가 행위이므로 그 이유만으로 즉시 처단해야 한다. 그래야 나라의 꼴이라도 갖출 수 있다. 우리나라 군대의 작전권을 왜 남의 나라에 넘기는가? 게다가 가해자이며 침략자였던 일본군마저 우리나

친일파를 친일파라 부르지 말자

라에 들어올 수 있는 현실, 이것은 지극히 반국가적 행위다.

21세기 현재 우리나라에서는 반국가적 행위들이 넘쳐난다. 국회는 반국가 범죄를 규정하고 이를 단죄하는 입법에 나서야 한다. 지금 당장 우리나라의 유지와 발전이 더 시급한 문제다. 70년 전, 아니, 100년도 더 지난 친일 문제를 여전히 정치적으로 따지는 것은 문제 해결보다 오히려 갈등과 극한 대립만을 부추긴다.

중국 대륙의 왕조들은 평균 250년 정도 유지되었다고 한다. 한반도의 고려와 조선은 대략 500년을 유지했다. 대한민국은 몇 년이나 유지될까? 참으로 걱정이다.

비선 정치와 배신 정치,
그 말로는?[●]

이병천

돌이켜보면 그때 그가 "혼이 비정상"이라거나,

"전체 책(기존 검인정 교과서)을 다 보면 그런 기운이 온다"라거나,

"우주가 도와준다"라거나, "통일 대박" 운운할 때

뭔가 해괴한 구석이 있었다.

박근혜 씨는 진작에 권력을 사유화해 마음껏 국정을 농단했었고 주권자 국민에 대해 배신 정치를 자행한 지 오래됐다. 문제는 2012년 대선 개입 범죄 공작을 도모했을 때부터 시작됐다.

취임 후 박근혜 씨가 경제민주화와 복지 증진을 중심으로 한 국민 행복 약속을 헌신짝처럼 내버리고 규제 완화와 재벌 퍼주기로 민생 위기와 국민 분열을 심화시켰을 때, 세월호 대참사로 304명의 인명을 수장시키고 진실 규명을 원천 봉쇄했을 때, 그것으로도 모자라 물대포로 무고한 시민 백남기 씨를 쏘아 죽게 해 살인정권이 됐을 때, 허무맹랑한 '통일 대박론'에 이어 남북 화해 협력의 상징인 개성공단까지 폐쇄할뿐더러 한반도를

● "주술 정치의 꼭두각시 박근혜, 그 말로는?", 《프레시안》, 2016년 11월 3일 자.

전쟁 소용돌이로 몰아넣는 사드 배치를 결정했을 때, 일본과 군 위안부 문제에 대해 이른바 "최종적이고 불가역적인 해결"에 공모 합의했을 때, 유신 독재가 공산당과 '흐리멍덩한 민주주의(박근혜)'로부터 나라를 구했음을 주입 교육시키기 위해 역사 교과서 국정화 작업을 감행했을 때, 그때 이미 대한민국은 박근혜의 손아귀에서 민주주의와 인권, 평화 복지국가, 대외 자존의 길을 잃고 저질 불량국가 한참 밑바닥으로 추락했었다.

돌이켜보면 그때 그가 "혼이 비정상"이라거나, "전체 책(기존 검인정 교과서)을 다 보면 그런 기운이 온다"라거나, "우주가 도와준다"라거나, "통일 대박" 운운할 때 뭔가 해괴한 구석이 있었다. 그렇지만 차마 그때는 몰랐다. 그게 주권자 국민이 위임한 국가 최고 통치권의 운명을 비밀리에 최순실에게 내주고 국민의 생명과 안전을 위태롭게 한 그야말로 "혼이 비정상"인 위험천만한 비선 정치, 백치 정치의 표현일 줄은.

위태했던 박근혜의 국정 농단과 배신의 정치는 마침내 박근혜-최순실 게이트에 이르러 드디어 막장 드라마를 연출하고 말았다. 주권자 국민이 위임한 신성한 국정 최고 통치권, 그러나 권한만큼이나 막중한 책임이 따르는 권력을 아무 권한도 없는 '사인'이 마구 농단하고, 청와대와 나라를 마음대로 휘젓고 다니며 비리 범죄를 저지른 사건이 일어났다. 더 정확히 말해 대통령 박근혜가 최순실과 공모해 그에게 국정 중대 기밀들을 누설하고 대통령 연설문도 사전에 열람 수정케 해 최고 통치권을 내어줌으로써 헌정 질서를 농단·파괴한 이번 사건은 박근혜 스스로 대통령 자격을 포기한 사건이다. 그야말로 "봉건 시대에도 있을 수 없는 일"(김원종)인 것이다.

희대의 비선 정치와 국정 농단, 헌정 유린 사건이 현대 민주공화정 문명국가 시대에 일어나 그 몰골을 만천하에, 전 지구권에 폭로하고 국격을 '봉건 시대 이하'로 추락시켰으니 비상사태에 처한 민주공화국의 정상화,

'비정상의 정상화'를 위해서는 다음과 같은 조치들이 취해져야 할 것이다.

첫째, 대통령이 국민 앞에 석고대죄해 모든 진실을 고백하고 물러나야 한다. 그리고 현장 파피 피의자로 조사를 받아야 한다.

둘째, 비선 정치를 통해 만들어진 내각은 해산되어야 한다.

셋째, 비선 정치의 하수인과 방패막이 역할을 함으로써 그 공범자가 된 새누리-순실당은 해체되어야 한다. 친박 의원과 친박 정치인들은 정계에서 퇴장해야 한다.

넷째, 최순실이 직접 관련된 비리 범죄 사건의 엄정한 수사는 말할 것도 없고 세월호 참사 7시간, 개성공단 폐쇄를 비롯해 그간 숨겨졌던 진실들도 낱낱이 밝혀져야 한다.

나는 2012년 대선 국면에서 박근혜 씨가 민주, 복지, 평화의 시대정신에 부응해 아버지를 넘어서는 '딸'이 되라고, 그런 의미에서 "'바보 박근혜'가 되어달라"고 주문한 적이 있었다. 돌아보면 매우 어리석고 헛된 주문이었다. 개과천선改過遷善이라는 사자성어를 너무 믿었다. 박근혜 씨는 대통령은 고사하고 아예 정치에 입문하지 않는 것이 좋았다. 사이비 교주 최태민과 그 딸 최순실의 대를 이은 주술에 꼼짝없이 홀린 사람, 아버지 유신 독재 정신을 골수에 사무치게 새기고 구시대의 포로가 된 사람이 어찌 민주화 시대 정상적인 대통령직을 수행할 수 있겠나. 국민들도 너무 순진했던 것 같다. 그러나 이미 엎질러진 물이다. 우리 국민들도 다시 눈을 부릅뜨고 박근혜 퇴진에 힘을 모아야 할 때다. 박근혜의 퇴진은 비선 정치의 한낱 조롱거리로 전락한 국기國基, 나라의 기본과 책임 기강을 바로 세우는 출발점, 새 민주적 정상 국가를 세울 수 있는 분기점이다.

그러나 권력의 생리란 가진 것을 쉽게 내놓지 않는다 모르쇠로 잡아떼기, 증거 인멸하기, 꼬리 자르기 그리고 국면 전환하기 등은 권력 전략의 기본이다. 그들도 이미 국면 전환 플랜을 가동했는데 그들의 플랜은 갈라지고 있다. 더 이상 박근혜로는 안 되겠다고 판단한 ≪조선일보≫가 그를 식물 내봉령으로 만들고 포스트 박근혜 보수성권 재상출을 겨냥하는 국면 전환 기획을 선도한다고 알려졌다. 새누리당도 이정현 대표가 사퇴를 거부하는 가운데 '거국 중립 내각' 구성까지 제안했다. 그러나 박근혜의 플랜은 전혀 그게 아니다. 잡아떼기-꼬리 자르기식 2분짜리 '녹화 사과'(10월 25일) 이후에도 박근혜의 불통과 국정 농단은 여전히 계속되고 있다.

치명적인 비선 실세 국정 농단과 헌정 유린이 폭로됨으로써 국민들의 분노가 들끓고 각계각층에서 퇴진 요구가 봇물 터지듯 터져 나오고 있는데도 박근혜는 전혀 아랑곳하지 않는다. 그는 제2의 우병우라 할 만한 최재경을 신임 민정수석으로 앉혔다. 그는 전형적인 정치 검사이며 BBK를 무혐의 처리해 이명박에게 면죄부를 준 사람으로 알려져 있다. 설상가상으로 박근혜는 노무현 정부 말기 표절 논란으로 장관직을 수행하지 못한 김병준을 새 '책임총리'로 지명하는 등 독단적으로 전면 개각을 밀어붙였다. 국회, 야당과 사전 협의가 없었음은 물론 새누리당조차 이 사실을 몰랐다고 한다. 이에 대해 모처럼 현 비상시국에서 선전하고 있는 정의당의 노회찬 원내대표는 "박 대통령이 6·29 선언을 내놓아도 부족할 판에 4·13 호헌 조치를 내놓았다"라고 적절히 지적했다.

최순실과 문고리 3인방이 빠진 후, 민심에 등 돌리며 스스로 고립을 자초한 박근혜의 이 '4·13 호헌식 대응'을 막후에서 꾸린 새 비선 측근이 어떤 사람들인지, 아니면 혹시 그의 단독 플레이인지 궁금해진다. 여하튼 이 독단적 '책임총리' 지명은 곧 효력을 다할 무모한 자충수가 될 공산이 높다. 이에 따라 수구 보수 세력 일각에서 구상한 보수 정권 재창출 프로젝트도 일단은 물 건너간 것으로 보인다. 현 비상시국의 심각성과 분노하는 민심의 흐름을 알아보지 못하고 좌고우면하던 야당들도 정신을 차려야 하지 않을까.

　박근혜가 저지른 비선 정치는 그의 국민 배신 정치의 막장 드라마다. 이 드라마는 현재 진행 중이다. 지지율이 10% 이하로 떨어져 콘크리트 지지층도 크게 부서졌다. 박근혜는 연이은 패착으로 막장 드라마가 오래가도록, 그래서 국민 분노의 불이 활활 더 타오르도록 새 기름을 부어 넣어주었다. 이제 박근혜는 스스로 돌아올 수 없는 다리를 건너 국민에 전면전 도전장을 낸 모양새다. 그 결말은 어찌 될까? 그 어떤 주술적 예언자가 그 답을 알겠나. 민주공화국의 주권자, 깨어 있는 시민의 조직된 힘, 서로 손잡고 가는 광장 시민의 참여와 연대의 거대한 힘만이 오늘의 위기를 타개하고 나라다운 나라, 정상적인 민주적 책임 국가를 세울 근원적 동력이다.

04

만인의 불평등 헬조선,
무엇이 우리를 개돼지로 만드는가?

일상의 사소함으로,
우공이산의 마음으로[*]

우희종

세계 어디 내놓아도 인상적인,
서울 시내를 가득히 메우고 있는 십자가 행렬은
결코 영적 충만함을 의미하지 않는다.

요즘 국내 정치나 사회 상황은 가히 상상의 극한까지 온 듯하다. 그동안 변화하고 성숙했다고 믿었던 한국 사회의 현주소를 직면하는 일은 결코 쉽지 않다. 민주국가에서는 생각할 수도 없는 국가정보기관의 조직적 대선 개입은 물론 경찰을 포함한 다른 국가조직의 선거 개입도 속속들이 드러나고 있다. 관련 수사를 진행하던 검찰의 수사팀장이 경질되는 것은 물론 새 정권 등장 이후 국내 요직의 철저한 정치적 물갈이에 수반되는 특정 정치 성향의 움직임, 그리고 '올드 보이'라고 불리는 구정치인들의 복귀를 볼 때 이제 우리 사회는 유신 시대로의 회귀에 직면했다고 말해도 지나침이 없을 듯하다.

● "퇴행의 시대, 잡초처럼 싸워야", ≪프레시안≫, 2013년 11월 7일 자,

사람들은 김일성을 교주 수준의 위대한 아버지로 개인숭배할 것을 강요하는 북한 정권이나, 아돌프 히틀러를 찬양하는 스킨헤드의 과격 우익 그룹에 대한 경멸 어린 어리석음에 대해 이야기한다. 그러나 유신 독재 통치 속에 총 맞아 숨진 박정희 전 대통령을 종교 수준에서 제사 드리고 숭배하는 이들에 대해서는 일언반구도 하지 않는다. 오히려 현 정부는 건강한 민주 사회에 필수적인 다양한 목소리를 죽이고자 반세기 전의 매카시 선풍에 따라 국내 특정 정당의 해산과 소속 의원들의 의원직까지 없애려는 만행을 저지르고 있고, 이는 미국 정부의 조직적 도청이나 일본의 집단자위권에 대해 목소리 하나 내지 못하는 모습과 비교할 때 너무도 대조적이다.

이제 노동운동과 시민운동 역시 생각지도 못한 탄압을 받게 되었다. 사학법 개정 반대에 촛불을 들었던 현 대통령의 정치 이념에 발맞추듯 참교육을 표방한 전교조도 국제노동기구, 경제협력개발기구, 세계교원단체총연맹 등의 국제적 항의에도 불구하고 법외노조로 강제 전락되었다. 교과서에는 일본 제국주의의 찬양과 더불어 과거 독재 정권에 대한 물타기 진행이 노골적으로 이뤄지고 있다. 현 정권의 이런 행태는 문화적 세뇌에 해당되기에 과거 이명박 정권이 미국 쇠고기 졸속 협상이나 4대강 사업으로 국민과 국토에 남긴 상처보다 더 깊고 치명적일 수 있다. 지난 대선에서 나타난 단지 51.6퍼센트에 기반을 두고 이미 전 국민을 대상으로 저들의 문화를 강요하고 있다.

이런 정치 지형과 맞닿아 경제 상황 역시 크게 다르지 않다. 쌍용차와 한진중공업 사태나 현대자동차, 재능교육, 콜트콜텍, 골든브릿지증권 등 우리 사회 속의 무수히 많은 소외된 이들의 크고 작은 아우성은 국가의 전폭적 지원을 받고 있는 삼성에 의해 지워져 간다. 국제적으로 무노조·무산업재해 기업인 삼성의 기업 매출과 이익의 높은 수치는 경영진의 조직적 노조 파괴 작업과 열악한 반도체 노동 현장의 젊은 죽음과 이어져 있다. 또한 개인 재산 12조가 넘는 이건희 삼성 회장이 세계 100대 억만장자에 포함되었다는 소식은 삼성전자 서비스 협력 업체에서 일하던 고달프고 시달린 사정이 선택한 죽음으로 생생하듯이 삼성의 야정 기업 및 비정규직 노동자의 땀과 눈물로 이루어진 것도 사실이다.

허울 좋은 OECD 회원국이지만 삶의 질과 사회적 유대감은 하위권에서 맴도는 우리 사회에서, 출구 없는 양극화 속에 최소한의 사회적 보장도 허락받지 못하고 죽음을 선택해야 하는 노동자들이 보여주듯, 사람들의 삶의 현장은 거리에 쌓인 낙엽보다 더 초라하게 변해간다. 그나마 조금 안정된 생활을 하는 계층 역시 끝없이 경쟁을 부추기는 사회 분위기 속에서 삶의 여유를 갖기란 결코 쉬운 일이 아니다.

불행히도 이런 상황 속에 친일·친미 기득권 세력에 대응하는 야권의 모습은 처참하리만큼 힘이 없다. 과거보다 의석수를 늘린 정당이든, 다양한 운동을 하고 있는 시민 세력이든, 퇴행하는 사회 흐름에 무능력한 이들의 모습이나 사회 현안에 대해 말하는 것 역시 피곤한 일이 되었다. 지식인도 예외는 아니다. 생산성과 무한 경쟁 논리의 신자유주의에 물들어 상대적 소득 격차에나 관심을 지닌 지식인은 물론, 진보적이라 하는 지식인들은 1970~1980년대의 원론적 주장으로 날을 지새운다. 이들에게는 언제나 '무엇을 해야 한다'는 있지만, '어떻게 해야 한다'는 실효성 있는 대안 제시는 보이지 않는다.

우리 사회의 현주소가 이렇게 낙후되어가는 이유 중 하나는 다양한 상황에 깊숙이 개입되어 있으면서 왜곡된 정치·경제의 퇴행 과정에 적극적으로 동참하고 이를 조장하는 특정 집단들이 존재하기 때문이다. 대표적인 집단이 바로 사회 공기公器로서의 역할을 저버리고 집단 이기적 행태를 일삼는 국내 주류 언론사들이다. 《조선일보》로 상징되는 주류 언론은 정치·경제 권력의 하수인이자 또 다른 사회권력으로 군림한다. 언론사라는 특혜 집단으로서의 안전망 뒤에서 이들이 보이는 오만한 만행은 열거하기에도 부끄러울 정도다.

또 다른 집단은 이타적 삶을 강조하는 종교 집단이다. 세속적 가치를 멀리하고 삶의 의미를 제시해야 할 종교 집단의 왜곡된 행태도 퇴행하는 우리 사회의 특징적인 모습을 그대로 보여준다. 세계 어디 내놓아도 인상적인, 서울 시내를 가득히 메우고 있는 십자가 행렬은 결코 영적 충만함을 의미하지는 않는다. 화합과 용서의 가치와는 거리가 먼 우리 사회에서 나날이 번창하고 있는 초대형 교회는 오직 인적 마피아 조직의 터전이 되어 정치·경제·언론의 완고한 권력 유착을 공고히 하는 암묵적 권력 집단으로 자리 잡았다. 이런 문화 속에서 한국의 도시는 종종 하나님께 봉헌되고 그런 발언과 행동을 통해 우리 사회 나름의 안전장치를 확보한 정치가는 언제고 정치적으로 승승장구한다. 지난 정권에서 유명 목사가 자신들이 대통령을 만들었다고 하는 오만방자한 발언이 가능했던 이유이기도 하다. 국내 초대형 교회에서 한 주의 헌금이 억 단위가 되는 것은 너무도 당연한 것이기에 세금 추적이 없는 국내 초대형 교회가 막대한 정치자금이나 검은돈의 세탁 장소라는 소문은 결코 헛소문처럼 들리지 않는다.

사회에서 긍정적 역할을 해야 할 두 집단이 권력과 재물을 위해 본연의 역할을 저버린 것은 우리 사회가 자정 능력과 회복력을 상실하는 데에 결정적 역할을 하고 있다. 정치·경제 집단이야 그렇다 치더라도 사회를 지키는 공정한 언론 기능과 사회의 소외된 이들과 함께해야 할 종교 집단은 사라지고 오직 정치권력 선전 대행업체로 변질되고, 권력과 재물 축적 집단으로 거듭 태어나면서 오히려 사회악을 공고히 하는 집단으로 전락했다.

이런 사회의 퇴행적 상황에서 필요한 것은 과연 무엇일까. 끝없는 대립과 갈등을 멈추라는 일부 지식인들의 듣기 좋은, 그러나 상황 개선에 아무

도움도 되지 않는 말장난이나 듣고 있어야 하는가. 물론 폭압적 정권과 더불어 구조적 개선의 여지가 전혀 보이지 않는 현 상황에서 정답은 없다. 아니 원론적 정답은 있지만 현실적인 답은 보이지 않는다. 지금처럼 정치·경제·언론·종교라는 커다란 집단 간의 권력 농맹에 따른, 소식식인 부정부패와 구조적 모순이 난무하는 상황에서 개인이나 소규모 집단이 이를 바꿀 수 있는 방법을 찾기란 쉽지 않다. 더욱이 각기 미국과 중국의 후견을 받고 있는 남북 분단 상황 속에서 이 땅에는 언제고 매카시의 망령이 되살아나 사회 다양성을 짓밟아버리기 때문이다.

그러나 분명한 것은 있다. 거대한 담장도 작은 물구멍 하나로 무너진다는 점이다. 사회 변화를 위해 관념적인 구호와 주장을 하기보다는 각자의 위치에서 일상의 작은 일에 집중할 필요가 있다. 어느 하나 가볍게 볼 수 없는 대형 사회 이슈에만 집중하면서 해법 없는 원론적인 주장 속에 스스로 지쳐 쓰러지기보다는, 커다란 의제를 기억하되 일상 속 행동과 연대로 접근할 필요가 있다. 국가권력의 횡포라는 시끄러운 사회 분위기 속에서 우리는 너무 큰 것에만 시선을 돌리게 되고, 점차 일상 속의 작은 부당함에 대해 신경 쓰기는커녕 오히려 용납까지 하게 된다.

종종 사회나 권력 조직의 부당함에 대해서는 잘 지적하면서도 일상 속 작은 상황에 대해서는 작으니까, 저 정도는 괜찮겠지 등의 합리화로 타협하면서 그냥 넘어가는 경우를 본다. 정권이나 거대 언론의 부당함에 대해서 지적하고, 필요하면 언제고 당당히 다투는 이들도 생활 속의 지극히 작은 문제로 갈등이나 다툼이 생겼을 때, 상대의 부당함에 대해 적당히 타협하면서 적당히 마무리하고 지나친다. 이는 커다란 부당함에 길들여져 작은 것은 보이지도 않게 된 것으로 볼 수 있다.

하지만 바늘도둑이 소도둑 된다는 옛말이 있듯이 아무리 귀찮고 번거로워도 일상의 작은 부당함이나 폭력에 대해 타협하지 않을 필요가 있다.

우리 사회를 바꾸고 싶다면 원론만 지닌 채 거대 담론에만 머물지 말고 일상의 사소함으로 작은 목소리를 하나둘 내면서 부당한 것을 용납하지 않는 일상의 문화를 우공이산愚公移山의 마음으로 만들어가야 한다. 효율을 따지는 이에게는 너무 느리게 보일지 모르지만, 민족의 남북 단절 상황을 악용하는 기득권 세력에 의한 공정하지 못한 행태와 문화가 더 이상 통용되지 못하는 새로운 문화를 위해서 선행되어야 할 부분이다.

그런 작은 목소리로 일상의 부당한 상황이나 집단에 대해서 치열하게 싸워야 한다. 싸우지 않는 관계란 매우 권위적인 수직적 관계이거나 무관심으로 인해 단절된 관계이기에 다양한 개인과 집단이 있는 사회에서 그런 관계는 위선에 가깝다. 물론 싸우되 잊지 말아야 할 중요한 점이 있다. 그것은 서로의 관계를 존중하면서 싸우는 것이다. 관계의 단절과 왜곡을 폭력이라고 정의하는 내 입장에서 볼 때 왜곡된 관계를 바로잡기 위한 행위야말로 비록 겉으로 보기에는 싸움일지라도 전형적인 비폭력의 모습이다. 의견이 다른 상대에 대한 배려와 상호 존중이 선행된다면 말이다.

다양한 개인과 집단이 있는 사회에서 건강한 문화를 바란다면 서로 싸우지 말라고 호도해서는 안 된다. 증오 속에 싸우는 것만을 아는 이들은 정쟁을 그치라면서 기득 세력을 옹호하는 발언을 하고, 의견이 다른 상대방을 즉시 적으로 간주해 수단과 방법을 가리지 않고 무찔러야 하는 상대라고 생각한다. 하지만 관계를 단절해가며 싸우는 이전투구가 아닌 서로의 관계를 인정하고 상대를 존중하며 싸우는 방식이라면 이런 문화는 바람직하다고 할 수 있으며, 오히려 치열하게 싸울수록 건강한 관계를 만들 수 있다.

그런 면에서 사회에서 정쟁이 심하다는 말보다 무엇보다도 국민에 대한 거짓과 사기 행위를 통해 상대방을 무조건 없애야 할 적으로 몰아가는 행태를 멈추고, 정정당당하고 투명한 다툼이 하루빨리 사회에 자리 잡도록 하며, 일상의 사소한 부분에 대해서도 타협하지 않고 최선을 다하는 문화가 필요하다. 생활 속 작은 악에 타협하면서 국가권력의 남용이라는 거대 악을 어찌 바로잡을 것이며, 서로 다른 다양한 집단 간의 갈등 해결이 싸우지 않고 밤보낸 나 될 섯처럼 이야기하는 시들에게 속이 쓰으로 침묵하며 자기 검열해서 어찌할 것인가. 다만 일상의 사소함으로 호시우보虎視牛步의 자세로 서두르지 말고, 꾸준히 목소리를 높여 잡초처럼 싸워야 한다. 너와 나, 우리를 위해서. 우리의 미래 세대를 위해서.

관용이 아니라
불관용이 먼저다[•]

권영숙

관용의 문화를 부르짖고 싶다면,

먼저 무엇을 불관용해야 할지,

그리고 어떻게 불관용해야 할지를

명확히 해야 한다.

어떤 사회나 부패하고 부후화되고 퇴행적이고 반동적이며 야만적이고 폭력적이고 가학적인 측면은 있다. 그리고 각 사회마다 그를 인내하지 않는 불관용의 수위라는 것이 있다. 그 이상은 도저히 안 된다고 보는 수위 말이다. 그 수위는 사회적으로 결정되고 역사적으로 축적된다. 그 사회가 개인이든 집단이든 권력이든 그들에게 보여줄 수 있는 인내의 한계, 그 사회가 도저히 인내하지 못하며, 처벌해야 하고 관용하지 말아야 하는 수준 말이다.

흔히 사람들은 관용의 문화를 찬양하지만, 나는 '관용'이 아니라 '불관용'이 먼저라고 생각한다. 불관용, 즉 어떤 행위는 도저히 용서되거나 용

• "관용이 아니라 불관용이 먼저다", ≪프레시안≫, 2013년 11월 29일 자.

4부 만인의 불평등 헬조선, 무엇이 우리를 개돼지로 만드는가?

납되지 않고 단죄되어야 한다고 보는 관용 불허의 행위에 대한 사회적 합의가 선행되는 것이다, 그리고 관용할 수 없는 언행들에 대해서 응분의 처벌이 따르고, 사람들은 그 기준을 내면화한다. 그렇게 해서 불관용은 관용의 범위를 결정하는 역할을 하게 된다. 따라서 관용보다 불관용의 기준을 정하는 것이 먼저다.

달리 말하면, 사회적 불관용이 없다면 '관용'도 없는 것이다. 어찌 보면 관용은 불관용의 결과물일 뿐이다. 사람들은 '톨레랑스(관용)'의 문화라는 프랑스의 문화를 아주 낭만화하곤 하지만, 프랑스든 어디든 간에 한 사회의 톨레랑스 수준은 그 사회의 불관용의 한계에 의해 정해진다는 사실을 잊지 말아야 한다. 그리고 어떤 사회에 관용의 문화가 깃들어 있고, 그것이 잘 정착되어 있다면, 이는 역설적으로 그 사회가 관용하지 않는, 즉 불관용하는 행위를 분명히 정식화하고 그에 대해 엄정한 잣대를 들이대며 반드시 처벌하기 때문일 것이다. 되는 것은 되고, 안 되는 것은 안 된다는 것을 명확히 하기 때문이다. 그렇게 하지 않으면 안 되는 것들을 분명히 해주기 때문이다. 다시 말하지만 이런 관용과 톨레랑스는 사회적인 것이다. 개인의 도덕적 강제나 양심에 의존하는 것이 아니다. 이른바 사회적 압박과 강제로서의 불관용이 또 하나의 사회적 강제로서의 관용이라는 결과를 낳게 되는 것이다. 그러므로 우리는 관용의 문화 이전에, 관용의 미덕 이전에, 불관용의 문화를 먼저 세워야 한다.

불관용의 문화를 정립하는 것이 중요한 또 하나의 이유는 이것으로 소수자에 대한 관용의 문화가 형성되기 때문이다. 이렇게 '절대 안 돼', '절대 하지 마!'의 사회적 공감 속에 사실상 이른바 소수자에 대한 관용이 나오고, 약자에 대한 배려가 나오고, 차이에 대한 긍정이 나온다. 소수자를 고립시키고, 약자를 괴롭히고, 차이를 무시하고, 개인의 고유성을 묵살하는 자의함과 야만적이고 폭력적인 사회적 분위기는 그런 행위를 용납하기 때문에 가능한 것이다. 즉, 그런 행위들을 '관용'하기 때문에 가능한 것이다. 성폭력, 언어폭력, 성희롱에서부터 장애인과 성적 소수자들, 이주민들 모두에게 필요한 것은 그들을 보호해줄 불관용의 장치다. 그들을 대상으로 하지 말아야 할 행동들, 언행들, 호칭들, 욕설들을 사회가 금기시하고 부정하고 비판하는 시선과 목소리 말이다. 이것을 나는 '사회적 올바름 social correctness'이라고 부르겠다. 그러므로 우리는 어떤 것들은 절대 불가하다는 것을 명료히 정식화하고 사회적으로 준엄한 잣대를 만들어야 한다. 나아가 사회적인 처벌의 문턱을 높여야 한다.

그렇다면 우리 사회는 어떤가? 우리 사회는 관용의 문화인가? 아니다, 반대로 묻자. 우리 사회는 불관용의 문화를 확립했는가? 우리 사회는 무엇을 불관용하는가, 어떻게 불관용해야 하는가, 그리고 관용하지 말아야 할 것들에 대해서 정말 관용을 베풀지 않고 있는가? 즉, 개인이든 집단이든 권력이든 절대 사회적으로 허용되지 않는 것은 허용되지 않는다는 불관용의 잣대를 제대로 세웠는가? 어떤 행위는 도저히 용서되지 않고 용납되지 않으며, 그래서 단죄하고 처벌함으로써 불관용의 기준을 올곧게 세웠는가?

아마 부정적인 답변이 우세할 것이다. 이 사회는 불관용을 전혀 정식화하지 못하고 있다. 무엇이 절대 안 된다는 사회적 기준을 명료히 하고, 이를 개인이든 집단이든 권력이든 모두에게 절대 허용하지 않는 그런 불관용의 잣대를 세우지 못했다. 어떤 이에게는 안 되는 일이 어떤 이에게는 너무도 쉽게 가능하다. 그리고 사회적 약자를 위한, 즉 그들을 보호하기 위한 '사회적 올바름'에 대한 기준도 없다.

범죄 행위에 대해서마저 가해자의 논리가 판을 친다. 가해자에 대한 관용적 목소리가 넘쳐난다. 예컨대 성폭력에 대해서 터무니없이 낮은 형량, 그리고 가해자를 비호하는 목소리가 커지고, 법원의 판사마저 피해자 중심주의를 잊어버린다. 참으로 편의적이고 근거 없는 정상 참작의 논리가 난무한다. 가장이라서, 사회적으로 공헌한 자라서, 수출 산업의 주역 재벌이라서, 나아가 사회 지도층(즉, 출세한 자)라서 등의 관용의 핑계만 들이댄다.

하지만 관용은 이들에게만 주어질 뿐이다. 사회적 약자와 소수자, 서민들은 오히려 불관용이 익숙하다. 노동자들이 헌법에 보장된 파업권을 행사하면 어떤 빌미를 잡아서라도 불법 파업으로 불관용하고, 파업 한 번의 후과로 온갖 금전적 압박과 재산상의 불이익 등으로 끝까지 불관용한다. 철거민들은 도시 개발업자와 중산층의 아파트 욕심에 자신들의 주거권을 박탈당하지만 그들이 하는 최소한의 저항은 불관용된다. 그에 저항하며 망루를 오른 자들에겐, 타협하고 교섭할 조금의 시간조차 허여되지 않은 채, 용역과 경찰의 합동 몰이로 죽어갈 불관용이 기다리고 있다. 제주 강정마을과 밀양 송전탑 건설 예정지 아래 마을의 원주민들 역시 도시로 보내는 전깃줄에 자신들의 주거 생명권이 위협당한다고 하는데, 그들을 관용하기는커녕 젊고 건강한 의경들과의 불관용의 몸싸움만이 기다리고 있다. 그들에게 당신들의 삶의 터전을 훼손해서 미안하다고, 관용을 베풀어 달라고 말해야 할 것 같은데, 오히려 이들이 터전에서 내몰리는, 불관용의 대상이 되어버린다. 그래서 이 사회에서 관용은 지배자, 가진 자, 출세한 자의 몫이고, 불관용은 못 가진 자, 서민, 낙오자들의 것이 된다.

하지만 반대였어야 했다. 관용의 방향과 불관용의 방향이 반대여야 한다. 돈 있고 힘 있고 출세한 자들에게는, 그들이 타인에게 그만큼 피해를 주고 영향을 줄 수 있기 때문에 더욱 엄정한 잣대, 즉 불관용의 기준을 들이대야 하고, 가진 것 없고 기댈 데 없고 힘없는 자들에게는, 그들이 불관용 앞에 그만큼 취약하기에 더욱 폭넓은 관용을 베풀어야 한다. 하지만 그렇지 못하다. 있는 자들에 대한 관용은 무한대로 넓어진다. 그렇다면 그 이유는 무엇에서 연유할까?

아마 누군가는 이것을 역사를 바로 세우지 못했기 때문이라고 할 것이다. 혹은 이 사회의 기강이 무너졌기 때문이라고도 할 것이다. 다 맞는 말이다. 구태의연하지만 맞는 말이다. 역사를 바로잡지 못했고 기강을 세우지 못했기 때문이다. 권력자들의 부정과 부패, 인민에 대한 학살과 억압을 역사에서 단죄하기는커녕 관용했기 때문이다. 역사적으로 일제 부역자 청산을 하지 못한 '반민특위'의 실패를 흔히 생각하겠지만 내 생각엔 멀리 갈 것 없다. 생생하게 기억나는 최근의 역사도 바로잡지 못했는데 무슨 일제 부역자 청산까지나! 내가 말하고자 하는 역사는 이 정권과 집권 여당의 뿌리이기도 한 1980년 쿠데타 세력의 단죄와 처벌이다. 그 1980년의 역사, 광주항쟁을 짓밟으며 피를 뿌리며 등장한 군부 출신들의 정권, 그리고 지금 새누리당 정권의 전신인 민정당 정권 말이다. 쿠데타 주역인 전두환과 노태우는 내란죄로 유죄 판결을 받았으나 형을 제대로 살지 않았다. 변란죄로 유죄 판결을 받은 범법자가 법적으로 허용되지 않는 대통령의 예우를 자유주의 정부 시절에도 호사스럽게 받았다. 뭐, 그들에 대한 사면복권 조처를 단행한 것이 바로 김대중 대통령 당선자였으니 할 말이 없긴 하다. 그때의 관용이 결국 이후에 권력자가 무슨 짓을 해도 다시 살아남는, 그리고 호의호식하는 선례를 남긴 것이다. 아닌가?

또한 사회적 기강 역시 무너졌다. '유전무죄, 무전유죄'라는 말이 너무도 어울리게, 재벌들은 모든 법망을 빠져나간다. 법의 단죄를 받는 순간에도 그들은 '법 앞에 만인의 평등'을 비웃으며 특별대우를 받는다. 그리고 유죄 판결을 받아도 감옥에서 호화 감옥 생활을 하거나, 감옥이 아니라 병원으로 직행한다. 병보석으로 바로 풀려난다. 이런 사회적 기강으로 어찌 불관용의 문화를 제대로 세울 수 있었겠는가? 나아가 이건 절대 안 된다는 기준의 정립을 통해서 관용의 폭을 결정지을 수 있었겠는가? 관용에 대해서 엄정한 잣대를 댈 수 있었겠는가? 결국 복불복이고, 자기 하기 나름이고, 가진 것, 그리고 시쳇말로 빽(연줄) 나름이다. 관용은 있는 자들의 것이 되고, 불관용은 오히려 사회적 약자들을 상대로 한 불호령이 되고, 칠되가 되고, 엄정한 법 집행이 되고, 그들을 일시에 사회적 불순 세력으로 만들어버린다. 그렇게 정의는 멀어지고 권력은 폭력이 된다.

그러므로 관용의 문화를 부르짖고 싶다면, 먼저 무엇을 불관용해야 할지, 그리고 어떻게 불관용해야 할지를 명확히 해야 한다. 프랑스의 톨레랑스가 부러우면, 우선 우리 사회에서 관용하지 못할 것들이 무엇인지를 생각해보라. 그러면 관용해야 할 것들이 잡힌다. 절대 안 되는 것은 하늘이 두 쪽이 나도 안 된다는 것을, 사회적 약자뿐 아니라 권력자들, 가진 자들에게도 균등히 적용시킬 때, 제대로 된 불관용의 문화가 정립된다.

당신은 지금 이 사회에서 무엇을 도저히 참을 수 없는가, 불관용해야겠는가? 이 사회에서 가장 부패하고 부후화되고 퇴행적이고 반동적이고 야만적이고 폭력적이고 가학적인, 그래서 도저히 참아낼 수 없는 것은 무엇이 있을까? 그것들로 한국 사회는 '사회적 올바름'을 구성해야 한다. 우리가 도저히 인내하지 못할 것들에 대해서 불관용하고, 아니라고 거부하고, 그 짓거리를 하는 자들을 대장부터 수족까지 제대로 처벌할 수 있을 때, 그리고 사회적 약자보다 권력자에게 더 가혹한 불관용의 잣대를 들이대고 실제의 처벌을 가할 때, 그래서 '안 되는 것은 안 되는구나'라는 기준을 정립할 때, 그때 비로소 관용의 문화에 전제조건이 확보되는 것이다.

그래서 우리 사회는 불관용의 문화가 먼저 필요하다. 그렇게 하고 나서 관용할지어다.

비정상이
정상이 되는 나라[●]

서영표

이윤의 극대화라는 회사의 목표 달성을 위해
노동자들은 인간다움을 상실하고
기계보다도 못한, 아니, 기계가 아니라 사람이기 때문에 당해야 하는
'비인간적인' 대우를 받아야 한다.

이야기 하나

보건복지부가 한 달 전에 발표한 자료 「2013년 한국 아동종합실태」에 따르면 우리나라 아동과 청소년들의 삶에 대한 만족도가 경제협력개발기구 OECD 국가들 중 꼴찌라고 한다. 우리나라 아동의 '삶의 만족도'는 100점 만점에 60.3점으로 나타났고 모든 조사 항목에서 '압도적인' 꼴찌를 기록했다. 한 단계 위인 루마니아의 76.6점에 비해 16점이나 낮은 것이다. 회원국 가운데 아동 삶의 만족도가 가장 높은 네덜란드(94.2점)에 비하면 34점이 뒤진다. 더욱 우려스러운 것은 이번 조사에 처음 포함된 아동결핍지수

[●] "신해철과 행복, '불온한 비판'을 제기하자", ≪프레시안≫, 2014년 12월 5일 자.

가 매우 높게 나타났다는 것이다. 아동결핍지수는 아동 스스로가 무엇인가 부족하다고 느끼는 정도를 나타내는데 54.8퍼센트를 기록해 이 또한 OECD 국가 가운데 가장 높은 수치를 보여주었다. 바로 다음 순위인 헝가리의 31.9퍼센트와 큰 차이를 나타냈다. '경쟁력' 제고를 최고의 가치로 두는 한국이 경쟁력의 기본 바탕이 되는 학생들의 자신감을 갉아먹고 있음을 여실히 보여주었다. 끝없는 경쟁과 비교는 극도의 스트레스를 동반하고 감당할 수 없을 정도의 학습량은 아이들의 몸과 마음을 모두 병들게 하고 있다.

우리 사회가 아동과 청소년들을 이렇게까지 몰아붙이는 이유는 국가 경쟁력 강화라는 거창한 이름으로 포장되어왔다. 무한 경쟁 사회에서 살아남기 위해서는 끝없이 노력하고 자기 계발에 투자해야 한다는 논리다. 이러한 경쟁을 가로막는 것 자체가 국민 개개인의 기회를 박탈하는 것이며 장기적으로 국가 경쟁력 하락을 초래할 것이라는 생각이 지배적이다.

과연 그럴까? 경쟁만을 강조하는 사회 풍조 자체가 문제지만 이런 방식으로 경쟁력을 강화할 수 있기는 한 것일까? 하나의 사회가 유지되기 위해서는 구성원들 사이의 연대와 협동이 필요하다. 그리고 연대와 협동은 공감 능력과 소통 능력 없이는 불가능하다. 더 중요한 것은 연대와 협동, 공감과 소통 이전에 구성원들이 건강한 몸과 정신을 가지고 있어야 한다. 그런데 우리는 지금 우리 사회의 미래 그 자체인 아동과 청소년들의 몸과 정신을 병들게 하고 있다. 무한 경쟁의 논리는 우리 아이들이 소통하고 공감할 수 있는 능력을 파괴하고 있다. 일거수일투족을 벌점과 상점으로 평가하는 '감옥 같은' 학교가 끝나면 학원과 학원을 옮겨 다닌다. 밤늦게 집에 돌아가면 방안에 유폐된다. 학생들에게 그곳이 그나마 자유로운 공간이지만 그곳은 컴퓨터 게임과 스마트폰이 지배하는 곳이다.

아이들은 서로 싸우고 화내고 화해하고 친교를 맺는 가장 기본적인 능력을 상실하고 있다. 다른 사람의 표정 속에서 즐거움, 슬픔, 아픔, 노여움을 읽어내고 그것에 공감하고 그것을 공유할 수 있는 가장 기본적인 삶의 방법을 배우지 못한다. 그들 스스로가 삶의 기술을 배울 수 있는 골목과 공터에서 놀이 기회를 박탈당하고 있기 때문이다.

미래를 만들어갈 역량은 아동기와 청소년기의 놀이, 자유로운 상상에서 생겨나는 창조적 잠재성의 거대한 호수에서 자연스럽게 흘러나와야 한다. 획일적으로 주어진 정답이 아닌 기발하고, 때로는 어른들을 당혹스럽게 하는 그런 상상을 할 수 있어야 한다. 그런데 우리 사회는 그 호수를 바닥이 드러나도록 방치하면서 '창의'와 '경쟁'을 외친다.

이야기 둘

얼마 전 기획재정부 장관이라는 사람이 한국의 비정규직 문제가 심각해지고 있는 이유를 정규직을 과보호하기 때문이라고 설명해 세간의 주목을 받았다. 계급적 이해관계를 노골적으로 드러내는 발언이라고 할 수 있다. 고위 공직자, 학자들, 그리고 언론은 국가 경쟁력을 맨 우선순위에 놓고 노동시장의 유연화와 규제 철폐가 그것을 성취하는 유일한 길인 것처럼 목소리를 높인다. 대학가에 나붙은 대자보의 주장처럼 노동시장의 문제는 정규직의 과보호가 아니라 비정규직이 보호받고 있지 못하고 있다는 현실에서 생겨난다. 하지만 우리 사회의 엘리트들은 이러한 기본적인 사실을 애써 외면한다.

2014년 11월 21일 LG유플러스 전주 고객센터에서 상담원으로 일하던 청년 노동자가 유서를 남기고 자살했다(2017년 3월 같은 곳에서 특성화고 실습생이 자살하는 사건이 또 발생했다). 역시 OECD 최고의 자살률을 기록하고 있는 한국에서 자살은 어느새 '일상'이 되어버렸지만, 그가 남긴 유서는 사람들의 가슴에 비수가 되어 꽂힌다. 회사가 제시한 판매량을 채우지 못하면 퇴근하지 못했다고 한다. 회사는 상담원들이 서로를 고발하게 하는 비인간적인 일까지 서슴지 않았다. 실적 압박이 강제하는 살인적인 노동 강도와 직무 스트레스에 시달린 것이다. 무엇을 위해서? 이윤의 극대화라는 회사의 목표 달성을 위해 노동자들은 인간다움을 상실하고 기계보다도 못한, 아니, 기계가 아니라 사람이기 때문에 당해야 하는 '비인간적인' 대우를 받아야 한다.

이게 경쟁력일까? 19세기 중엽부터 20세기 초까지 살았던 프랑스의 사회학자 에밀 뒤르켐은 고도로 분업화된 근대 산업사회에서는 상호 의존도가 높아지고 그만큼 개인의 자율성과 함께 타자를 존중하는 개인주의적 윤리가 필요하다고 역설했다. 하지만 그가 보았던 자본주의의 모습은 이기적egoistic 이익 추구가 극대화되면서 생겨나는 사회적 병리현상에 몸살을 앓고 있는 사회였다. 그는 근대사회에 걸맞은 도덕적 원리와 시민적 덕성virtue을 열망했다. 자본주의의 재생산은 자본가에 의한 노동자의 착취에 기초한다는 카를 마르크스의 주장을 따르면 뒤르켐의 열망은 헛된 꿈이었다. 하지만 최소한 사회 통합을 갈망했던 뒤르켐은 규범과 규제 없이는 사회가 유지될 수 없음을 알고 있었다. 미국의 자유주의 시대를 모범으로 간주했던 보수주의자 탤컷 파슨스조차 사회를 유지하기 위해서는 경제적 제도, 정치적 제도뿐만 문화적 자원과 규범이 필수라고 이야기하지 않았는가?

시장 원리를 맹신하는 한국의 지배 엘리트들은 이러한 보수적인 안목조차 가지고 있지 않다. 지배 엘리트들은 너무나 노골적으로 자신들의 이익을 추구하면서 사회를 유지하는 근저를 형성하는 공동체적 원리와 규범을 허물고 있다. 뒤르켐이 지적했던 것처럼 노골적인 사적 이익 추구가 판치는 세상은 그들이 말하는 경쟁력 제고는커녕 서로를 적대시하고 의

심하는 약육강식의 세계를 만들어내고 있지 않은가?

그것이 경제가 되었든 정치가 되었든 사람살이의 목적은 사람들의 필요와 욕구를 충족시키는 것이다. 사람다움을 실현하기 위한 수단인 것이다. 그런데 이윤과 경쟁의 논리가 목적이 되어버리면 인간다움은 우선순위에서 밀리고 사람은 수단이 되어버린다. 그런데 우리 사회는 지금 당장의 사적 이익 추구를 절대 선으로 보면서 이윤과 경쟁력의 토대조차 허물고 있는 것이다.

이야기 셋

요즘 대학가의 가장 중요한 주제는 구조 조정과 특성화다. 여기서도 역시 맨 앞에 놓인 목표는 경쟁력 강화다. 모든 학문의 가치는 경제적 효용성으로 측정되고 경제적 가치를 높이는 방향으로 대학 정책이 맞추어진다. 대학 정책뿐만 아니라 연구와 교과과정마저도 화폐적 기준으로 측정된다. 그래서 인문학에서도 스토리텔링과 문화 콘텐츠라는 '문화 상품'을 만들어내는 것이 중요해졌다. 취업률을 높이기 위한 온갖 편법이 동원되고 대학 평가에서 쉽게 점수를 높일 수 있는 부분에 집중 투자한다. 학문 발전의 장기적인 전망은 바라지도 않는다. 대학의 중·장기적 발전 전망조차 없다. 그저 지금 당장 눈에 보이는 지표 값을 높이기 위해 혈안이 되어 있을 뿐이다.

학문적 연구 결과가 효용성을 가지기 위해서는 기초학문에서부터 학문적 역량의 저변이 튼튼하게 만들어져야 한다. 철학, 역사학, 문학, 물리학, 수학 등 순수학문 분야가 거대한 지식의 호수를 만들었을 때 거기로부터 흘러나오는 작은 물줄기들이 효용성 있는 상품이 될 수 있다. 아이들의 몸과 마음을 갉아먹으면서 경쟁력 강화를 이야기하는 것만큼, 인간을 이윤 추구의 도구로 전락시키면서 복지를 이야기하는 것만큼, 지식의 호수를 메마르게 하면서 지식을 상품으로 간주하는 것은 비논리적이며 어리석은 짓이다.

아마도 대학의 경쟁력은 지식의 호수에 물을 채우는 것과 더불어 사회에 대한 비판의 목소리를 낼 수 있는 역량에 달려 있다. 지식은 현실에 대한 진단이며 현실에 대한 진단은 필연적으로 비판을 내포할 수밖에 없다. 그리고 그 비판이 '창의'의 밑거름이 된다. 비판 없이는 사회가 발전할 수 없다. 그래서 대학은 우리 아동과 청소년들이 공감 능력과 소통 능력을 상실하게 만드는 교육정책에 대해 비판의 목소리를 내야 한다. 최소한 승자 독식의 교육 제도에 짓눌려 창의적 잠재성이 손상된 학생들을 치유할 수 있는 역량을 길러야 한다. 그런데 지금 대학은 비판의 목소리를 내기는커녕 자기 파괴적 교육정책에 편승하고 있다. 나아가 대학은 인간을 수단으로 간주하며 인간다움의 근본을 파괴하는 국가정책에 쓴소리를 해야 한다. 하지만 대학은 그들 스스로가 비정규직 노동자들을 착취하고 기초학문에조차 이윤의 논리를 들이대고 있다. 학교 구성원들의 의사와는 상관없이 '돈이 되지 않는' 과들을 대학에서 축출해낸다. 이것은 대학의 존립 자체를 허물어버리는 어리석은 짓이다. 도대체 대학은 왜 존재하는 것일까?

사람다운 대접을 원하는 것이 반체제적인 것이 된 세상

2014년에 세상을 떠난 가수 신해철은 한 방송에 출현해서 다음과 같은 말을 남겼다.

네가 무슨 꿈을 이루는지에 대해서는 신은 관심을 두지 않는다. 하지만 행복한지 아닌지에 대해서는 엄청나게 신경 쓰고 있다. 그러니 오늘 잘되고 있는지 아닌지는 모르지만 지금 당장 행복한지 아닌지에 대해서는 항상 지켜보고 있으니 그것이 훨씬 중요한 것이 아닌지 생각한다.

우리는 모두 행복하기를 원한다. 그리고 행복을 얻기 위해 노력한다. 하지만 그 노력의 달콤한 열매는 우리의 몫이 아니다. 미친 듯이 일하고 쉼 없이 달려도 대부분의 사람들은 제자리에서 뛰고 있을 뿐이다. 우리의 몸과 마음을 병들게 하는 무한 경쟁의 열매를 얻어가는 사람은 따로 있다. 사람들은 보다 평등하고 정의로운 사회를 원한다. 하지만 평등하고 정의로운 사회로의 거대한 변혁 이전에 상식을 원한다. 사람이 사람답게 대접받아야 한다는 것, 사람이 사람답다는 것은 기본적인 필요와 욕구를 충족하는 것을 넘어 여가를 즐길 수 있고 자기를 계발할 수 있는 여지를 가지는 것을 의미한다는 것, 그리고 다른 사람들과 연대하고 공감하는 것. 이것이 상식이다. 하지만 우리 사회는 그 상식조차 지키지 못한다. 한 마디로 본말이 전도된 사회이며 기본이 없는 사회인 것이다. 이제 우리 모두 상식과 당연함에 근거한 '불온한' 비판, 인간다움의 실현이라는 '반체제적'인 주장을 제기해야 한다. 우리의 존재 이유를 되찾아야 한다.

흡연자를 위한
변론[*]

윤찬영

흡연자들은 억울함과 황망함을 호소하지만,
비흡연자들은 대체로 환영하는 분위기다.
흡연자는 과도하게 억압해도 동정받지 못한다.

담뱃세 2000원 인상은 비율로 따져볼 때 담뱃값 80퍼센트 인상을 가져왔다. 실로 어마어마하다. 애연가들은 가뜩이나 지난 정부의 금연 정책에 의해 코너로 몰리다가 완전히 스트레이트 강펀치를 얻어맞은 셈이다. 담배를 피우지 않는 국민은 환호하며 쾌재를 불렀다. 담배를 피우는 것이 범죄도 아니고 부도덕한 것도 아닌데, 이렇게 국가와 세상으로부터 몰매를 맞는 기현상이 정당화되고 있다.

막걸리, 소주 같은 대중 주류와 담배는 전통적으로 우리 사회 서민들의 애환을 함께해왔다는 점에서 상징성이 크다. 1960년대에서 1980년대 농촌에서는 어르신들의 생신날 담배 한 보루를 신문지로 말아 선물하는 것

---

[*] "흡연자는 사상범해도 피는 아니다!", 《프레시안》, 2015년 1월 6일 자.

이 미덕이었다. 처음 만나는 사람들끼리 인사를 나누고 친분을 트는 도구로 담배는 매우 유용한 물건이었다. 청춘을 바친 군대에서도 "화랑 담배 연기 속에", "한 개비 담배도 나누어 피우고"와 같은 군가를 목청껏 부르곤 했다. 군인들에게 담배가 지급되기도 했었다. 대한민국의 남성들은, 물론 중·고등학교 시절부터 일탈의 재미에 빠져 담배를 배운 사람들도 있지만 대개는 군대에서 담배를 접한다. 고생하는 국민의 노고를 국가가 담배로 위로했던 것이다.

그러나 담배는 니코틴이라는 중독성 물질이 함유되어 있어 한번 피우기 시작하면 끊기가 매우 힘들다. 금연을 포기한 채 평생 담배를 입에 댈 수밖에 없는 사람들도 많다. 그런데 어느 날부터 흡연자 모두 담배를 피우지 못하게 한다면 그들은 고통의 나락으로 빠질 수밖에 없다. 게다가 가격이 폭등하고, 금연 공간을 확대해 범칙금을 부과하는 것은 흡연자들의 자존심마저 완전히 뭉개버리는 것이다. 일본 작가 쓰쓰이 야스타카筒井康隆는 이렇게 과도한 금연 정책에 대한 흡연자들의 저항감을 표현한 『최후의 끽연자』(1987)라는 공상 소설을 발표하기도 했다.

흡연자는 마녀?

서울은 물론 웬만한 도시에서 담배를 피우기란 보통 힘든 일이 아니다. 식당과 술집, 커피숍들도 담배를 피울 공간을 허용하지 않는다. 이에 따라 자영업자들은 매출이 급감해 폐업이 속출하고 있다고 한다. 2015년 3월 4일 식당을 운영하는 어떤 자영업자가 흡연자 단체와 함께 모든 음식점에 금연 정책을 적용하는 법은 영업권 침해라며 헌법 소원을 냈다는 뉴스를 접했다. 심정적으로 충분히 이해가 된다.

합법적으로 생산·판매되는 담배를 엄청난 세금을 물면서 구입해 소비하는데 소비조차 마음대로 할 수 없도록 철저하게 금지당하니 억하심정이야 오죽할까? 같은 논리대로라면 주유소에서 주유를 한 자동차는 대기를 오염시키는 물질을 배출하므로 아무리 비싼 세금과 가격을 물고 기름을 구입했다 하더라도 사람들이 있는 곳에서는 운행을 금지해야 한다. 기의 모든 도로는 폐쇄하는 것이 맞다.

금연을 정당화하는 논리는 고작해야 개인의 건강에 악영향을 미친다는 것이다. 그 결과 건강보험 재정 적자에 기여한다는 것이다. 이런 식으로 따지면 어디 담배만 그렇겠는가? 오히려 공장과 자동차에서 나오는 오염물질이 대기오염의 주범이고, 사회생활을 하면서 받는 스트레스야말로 건강의 최대 적이다.

14세기에서 17세기 유럽에서 횡행했던 마녀사냥의 모습이 떠오른다. 합리적 이유 없이 마녀로 낙인찍어 수많은 사람, 특히 가난하고 힘없는 사람들을 죽였던 야만의 행진이었다. 대한민국에서 전통적인 마녀는 빨갱이와 전라도였다. 국가권력에 도전하거나 비판하는 사람들은 대개 빨갱이로 몰렸다. 김대중 전 대통령이 박정희 독재 권력에 대항하는 야당의 지도자로서 부상하자 그 출신 지역인 전라도를 빨갱이와 엮어서 탄압했다. 전라도 문제는 지역감정 또는 지역차별이라는 비판 때문에 1970~1980년대와 같이 노골적으로 드러내지 않는 실정이다. 그러나 빨갱이 문제는 최근 이른바 '종북'이라는 이름으로 되풀이되고 있다.

이제 종북에 더해 흡연자가 새로운 마녀로 등극했다. 사상의 자유와 표현의 자유가 전통적인 독재 권력 치하에서 '빨갱이', '좌경 용공', '종북' 등의 마녀사냥을 통해 억압당해왔다면, 이제 혐오의 대상으로 흡연자가 마녀사냥을 당하고 있다. 국가에 비싼 세금 바치고 KT&G 수입을 올려주고도 열등자인 양 억압당하는 흡연자의 모습에서 억울하게 죽어간 수많은 마녀의 모습이 어른거린다.

금연 정책은 국민 분열 정책?

담배를 피우지 않는 사람들의 혐연권을 보장해주는 것은 중요하다. 담배를 피우는 사람들도 그를 싫어하는 사람들에게까지 담배 연기 흡입을 강요하고 싶어 하지는 않는다. 이러한 상황에서 흡연자와 비흡연자가 공존할 수 있게 하는 것이 올바른 담배 정책일 것이다.

그러나 현재 진행되고 있는 금연 정책은 합법적으로 담배를 팔게 해 국가와 기업은 이익을 챙기면서, 흡연자들에게는 부당하고 과도하게 적용되는 정책이다. 흡연자들은 억울함과 황망함을 호소하지만, 비흡연자들은 대체로 환영하는 분위기다. 흡연자는 과도하게 억압해도 동정받지 못한다. 백인이 흑인을 멸시하고, 부자가 가난한 사람을 냉대하고, 학교에서 공부 못하는 학생을 차별하는 것과 같이 비흡연자들은 흡연자의 고충을 이해하기는커녕 흡연자가 당하는 고통에 대해 반기는 듯하다. 미국에서는 흑인을 차별한다고 백인들이 광범위하게 공분하지 않는다. 가난한 사람을 무능하거나 부도덕한 존재로 몰고, 그들을 위한 복지를 축소해도 세상은 그리 분노하지 않는다. 학교에서 공부를 못하면 인간 대접도 못 받는 게 현실이다. 흡연자에게 과도하게 돈을 부담시키고 도처에서 흡연을 금지해도 오히려 잘했다고 한다.

유색인종, 빈민, 공부 못하는 학생, 흡연자들은 죄인도 아니고 부도덕한 자도 아니다. 다만 혐오의 대상이다. 혐오의 감정을 이용한 정치는 이렇게 국민을 두 개의 집단으로 분리해 차별적으로 억압한다. 그리고 오히려 환영받는다. 합리적인 이유 없이 다른 인간을 혐오하는 것은 권장할 만한 일이 아니다. 더욱이 그것을 이용하는 정치나 정책은 매우 나쁘다. 오히려 타파해야 한다.

담배의 생산·판매를 금지하든지

담배가 그렇게 건강에 안 좋고 의료비 상승을 유발한다면 정부는 담배의 생산과 공급, 판매와 소비 등을 전면 중단해야 한다. 흡연자들 중에는 이러한 입장을 갖는 이들이 상당수 있다. 세상에 담배가 존재하지 않는다면 피울 수 없지 않은가? 담배를 끊을 수 있는 좋은 방법이다. 그러나 버젓이 담배를 생산하게 하고 판매도 하면서 피우는 것만 금전적·행동적으로 억압하는 것은 앞뒤가 맞지 않는 이중적인 행태일 뿐이다.

헌법 제37조 제2항은 "국민의 모든 자유와 권리는 국가안전보장, 질서유지 또는 공공복리를 위해 필요한 경우에 한해 법률로써 제한할 수 있으며, 제한하는 경우에도 자유와 권리의 본질적인 내용을 침해할 수 없다"라고 규정하고 있다. 이른바 과잉제한금지의 원칙이다. 공공장소에서 흡연을 하는 것은 공공복리를 침해하는 것으로 볼 수 있다. 이 경우 법률을 제정해 흡연권을 제한할 수 있다. 그러나 정부는 공공복리를 해치는 담배의 생산과 판매를 왜 허용하는 것일까? 이것부터가 문제가 된다. 아니, 이것조차 문제가 아니라고 하자. 합법적으로 판매해 이익을 남겼으면서 왜 소비를 금지하는가? 이것은 흡연권의 본질적인 내용을 과도하게 침해하는 것 아닌가?

어떻게 해석을 해도 정부의 담뱃값 인상과 각종 금연 조치는 권력의 과잉 작용임을 부인하기 어렵다. 정부의 말대로 담배가 유해 물질이라면 당장 생산과 판매를 중단해야 한다. 그 정도까지는 아니라면 흡연권과 혐연권의 균형을 맞춰 과잉 제한이 되지 않도록 해야 할 것이다. 혐오를 공인하는 사회라면 민주주의는 달성할 수 없다. 오히려 독재를 받아들여야 한다. 지금 우리는 독재를 지지하는지 민주주의를 원하는지 잘 새겨야 할 것이다.

'매드맥스' 한국,
쿠오바디스!*

신승환

그럼에도 사람들은 저항하지 않는다.

그럼에도 그들은 맞서 싸우려 하지 않는다.

그럼에도 그들은 변화하려 하지 않는다.

메르스 사태가 거의 한 달째 한국 사회를 혼란의 구렁텅이로 몰아넣고 있다. 한 네티즌의 말처럼 메르스 바이러스가 무서운 것이 아니라 이렇게 대처하는 이 사회가 우리를 무섭게 한다. 어쩌면 1년 전 세월호 사태와 이렇게도 닮았을까. 배가 기울어지고 사람들이 죽어가는 데도 "가만히 있으라"는 소리만 반복하면서 정작 자신들은 탈출한 그 참사, 진상 규명을 요구하는 사람들을 죄인 취급하던 그 정부, 함께 아파하겠다는 사람들을 불순분자로 몰아간 이 나라의 기득권층은 이번에도 똑같은 소리를 되풀이하고 있다. 메르스 발병 이후 정부가 했던 첫 번째 말이 "유언비어 유포자 엄단"이었다. 그 말은 세월호 참사의 "가만히 있으라"가 변종된 바이러스

• "'매드맥스' 한국, 쿠오바디스!", ≪프레시안≫, 2015년 6월 20일 자.

4부 만인의 불평등 헬조선, 무엇이 우리를 개돼지로 만드는가?

였다. 세월호 참사에서 눈감으려 했던 사람이 있었다면, 이번에는 "삼성이라는 공룡 기업을 위해 정보를 숨겼다"라는 '유언비어'가 난무하고 있다. 그 가운데 수많은 사악한 일이 능수능란하게 처리되고 있다.

국방장관이란 사람이 1600억을 삼켰으나 아니고 사나셨는지 알 수 없는 통영함 비리에 대한 국회 조사에 기껏 생계형 비리라고 해명했단다. 끊임없이 터지는 방위 산업 비리와 곳곳에서 터지는 병역 비리에 대한 인식이 겨우 그 정도란 말인가? 생계형이란 무슨 뜻인가? 말 그대로 그런 비리를 저지르지 않으면 생계가 위험하다는 말이다. 부적절한 답변이라는 비판에는 권력형 비리가 아니라 실무자들이 저지르는 비리라서 그렇게 표현했다고 한다. 그렇다면 권력형 비리는 어느 정도 되어야 하는 것일까? 세상과 사람을 바라보는 그들의 눈이 더 두렵다.

병역 비리, 전관예우, 탈세라는 비리 3종 세트에 곁들여 종교 편향, 불법 정치 개입, 삼성 특혜 의혹, 국정원 불법 대선 개입과 간첩 조작 사건 등에 대한 불의한 개입 등 끝없이 나오는 부패와 부정, 불의의 한복판에서 있다는 의혹을 받는 사람이 한 나라의 행정을 책임지는 최고의 자리를 차지해도 아무런 일이 벌어지지 않는다. 아무 일도 하려 하지 않고, 올바른 정신은 고사하고 정당한 민주주의 국가를 이끌어가고 있는지도 의심스러운 사람을 세 사람 중 한 명 이상은 여전히 지지하고 있단다. 도무지 제정신으로는 이해하기 힘들다.

한국 사회는 근대화 이래 물질적·경제적으로 그 어느 때보다 풍요로움을 마음껏 누리고 있다. 그럼에도 불구하고 이 풍요로움은 병든 것이며 약탈적인 풍요로움이다. 그런 측면에서 반인간적이기까지 하다. 이 풍요로움 뒤에 숨은 수많은 갈등과 불평등, 착취 구조에 침묵한다면 그 풍요로움이 기만적인 것이 아니라고 누가 말할 수 있는가? 이 풍요로움은 분명 제2차 세계대전 이후 전 세계적으로 확산된 근대 체계 덕분이다. 근대적 사유와 체계가 과학주의적이며 산업사회로, 또 자본주의 체제로 현실화되면서 그 어느 때보다 엄청난 물질적 풍요를 누리고 있는 것이다. 그럼에도 그 풍요는 위험하고 한계가 있으며, 수많은 역기능과 모순을 초래하고 있다. 지금 인류는 이러한 근대의 철학과 체제를 넘어 그 이후를 모색해야 할 매우 중요한 순간에 처해 있다. 이는 시대적 요청이면서 또한 전 세계가 당면하는 핵심 문제이기도 하다. 이런 풍요로움은 결코 계속될 수 없다. 한순간 성공한 시대에도 불구하고 인류가 생존하고 인간다운 삶을 이끌어가기 위해서는 신중하게 시대를 되돌아보고, 역기능과 모순을 수정하면서 다음 시대를 준비해야 하는 것이다.

그럼에도 불구하고 우리 사회는 무엇을 하고 있는가? 수없이 지적된 것처럼 한국은 근대를 산업화로만 수용했으며, 19세기 말 이래의 처절했던 역사적 경험 때문에 우승열패, 승자 독식의 사회로만 치달았다. 그 희생과 노력 끝에, 그 역사적 투쟁 끝에 우리가 누리는 일정 부분의 물질적 풍요와 경제성장을 이룩했다. 이 작은 성공에, 이 물질적 풍요로움에 넋이 빠져 인간과 삶의 핵심적 가치와 중요한 규범들을 돌아보지 못하고 있다. 그 끝은 무엇이며, 그 결과는 어떻게 나타날까?

독일의 사회학자 니클라스 루만Niklas Luhmann은 『근대에 대한 고찰 Beobachtungen der Moderne』(1992)이라는 책에서 사회 전체가 경제라는 단일한 척도에 의해 지배될 때, 그 사회는 다른 중요한 규범과 가치를 결여하게 될 수밖에 없음을 상세한 자료를 통해 밝혔다. 이런 상황에서는 애써 이룩한 경제적 풍요로움도 그 정당성과 타당성을 인정받지 못하게 된다. 그 끝에 마침내 공동의 파멸이 기다리고 있을 뿐이다.

전 새누리당 의원이었던 경남기업의 성완종 씨가 자살한 것은 2015년 4월 9일이었다. 그다음 날 ≪경향신문≫을 통해 여권 실세에 대선 자금을 전달했다는 폭로와 함께 구체적인 사람과 정황을 상세히 보도했다. 곧바로 검찰은 특별 조사팀을 꾸며 홍준표 경남도지사와 이완구 전 총리를 소환 조사했다. 그러나 거기까지였다. 나머지 여섯 명의 전·현직 대통령 비서실장과 두 광역시장이 관계되었고 2012년 당시 새누리당 선거대책위원회 핵심 인물이었던 실권 실세에게는 나만 서면으로 소사하는 데 그쳤다. 검찰은 서면으로 "죄 있나요?"라고 물었고, "아니다"라고 대답해 "아니구나"라고 마무리했다고 한다. 돈이 오갔다는데 통장조차 열어보지 않았다. 유정복 인천시장의 경우 명확한 진술이 있었음에도 수사 자체를 진행하지 않았다. 결국 곁가지 같은 두 사람만 기소하는 선에서 검찰 수사는 끝이 났다. 홍준표 도지사는 여전히 그 자리를 지키고 있다. 이것이 정의인가? 허태열, 김기춘 전 대통령비서실장, 홍문종 의원, 서병수 부산시장은 물론, 현직 대통령 비서실장은 아예 염두에 두지도 않았다.

그럼에도 사람들은 저항하지 않는다. 그럼에도 그들은 맞서 싸우려 하지 않는다. 그럼에도 그들은 변화하려 하지 않는다. 사람들은 메르스에 대한 두려움으로, 혼란으로, 경제에 대한 걱정과 두려움으로 허덕이고 있다. 정녕 우리는 어디로 가고 있는가? 수없이 많은 근본적인 문제들이 사회 곳곳에서 끊임없이 터지고 있다. 언급할 수 없을 정도로, 아니 한국 사회의 거의 모든 분야에서 이런 문제가 핵심적 관건으로 자리하고 있다. 전 사회가 나서 모든 분야를 새롭게 치유하고 나아갈 길을 모색해야 할 때가 점점 사라지고 있다. 그 가운데 개인의 욕심과 집단 이기심으로만 가득한 이들이 그들끼리 뭉쳐 탐욕스럽게 이익을 갈구하고 있다. 파멸이 기다리고 있음에도 여전히…….

이걸 허용하는 사람도 역시 그와 함께하는 것이 아닌가? 이 혼돈의 시간, 세상이 미친 것일까 내가 미친 것일까? 우리는 어디로 가야 하는가?

박근혜, 유신 정치의
그림자가 보인다[•]

윤찬영

허위와 기만이 판치고

극소수 특권층을 빼고는 먹고살기 힘든 나라는 중환자와 같다.

대대적인 수술이냐, 죽음이냐?

우리가 우리의 운명을 결정해야 한다.

나는 역사학자는 아니지만 역사의 흐름과 방향에 대해 관심이 많았다. 20대 군부독재 시절에 계란으로 바위 치기 같은 민주화 투쟁에 자연스럽게 발을 들여놓으면서 느꼈던 답답함과 좌절감은 지금도 잊을 수 없다. 그래도 그 깜깜했던 시대를 버텨낼 수 있었던 것은 '우리 승리하리라'는 믿음 때문이었다. 비록 폭압적인 권력 아래 쫓기며 신음하는 형국이었지만 언젠가는 기필코 세상을 뒤집을 수 있을 것이라는 막연했지만 흔들리지 않는 희망이 있었다. "역사가 부른다, 멀고 험한 길을"이라는 가사의 김민기 「친구 2」를 친구들과 함께 부르며 마음을 다잡곤 했다. 역사의 진보를 신앙처럼 새기며 어둠의 시대에 저항했다.

[•] "박근혜, 유신 정치의 그림자가 보인다", ≪프레시안≫, 2015년 7월 3일 자.

다만 시간이 문제였다. 언제 그 희망을 이룰 수 있을 것인가? 우리 세대에서 안 되면 후세대에서라도 이루어질 것을 염원했다. 평균수명이 40세도 안 되었던 일제시대에 36년 동안 식민 통치를 받았던 앞선 세대의 고난을 상기하면서 역사는 니니니나노 신보할 것이라는 믿음을 간식했다. 그것이 20대를 버티게 한 신앙이었다.

지난 1997년 말 50년 만에 수평적 정권 교체를 이루었고 권력 재창출로 이어진 노무현 정부를 거치면서 젊은 날의 믿음이 옳았다는 확신이 들었다. 그러나 김대중 정부와 노무현 정부는 너무 조급했고 신자유주의를 너무 쉽게, 아니 오히려 적극적으로 받아들였다. 이건 아니라는 생각에 기회가 있을 때마다 쓴소리를 던졌지만 역시 계란으로 바위 치기였다. 그러나 역사의 진보에 대한 믿음마저 버린 것은 아니었다. 미완의 진보였지만 노력하면 세상은 더욱 좋아질 것이라고 믿었다.

그러나 민주 정부가 권력을 잃고 이명박 정부와 박근혜 정부로 이어지면서 나의 역사관은 흔들렸다. 역사는 진보만 하는 것이 아니라 후퇴도 한다는 것을 절실하게 깨달았다. 1970년대 분위기가 연출되고 있는 작금의 현실을 보면서 심지어 더 후퇴할 수도 있다는 공포감마저 느끼게 된다. 서해 바다에서 벌어지는 북한의 공격적인 돌출 행위, 미국과 일본의 군사적 밀착, 무엇보다 세월호 사태와 메르스 사태에서 보여준 권력의 무능함, 대선 자금과 성완종 리스트 수사에서 보여주는 권력의 후안무치, 최근 국회법 개정안 거부권 후폭풍 등 국내 정치의 악화 일로를 접하면서 이것은 후퇴 정도가 아니라 망해가고 있다는 불안감이 엄습해온다. 역사는 진보하는 것이 아니라 후퇴, 더 나아가 소멸로 이어질 수 있다는 강한 두려움이 엄습해온다.

일제시대를 떠올려보자. 우리가 일본과 전쟁해서 나라를 빼앗겼는가? 국내 정치의 불안과 무능으로 일본과 청나라를 끌어들였고, 일본이 순수

박근혜, 유신 정치의 그림자가 보인다

에 말려 결국 나라를 빼앗겼다. 참으로 어이없는 망국의 역사였다. 지도자들의 무능과 탐욕, 그리고 갈등이 결국 나라와 역사를 송두리째 잃게 만들었다. 북한과 매우 첨예하게 대립하고 있는 가운데 미국과 일본, 중국과 러시아 등 주변국의 움직임이 예사롭지 않다. 대한민국의 권력은 이를 주도는커녕 오히려 분위기조차 제대로 파악하지 못하고 있어 불안하기 짝이 없다.

진보만 하는 역사가 없듯이 퇴보만 하는 역사도 없다. 넓게 보았을 때 진보와 퇴보를 반복하면서 역사는 진보한다는 내 나름의 가설을 만들어 보았다. 역사는 단진동을 하면서 진보한다는 뜻이다. 즉, 앞으로 갔다 뒤로 갔다 여러 차례 반복하다 보면 어느새 역사는 어느 정도 앞으로 나아가 있을 것이라는 수정된 낙관론이다. 그러나 역사에 비해 지극히 짧은 시간을 살다 가는 우리네 인생의 입장에서는 역사의 퇴조기에 살다가 갈 수도 있고, 전환점에서 살다가 갈 수도 있다. 적어도 나의 성장기 동안에는 역사의 진보를 경험했고 중년기를 지나면서 현재까지는 후퇴의 과정을 겪고 있다.

문제는 우리가 가만히 있는데 역사 스스로 진보하거나 퇴보하지 않는다는 것이다. 우리가 무엇인가를 해야 하고, 할 수밖에 없다. 역사를 움직이는 힘은 사람에게서 나온다. 어떤 이들은 물질이나 기술에서 역사의 원동력을 찾기도 하지만 물질을 생산하고 기술을 개발하는 것도 결국 사람이다. 물질과 기술의 위력을 거부할 필요는 없다. 그것들의 힘은 실로 대단하다. 그러나 그것들을 만들고 조직화하고 배치·운용하는 것은 사람이다. 이런 의미에서 정치는 매우 중요하다.

2015년 4월 국회 원내대표 연설에서 유승민 새누리당 원내대표는 박근혜 대통령의 복지 공약 파기와 증세 없는 복지의 허구성을 신랄하게 비판했다. 유승민 대표의 홀로서기 선언으로 볼 수 있는 이 연설은 박근혜 대통령의 심기를 크게 건드렸을 것이다. 게다가 박근혜 대통령의 공약이었던 누리 과정 예산을 시·도 교육청에 떠넘기는 시행령 개정으로 이의 위법성을 제기하는 국회법 개정과 대통령의 거부권 행사라는 파동을 거치게 되었다. 이 때문에 새누리당은 유승민 원내대표의 퇴진을 놓고 친박과 비박의 대결로 내홍을 겪고 있다.

대통령의 법률안거부권은 대통령제 국가에서 행정부 수반인 대통령에게 입법부를 견제할 수 있는 권한을 준 것이다. 우리 헌법 제53조 제2항은 이를 명시하고 있다. 이에 따라 국회는 재의에 붙이면 된다(헌법 제53조 제4항). 그러나 대통령이 거부권을 행사하면서 여당의 원내대표를 꾸짖고 사퇴 압박으로 비치는 발언까지 한 것은 매우 이례적인 일이다. 여소야대의 국회도 아니고 여당이 압도적인 다수를 차지하는 현 국회에서 통과된 국회법 개정안에 대해 대통령이 불편한 심기를 거침없이 쏟아내는 것은 참으로 보기 드문 광경이다.

기초연금 파동, 공무원연금 파동, 누리 과정 예산 파동 등을 겪으면서 국민은 국가에 대한 불신을 더욱 키울 수밖에 없게 되었다. 세월호 사태와 메르스 사태는 숱한 의혹과 논란이 있지만 그것은 어찌 되었든 사고였다. 그러나 대통령을 당선시켜준 핵심 공약이라 할 수 있는 복지 공약들을 줄줄이 파기하고 변칙적인 방법으로 시행하는 마당에 이에 대해 문제 제기를 한 여당 원내대표를 압박하는 것은 유신 정치의 그림자를 떠올리게 한다.

약속을 파기하는 정치가 정당화된다면 우리는 더 이상 어떤 기대도 할 수 없다. 이념적으로 시대적으로 적절한 목표를 달성하거나 도입하겠다는 약속들을 구시대적인 방법으로, 그것도 반복적으로 무력화시킨다면, 우리가 공유하고 있는 아주 기본적인 도덕성이나 상식적인 원칙들마저 증발될 것이다. 그렇다면 우리나라와 사회의 미래는 어떻게 될 것인가?

박근혜, 유신 정치의 그림자가 보인다

이를 회복하려면 훨씬 더 많은 시간을 필요로 할 것이다. 따라서 이 문제는 단순히 어느 정파가 권력을 잡느냐, 누가 승리하고 누가 지느냐 하는 차원의 문제가 아니다. 우리나라의 존립의 문제로 봐야 한다.

저출산으로 인구가 줄어들고 그 결과 고령 인구 비율이 급증하고 있다. 게다가 젊은 세대의 일자리가 절대적으로 부족하고 상당수의 젊은이들이 이 나라를 떠나고 싶어 하며 실제로 떠나고 있다. 허위와 기만이 판치고 극소수 특권층을 빼고는 먹고살기 힘든 나라는 중환자와 같다. 대대적인 수술이냐, 죽음이냐? 우리가 우리의 운명을 결정해야 한다. 우리 역사는 너무 오랫동안 억압되어 있다가 급격하게 진보했으며 그보다 더욱 급속하게 후퇴해왔다. 이제 다시 전진해야 할 시점이다. 역사가 부른다.

조계사, 한상균, 그리고 대학의 몰락

김진해

비인간적 사회에 대한 예언자적 비탄과 비판이 성립하는 곳,

가난한 이들이 율법을 어기고 법 밖으로 밀려날 때 밀려오는 곳,

그곳은 법을 뛰어넘는다.

어느 책에 소개된 엉뚱한 아이 얘기

선생이 아이에게 문제를 낸다.

"새 한 마리가 새장을 떠나 날아간다. 새가 초속 몇 미터 속도로 날아가고, 새장과 숲의 거리가 얼마라면, 새가 숲까지 가는 데 걸리는 시간은?"

그러자 아이가 선생에게 묻는다.

"그 새장은 무슨 색이에요?"

선생의 문제에서 '새장'은 이름만 그럴듯할 뿐 '개집, 처마, 나뭇가지'로 바꾸어도 아무런 차이가 없다. 실은 수학적으로 '점 x'라 하는 게 가장 노

• "조계사, 한상균, 그리고 대학의 몰락", 《프레시안》, 2015년 12월 30일 자.

골적이다. 그만큼 '새장'은 빈 기호다. '새장'은 아이의 엉뚱한 질문을 거치고서야 비로소 현실적 사물로 되살아난다. 정말 새장은 무슨 색일까?

뜬금없이 새장 얘기를 꺼내는 이유는, 우리가 어떤 질문으로 이 세계의 진실에 다가서고 있는지 궁금해서다. 모든 질문이 일말의 진실을 담고 있겠지만, 질문이란 어느 편에 설 것인가 하는 실존의 문제다. 오늘 엉뚱한 아이의 질문은 이렇다. 한상균 민주노총 위원장은 왜 조계사로 들어갔을까. 신성한 곳은 어디이고 어디여야 하는가.

사라지는 신성한 공간

신성한 공간은 '신성함, 거룩함'이 깃든 곳이다. 신성한 공간은 바로 신성한 존재가 머무는 곳이다. 그곳이 이름 없는 들판이어도, 어느 골목이어도, 비루한 여인숙이어도 신성하다. 다만 종교적 건축물은 신성한 존재를 상징화하고 세속과 구별되는 물리적 공간을 확보한다. 그곳은 안식과 위로, 복을 주거나 신을 만날 수 있는 성별聖別된 공간이기만 한 것은 아니다. 신성한 공간은 환대가 이루어지는 곳이다. 환대는 '사람에게 자리·장소를 내주는 행위'다.[•] 난민처럼 날 때부터 공간이 허락되지 않은 사람, 비정규직 노동자처럼 불안한 공간에 있는 사람, 해고자들처럼 공간을 빼앗긴 사람에게 공간을 내주는 것이 환대다. 환대는 무조건적이다. 조건이 다르면 환대가 아니다. 거래이고 교환이다.

어떤 공간이 신성해지기 위해서는 그곳에 종교적 의례와 거룩한 성물을 갖다 놓는다고 되는 것이 아니다. 신성한 공간에는 세속과 다른 삶의 기준, 세속과 다른 행동 강령, 세속과 다른 목표를 가진 사람들이 모인다.

• 김현경, 『사람, 장소, 환대』(문학과지성사, 2015).

부자와 빈자가 평등하게 악수하고 얘기 나눌 수 있는 몇 안 되는 곳. 세상이 경쟁과 승리를 외칠 때 이곳에서는 연대와 눈물로 기도하고, 비인간적 사회에 대한 예언자적 비탄과 비판이 성립하는 곳. 가난한 이들이 율법을 이기고 법 밖으로 밀려날 때 밀려오는 곳. 그곳은 법을 뛰어넘는다. 다른 세계의 가능성이 옹호되는 곳이다. 그렇기 때문에 법 안의 종교냐, 법 밖의 종교냐 하는 질문은 부질없다. 그곳은 예외의 공간이자 예외를 만들어 내는 공간이기 때문이다. 신성한 곳은 대의되지 않는 자들, 목소리 없는 자들, 몫이 없는 자들, 가장 나중에 온 자들도 '허락'하는 곳이다.

한상균이라는 타인

한상균이라는 타인(괴물)을 어떻게 대했느냐는 점이 종교가 세속의 아픔과 절망을 대하는 태도를 보여주며 자신들의 신성성을 보여준다. 민주노총 위원장 한상균은 종교인들이 보기에 타인(괴물)이었을 것이다.

그래서 그가 조계사에서 걸어서 나왔느냐, 잡혀서 나왔느냐는 중요하지 않다. '범법자'가 신성한 곳에 들어오는 순간, 그곳은 가장 세속적이고 치열한 정치 공간으로 바뀐다는 점이다. 하루아침에 절집은 치열한 담론과 대립, 오만 가지 욕망과 논리가 뒤죽박죽인 곳으로 바뀐다. 그를 옹호하는 자에서부터 증오하는 자까지 자신들의 모든 역량을 동원해 야단법석을 떤다.

신성한 곳의 제일 원칙은 아마도 이것 아니었을까? 그가 들어오라고 해서 들어온 것이 아니듯이, 그가 스스로 나가지 않는 한, 나가라고 하지 않는다. 원칙 하나를 더하라면, 타인의 도래로 '법의 법 됨'을 되물어보는 것. 율법학자들이 만들어놓은 법이 가난한 사람을 지키는 법인지 몰아내는 법인지 되물어보는 것. 세속 원리로는 법 앞에 평등이라는 이름으로 등을 떠밀고 나 몰라라 하겠지만, 신성한 곳은 법의 폭력과 집행을 거절하고 죄인의 편, 괴물의 편에 서는 것이리라. 죄인과 괴물이 던지는 질문과 외침을 들어주라고 '화쟁'하는 것 아니었을까.

신성했던 공간, 대학

'신성한 대학'? 형용모순이다. 경찰이 대학에 진입하는 것을 머뭇거리게 했던 것은 무엇인가. 대학은 아무 제약 없이 질문하고 비판하고 방황하는 곳, 모색하는 곳이었기 때문이다. 대학은 현실을 다루지만 현실에 얽매이지 않는 곳이다. 학생뿐 아니라 교수들도 '이 신성한 곳'에 경찰이 들어올 수 없다고 외쳤고, 경찰이 들어오면 '신성한 곳이 유린당했다'고 분노했다. 그것은 말 그대로, 유린蹂躪, 짓밟히고 거듭 짓밟히는 것. 유린은 말 그대로 몸으로, 물리력으로 짓밟히는 일. 모든 유린은 힘의 불균형을 바탕으로 한다. 권력의 의도대로, 법의 외투를 입고 삶의 고유성이 유린당한다. 유린된 자의 몸에는 씻을 수도, 잊을 수도 없는 상처가 깊이 파인다. 대학 운동장이 군인들의 연병장이 되고, 대학 정문이 전투경찰의 놀이터였을 때, 우리가 느꼈던 모욕은 몸의 유린에서 오는 뼈저림 같은 것이었다. 그런데 지금은 그런 유린의 감각마저도 상실했다.

정확히 20년 전이었다. 모든 대학이 학부제 실시로 술렁거렸다. 공청회가 열렸다. 대학원생 대표로 말을 하라고 했다. 내 얘기는 뻔했다. '학부제를 도입하면 학문과 생활의 공동체인 대학은 파괴될 것이다, 인기 전공과 비인기 전공으로 양분되어 기초학문은 궤멸될 것이다, 교수들이 학문적 다양성을 경험하지 못한 상황에서 울타리만 없앤다고 교육이 되는 건 아니다, 학생들의 자율적 학습과 공동체적 교류는 사라질 것이다' 등등.

문득 맨 앞줄에 앉은 교무처장이 나를 노려보고 있다는 걸 느꼈다. '경멸!' 시대 변화를 모르는 놈에 대한 경멸에 찬 눈초리. 그의 눈에는 밝은 미래를 미리 본 사람만이 갖는 자신감과 함께 대세를 거스르는 자들을 보면서 느끼는 답답함이 섞여 있었다. 그 경멸의 눈초리는 어떠한 반성도 없이 이름을 바꾸어가며 끝없이 환생했다. 요즘에는 산입게 수요에 밋게 구조 조정되는 과정에서 쪼그라든 인문학을 달래기 위한 '인문학 강화 사업(코어 사업)' 등의 이름을 달고 있다. 정부가 강제하는 정원 조정과 학과 개편이라는 쓰나미에, 거기에 저항하는 사람들은 시대의 흐름을 모르는 놈이라는 경멸의 눈초리를 받게 될 것이다.

지금의 대학은 학문과 자본이 자기 분열적으로 공생하는 곳이자, 세속화·기업화·신자유주의의 최종 결정판이다. 신자유주의가 물신의 내면화, 자발적 경쟁, 국가가 아닌 개인 간의 경쟁과 독점을 수용하는 것이라면, 대학은 이를 그대로 받아들이는 곳이다. 파국이 예상된다. 경쟁과 효율, 마케팅 기법과 승자 독식의 시스템을 종교가 받아들이면 끝인 것과 같다.

대학 안에 촘촘하게 쳐놓은 각종 규정과 기준은 대학을 더욱 파편화시키고 있다. 연구 실적을 연봉에 연결시킴으로써 교수들을 경쟁과 줄 세우기로 내몰고, 상대평가로 학생들은 협력자가 아니라 경쟁자가 되었으며, 대학 평가는 자율과 독립을 생명으로 하는 연구와 교육을 수치화했다. 대학은 어느 곳보다 비정규직 노동이 일상화된 곳이다. 비정규직 교수와 비정규직 직원이 교육과 행정의 반 이상을 담당한다. 이런 것들은 끝이 없다. 예측 가능성과 계산 가능성이 특징인 관료주의가 대학가의 모든 부문을 장악했다.

그런 점에서 대학에 몸담고 있는 사람들은 딴 데 신경 쓸 자격도 없다. 대학의 몰락을 막지 못한 책임으로 평생을 비탄에 빠져 있어도 부족하지 않다. 대학의 상업화와 신자유주의화는 선생을 자율적 독립체가 아닌, 세속적이되 현명한 척하는 속물로 만들었다. 개인의 생존과 득세를 위해 자기 안의 신성함을 모두 몰아냈다. 가장 교묘하고 가장 무관심한 전쟁터에 있는 주제에 말이다.

이제는 멀리 보지 못하겠다. 거창한 주제를 말하기에는 낯부끄러워 못하겠다. 내 코가 석 자다. 여기가 최전선이다.

다시 묻는다. 대학이 신성한 곳일 수 있는 방법이 없을까? 비관적이다. 그나마 유일해 보이는 것은, 목소리 없는 이들이 본격적으로 목소리를 내는 일이다. 환대의 식탁은 경쟁과 승자 독식을 거절한다. 대학은 신성한 곳이어야 한다. 이건 의무이자 책임이다. 지금처럼 노동이 모욕당하는 시대에, 대학은 노동을 환대함으로써 신성한 공간이 되어야 한다. 학문 공동체라는 말이 빈말이 되어버린 이곳에서 자기 공간을 내어주는 환대의 몸부림을 시작할 수 있어야 한다. 환대가 없으면 신성한 공간도 없다. 환대는 의지다. 몸부림이다. 나를 안전하게 지키던 경계선을 지우고 문턱을 낮추고 타인의 공간을 허용하는 것이다.

대학은 새가 숲으로 날아가는 시간을 답하라는 요구를 거부하고, 새장의 색깔을 물어볼 용기를 갖고 있을까? 글쎄…….

인공지능 시대,
'소비 보장 제도'가 필요하다[•]

민현효

기본소득 아이디어는

단순히 황당한 생각으로 치부할 것이 아니라,

알파고에 걸맞은 관심과 대접을 받을 필요가 있다.

이미 선진국에서 그렇게 관심을 보이고 있지 않은가?

2016년 3월 알파고와 이세돌 9단의 대국으로 전국은 인공지능 열기에 들떴다. 일부 미래학자와 SF 소설가들 사이에서만 회자되던 '지능을 가진 기계'가 사람들의 상상에만 있는 것이 아니라 현실이 될 수도 있다는 점에서 인공지능 논란은 일부 전문가들의 주제에서 대중적인 주제로 발전했다. 미래를 고민할 여유가 없는 한국 사회에서 좀처럼 보기 힘든 기회다.

그런데 알파고가 암시하는 미래 사회의 경제적 모습 중에는 직업 변화 가능성이 상당 규모 있다. 지금까지의 컴퓨터는 프로그래밍된 작업을 수행하는 기계였기 때문에 인간 노동의 생산성을 높이는 보조자의 역할만을 했다. 반면 추상화 능력과 직관적으로 판단하고 추론하는 능력을 가진

[•] "인공지능 시대, '소비 보장 제도'가 필요하다" 《프레시안》, 2016년 5월 10일 자.

오늘날의 인공지능은 인간만이 수행할 수 있다고 간주되던 일단의 직업 군들을 대체할 수도 있을 것이다.

이 때문에 지금까지 현대 자본주의를 지탱해온 노동과 생산 패러다임에 큰 격변이 일어날 수 있다. 카이스트의 뇌과학 전문가 김대식 교수는 인공지능의 발달에 따라 생산과 소비의 연결고리가 끊어질 것이며, 이에 따라 기존의 사회보장제도는 크게 변화해야 한다고 말했다. 즉, 지능을 가진 기계가 이전에 인간의 노동이 했던 영역을 상당 부분 대체하면서 물질적·비물질적 생산 혁명이 발생하지만 이렇게 생산된 재화와 서비스를 누가 소비할 것인지의 문제를 해결하지 못한다는 것이다. 즉, 기계가 생산한 재화와 서비스를 소비할 수 있게 하는 사회적 장치를 필요로 하게 된다.

여기서 그는 사회적 생산과 소비의 고리를 연결하는 수단으로서 기본소득의 필요성을 인정한다. 물론 동시에 무언가 가치 있는 일을 하지 않고 단순히 소득만 주는 것으로는 인간성의 황폐화가 발생할 수 있다고 우려하기도 한다. 그러므로 단순히 복지 정책의 골격을 기본소득으로 하느냐, 마느냐의 문제만이 아니고, 교육 제도와 경제 질서의 전반적 변화가 같이 수반되어야 한다는 것이다.

인공지능 등장으로 생산주의·노동주의가 폐기된다면?

나는 이 문제와 관련해 자유롭게 사고하고 토론해야 한다고 생각하면서 인간의 상상력과 창조력이 얼마나 중요한지 느꼈다. 우리 사회는 알파고가 이세돌 9단을 꺾었을 때에야 깜짝 놀랐지, 사실 이 이벤트가 없었다면 미래를 준비하기 위한 선각자들의 많은 이야기를 또 다른 황당한 소리로 치부하고 말았을 것이 아닌가?

여기에 그렇게 치부되고 있는 하나의 정책이 있다. 그것은 성남시에서 내세운 청년배당 정책이다. 성남시는 2016년 1월 "3년 이상 시내에서 거주한 만 24세 청년에게 1분기 배당금으로 12만 5000원 상당의 지역 화폐(성남사랑 상품권)를 지급했다"고 발표했다. 단 두 줄에 요약된 이 뉴스는 이 지면에서 다룰 수 없는 수많은 논점을 포함한다. 언뜻 들었을 때 '왜 24세의 청년에게, 왜 12만 5000원을, 왜 성남사랑 상품권으로 주나?'라는 의문이 들 것이다.

알파고에서 성남사랑 상품권까지의 연결고리는 '기본소득'에 의해 이어진다. 기본소득 정책은 오랫동안 학계에서 연구되었는데, 최근 들어 갑자기 핀란드, 스위스, 영국, 프랑스 등 정책 당국자의 입에서 제기되었고, ≪뉴욕타임스≫, 브루킹스 연구소, 미국의 벤처 투자자와 같은 주류 언론, 연구진, 자본가들도 이 필요성을 인정하면서 뉴스에도 상당히 오르내리고 있다.

기본소득이 기존의 복지 정책과 달라지는 결정적 지점은 복지를 소득, 노동과 연계하지 않는다는 점이다. 전통적 복지 정책은 저소득층을 중심으로 이루어진다. 여기서 복지는 생존권이자, 사회(국가)의 시혜가 되는 셈이다. 복지 수혜자의 경우, 소득이 증가하면 수혜 대상에서 제외되므로 근로 유인에 역효과를 내는 부작용이 있다. 이 때문에 노동 패러다임에서 출현한 복지 정책이 역설적으로 노동 패러다임과 충돌하는 문제가 있었다. 이는 노동과 연계한 복지, 즉 생산적 복지 논의로 이어졌고, 결국은 복지 정책이 국민 경제에 부담으로만 인식되는 수준에 도달했던 것이다.

반면 기본소득은 노동을 조건으로 내세우지 않고 소득 수준과 연계하지도 않는다. 시민이라면 모두 받을 수 있는 기본권인 것이다. 이는 전통적 복지 정책과 철학적으로 다르다는 점을 알 수 있다. 따라서 기본소득이라는 아이디어에 일반 시민들이 반감을 가진다면 이는 아마도 이 아이디어가 반노동적이어서가 아닌가 하고 생각해본다. 그러나 우리 사회의 근간인 생산주의·노동주의가 언젠가 폐기되어야 할 원리라고 한다면 어떻게 할 것인가?

여기서 다시 알파고의 사례로 돌아가 보자. 만약 알파고가 던진 문제가 단순히 일회성 에피소드가 아니고 장기적 경향으로 나타난다면(인공지능 기술 개발에 기를 쓰고 투자하는 전 세계적 경향을 볼 때 인류는 자기도 모르게 어떤 특이점을 넘어버릴 가능성이 매우 높다) 기존의 생산주의·노동주의적 패러다임만으로는 인류의 미래사를 이해할 수 없고, 미래 인류의 문제를 해결하기에 매우 어려울 수 있다.

성남사랑 상품권이 전자화폐와 결합한다면?

이런 점에서 기본소득 아이디어는 단순히 황당한 생각으로 치부할 것이 아니라, 알파고에 걸맞은 관심과 대접을 받을 필요가 있다. 이미 선진국에서 그렇게 관심을 보이고 있지 않은가? 현재 한국 사회에서는 시민의 의식 수준, 정치권과 정책 당국자의 이해관계 때문에 순수한 형태의 기본소득이라는 방식은 연구 단계에만 머물러 있었다.

그런데 성남시의 성남사랑 상품권은 기본소득에 관한 순수한 아이디어가 구체화되는 과정을 잘 보여준다는 점에서 매우 흥미롭다. 앞에서 이야기했듯 기본소득은 생산주의와 노동주의에 익숙한 우리가 쉽게 받아들이기에는 철학적 기반 자체가 생소하다.

그러나 우리 경제는 이미 실업의 구조화, 만성화가 현실이 되어 있고, 다른 한편 비정규직과 빈곤한 소상공인의 문제도 구조적으로 만성화되어 있다. 이는 미래가 아니라 현실의 문제다. 빈곤과 직업의 부족에 대해서는 기본소득을 지급하고, 소상공인이라는 열악한 생산자들에 대해서는 기본소득을 쓰게 해서 양 계층을 연결해본다는 실험, 이것이 성남사랑 상품권의 창의성이 아닐까? 성남사랑 상품권은 성남에서만 유통되는 지역화폐로 볼 수 있다.

이제 성남시의 실험을 여야의 정쟁 대상으로 볼 것이 아니라, 과거와 미래의 논쟁으로 모아야 할 것이 아닌지 생각해보고 있다. 성남시 관련 기사에서 상품권 한 다발을 들고 환하게 웃고 있는 재래시장 상인의 모습을 보았는데, 좀 더 창의적인 사고를 해서 종이 상품권이 아니라 전자화폐와 결합한 상품권을 만들어 유통시키면 어떨까 하는 생각을 했다.

인공지능 시대, '소비 보장 제도'가 필요하다

무엇이 우리를
개돼지로 만드는가?•

김귀옥

정말 묻고 싶다. 과연 한국 사회가
자본과 권력의 사유화를 명실상부하게 비판하고,
바꿀 수 있을 정도로 성숙하고 자유로운가?
그렇지 않다.

최근 자본주의 한국 사회에 사유화 반대 목소리가 높다. 재벌들의 '슈퍼 갑질'이 비난의 대상이 된 지 오래다.

2015년 개봉한 〈베테랑〉은 싸가지 없고 안하무인인 재벌 3세를 속 시원하게 혼쭐내는 경찰의 모습을 통해 자본에 주눅 든 시민들에게 대리 만족감을 흠씬 선사한 영화다. 또 2015년에 흥행한 영화 중 하나인 〈내부자들〉에서도 그랬다. 한국 사회에서 전횡하는 이른바 파워 엘리트, 즉 정계·경제계·언론계의 권력 야합을, 조폭 깡패 이병헌이 신랄하게 폭로하며 징벌했다. 그래서 파워 엘리트들이 '개돼지'로 야유했던 대중이 권력을 조롱하는 편에 설 수 있었고, 권력에 사유화된 영혼들을 맘껏 비웃을 수

• "무엇이 우리를 개돼지로 만드는가?", ≪프레시안≫, 2016년 7월 11일 자.

있었다.

최근 야당의 촉망받던 여성 국회의원에서 촉발이 된 가족 중심 의원실 운영 문제가 세간에 지탄의 대상이 되었다. 이런 와중에 여당의 윤리위원장 내정자는 '가족 채용' 논란에 휩싸여 윤리위원장 자리를 사퇴하지 않을 수 없게 되었다. 심지어 평소 많은 사람의 존경을 받아온 어떤 사회단체 책임자의 독단적 단체 운영 문제마저 시끄럽다. 이러한 권력의 사유화 문제를 비판하는 사회적 분위기가 늦었지만 다행인 듯싶다.

그런데 정말 묻고 싶다. 과연 한국 사회가 자본과 권력의 사유화를 명실상부하게 비판하고, 바꿀 수 있을 정도로 성숙하고 자유로운가? 그렇지 않다. 아무리 살펴봐도, 권력의 사유화 현상이 더 깊어지고 있는 듯하다. 영화나 대중매체에서 보여주는 것과 달리 현실에서는 권력과 자본 앞에 더 위축되고, 그것에 자발적 충성을 다하는 영혼의 사유화 현상이 넘쳐나고 있다.

최근 대학의 구조 조정만 해도 그렇다. 중세 왕권 앞에서도 죽으면 죽었지 정론을 굽히지 않았던 선비와 같은 존재인 대학생이나 지성인의 상징과 같은 교수들은 권력과 자본 앞에서 학문적 양심도, 자유와 정의의 깃발도 꺾은 지 이미 오래다. 취업의 논리로 대학과 학문이 재단되고, 권력의 논리로 진리와 양심이 사유화되고 있는 현상이 만연하다. 이익에는 생명을 걸지만, 불의에는 눈을 감고 마는 시대적 분위기가 만연할수록 권력과 자본은 영혼을 사유하게 된다.

한때 사유권은 천부인권이었다

한때 사유권은 자본주의라는 종교에 의해 천부인권이라 불렸다. 중세 봉건 시대로부터 근대적 소유 개념을 설파하고, 이를 절대화·종교화했던 존

로크는 사유 재산권을 자연권 이론으로 승화시켰다. 그는 땅이나 원료 등과 같은 자연적인 것에 노동이 부여되었을 때 비로소 사유 재산과 노동 가치가 발생한다고 믿었다.

그러한 신념에 따라 교황이나 봉건영주, 왕, 귀족 등에 의한 임의적 징수에 대립한 사유(재산)권은 천부인권이라는 혁명적 개념으로 탄생했다. 영국의 자유주의 철학자 로크는 자신의 노동 결과인 재산에 대해서 소유권자만이 배타적인 권리를 가질 수 있었다고 했다. '내 것이니까 내 마음대로 한다'는 식의 주장은 중세 사회를 끝장낼 만큼 서구 사회를 뿌리째 흔들었다.

부르주아 혁명으로 자본주의가 서구를 점령하고 19세기 천민적 자본주의가 절정에 오를 때 자본가에게 망치와 낫까지 빼앗긴 노동자들은 자신이 쏟은 노동(가치)의 작은 일부만을 임금으로 되돌려 받았다는 것을 비로소 처참한 가난 속에서 깨닫게 되었다. 또 노동자들은 그 노동 가치가 자본가로 하여금 중세 영주도 누리지 못했던 부귀영화를 누리게 했다는 것을 깨달았다. 그 깨달음의 횃불을 피워 올린 사람이 바로 마르크스였다.

그 시기 노동자들의 비참상은 한국의 일제강점기에서 현대에 이르기까지 한국 노동자의 삶과 별로 다르지 않았다. 새삼스럽긴 하지만 서구의 천민자본주의를 이해하기 위해 19세기 후반 벨기에의 실존 가톨릭 신부, 아돌프 단스Adolf Daens의 삶을 소재로 쓴 소설 『피에르 단스』(스틴 코닝스 감독의 영화 〈단스〉(1992)도 유명하다)를 볼 필요가 있다.

단스 신부가 벨기에 면방직 도시인 알스트에 파견되었을 때, 그를 맞아준 것은 열 살도 되지 않은 듯한 어린 여자 노동자의 동사한 시신이었다. 자본과 권력에 농락당했던 여성 노동자들, 그리고 차티스트 운동Chartist movement과 연대한 단스 신부는 노동자의 진실을 알리기 위해 의원이 되었지만 의회는 정치인들과 기업가들에게 이미 장악되어 있었다.

그들은 언제든지 친기업, 반노동 관련 법률을 만들 수 있었고, 단스 신부와 같은 민주주의와 노동자 인권, 인간 해방을 부르짖는 장애물을 처리하기 위해서는 교단에 압력을 넣으면 될 뿐이었다. 이미 권력과 자본에 시니가 된 종교 집단니져 사유화되어 있있다. 징지와 종교, 문화를 포섭한 경제, 그러한 독점적 자본주의, 제국주의화된 국가 간의 갈등과 충돌이 낳은 거대한 결과는 양차 세계대전이었다.

내 것이 내 것만은 아니다

양차 세계대전 이후 유럽 사회는 서서히 노동과 자본의 협치에 기반을 둔 사회민주주의 체제로 이행했다. 수 세기에 걸친 노동자들의 가열한 인간화 운동과 사회주의 혁명을 막기 위한 타협의 산물이 사회민주주의와 사회복지 제도의 건설이었다.

물론 양차 세계대전 이후 유럽의 많은 나라와 유럽공동체가 사회복지 정책을 대대적으로 실시할 수 있었던 것이, 개인의 이익보다는 공동체 이익을 앞세우는 공동체주의의 결과이면서 동시에 유럽 집단안보 체제를 통해 군비 경쟁을 유럽 밖으로 내몬 결과임을 잊어서는 안 된다.

그 공동체주의는 '내 것이니까, 내 마음대로 한다'는 인식을 부끄럽게 만들었다. 재산의 사유 개념을 대대적으로 수정하고 만 것이다. 특히 재산 상속은 불로소득과 유사한 개념으로 받아들이도록 만들었다. 공동체주의는 많이 벌수록 많은 세금을 내는 것을 당연하게 여겼다. 그러한 정신이 바탕이 되어 복지사회를 만들 수 있었다.

많이 벌수록 사회적 가치와 사회기반시설 등을 압도적으로 많이 사용하고 있음을 시인하기도 했다. 시민들의 세금으로 건설한 도로와 철도, 항공, 전력, 상하수도 등은 말할 것도 없고, (세계) 시민의 소비와 저축, 주식이나 펀드 구매로 형성되는 자산을 헐값에 전용하다시피 사용하고 있는 것은 대부분 대기업이다.

엄밀히 말해 개인의 자산을 전유하고 있는 기업은 구멍가게 같은 자영업 정도에 불과하다. 기업의 규모가 크면 클수록 기업은 노동자들과 주주들, 소비자의 공유적 성격이 강해진다. 이제 로크식의 사유권 개념은 호랑이 담배 피우던 시절의 주장일 수밖에 없다.

한국의 대표 세계 기업인 삼성전자만 해도 최대 주주 이건희의 주식 비율은 3.38퍼센트밖에 되지 않고 이 씨 일가가 가진 삼성전자 전체 지분이 18퍼센트(상반기 평가액 33조 원) 정도에 불과하다. 삼성물산의 최대 주주 이재용의 주식 지분은 17.2퍼센트다. 롯데칠성의 신격호는 1.3퍼센트, GS의 하청수는 4.8퍼센트의 주식 비율을 가지고 최대 주주의 노릇을 하고 있다.

역설적으로 재벌 대기업의 자산에는 재벌 일족의 지분보다 타인의 지분이 더 많다. 많은 한국 사람이 경험했듯 1997년 외환위기 당시, 망해가는 기업을 살린 것은 국민의 세금이었다. 산업 구조 조정 과정에서 발생하는 실업 문제에 대한 각종 대책 역시 국민의 세금으로 시행된다. 과연 그러한 사기업이 사기업 오너의 전유물일 수 있는가?

그러나 많은 한국 사람들은 삼성전자를 포함한 삼성 그룹은 이건희의 '것'이자, 이 씨 '오너 일가'의 것으로 생각하고 있는 듯하다. 삼성전자가 이른바 회사의 보유 현금을 태워버리든지 삶아먹든지 이 씨 집안의 마음이라고 넋 놓고 바라보고 있다. 실제로 자사 주식가를 높이기 위해 2003년과 2004년에 이어 2015년에도 회사 유보금 11조 원을 들여 자사주를 소각했다. 결과적으로는 보유 현금만 날린 셈이다.

또 이건희 회장을 2년간 생사를 알 길이 없는 사실상 '식물인간 상태'로 만들어놓은 채, 이재용을 중심으로 한 삼성 그룹은 가족들끼리 사고팔고

하며 상속세를 조정하고 지배 구조를 인위적으로 개편하고 있다. 이런 과정에 삼성전자는 자사를 세계 기업으로 만들어준 정보 기술(IT) 산업의 성장 동력이 떨어졌다고 보고하며 새로운 고부가 가치 산업으로 HT health technology 산업, 즉 헬스 케어 기술, 의료 자본으로의 전환을 강조하고 있다. 정부도 마찬가지다. 이쯤 되면 한국의 자본주의 정신은 아직도 서구의 19세기 자본주의적 논리에서 정체된 듯하다.

1997년 외환위기와 산업 구조 조정 과정에서 보았듯, 산업 구조 조정은 단순한 공장 시스템의 변화가 아니다. 이는 산업 전반의 변화뿐만 아니라, 심지어 사람들의 삶의 방식, 대학의 학문 구성에도 영향을 미친다. 산업 구조 조정에서 얼마나 많은 사람이 길바닥으로 나앉게 될지, 취업을 준비했던 청년들이 지원도 하기 전에 일자리 자체가 사라지는 일이 얼마나 많이 벌어질지, 상상만 해도 끔찍한 일이다. 그러한 산업상의 문제들이 가족의 위기, 사회적 위기를 얼마나 심각하게 초래할지 상상하기도 싫다. 그러한 예상 가능한 문제에 대한 대처는 기업도 정부도 하지 않고 있다.

자본과 권력의 사유화를 넘어서자

우습게도 대중매체 드라마가 다가올 미래에 대해 훈련을 시키고 있다. 특히 최근 들어 정부의 대변인 노릇을 충실하게 하는 한국방송(KBS)의 드라마를 검토하면 미묘한 변화를 느낄 수 있다. 〈굿닥터〉(2013), 〈파랑새의 집〉(2015), 〈뷰티풀 마인드〉(2016) 등과 같은 텔레비전 드라마들의 배경은 헬스 케어 산업, 병원이다.

병원 드라마인 〈굿닥터〉와 〈뷰티풀 마인드〉는 단순한 병원 드라마나 의료 기업 드라마가 아니다. 시청자가 자연스럽게 HT 산업을 가깝게 느끼고, 병원 민영화와 같은 줄기세포 기술을 앞세운 의료 자본의 변화를 친숙하게 느끼도록 하는 데 기여하고 있다. 또한 변화를 겪고 있는 의료 산업 경영진에는 무능력한 재벌 2세, 3세나 배우자도 으레 들어가 있다.

물론 드라마의 스토리상에서는 새로운 변화에 저항하거나, 재벌 2세 등의 지배 구조의 상속에 대한 비아냥거림이 들어 있지만, 근본적인 비판은 없다. 자본의 사유화는 당연하다는 투다. 그러한 주제의 드라마화를 거치면 자본의 사유화는 내면화되고, 시청자의 취향까지 사유화의 대상이 될 수 있다.

우리 사회 금수저, 흙수저 문제는 용어의 새로움에도 불구하고 최근의 현상이 아니다. 또한 자본과 권력은 더는 둘이 아니다. 자본과 권력은 세습화되면서 세상을 지배하고 사람의 영혼마저 지배하고 있다. 흙수저는 무늬만 수저일 뿐 밥을 떠먹을 수도 없고 자식에게 물려줄 수도 없다. 흙수저 자식이 금수저가 되었을 때 밥을 먹을 수 있는 구조가 된다면, 한국 사회는 양극화 현상을 극복할 수 없게 될 것이다. 미래조차 암울해질 것이다.

언제까지 대중매체가 보여주는 자본과 권력의 사유화 현상을 좇아가기만 갈 것인가? 우리에게 진정한 자본과 권력의 사유화에 대한 철저한 비판과 대안이 절실하다.

좀비가 된
한국 정치[•]

신승환

죽었지만 죽지 못하는 자들이
원귀가 되어 세상을 떠돌 듯이,
살아 있으되 살아 있지 못한 자들이
이 세상에 가득한 것은 아닐까.

영화 〈부산행〉은 한국에서 처음으로 제작된 좀비 영화라고 한다. 흥행에 성공하지 못하리란 예상을 비웃듯이 2016년 9월 1일 기준 1100만 관객이 영화를 관람했다고 한다. 좀비는 죽었지만 죽지 않은 자들이며, 살아 있지만 살아 있지 못한 자들이다. 좀비는 그 시대의 인간답지 못한 자들, 인간이지 못하게 만드는 현실을 상징적으로 보여주는 은유다. 구미호나 흡혈귀는 물론이고, 한때 유행하던 뱀파이어, 늑대 인간을 넘어 이제는 좀비가 우리 시대를 보여주는 대세인 듯하다. 시인 김혜순은 그의 시 「죽은 줄도 모르고」에서 이렇게 노래한다.

[•] "우리는 왜 〈부산행〉을 보는가", 《프레시안》, 2016년 9월 3일 자.

죽은 줄도 모르고 그는

황급히 일어난다

……

죽은 줄도 모르고 그는

다시 죽음에 들면서

내일 묘비에 새길 근사한

한마디 쩝쩝거리며

관 뚜껑을 스스로 끌어올린다

어쩌면 이 시대를 사는 우리는 죽은 줄도 모르고 허덕이는 좀비인지도 모른다. 죽었지만 죽지 못하는 자들이 원귀가 되어 세상을 떠돌 듯이, 살아 있으되 살아 있지 못한 자들이 이 세상에 가득한 것은 아닐까? 살아 있지 못한 자들은 인간답지 못한 인간이며 자신이 이미 죽은 것을 알지 못하는 자들이다. 그들은 분열된 삶을 산다. 인간다움과 희망, 생명과 사랑을 원하지만 현실에서는 죽음과 같은 것들을 찾아 헤맨다. 그래서 그 죽음과 같은 것을 넘어서려는 본능에 산 자들의 생명을 원한다. 그것도 결코 채워질 수 없을 정도로 끝없이……. 좀비 영화는 무엇보다 지저분하고 꺼림칙하다 못해 분하고 슬프며 허망하다. 좀비를 볼 때 나는 그 추악함과 비열함에 몸서리치다가도 그 분열증에 가슴이 아파온다.

좀비 영화를 보면 도대체 인간이란 무엇인지 묻지 않을 수가 없다. 아니 인간은 누구인가? 철학적 인간학에서는 인간의 생물학적·사회적 특성을 넘어 인간다움을 지성적 반성 능력과 인간 및 보편적 생명에 대한 공감에서 찾는다. 인간은 자신의 삶을 돌아보면서 죽음을 앞당겨 성찰하는 존재다. 그의 지성적 능력은 자기 존재를 반성적으로 되돌아보게 한다. 그와 함께 그는 다른 사람들과 더불어 사는 존재이며, 또한 다른 생명과의 생태적 연관성을 감지하면서 살아가는 존재다. 또한 삶의 목적 연관성을 설정하고 그를 향해 매진하는 존재이기도 하다. 그런데 과연 우리는 그런 삶을 살고 있는 것일까? 그렇지 않다면 우리는 살아 있으되 살아 있지 못한 것이니. 그렇게 죽어 있는 자신의 존재를 인지 못하는 존재, 죽었지만 죽지 못하는 자들이 지금의 우리가 아닐까.

지금 이 나라의 현실을 돌아보면 정치와 경제, 언론과 법이 죽었음을 시인하지 않을 수가 없다. 그뿐인가. 학문과 예술이, 일상의 삶이 무너진 터전 위에 대부분의 사람들은 삶의 벼랑으로 내몰리지만 이 나라를 지배한다는 자들은 죽음과도 같은 행태를 반복하고 있다. 그 아래에서 죽지 못해 사는 우리들은 이 생명과 삶을 그 죽음에 바치고 있지는 않은가? 이런 이야기가 과장되었다고 생각할 테지만 어차피 좀비는 현실에 없고, 지금 우리는 먹고 마시고, 또 그렇게 흥청거리며 살고 있지 않은가? 그러니 이런 비유야 어차피 비유로 받아들이고 가볍게 던져버려도 좋을지 모른다.

그런데 돌아보면 죽음과도 같은 삶을 사는 것이 우리가 아닌가? 이 나라를 다스린다고 말하는 그들은 정말이지 좀비처럼 말기적 행태를 반복하고 있다. 스스로 죽은 줄도 모르고 일어나 '구더기가 기어 나오는 내장 속에' 그 수많은 풍요와 욕망의 우유를 게걸스럽게 쏟아붓고 있다. 그러면서 죽은 줄도 모르고 '내일 묘비에 새길' 그 권력에 탐닉하고 있다. 그렇게 죽은 자들을 보는 우리도 그 죽은 자들의 빛나는 관을 향해 매진한다. 우리도 이제 죽은 자가 되려 한다. 좀비가 사라지는 순간은 아침의 시간이자, 해가 비치는 시간이며, 우리가 그 빛을 받아들이는 순간이다. 죽음을 넘어 삶으로 향하는 순간, 죽은 줄도 모르는 자들을 넘어서는 순간은 바로 이때가 아닌가. 죽은 자들이 다스리는 나라를 넘어서는 것은 산 자들이 빛과 아침을 맞이할 때만이 가능하다.

문화인류학에 따르면 인류는 약 15만 년 전쯤 출현해서 도시 문명과 국가를 건설한 것이 대략 1만~1만 2000년 전쯤이라고 한다. 그 뒤 기원전 6~7세기에 전 세계에서 공통적으로 자신을 반성하는 지성적 작업이 체계화되면서 이른바 사유하는 학문이 등장한다. 그것이 철학이든, 또는 그어떤 다른 이름이든 인류는 공통의 길을 걸었다. 인간이 인간일 수 있음과 인간이 이룩한 현대 문명의 모든 것이 가능했던 이유를 알고 그곳으로 돌아설 수 있을 때 우리는 그것을 토대로 우리가 나아갈 참다운 미래를 조명하고 만들어갈 수 있다. 인류는 물질적 현재를 넘어서고 그를 통합하는 형이상학적 상상력과 함께 다른 인간을 포함한 생명과 함께하는 감정과 지성, 행동 때문에 인간이 되었으며, 또 그렇게 현대 문명을 만들 수 있었다. 또한 그렇게 할 수 있을 때 인간은 다른 생명과 함께하는 우리의 미래를 조망할 수 있을 것이다.

그렇게 하지 못할 때 우리는 살아 있되 살아 있지 못한 것이며, 죽었으되 그 죽음을 알지 못하는 자일 뿐이다. 좀비와 같은 자들을 철학에서는 반인간homo ferens이라고 부른다. 대략적 인간이거나 인간 아닌 인간을 가리킨다. 인간다움을 알지 못하고 인간답게 살지 못할 때 우리는 흡혈귀나 늑대인간, 요괴인간과 같은 좀비가 된다. 대략 인간이 아니라 인간다운 인간이 되는 것은 그를 향한 의지와 결단에 달려 있다. 인간이 되기 위한 빛을 보지 못하고 그 빛을 향해 나아가지 못하면 우리는 인간이 되지 못한다. 죽은 자들이 다스리는 나라를 벗어나야 우리는 인간이 된다. 그 빛은 무엇이며, 또 언제 그를 벗어나는 빛이 비출까? 그 새벽을 우리는 어떻게 열어갈 수 있을까? 그 길은 전적으로 당신과 나에게 달려 있다.

'헬조선'의 30대가
추락하고 있다[*]

안현효

비정규직의 조건을 강화해야 한다.
그런데 이렇게 해서 정규직을 늘린다 해도
문제가 해결되지는 않는다.
정규직이라고 모두 수입이 좋은 것은 아니기 때문이다.

2016년 3월 초 통계청의 '가계 동향' 조사 결과가 언론에 회자되었다. 특이하게 20~30대 가구 소득 증가율이 마이너스 성장을 했다. 즉, 세대주가 20~30대인 가구의 소득이 감소한 것이다. 2003년 가계 동향 조사를 한 이래 처음 있는 현상이라고 한다. 이 현상의 원인을 둘러싸고 청년 실업 혹은 고용의 비정규직화 때문이라는 등의 이야기가 있었다.

현재 한국 경제가 직면한 저성장과 양극화라는 두 가지 문제를 극명하게 보여주는 현상이라 할 것이다. 문제는 무엇을 해야 하느냐이다. 거시 담론 수준으로는 이미 많은 화두가 던져졌다. 경제민주화, 동반 성장, 공정 경제, 소득 주도 성장론 등이 그러하다.

● "'헬조선'의 30대가 추락하고 있다", 《프레시안》, 2016년 3월 28일 자

경제민주화론은 우리 헌법 제119조 제2항의 조항에 근거한다.

국가는 균형 있는 국민 경제의 성장 및 안정과 적정한 소득의 분배를 유지하고, 시장의 지배와 경제력의 남용을 방지하며, 경제 주체 간의 조화를 통한 경제의 민주화를 위하여 경제에 관한 규제와 조정을 할 수 있다.

혹자는 경제민주화라는 표현이 논리적으로 모순이며, 비경제학자의 주장일 뿐이라고 비판한다. 나는 정치 분야에서 사용하는 민주주의라는 표현을 경제에 비유적으로 썼을 뿐 사고의 방향은 틀리지 않았다고 생각한다. 일전에 재벌을 포함해 일부 경제학자들이 헌법에서 이 조항을 빼려고 꽤 노력했다는 점을 생각해보면 금방 알 수 있는 일이다.

이 규정은 경제 안정화, 소득분배, 시장 지배력의 규제 등을 경제민주화의 내용으로 하며, 시장 근본주의를 맹목적으로 추종하지 않겠다는 뜻을 품고 있다. 사실 이 세 가지는 현대 정부가 어느 정도는 실천하고 있다. 그러나 철학을 가지고 이 세 가지 내용을 수미일관하게 추진할 수 있을지는 정부의 몫이다. 지금까지는 레토릭의 수준에서만 활용되었다.

물론 이 세 가지 정책이 꾸준히 잘 추진되었다면 '추락하는 30대 문제'는 없었을지도 모른다. '추락하는 30대'라는 현상은 우리가 헌법 정신에 입각한 경제정책이 제대로 운영되지 않았다는 비판의 근거가 된다. 따라서 거시 경제의 합리적 관리, 소득분배를 통한 양극화의 방지, 재벌 지배력 남용 등을 규제하는 문제는 좀 더 구체적으로 검토되어 정책으로 제안될 필요가 있다.

예를 들면 정규 교육과정이 끝나고 구직해 얻은 직장이 비정규직이라는 점에서부터 30대의 추락이 나타난다면 비정규직 보호 또는 비정규직의 정규직화가 필요할 것이다. 그러나 지금까지 비정규직의 정규직화는 성공하지 못했다. 시간제 일자리 정책, 비정규직 고용 조건 완화 등 현 정부가 추진하는 정책은 비정규직화를 더욱 확대할 수 있다.

만약 이렇게 해서라도 고용을 늘려야 한다면 비정규직화로부터 나타나는 소득분배 악화를 막기 위해 최저임금 1만 원 정책을 병행해야 한다. 이 경우 하루 4시간 일하면 월 80만~100만 원 정도, 하루 8시간 일하면 월 160만~200만 원 정도를 벌 수 있어서 최저 생활수준을 보장할 수 있기 때문이다.

만약 최저임금의 파격적 인상이 불가하다면 비정규직의 정규직화를 정책으로 추진해야 한다. 이를 위해서는 비정규직의 조건을 강화해야 한다. 그런데 이렇게 해서 정규직을 늘린다 해도 문제가 해결되지는 않는다. 정규직이라고 모두 수입이 좋은 것은 아니기 때문이다. 정규직의 경우에도 중소기업에 취업하느냐 대기업에 취업하느냐에 따라 최대 2배의 차이가 난다. 이는 우리나라 대기업과 중소기업의 독특한 하청 관계, 그리고 중소기업에 불리한 사업 환경에서 비롯한다. 동반 성장론이나 공정 경제론 등이 화두가 되는 것도 까닭이 없는 것이 아니다.

한편 소득 주도 성장론은 단순히 분배 문제만 다루는 것이 아니라 소득 분배가 경제성장과 긴밀히 연관되어 있다는 주장이다. 어떻게 보면 경제를 바라보는 철학의 변화인데 아직 학계에서 주류로 인정받은 주장은 아니지만, 학계 이전에 세계경제 전반의 불황과 양극화의 구조화에 따른 현실적 요구로 나타나고 있다.

나는 우리나라 사람들 누구나 우리나라 경제가 질곡에 빠졌다는 것을 인정한다고 생각한다. 저성장과 양극화가 지속되면서 그 원인이 구조적이고 장기적이라는 점에 대해서도 많은 사람이 동의할 것이다. 그런데 왜 해결되지 않고 있을까? 이제 이 문제는 우리나라 사람들 일부에게만 국한된 당파적이고, 계급적인, 그래서 이념적인 문제가 아니다

'헬조선'의 30대가 추락하고 있다.

이 문제는 우리 국민 모두와 관련된 국가적 문제다. 이는 이념이 아니라 실용의 문제인 것이다. 하지만 국지적인 이슈를 통해서 해결할 수 없다는 점에서 거시적 담론도 필요하다. 우리 모두가 합의한 거시 담론하에서 끈기 있게 하나하나씩 실천해가야만 해결할 수 있는 지난한 문제라는 점을 철저히 인식해야 하겠다. 이때야 비로소 '추락하는 30대'의 낙하 속도를 줄이거나 정지시킬 수 있을 것이다.

'메갈'에 분노하는 남성들, 스스로를 돌아보자*

정재원

여성 차별적이고 여성 억압적 모습이
이제야 수면 위로 적나라하게 나타나게 된 것은
어쩌면 메갈리아와 같은 집단의 존재로 시작된 것이다.

잘 알려져 있다시피 최근 이른바 메갈리아·워마드를 중심으로 하는 이른바 '여혐·남혐' 논쟁이 크게 벌어지고 있다. 인터넷이 발달하면서 온라인상에서 격렬한 논쟁과 토론이 벌어지는 현상, 아니 더 정확하게는 욕설과 비방으로까지 확산되어 서로에 대해 반감을 갖고 혐오를 드러내는 모습은 그다지 새로운 현상이 아니다. 그러나 매우 흥미롭게도 이 논쟁이 현실 공간에서도 강력한 영향을 미치는 집단행동으로까지 확산되었다는 데에서, 특히 서로 적대적이었던 극우·진보 남성들이 큰 차이 없이 하나로 뭉쳐 강한 행동력을 보이고 있다는 데에서 많은 이들이 관심을 보이는 주제가 되고 있다.

* "'메갈'에 분노하는 남성들, 스스로 돌아보기", 《프레시안》, 2016년 9월 27일 자.

세부적으로는 매우 다양하지만 이른바 반메갈리안 진영의 주장 중 황당무계한 것을 제외한 몇몇 주장은 분명 문제 제기를 할 수 있는 부분도 있다. 이들은 과거 연예인 남성과 일반 남성을 비교하며 남성을 비하하는 사이트가 메갈리안의 원조라는 것을 강조하면서 페미니즘과 상관없는 조직이라거나 그들의 현재 투쟁 방식인 '미러링'이 또 다른 혐오를 낳는 잘못된 운동 방식이라고 지적하기도 한다. 무엇보다도 가난하거나 장애를 가진 사람 등 소수자 남성, 비서구 남성 등에 대한 비하 등의 글을 게시한 예를 들며 일간베스트(이하 일베)와 하등 차이가 없는, 남혐이 추가된 극우적 조직일 뿐이라는 주장이 있다. 특히 최근 과거 항일 운동가들을 모욕하거나 태극기에 나치와 욱일승천기 등을 합성한 사진 등 때문에 이 같은 내용이 대중적으로도 알려지게 되었다.

그나마 이성적인 일부 진보 남성들의 비판을 정리하면 말 그대로 메갈리안 운동을 지지하는 것 자체가 오히려 이상하게 보일 수도 있다. 그러나 안타깝게도 전체 그림은 이러한 주장과 많이 다르다. 앞서 언급한 내용을 제외한 대부분의 비판은 거칠게 단순화하자면 남성 기득권 권력에 익숙해진 논리로 남성 기득권을 수호하고자 하는 것이 그 본질이다.

얼마 전 이른바 '여성 혐오 범죄'라는 명확한 현상 앞에 많은 남성은 단어 하나만으로 강하게 반발하기 시작했다. 이 시기를 거치며 나왔던 다양한 반발들을 보며 매우 익숙한 풍경이 떠올랐다. 언어 성폭력을 비롯한 성폭력의 범주가 점차 넓어지고 성매매에 대한 처벌이 강화되자 이에 반발하는 이들이 정작 본질적인 부분은 회피한 채, 여성들이 '남성 일반을 잠재적 범죄자로 몰고 있다'는 주장이 크게 유행했다. 두 범주 모두 주요 가해자가 남성이기 때문에 그러한 것을 두고 황당무계한 논리가 발명되었지만, 너무나도 버젓이 통용되었던 것이다. 같은 논리로 하자면 강도나 절도, 폭력 등은 전 국민을 잠재적 범죄자로 상정해서 만든 법인가?

이렇듯 '엄마와 여동생, 그리고 여자 친구나 아내'에 이르기까지 여성을 너무 좋아하고 존중해준다며, 그런 사람에게 어떻게 여성 혐오라고 할 수 있냐며 억울해하는 이들이 많았다. 그러나 안타깝게도 누군가를 아끼고 좋아하면서도 다른 한편으로 여성을 성 상품화하는 행위들을 즐기거나, 성매매 업소에 출입하는 것을 꺼리지 않거나, 자신의 주관적 판단하에 주변 여성을 비하·품평하거나 희롱하며 간섭하는 것 모두가 '여성 혐오'다. 증오하거나 폭력을 행사하는 것만이 여성 혐오가 아니다.

그런데 최근 논쟁들을 보면서 어려운 용어를 억지로 풀어서 설명하는 것, 한국 사회의 성 불평등 현상에 대해 논하는 것, 여성들에게 안전 문제가 얼마나 심각한 것인지 등을 두고 객관적인 자료를 통해 이성적으로 설명하고 토론하는 것이 얼마나 어려운 일인지 새삼 깨닫게 되었다. 임금과 고용 복지 그리고 각종 사회적 권리 등 '성 불평등 한국 사회'에 관한 다양한 통계 자료들을 들이대는 것 역시 큰 의미가 없다. 유독 젠더 문제만 나오면 이성적 판단을 하려 하지 않는 남성들이 너무 많기 때문이다. 이 문제만 나오면 진보와 극우를 막론하고 강고하게 귀를 닫고 어떻게 그렇게 비이성적인 자세로 일방적인 공격을 할 수 있는지 남성인 나도 이해가 되지 않는다.

남성들이여! 이제 가슴에 손을 얹고 양심적으로 생각해보자. 과연 한 정당을 마비시키고 한 진보 잡지사를 위기에 빠뜨릴 정도로 전무후무한 행동력을 보여주고 있는 현재의 반발이 그만큼 가치가 있는 행동인가? "나는 소위 일베나 '개저씨' 같은 그런 관점에서 반대하는 게 아니다"라며 억울해할 수도 있겠지만, 진정 현재의 반발에 다른 이유는 없다고 믿는가? 그리고 이만큼 격렬하게 불매 운동이나 집단 탈당과 같은 행동으로까지 나서서 반대한 다른 사안이 있는가? 이 문제가 그렇게 현재 한국 사회에서 가장 격렬하게 반대해야 하는 사안이라고 생각하는가? 그리고 무엇보다 일베와 같은 총체적 혐오 범죄 집단에 지금처럼 집요하고 적극적으로 대응해본 적 있는가? 스스로 극우 혐오 범죄 집단과 다르다는 것을 입증하고 싶다면 또 다른 불평등한 사회의 지배 권력을 행사하고 있는 스스로를 창피하게 생각해야 할 것이다.

한마디로 이는 한국 사회의 가장 역겨운 민낯을 드러낸 것에 불과하며, 역으로 한국 사회의 진보를 가로막고 있는 지점이 어디인지를 보여주는 사태라고 하지 않을 수 없다. 사실 이러한 여성 혐오 현상은 새로운 것이 아니다. 극단적으로 가부장적이고 남성 중심적인 한국 사회에서 억눌리고 희생되어왔던 여성들이 조금씩 남성들과 어깨를 나란히 하기 시작하자 그동안 적어도 양성 문제에서는 기득권을 누려왔던 많은 남성이 강하게 반발해온 것이 사실이다. 수많은 양성 간 불평등을 부추기는 법과 제도들이 있지만, 특히 군 가산점제나 여성 징병제 등 남성들이 피해를 입고 있다고 생각하는 군대와 관련된 사안에 있어서는 그 어떤 합리적 논의가 불가능할 정도로 반발이 거셌다.

1990년대 중반 이후 온라인 문화가 발달하면서부터, 사실상 남성·여성을 근거로 비판할 사안들이 아님에도 불구하고, 온라인 댓글 문화의 압도적 다수를 차지하는 남성들이 각종 여성 비하적·혐오적 용어를 만들어내며 여성들을 공격하기 시작했다. 같은 사안에서도 남성은 별다른 비난을 받지 않고 혐오와 비하의 용어도 붙지 않는 반면, 여성의 경우에는 엄청난 비난을 받고 신상이 털리거나 오랜 기간 동안 집요한 공격의 대상이 되었던 사례들도 있다. 심지어 일부 사안의 경우 직접적 협박도 서슴지 않는 등 매우 폭력적인 양상으로 나타나기도 했다.

특히 한국 고유의 약육강식, 승자 독식의 경쟁 사회가 1990년대 이후 신자유주의의 영향하에서 한층 더 불안정해지면서, 하층계급 남성들의 불만이 지배 권력, 자본 권력으로 향하지 않고 사회적 약자와 소수자에게

향하게 되었는데, 이때 남성 기득권을 제약하는 가장 큰 집단인 여성을 향한 적대감은 한층 더 강하게 나타났다. 특히 전반적인 여권의 상승으로 이러한 불만은 하층계급 남성만이 아니라 충분한 부와 권력을 누리고 있는 상층과 중간계급 남성들에게서도 나타났다. 비로 이들이 이데올로기가 되어 이러한 불만을 조직화하고 여론화하는 데 가장 큰 역할을 했다고 할 수 있다. 굳이 강남역 살인 사건과 같은 극단적 사건이 아니더라도 이제 여성 혐오 문제는 이주자들에 대한 적대와 혐오에서 보이는 파시즘적 양상과 유사한 모습으로 등장하고 있고, 이제 한국 사회의 가장 큰 문제로 대두되고 있는 것이 현실이다.

일베로 상징되는 남성 우월주의적, 여성 혐오적 발언과 행동이 난무해도 아무런 제재도, 반발도 없는 끔찍한 상황에서 처음으로 정면으로 저항하는 집단이 생겨난 것은 너무나 자연스럽고 정당한 모습이다. 하나의 목소리를 내는 사회단체가 아니다 보니 회원들의 정제되고 절제되지 않은 표현들이 나오는 현상도 어쩌면 자연스러운 단계일 수 있다. 과거 독재 정권의 폭압 정치 속에서 합리적으로 생각하면 도저히 상상이 되지 않는 이데올로기들을 저항 이데올로기로 삼아 저항하던 조직들이 있었고, 심지어 이들이 한때 한국 사회의 저항 운동의 주류를 이루기도 했다. 그들 중 주류는 저항 민족주의라는 이름하에 우파 민족주의적 주장과 구별되지 않는 주장들을 하다못해 일부는 북한이라는 타국 지배 집단, 그것도 뒤틀어진 가짜 좌파 지배 집단의 지배 이데올로기를 저항 이데올로기로 받아들였다. 그리고 화염병 시위로 상징되는 그 저항 수단 역시 지금의 눈으로 볼 때, 아무리 대항 폭력이라는 이름으로 정당성을 부여하더라도 도저히 이해하기 어려운 부분이 많았다. 외국의 경우에도 대안 부재 속에서 이슬람과 같은 종교가 저항 이데올로기가 되기도 하고, 체제 전환 국가들에서는 신자유주의나 민족주의가 저항 이데올로기로 기능하기도 한다.

현재 메갈리아 등의 투쟁 방식에는 문제가 없다고 하는 것이 아니다. 내용적으로도 빈곤 계층이나 하층계급 남성들에 대한 비하 역시 단순히 하층계급에 대한 공격만을 의미하는 것이 아닐뿐더러 맥락상 전혀 이해가 되지 않는 것도 아니지만, 분명히 문제가 될 수 있는 부분임에는 틀림없다. 그러나 이는 위에서 비유한 것처럼 강한 억압적 지배와 폭력적 탄압에 맞서면서 과격해질 수밖에 없는 운동의 초기 모습이다. 따라서 이들에 대해 과격하거나 다듬어지지 않은 언사 하나하나에 초점을 맞추어 과도한 비판을 가하는 것은 불필요하다. 최소한 진보적인 관점을 지닌 이들이라면 이 사태의 핵심과 본질이 무엇인지에 대해 명확한 정치적 입장을 밝혀야 한다는 것은 책무이다.

그러나 현실은 너무나 답답하다. 언제나 지역과 학벌, 학력 등으로 편가르고 배제하고 물어뜯던 이러저러한 남성 집단들이 똘똘 뭉쳐 반발하고 있는 현 상황 속에서 진보적 입장이라는 이들조차 일베와 같은 편에서 사태를 바라보고 있다는 사실은 우리 사회가 얼마나 심각한 남성 중심적 사회인지에 대해 다시금 깨닫게 하고 있다. 인종주의자들은 이주민들이 범죄를 저질렀을 때 이를 범죄의 문제가 아니라 이주민의 문제인 것처럼 받아들인다. 이와 유사하게 여성에게는 전혀 다른 잣대를 들이대는 한국 사회에 뿌리 깊게 박힌 여성 차별적이고 여성 억압적 모습이 이제야 수면 위로 적나라하게 나타나게 된 것은 어쩌면 메갈리아와 같은 집단의 존재로 시작된 것이다. 그렇기에 우리는 이들의 긍정적 기능이 확대되도록 지지해야 한다.

무엇보다도 이렇게 여성에 대해 적대적 태도를 보이는 근원이 어디에 있는지, 우리는 아주 솔직하게 드러내고 반성해야 한다. 한국의 남성들은 진보와 보수, 좌우를 막론하고 현실의 삶 속에서 성 산업과 성매매에 대해 관대하다. 그뿐 아니라 심지어 다양한 수준의 성매매 업소 출입을 정당화하는 이들이 많다. 정치나 다른 분야에 있어서는 비판적이고 진보적인 관점을 보이는 이들 중 상당수가 오히려 성매매 산업을 옹호하고 이에 반대하는 운동에 대해 반발하는 것을 자주 볼 수 있다. 여성들 중 가장 심각한 인권 사각지대에 놓인 여성에 관해 이야기할 때조차 남성 성욕 중심적 사고에서 조금도 벗어나지 못하는 이들이 '일반' 여성들의 상황이나 권리, 주장에 관해서 과연 제대로 이해할 수 있을까?

최소한 스스로 진보주의자라 자처하는 남성이라면 수많은 여성 문제의 핵심인 성매매 산업, 이를 둘러싼 추악한 권력과 자본, 폭력 집단, 압도적 다수 남성의 침묵을 포함하는 공동의 범죄 행위를 스스로 폭로하고 집요하게 무너뜨리자. 그리고 나아가 진정한 사회 진보와 평등을 지향하는 남성이라면 현재 인터넷상에서 벌어지는 일 하나하나에 흥분하고 분노하며 엉뚱한 힘을 낭비하지 말고, 실공간에서의 여성에 대한 차별과 억압, 불평등과 혐오 문제를 드러내어 스스로 남성 중심적 사회를 변혁해나가자.

메갈리안과 워마드에 흥분할 시간에 우리 스스로를 돌아보고 실공간에서 우리가 가해자 역할을 하고 있는 부분들을 제거하자. 이제는 21세기 우리 사회의 진정한 변혁이 어디서부터 시작되어야 하는지 우리 스스로 깨달을 때다.

05

대학 속의 사회, 사회 속의 대학

대학의 위기,
정부와 재벌만의 탓일까?[*]

서영표

대학교수들이 정말 한심한 것은
이렇게 살고 있으면서도
자신이 고고하다고 생각한다는 것이다.
이것은 착각이 아니다.

한국의 대학은 '대학'일까?

중앙대가 심심치 않게 신문을 장식한다. 두산이라는 대기업의 총수가 이
사장이었고 이 사람의 공격적 대학 '경영'은 기업의 요구에 맞는 인력을
양성하는 것이 목표였던 듯하다. 학과를 폐지하고 단과대별로 학생들을
모집함으로써 기초학문 분야를 고사시킬 작정이었던 모양이다. 이에 대
해 반대하는 교수들에게 '가장 고통스러운 방법으로 목을 쳐주겠다'고 했
다니, 이 사람이 대학과 교수들을 어떻게 생각하고 있는지 짐작하고도 남
는다. 하지만 대학을 자기 소유물 정도로 생각하는 것이 어찌 박용성뿐이

[*] "목 잘린 인문학, 교수는 책임을 없나", 《프레시안》, 2015년 5월 8일 자

랴. 상지대 분규에서 드러난 것처럼 사립대학의 재단은 대학을 사적 소유물로 생각하고 대학 운영을 좌지우지하고 있지 않은가.

정부라고 나을 것도 없다. 학령인구 감소에 따른 대학 입학 정원 축소를 목표로 정하고 졸업생 취업률처럼 수량화된 기준으로 대학을 평가해 인원 감축을 강제하고 있다. 대학들은 평가 점수를 조금이라도 높여 교육부가 쥐고 있는 돈줄을 잡기 위해 이 말도 안 되는 정책에 순응하고 있다. 순응 정도가 아니라 앞장서서 실행하고 있다. 교육부 장관이 대놓고 순수 학문 분야는 더 이상 존재의 이유가 없다고 표명하는 정도까지 이르고 말았다.

조금 전에 말했듯이 대학이라고 나을 것은 없다. 대학의 문제점을 스스로 진단하기보다는 회계 법인에 수억 원을 주고 대학 평가를 맡긴다. 교육부의 대학 평가 기준처럼 학문적 특수성을 고려할 능력이 없는 회계 법인의 평가는 계량화된 수치에 따를 수밖에 없다. 학문은 이제 시장에서 팔리는 상품이 되어버리고 학생들은 정원 충원율과 중도 탈락률, 취업률을 셈하는 데 필요한 머릿수일 뿐이다.

지금까지의 이야기는 이미 익숙하다. 웬만한 사람들은 이미 다 알고 있는 사실이다. 이런 이야기들이 나올 때마다 대학 현실을 개탄하고 정부와 재벌을 비판하는 사람들이 바로 대학교수들이다. 대학교수들이 들고 나오는 반대의 논리들은 대개 인문학과 순수학문의 중요성이다. 학문적 다양성이 보장되어야 한다고도 이야기한다. 그리고 대학은 권력과 돈으로부터 자율성을 가지고 있어야 한다고 말한다. 그래서 결국 대학을 망치고 있는 주범은 대학을 권력과 돈의 노예로 만들고 있는 정부와 재벌이고 이에 편승하는 대학 당국들이다.

여기서 도발적인 질문 하나를 던져보자. 그러면 교수들은 아무 책임도 없다는 것인가? 해놓고 보니 별로 도발적이지는 않다. 대학 구성원들은 정부가 개입하기 전에는 권력으로부터 자유로웠을까? 수많은 교수가 폴리페서라는 이상한 이름으로 불리며 정치권을 기웃거리지 않았는가? 재벌이 대학을 인수하고 기업과 같은 방식으로 대학을 운영하기 전에도 교수들은 자신의 양심을 기업에 팔아 잇속을 챙기지 않았는가? 심지어 학생의 연구비를 착복하고 연구비를 자신의 쌈짓돈처럼 사용하지 않았는가?

예전에는 대학이 비판적이었나?

옛날얘기를 한번 해보자. 내가 20여 년 전 대학을 다닐 때에도 강의실에서 학문적 열정과 감동을 느껴본 기억은 없다. 오히려 선후배들과 같이 책을 읽고 치열하게 토론하면서 배움의 희열을 느꼈다. 술잔을 기울이며 사회에 대한 울분을 토로하며 학문적 열정을 느끼고 공부해야 하는 이유를 찾기도 했다. 소수의 교수를 제외하고는 사회에 대한 진지한 비판과 토론을 하는 모습을 찾기 어려웠다. 순수한 학문의 온실 속에서 대학교수라는 특권을 누리는 사람들을 보았을 뿐이었다. 그렇다. 그때도 인문학과 순수학문은 있었다. 하지만 1980년대와 1990년대 대학을 다녔던 세대들은 교수들의 인문학과 순수학문을 대하는 태도에서 진지한 고민과 비판의 냄새를 맡지 못했다. 그들은 특권층이었고 구름 속에 사는 사람들이었다. 인문학은 너무 고고해서 현실에 발을 딛고 사는 우리에게는 아무런 소용이 없었다.

그때 그렇게 강의실 밖에서 학문을 해야 하는 이유를 찾았던 학생들이 이제 대학교수 자리에 앉아 있다. 그런데 이제 자신들의 이야기를 진지하게 들어줄 학생들을 찾지 못한다. 사회에 대한 비판과 도전 정신은 사라지고 취업의 문을 뚫기 위한 스펙 관리와 경쟁만이 학생들의 최대 관심사가 되어버린 것이다. 이제 1980~1990년대의 비판 정신으로부터 자라난 교수들은 자신들 이외의 모두를 탓한다. 정부와 재벌, 대학과 학생들. 하지만 그들 스스로가 분노했던 구름 속의 인문학과 순수학문을 하고 있다는 것을 깨닫지 못한다. 모두를 탓하지만 스스로의 잘못은 인지하지 못한다.

세상에서 제일 잘난 사람들이 대학교수들이다. 자기 분야에서는 최고라고 생각하는 사람들이다. 그래서 다른 사람 말을 잘 듣지 않는다. 하지만 가장 멍청한 집단이기도 하다. 김영삼 정부부터 시작되어 김대중·노무현 정부를 거쳐 이명박·박근혜 정부까지 일관되게 진행되고 있는 대학의 기업화에 대해 능동적으로 대응하지 못했다. 단결하지 못하고 서로 분열하는 노동조합운동과 진보 정당에 대해서는 점잖게 충고하지만 자신들이 속한 대학의 존재 근거가 조금씩 무너져 내리고 있을 때 단결하지 못한 스스로에 대해서는 너그럽다. 사회적 행동에 능동적으로 나서지 못하는 소시민의 태도를 꾸짖지만 그들의 눈앞에서 벌어지고 있는 대학의 몰락에 대해서는 방관했다. 어쩌면 그들에게 당장 큰일이 아니었을 것이다. 연구비와 업적 평가 기준에 대해서는 민감하게 반응한다. 자기의 직접적인 이익이기 때문이다. 하지만 대학이 시장의 논리에 종속되고 권력의 노예가 되어갈 때 그것을 자기 자신의 일로 느끼지 못했다. 어떻게 되든 전임 교수 자리는 보장될 테니까 말이다.

부끄러운 대학과 교수들의 자화상

많은 교수들이 재벌과 기업이 인문학을 고사시키고 있다고 분노한다. 순수학문은 점점 더 설 자리를 잃고 있다고 한탄한다. 하지만 이것도 남 탓만 할 일이 아니다. 대부분의 교수들은 학문 공동체로서의 대학을 걱정하지 않았다. 학생들을 학문적 공동체의 일원으로 인정하지도 않았다. 서로머리를 맞대고 학문적 토론을 하고 학파를 형성하고 생산적인 논쟁을 벌일 생각도 하지 않았다. 다만 인문학과 순수학문은 모든 학문의 토대라는 말만 되풀이하면서 그것을 과의 이권을 지키고 교수 자리를 지키는 데 이용했을 뿐이다.

과의 이권을 지키기 위해 대학 당국과 싸울 때는 인문학의 비판 정신을 내세운다. 하지만 학생들에게는 권위적이다. 학생들이 자신의 권위에 도전하는 것은 용납하지 못한다. 방송국 마이크 앞에서는 민주주의를 말하지만 자신의 학생들 앞에서는 제왕처럼 행동한다. 정부를 비판하고 거대한 철학적 담론을 설파하지만 연구비 몇 푼에 손을 떤다. 학문적 토론과 논쟁은 없지만 대단치 않은 학내 권력을 둘러싸고 질시와 반목이 판을 친다. 인문학의 정신을 이야기하고 비판적 학문을 이야기하는 것은 결국 밥벌이를 위한 수단일 뿐이다. 대학교수들이 정말 한심한 것은 이렇게 살고 있으면서도 스스로 자신이 고고하다고 생각한다는 것이다. 이것은 착각이 아니다. 정말 그렇게 생각한다. 정신 분열일까?

교수들이 저지른 가장 결정적인 잘못은 학생들을 자본의 논리와 권력의 논리 속에 방치했다는 것이다. "대학의 목적은 기본 학문 보호가 아닌 취업을 할 때 도움을 받는 데 있다", "냉정하게 장애인이든 노인이든 보호는 필요 없죠. 도태되면 죽는 건 당연합니다". 중앙대 학생이 커뮤니티에 올린 글이다. 대부분의 교수들이 이 글을 읽으면서 혀를 찰 것이다. 그런데 이 학생들은 인문학과 사회과학의 비판 정신을 주장하는 바로 그 교수들의 제자들이다. 멋진 글을 쓰지만 정작 대학이 무너져 내리는 일에는 뒷짐 지고 점잔을 빼는 교수들에게서 배운 제자들이다. 학생들의 연구비를 착복하고 학문적 양심을 파는 교수들의 제자들이다. 보잘것없는 권력을 다투면서 파벌을 만들고 서로 욕설하기를 서슴지 않는 그 교수들의 제자들이다. 이 제자들은 교수들에게서 권모술수를 배웠고 파렴치함을 배웠으며 표리부동함을 배웠다. 좌파 지식인이라는 교수들이 대학의 총장과 처장이 되고서 하는 말은 정치인들의 그것과 다르지 않았다. '우리 대학'이 사는 것이 먼저라고, 개인적인 사정은 알지만 대학이라는 조직이 우선이라고. 이들은 학생들에게 도대체 무엇을 가르쳤는가?

지금의 참담한 대학 현실은 자본과 국가의 탓이다. 그것은 분명하다. 하지만 자본과 국가의 의도가 이런 방향에 맞추어져 있다는 것을 몰랐다면 그건 스스로 멍청했다고 말하는 것이다. 알고 있으면서도 이렇게 무력하게 서로 이권만을 지키려고 혈안이 되어 있었다면 최고의 지성으로서 부끄러운 일이다. 이런 일을 막기 위해서는 최소한 학생들을 존중하고, 학문적 동지로 인정하고, 함께 대학을 지켜나가야 할 동료로 길러내야 했다. 그렇게 하지 못했다면 대학교수로서 무능한 것이다. 불행히도 한국의 대학교수들은 이 점을 알지 못한다. 대학마다 있는 교수 회의는 연구비와 업적 평가 기준에만 관심이 있다. 자기 과 입학 정원 감축과 교수 정원에 목숨 걸고 싸운다. 자기 사람을 교수로 뽑기 위해 삿대질을 하면서 싸우는 데 정신이 팔려 있다.

그렇게 하고 있으면서 정부와 재벌이 대학을 고사시키고 있다고 주장하면 누가 지지해주겠는가? 학생들은 이미 교수들의 행태를 그대로 베끼고 여기에 시장 경쟁의 논리를 내면화했다. 그들이 교수들을 지지하겠는가? 한 번이라도 그들을 지지자로 만들 생각을 하기는 했는가? 안정적인 자리에 사회적인 발언조차 하지 않고 안주하고 있는 무능한 교수 집단, 권력을 향해 아부하고 자본에 지식을 파는 교수 집단을 국민이 지지하겠는가?

교수들은 너무 잘났다. 너무 잘나서 스스로의 오류를 인지할 수 없기에 아둔하다. 교수들은 너무 똑똑하다. 그러나 그 똑똑은 헛똑똑이다. 자기 머릿속의 똑똑함일 뿐 남과 공유할 줄 모르기 때문이다. 교수들은 정의롭다. 단, 타자의 일을 판단할 때만 그렇다. 이제 한국의 교수들, 적어도 인문학과 사회과학, 그리고 순수학문 분야의 교수들만이라도 스스로에게

엄격하되 타자의 목소리를 들을 줄 아는 사람들이 되었으면 좋겠다. 재벌과 국가를 비판하기 전에 교수로서의 최소한의 소임, 학생들을 교육하고 민주적 소통을 통한 대학의 자율성을 지키는 데 제대로 된 역할을 했으면 좋겠다. 정부와 재벌에 맞서 대학의 자율성과 민주주의를 말하기에 우리 대학의 모습, 대학교수들의 모습은 너무도 부끄럽다. '나'의 모습이 너무도 부끄럽다.

교육부 장관님, 교육은
사고파는 상품이 아닙니다[•]

서영표

정부가 틀어쥐고 있는 돈줄로부터
지원을 받지 못할지도 모른다는 두려움에 전전긍긍하면서
'알아서 기는' 것이 한국의 대학이다.

사람들은 다양한 정체성을 가지고 살아간다. 그리고 그 정체성은 특정한
집단에 속함으로써 얻어지는 것이다. 집단에 구성원으로서 얻어지는 정
체성은 다른 집단에 속한 사람들과 상호작용하며 만들어진다. 그래서 우
리 모두는 특정한 지역의 주민, 어떤 회사의 노동자, 학교의 학생 등의 정
체성을 갖게 된다. 정체성은 개인이 '나'가 아닌 '우리'로서 자신의 역사를
만들어가는 과정에서 얻어지는 것이다. '인성'은 이렇게 자연스러운 사회
적 과정을 통해 얻어지는 것이다. 전통과 가치를 가장 중요하게 생각하는
보수주의가 지키고자 하는 것이 바로 이러한 공통의 귀속감과 그것으로
부터 얻어지는 문화적 안정감이다.

• "교육부 장관님, 교육은 사고파는 상품이 아닙니다!", ≪프레시안≫, 2015년 7월 20일 자.

어찌 된 일인지 우리 시대의 '보수'를 표방하는 사람들은 이러한 전통과 가치에 무관심하다. 사람들의 문화적 정체성과 연대의 망을 해체할 수밖에 없는 지극히 물질주의적인 화폐적 가치를 숭상한다. 고객과 소비자로서의 경제성을 강요한다. 그들은 삶은 기회비용을 계산해야 하는 선택의 연속이며, 선택에 따른 비용은 개인이 온전히 책임져야 한다고 주장한다. 따라서 모든 사회적 관계는 시장의 논리로 환원된다. 당연히 경쟁의 원리가 온 사회를 뒤덮는다. 일상은 주식시장의 투자(투기라고 읽는다) 논리가 지배한다. 새로운 가치를 전혀 창출하지 않는 주택과 토지 거래가 경제를 지탱하는 중심이 되었다. 은행은 경제활동을 지원하는 유동성 공급보다는 이자놀이 하는 기관이 되어버린 지 오래다. 텔레비전은 보험과 대출 광고로 가득 찼다. 그런 의미에서 한국의 보수는 온전한 의미의 보수가 아니다. 그냥 시장을 광신도처럼 따르는 기회주의자들일 뿐이다.

보수주의자의 면모가 없는 것은 아니다. 이렇게까지 비용이 크고 사회의 기본을 파괴하는 시장 맹신주의를 기정사실로 받아들이고 그것을 비판하거나 부정하는 것은 세상 물정 모르는 이상주의로 몰아붙인다. 젊은 이들이 가진 열정과 잠재력을 좌절과 절망으로 낭비하지 말자는 것이 이상주의일까? 어린아이들이 사회적 인간으로 자랄 수 있는 놀이 공간과 시간을 만들어 주자는 것이 이상주의인가? 모든 사람에게 최소한 주거할 공간을 주자는 것이 실현 불가능한 꿈일까? 아니다. 부동산 경기를 활성화시키고 가계 대출을 확대하면 경제가 살아나고, '민생'이 나아질 것이라는 생각이 유토피아다. 경제가 나아진들 지금과 같이 승자 독식의 사회에서 실업, 불안정한 일자리 그리고 그에 따른 빈곤이 사라질 리가 없다. 낙수효과란 처음부터 존재하지 않는 착취를 가리기 위한 환상이었을 뿐이다.

지배자들은 청년들에게 열정을 가지라고 말한다. 스스로를 계발하고 성실하게 노동하라고 이야기한다. 하지만 지배자들은 앞장서서 노동의 가치를 경멸한다. 이제 노동은 실패한 삶의 징표일 뿐이다. 부동산 투기를 할 능력도, 주식 투자로 돈을 불릴 감각도, 이자로 먹고살 수 있을 정도의 물려받은 자산도 없는 빈곤의 상징이 되어버린 것이다. 투기와 불로소득을 권장하는 사회에서 노동은 고통스러운 것일 뿐이다.

이런 나라에서 학문의 가치와 비판 정신을 말하는 것 자체가 우스운 일이다. 연대의 가치를 체화시키는 것도, 모든 사회가 안고 있는 권위주의와 물질주의로의 경도를 제어할 수 있는 비판의 목소리를 내는 것도 더 많은 돈이 되어 돌아오지 못하는 비용일 뿐이기 때문이다. 학생들은 대학을 취업하기 위한 자격증을 취득하는 학원 정도로 생각한다. 교수들은 학문적 열정보다는 직업인으로 전락해간다. 이것은 대학이 심각하게 병들어 있다는 증거다. 그런데 더 큰 문제는 이러한 증상을 더욱 악화시키는 처방을 '대학 개혁'이라는 이름을 붙여 강요하고 있는 정부다. 정권을 장악한 집단은 앞에서 언급한 시장을 종교처럼 맹신하는 사람들이다. 시장의 원리가 어떻게 사회를 파괴하고 있는지에 대해서 자각하지 못한다. 그리고 그런 자기 파괴적 노선에 대해 최소한의 비판을 제기하는 대학도 마뜩해하지 않는다. 말을 잘 듣게 길들이고 싶어 한다. 그들의 신념에 따르면 대학도 시장의 원리를 수용해야 한다. 경쟁과 승자 독식의 원리를 실현해야 하는 것이다.

대학은 학문의 장소가 아니라 시장과 정치의 장소가 되었다

이제 공적 기구로서 대학을 지원하는 것은 투자investment가 아니라 지출expenditure로 간주된다. 장기적인 안목으로 미래를 책임질 인재를 길러낸다고 생각하기보다는 가능한 지출을 줄이는 것이 좋은 비용으로 생각되는 것이다. 비용 또는 지출로 생각되면 은행이 돈을 빌려주었을 때 담보를 잡고 다달이 이자를 가져가듯이 끊임없이 감시하고 성과를 보고하도록 하게 된다. 이미 우리에게 내면화된 시장의 논리에 따르면 당연한 것이다. 대학에 돈을 지원하면 그 돈이 허투루 쓰이는 것은 아닌지 명확하게 감시하는 것은 당연하다. 신문에 오르내리는 연구 지급을 횡령하거나 남용하는 교수들 이야기를 들으면 이런 생각은 확신이 되어버린다.

하지만 거꾸로 생각해보자. 교수들이 연구비를 착복하고, 횡령하고, 남용하도록 '권장'하고 있는 것이 바로 시장에 대한 맹신이다. 시장 맹신주의가 가져온 가장 큰 사회적 비용은 냉혹한 현금 계산의 논리가 '도덕적 책임감'과 '성찰적 반성'을 대체했다는 것이다. 이미 노동의 가치는 인정받지 못하고 있다고 말했다. 정치인들과 기업인들 모두 사회에 대한 책임감보다는 사리사욕을 채우는 데 혈안이 되어 있다는 것은 모두가 알고 있는 현실이다. 정부가 앞장서서 비생산적인 투기를 조장하고 있다. 그런 물질 만능주의가 대학에까지 넘어 들어온 것이다. 교육부가 들고나온 개혁은 이런 물질 만능주의를 개혁하기보다는 개혁의 이름으로 그나마 남아 있는 대학의 도덕성과 성찰성마저도 파괴하려는 것이다. 이미 대학교수들의 연구 역량을 양적으로 계산된 논문 편수에 따라 '계산'하고 교수들 사이에 경쟁을 조장하고 있다. 거의 대부분의 연구는 돈줄을 쥐고 있는 연구 재단의 지원에 의존하고 있다. 연구의 성과는 촘촘하게 만들어진 양적인 성과 보고의 틀에 맞추어져 진행된다. 대학들도 여기에 부화뇌동한다. 연구 역량을 강화한다는 명목으로 학문적 성과를 돈을 주고 거래한다. 연구 업적인 뛰어난 교수들에게 인센티브를 주는 것이 아니라 정해진 액수 안에서 서로 경쟁하도록 조장한다.

역시 시장의 논리에 따르면 당연한 것이다. 하지만 이러한 논리는 연구의 질을 떨어트린다. 이제 교수들은 깊이 있는 연구보다는 정해진 기간 내에 '수량'을 채워야 한다. 더 심각한 문제는 양적 기준에 근거한 '돈 장난'이 학문 공동체를 붕괴시킨다는 것이다. 처음부터 한국 대학에 온전한 의미의 학문 공동체가 있었던 것은 아니다. 하지만 연구 업적이 화폐적 보상으로 환원되고 교수들 사이의 무한 경쟁으로 치달으면 그나마 존재하던 학문 공동체의 근거마저 무참히 파괴되는 것이다.

이것만으로도 고등교육 체계는 밑동부터 무너져 내릴 게 뻔했다. 그런데 교육부는 여기서 멈추고 싶지 않은 모양이다. 교육부는 최근 '국립대학의 회계 설치 및 재정 운영에 관한 법률'과 동 법의 시행규칙(교육부령)에 근거해 '교육부 교육·연구 및 학생 지도비 비용 가이드라인(안)'을 만들어 국립대학들에 내려보냈다. 이 가이드라인은 지금까지 사립대학 교수들에 비해 급여가 낮았던 국립대학 교수들의 급여를 보충해주기 위해 교육과 연구 및 학생 지도 명목으로 지급되던 급여성 보조를 '비용'으로 명시하고 있다. 학생을 지도하고 교육하며 연구를 해야 하는 대학교수의 활동에 대한 지원을 '투자'로 생각하기보다는 '지출'을 간주하고 있다는 것을 극명하게 보여준다. 지출 또는 비용이기에 학생 지도까지도 '건당' 점수를 부여하고 그에 따라 '비용'을 지급하겠다는 것이다. 이미 언급했듯이 돈의 논리, 경제적 논리에는 도덕과 윤리가 없다. 오직 숫자만이 있을 뿐이다. 내용과 질보다는 어떻게든 수치로 표현되는 '결과'만 채우면 된다.

이것은 비참한 현실이다. 이제 교수들은 학생을 지도할 때 그 학생들을 '건수'로 계산해서 얼마를 받을까를 생각해야 한다. 많은 교수가 분노할 것이다. 그러나 그들도 인간이다. 그리고 한국의 대학교수들이 도덕적으로 우월하지도 않다. 학생과 상담할 때 학생은 고객이다. 그 학생과 상담한 내용을 컴퓨터에 입력할 때 건수가 올라가고 이에 따라 점수가 부여되며 그만큼 돈이 들어온다. 이것이 교육부가 말하는 교육의 질일까? 이제 돈 몇 푼 더 받으려고 동료 교수들과 경쟁해야 한다. 이것이 교육부가 말하는 효율성일까? 상기 법은 제12조 '대학 회계의 운영 원칙'에서 '재정 건전성의 확보'를 내세우고 있다. 재정 건전성이라고? 교수와 학생, 교수들 사이의 신뢰와 질 높은 학문 연구를 담보로 하는 재정 건전성의 확보가 효율적이어봤자 얼마나 효율적일까? 이 논리대로면 차라리 대학을 폐쇄하는 것이 훨씬 효율적이지 않을까? 경제적 효과 없이 돈만 잡아먹는 대학을 유지할 이유가 없지 않은가?

같은 법 제12조 제3항에는 '교육 및 연구 역량의 강화'를 대학 회계 운영의 원칙으로 제시하고 있다. 그리고 이것을 평가하는 지표들을 개발해 제시한다. 교육 관련 지표는 교수가 수업을 많이 하면 할수록 높아진다. 연구 역량을 측정하는 지표가 발표 논문 편수로 측정되는 것과 마찬가지다. 한마디로 이러한 조치들은 '역량'과는 무관하다. 많으면 많을수록 좋다는 것은 그만큼 질의 하락을 의미할 수밖에 없기 때문이다. 역량이라고 할 수도 있겠다. 얕은 지식을 논문으로 발표하고 학계의 연줄망을 관리할 수 있는 역량 말이다. 자기가 속한 학과의 수업을 늘리고, 그것을 지키는 역량 말이다. 이제 대학은 학문의 장소가 아니라 부정적 의미의 정치의 장소가 되어버렸다.

교육부는 말한다, 학자적 양심은 갖다 버리라고

학자는 논문 몇 편이 아니라 저술로 업적을 남긴다. 지금 한국에서는 발표한 논문을 묶어 출간하거나 잘 팔리는 대중 서적이 아닌 학술적 저술을 내고 있는 대학교수를 찾기 힘들다. 교육부에 의해 강제된 양적인 업적 평가는 연구 수준을 낮추고 깊이 있는 학문적 성취를 어렵게 하고 있다. 평가는 필요하다. 하지만 그것은 몇 푼의 돈을 미끼로 한 수량적 평가가 아니어야 한다. 사명감? 비판 정신? 학자적 양심? 교육부는 말한다. 다 갖다 버리라고. 그거 사치라고. 그리고는 넌지시 말한다. 말을 들어라. 그리

교육부 장관님, 교육은 사고파는 상품이 아닙니다

고 경쟁해라. 그러면 돈을 줄 테니. 파우스트는 학문적 성취를 위해 악마에게 영혼을 팔았다. 그러나 한국 대학의 교수들은 몇 푼 안 되는 돈에 '학문'을 팔라고 강요당하고 있다. 누구에 의해서? 사적인 이익만을 추구하는 기업이 아니라 공공의 이름으로 국민이 낸 세금을 쓸 수 있는 권한을 위임받은 정부에 의해서. 이것이 우리 시대의 비극이다.

대학은 이렇게 무지막지한 시장의 논리에 저항할 수 있는 힘을 잃어가고 있다. 부끄럽지만 가이드라인을 이행하지 않았을 때 정부가 틀어쥐고 있는 돈줄로부터 지원을 받지 못할지도 모른다는 두려움에 전전긍긍하면서 '알아서 기는' 것이 한국의 대학이다. 정부와 언론은 대학교수 집단의 부도덕함을 선택적으로 부각시키면서 대학의 기업화·시장화가 그 답이라고 선전한다. 그것이 어떤 파국적 효과를 가져올지에 대한 비판적 목소리는 봉쇄한 채로 말이다.

한국의 민주화 과정이 그랬던 것처럼 한국 대학의 붕괴를 저지할 수 있는 힘은 국민의 힘으로부터 나올 수밖에 없다. 스스로 문제를 해결할 수 있는 능력이 없다는 사실을 인정하는 것이 부끄럽지만, 그리고 본연의 역할로부터 멀어지면서 비판의 목소리를 잃어가는 대학 구성원으로 연명하고 있는 것이 비참하지만 국민에게 '도와달라'고 호소할 수밖에 없다. 대학이 교수들의 철밥통을 보장하는 '일자리'로 전락하지 않기 위해서는, 대학의 존재 이유를 허물고, 붕괴로 몰아가고 있는 현재의 교육정책에 대해서도 비판의 목소리를 높여야 한다. 이는 대학 구성원들의 부패와 타락을 비판하는 것만큼 중요하다. 이것은 대학 구성원들만의 문제가 아니다. 우리의 미래가 달린 문제다.

부산대 비극,
진짜 쪽팔렸던 게 뭔 줄 알아?[*]

서영표

"돈이 없지, 가오가 없냐"라는 서도철의 대사는
현실에서 적용되지 않는다.
돈이 없기 때문에, 더 정확히 말하면 살아가기 위해
굴욕을 참는 것이다.

진짜 부끄러운 일

영화관에 자주 가는 편은 아니다. 영화를 좋아하지 않아서가 아니라 시간이 없어서다. 휴가도 가지 못한 이번 여름, 유일한 가족 행사가 두 편의 개봉 영화를 같이 보는 것이었고, 다행히 겨우 유행을 따라잡았다. 〈암살〉과 〈베테랑〉. 두 편 모두 재미있었다. 하지만 불편했다. 씁쓸한 뒷맛이 느껴진 두 편 중 특히 〈베테랑〉이 너무나 현실적인 나머지 판타지처럼 느껴졌기 때문이다. 먹물 먹은 사람들이 흔히 하는 냉소적인 논평 한마디 남기지 않을 수 없었다. 영화에서 그려진 것이 현실이라면 그걸 참고 용인

[*] "부산대 비극, 진짜 쪽팔렸던 게 뭔 줄 알아?", 《프레시안》, 2015년 8월 28일 자.

하는 것이 말이 되는지 말이다. 모두가 알고 있다. 영화와 달리 현실에서 친일파는 여전히 떵떵거리며 애국자 행세를 하고 있다는 것을. 망나니 재벌 3세는 그렇게 응징되지 않는다는 것을. 그러면 더욱 분노해야 하는 것이 아닐까? 그래서 뭔가를 행동해야 하지 않는가? 영화는 현실을 보여주지만 대리 만족을 주는 판타지에 불과하다는 하나 마나 한 이야기를 내뱉었다. 나중에 다시 이야기하겠지만 그때는 이런 냉소적인 비평이 나에게 되돌아올 줄은 몰랐다.

영화 〈베테랑〉에 대해서 조금 더 얘기해보겠다. 〈베테랑〉의 주인공 서도철이 비리 형사에게 (일본말을 사용하는 것이 적절하지는 않지만 영화대사 그대로 옮기자면) "우리가 돈이 없지 가오가 없냐?"라고 말한다. 사전에서 찾아보면 '가오'는 얼굴을 뜻하는 '顔(안)' 자의 일본식 발음이니 체면 같은 것을 의미할 수 있을 것이다. 물론 허세의 의미도 강하지만 말이다. 어쨌든 말뜻은 이해할 만하다. 돈은 없지만 비굴하게 굴지는 말자는 이야기다. 당위적으로는 그 말이 맞다. 그런데 우리는 돈이 없어서 비굴해진다. 대단한 액수의 돈을 바라는 것도 아니다. 보통 사람이라면 당연히 가지고 있어야 할 것처럼 선전하는 텔레비전 광고 속 모든 것을 가지고자 하는 것도 아니다. 최소한의 생계를 위해서는 수입이 있어야 하고 그것을 위해 굴욕을 참고 견딜 수밖에 없다. 윗사람은 아랫사람을 하인 부리듯 해도 된다는 낡고 낡은 권위주의적 문화가 물질만능주의와 오묘하게 결합된 한국 사회에서 노동을 한다는 것은 굴욕을 참고 견디는 것에 다름 아니다. 그러면서도 노동의 미덕을 이야기하는 뻔뻔함이라니. 어쨌든 대부분의 사람들이 마음속으로는 서도철의 말에 동의하겠지만 현실에서는 결국 돈 때문에 비굴해진다.

개인적으로 영화 〈베테랑〉에서 가장 인상적인 장면은 서도철의 부인인 주연이 서도철에게 일갈하는 장면이다. 재벌 3세의 범죄를 덮기 위해 그의 측근 중 한 명이 사건을 추적하는 형사 부인에게 돈다발이 든 명품 가방을 들고 나타난다. 그 돈을 거부하고 서도철을 찾아간 주연은 "잘살지는 못하지만 쪽팔리게 살지는 말자"라고 외친다. 그리고 그다음 대사가 가슴에 박혔다. "진짜 쪽팔렸던 게 뭔지 아니? 돈을 보고 마음이 흔들렸다는 거야."

판타지에 가까운 이 영화가 담고 있는 진실은 세 가지다. 하나는 뻔뻔하고 부끄러움을 모르는, 그리고 특권 의식으로 똘똘 뭉친 한국의 지배계급의 존재다. 그리고 그들 앞에서 참고 견디던 굴욕을 더 이상 인내할 수 없을 때 직면하게 되는 좌절과, 좌절했다는 그리고 밟혀서 '꿈틀'했다는 것만으로도 되돌려 ㄴ받게 되는 응징이다. 부와 권력 앞에 느끼는 굴욕이 타자의 일일 때 동정하면서도 침묵하지만 자신의 일이 되었을 때는 원초적 분노의 표출 말고는 아무것도 할 수 없는, 그마저도 보복당하는 현실 말이다. 마지막으로 서도철의 아내 주연의 짧은 대사를 통해 드러난 '흔들림'이다. 정의와 민주주의는 돈 앞에 무력하게 무너진다. 스스로 '쪽팔리게 살지는 말자'고 다짐하는 사람들조차도 돈 앞에 흔들릴 수밖에 없다. 정부와 자본이 선전하는, 결과만을 중요시하는 천박한 이기주의에 따르면 도덕적으로 '쪽팔리지 않게 사는' 것은 무능의 다른 표현이다. 자신들이 내세운 천박한 원칙마저도 무시하며 부와 권력의 연줄망을 통해 사리사욕을 채우는 집단들을 보면서 '쪽팔리게 살지 말자'는 다짐은 스스로의 무능을 감추는 어쭙잖은 자존심이 되어버린다. 옳은 것과 좋은 것은 함께 갈 수 없는 것일까?

부끄러운 우리 대학의 모습

부산대 국어국문과 교수 한 분이 스스로 목숨을 끊었다. 총장 직선제 사수를 외치면서 자신의 몸을 던졌다. 충격적인 사건이다. 아마 이기적인 이익 추구를 모든 판단의 근거로 삼고 있는 재벌 총수들과 고위 관료들, 정치인들의 눈에는 한심한 일로 보일 것이다. 매일매일 자신들의 뱃속을 채우기 위해 생목숨을 죽음으로 몰아가면서도 어떤 동정도 느끼지 않는 사람들이 인간의 목숨은 가장 존귀하다는 등의 장광설을 늘어놓을 것이 뻔하다. 하지만 그분의 죽음은 최고의 지성이라 불리는 대학교수들에게까지 강요되는 굴욕에 대한 저항이었을 것이다. 그분이 스스로의 목숨을 내걸고 외쳤던 것은 총장 직선제만은 아니라는 말이다. '교육부 장관님, 교육은 사고파는 상품이 아닙니다'(280쪽)에서 이야기했던 것처럼 교육부가 앞장서서 대학을 취업 학원으로 전락시켜 자본의 부속품으로 만들고, 교수 간의 경쟁을 부추겨 학문적 업적을 논문 편 수로 계산하여 금전적으로 보상해주는 왜곡된 문화를 조장하는 데에 대한 저항이다. 이러한 현실에 대부분의 교수들이 자괴감을 느낀다. 어떤 교수들은 부끄러워한다. 그런데 이미 구조화된 대학의 상업화와 경쟁 문화 속에서 생존하기 위해 적응한다. "돈이 없지, 가오가 없냐"라는 서도철의 대사는 현실에서 적용되지 않는다. 돈이 없기 때문에, 더 정확히 말하면 살아가기 위해 굴욕을 참는 것이다. 여기서 그치지 않고 학생 지도마저도 '건당'으로 계산해서 돈으로 보상하겠다는 교육부의 지침을 받아들이는 것은 굴욕을 넘어 치욕이다.

부끄러운 현실이다. 치욕적이다. 교수들에게 영혼을 팔라고 한다. 그걸 교육 경쟁력 강화라고 말한다. 개별적인 체념과 불만의 표시를 넘어 집단적인 행동을 할 경우 대학 운영에 차질을 불러올 정도의 금전적 보복으로 돌아온다. 직선제를 지키겠다는 공약으로 당선된 부산대 총장이 느꼈을 압박은 개인이 아닌 총장으로서 교육부와 권력을 상대하는 것이 얼마나 힘든 것인지를 짐작하게 한다. 돈이면 다 되는 줄 아는 경제적 동물들이 인간으로 남고자 하는 사람들을 협박하고, 인간성을 버리지 못하면 불이 익을 주겠다고 으름장을 놓고 있는 것이다.

이러한 치욕과 굴욕을 받고 있는 대학교수들은 머리로는 분노한다. 하지만 분노는 머리로 하는 것이 아니다. 가슴으로 하는 것이다. 가슴에서 치밀어 오르는 분노가 있어야 행동할 수 있다. 어쩌면 머리로는 분노하지만, 몸은 경제적 동물이 되라는 협박이 구조화된 일상에 적응하여 돈의 논리에 자동 반응하고 있는 것은 아닐까? 철학자 푸코는 이를 규율 권력이라고 불렀다. 고故 고현철 교수님은 마음으로 치욕과 굴욕을 느꼈을 것이다. 그리고 이 굴욕과 치욕에 익숙해져 있는, 머리로만 생각하는 대학 구성원들에게 좌절했을 것이다. 우리가 잊고 있었던 인간으로서의 감수성을 갖고 있었기에 인간임을 포기하라고 강요하는 현실을 견딜 수 없었을 것이다.

무엇을, 어떻게 해야 할까?

사회운동을 다루는 환경사회학이나 도시사회학, 비판사회 이론을 강의하는 사회학 이론 시간에 학생들에게 강조하는 것이 비판과 소통이다. 시장 만능주의 시대의 지배적 이데올로기는 사람들을 집합적인 정체성(계급, 시민, 여성 등)이 아니라 고립된 단자monad인 소비자, 투자자, 고객으로 호명한다고 비판한다. 모두가 앞만 보고 달리면서 멈출 수 없는 상황에 힘들어 하지만 멈추어 서는 순간 경쟁에서 뒤처질 것이라는 두려움에 계속 달리게 된다고 말한다. 이것은 사회적 연대의 토대가 약화된 결과이고 이러한 상황을 변화시킬 수 있는 방법은 모두가 같은 불만을 품고 있음을 확인하는 것이라고 강조한다. 개인으로 고립되어 있을 때는 자본과 권력의 강요를 당연한 것으로 받아들이고 모든 문제를 개인의 능력 탓으로 생각하게 되지만, 서로 이야기하고 토론할 수 있는 사회적 관계들을 만들면 현실의 모순을 인지할 수 있는 감수성이 길러지게 된다고 가르친다. 그리고 그것으로부터 비판과 저항의 연대가 형성될 수 있다고 말이다.

하지만 정작 나 자신은 그렇게 하지 못했다. 앞에서 잠깐 언급했던 '국립대학의 회계 설치 및 재정 운영에 관한 법률'과 동 법의 시행규칙(교육부령)에 근거해 마련된 '교육부 교육·연구 및 학생 지도비 비용 가이드라인(안)'이 사단이 되었다. 처음부터 그랬지만 최종 확정이 되고 나니 화가 솟구쳤다. 이미 무감각해진 감수성이 되살아나는 것 같았다. 총장 직선제를 간선제로 바꾸어야 한다는 학교 당국의 설명에 아무 말 없이 방관했던 스스로에 대해 화가 나기도 했다. 뭔가를 해야 했다. 그래서 선택한 방법이 교육, 연구, 학생 지도비 지급에서 학생 지도비 계획서를 제출하지 않는 것이었다. 학생 지도를 건수로 표시한 그 계획서 말이다.

돌이켜 생각해보면 학생들에게 가르쳤던 것, 그리고 〈베테랑〉을 보고 던졌던 냉소적인 논평이 나에게 다시 돌아온 듯하다. 동료 교수들과 소통하거나 함께 행동할 어떤 계획도 하지 않았다. 생각조차 하지 않았다. 그저 내가 느낀 분노를 즉자적으로 표현했을 뿐이었다. 각종 논문과 칼럼에서 원자화된 사회를 질타했지만 나 스스로를 고립시켜 소통을 포기했던 것이다. 그리고 그것은 자족감을 주었을 뿐이었다. 현실을 다루는 영화를 보면서 대리 만족을 느끼듯이 스스로 한 행동에서 위안을 얻고 '나는 그래도 저항했다'는 정말 '쪽팔린' 자기 정당화 말이다.

하지만 정말 부끄러웠던 것은 그런 선택을 하면서 흔들렸다는 것이다. 영화 〈베테랑〉의 "진짜 쪽팔렸던 게 뭔지 아니? 돈을 보고 마음이 흔들렸다는 거야"라는 대사가 떠올랐다. 공부하고 가르친 것을 실천하지 못한 것, 동료 교수들과의 소통 및 연대마저도 귀찮아하는, 이미 나의 마음속에 자리 잡은 개인주의적 심성을 깨달았을 때보다 훨씬 부끄러웠다. 그리고 부끄러움의 자리에 고현철 교수님의 죽음이 비집고 들어왔다. 이제 부끄럽기보다는 아팠다. 사회에 대해서, 교육 현실에 대해서, 이른바 큰 것에 대해서는 목소리를 높였지만 정작 '나'에 대해서 반성하지 못했던, '나'를 '우리' 속에서 찾으려는 어떤 시도노 할 생각을 히시 않았던 '내'가 '나'를 아프게 했다.

솔직히 아직도 막막하다. 다른 많은 사람처럼 답답하고 화나지만 무엇을, 어떻게 해야 할지 잘 모르겠다. 스스로에 대한 부끄러움을 넘어서 어디로 가야 할지 방향을 찾기 어렵다. 이 역시 우리 모두가 원자로 파편화되어 서로 소통하고, 연대하고, 함께 행동하는 것을 잊었기 때문일지도 모른다. 처음에는 불편하고 언짢았지만 언제부터인가 당연해져 버린 개인주의 문화 말이다. 머리로는 거부하지만 그것보다 더 빠르게 비교하고 경쟁하는 데 나서는, 시장 문화에 의해 규율화된 우리의 몸이 문제인 것이다. 이렇게 컴퓨터 모니터 앞에 몸을 웅크리고 숨어서 글자 몇 자 적는 것말고는 할 수 있는 것이 없다는 패배주의, 좀 더 정확하게 말하면 현실순응주의가 문제다.

어떻게 해야 할까? 혼자서는 답을 얻을 수 없다. 그래서 '우리'가 필요하다. '우리'로부터 응답을 기다려본다.

낮에는 영재 학교,
밤에는 윤락 업소*

정재원

문학과 철학, 사학이
어느 시대에 무슨 산업 수요에 맞겠는가?
수학이나 물리학, 지질학은
산업 수요에 직접적으로 맞는 학문인가?

러시아 유학 시절에 있었던 이야기다.

미국이나 일본 등지와는 달리 러시아에서 유학생이 돈을 벌 수 있는 방법은 한국인 관광객을 대상으로 한 가이드나 방송국의 현지 코디 역할을 하는 정도였는데, 이때 잊지 못할 경험을 한 적이 있었다. 지인의 부탁으로 고위급 혹은 특권층만을 대상으로 하는 한국 여행사와 연결되어 있는, 현지 여행사에 임시로 소속되어 가이드를 한 적이 있었다.

차관급 고위 공무원 4인과 보좌관들, 그리고 모 정부 부처 공무원 및 출입 기자들, 그리고 일부 교수 등이 포함된 한 공적 연수의 통역을 맡게 된 것이다. 명목상으로는 몇 나라를 돌며 선진 과학 영재 교육 현장 탐방을

● "낮에는 영재 학교, 밤에는 윤락 업소", ≪프레시안≫, 2015년 9월 11일 자.

목적으로 하는 연수였지만, 실제로는 한 기관장이 자신의 재선을 도모하기 위해 만들어낸 여행이었다.

실제로는 수많은 공무원들과 기업인들, 정치인들이 성매매를 포함한 퇴폐적 유흥과 부패 사슬 구축을 목적으로 출장과 연수를 억지로 만들어 나가는 것이 일상화되어 있었는데, 그 주요 대상 국가 중 하나가 바로 내가 유학하던 나라였다. 한국과 현지의 두 여행사 사장들이 서로 얼마나 많은 한국 고위 공무원들과 기업인, 의사 등 특권 부유층들이 어느 정도의 돈을 들여 자신들에게 의뢰를 해서 얼마나 비밀스럽게 이 나라로 성매매를 하러 오는지, 그리고 그들을 어떻게 등쳐먹었는지에 대해 경쟁적으로, 자랑스럽게 떠벌리던 것이 기억난다. 사실을 확인할 수는 없지만, 그러한 목적으로 공공연하게 오는 이들이 엄청난 것을 생각하면, 그리고 극소수의 양심적인 관련 당사자들의 진실 고백에 따르면 이는 거짓이 아니라고 할 수 있다.

택시 제도가 엉망인 나라에 '선진 택시 제도 연수'라는 이름으로 사기를 쳐서 연수를 오던 것을 보아온 터라 그런 종류의 연수인 줄 알았지만, 의외로 낮에는 평범한 유학생이 가보기 어려운 과학 영재 학교들을 몇 군데 방문하는 프로그램이 있었다. 물론 밤에는 여느 한국인들이 광고 없이 불법으로 운영하는 성매매 업소에서 노느라 정신들 없었지만 말이다.

처음에는 새벽 몇 시든 기다려서 숙소까지 모셔다드려야 된다는 계약에도 없는 일을 강요하더니, 다음 날부터는 아주 친절하게 일찍 귀가할 것을 요청했다. 얼마 지나지 않아 이 말의 진정한 의미가 무엇인지 알게 되었다. 비록 낮에 영재 학교를 방문하기는 했지만, 그때까지 풍겨오는 술 냄새와 벌건 얼굴들은 학교 관계자들을 당황하게 하기도 했다.

그 일행 중에는 최악의 인간들이 있었다. 바로 모 정부 부처 출입 기자들이었다. 방송국 기자가 신문사 기자보다 나이가 많은 듯했는데, 방송국

기자는 나이 어린 신문사 기자에게 취재를 다 맡기고 무작정 놀았다. 지금도 일정 직책을 맡고 있는 것으로 보이는 그 신문사 기자는 자신의 아버지뻘 되는 차관급 공무원들에게조차 거의 반말로 일관했고, 가이드인 나는 물론 주변 모두에게도 마찬가지였다. 대낮부터 폭탄주를 마시는 것은 물론 불법 성매매 업소에서의 유흥으로 낮 일정에 차질을 주는 등 수많은 일이 있었지만, 가장 추악한 행위는 과학 영재 학교 교장들의 학교 선전 프레젠테이션 과정에서 일어났다.

러시아에서 운영하는 과학 영재 학교에는 공통점이 있었다. 바로 과학 교육 이상으로 역사, 문학, 문화, 철학, 어학 등 인문학 교육은 물론이고, 학기 중간과 방학 중 자연에서의 캠프 활동을 강조하는 것이었다. 그뿐 아니라, 과학 분야보다는 댄스, 음악, 미술, 외국어 및 문화 연구 등 다양한 자율적 방과 후 동아리 활동을 지원하고 있었고, 주중에 두어 번 이상 박물관, 전시회, 음악회, 발레 공연 관람 등 예술적 감각을 위한 활동이 이루어지고 있었다.

학교 관계자들은 과학 영재들일수록 사회성이 떨어질 수 있고 과학 그 자체의 괴물에 몰두할 수 있어 인문학적 교양뿐 아니라 예술적 감각이 필요하다고 강조했다. 또한 자신의 연구 결과가 인류와 자연의 조화로운 발전에 있어야 한다는 것을 깨닫게 하기 위해 자연 속으로 들어가 보고, 동료들과 공동체 생활을 잘할 수 있도록 하기 위해 동아리 활동을 장려한다고 했다. 무엇보다 그런 스트레스 해소가 오히려 과학 교육에 몰두할 수 있게 한다는 철학이 있었다.

이러한 프레젠테이션이 한창일 때, 매일 유흥에 몰두하다 보니 기사를 제대로 쓰지 못한 채 이 나라만의 독특한 특징을 써야 한다는 강박 관념에 사로잡혀 있었던 그 기자는 술 냄새를 풍겨가며 무례하게도 발표를 중단시키고는 통역이 잘못된 게 아니냐면서 도저히 이해할 수 없는, 말이 안

되는 설명이라며 프레젠테이션을 다시 요청했다.

한국의 과학 영재들은 하루 종일 교육에 매달려 있어도 국제적인 수준의 성과를 못 내고 있는데, 어떻게 이런 식의 교육으로 과학이 발전할 수 있으며, 영재들이 과학에 더 몰두할 수 있느냐는 질문을 반복했다. 슬라이드 형태로 된 사진까지 자세히 보여주며 자신들의 모습을 자랑스럽게 소개하던 학교의 교장들은 당혹감을 감추지 못했다. 이 기자 외에도 모두 똑같은 의문을 갖고 있었음은 말할 나위도 없다.

다소 길게 소개한 위 에피소드는 하나의 해프닝이라고 생각할 수도 있지만, 이는 한국 교육계의 교육관을 적나라하게 보여주는 상징적인 모습이었다. 이들 일행 외에도 직간접적으로 겪었던 경험과 사건들은 이러한 생각을 더욱 뒷받침해주었다. 그 후 10여 년 이상 지났지만, 지금도 한국의 교육 관료나 정책 입안자들의 철학과 정책은 저들의 그것과 다르지 않으며, 본질적으로 변한 것은 없는 듯하다.

박근혜 정권 이후 참으로 꾸준하게 대학에 대한 각종 압박이 이어지고 있다. 일부 국공립 대학교들의 총장이 민주적으로 선출되었지만, 정권의 입맛에 맞지 않는 이유로 임명을 거부하는가 하면, 정반대로 심각한 수준의 비리 사학들이 속속 복귀해 다시 대학교를 장악하고 있으나 정권은 수수방관이다.

일방적인 정원 감축도 문제지만, 구성원들의 동의 없는 학과 통폐합이 강행되어 심각한 분규 속에 있었던 대학들도 부지기수였다. 특히 총장 직선제를 간선제로 바꾸려는 시도들은 곳곳에서 갈등을 야기해왔다. 급기야 2015년 8월 20일에는 부산대의 한 교수가 이에 항의하며 투신자살하는 사건까지 발생했다. 민주주의, 시민권, 자유와 평등 같은 큰 틀뿐 아니라, 구체적으로도 노동, 안보, 통일, 안전, 정의, 언론, 복지, 환경, 인권 등 한국의 정치, 경제, 사회의 거의 모든 부문에서의 심각한 퇴행과 후퇴를

낮에는 영재 학교, 밤에는 윤락 업소

겪고 있는 상황 속에서 대학 교육의 퇴행적 현상도 나타나고 있다는 것은 두말할 필요가 없다.

물론 현재 일어나고 있는 대학 교육 개혁 정책의 모든 사안들에 대해 무조건 반대하는 것은 아니다. 오히려 내가 갖고 있는 철학이나 개념, 방향이 사회 변화에 적응하지 못한 채 기득권을 지키고자 하는 것이 아닌지, 잘 알지도 못하면서 고루한 관념에 입각해, 그럴싸해 보이지만 실은 아마추어 같은 자세로 대학과 학생들의 미래를 가로막고 있는 것이 아닌지 고민하기도 한다.

전반적인 후퇴와는 무관한 조치라고 생각하면서 순전히 교육적인 입장에서 평가해보기도 한다. 그래서 비록 신뢰는 가지 않지만, 오는 2023년까지 공학 분야에서 27만 7000여 명의 인력이 모자라는 반면, 인문사회계는 6만여 명, 자연계는 13만 4000여 명이 과잉 공급될 것이라는 정부의 주장에 대해 국가를 경영하는 사람 입장에서 생각해보기도 한다.

그러나 과거 그 어느 시대에도, 그 어느 국가에서도 대학교 졸업자 다수가 자신의 전공을 살려서 취업을 하는 경우는 없었다. 오히려 정반대였다. 더욱이 그러한 배치는 이론상으로나마 사회주의 사회와 같은 철저한 계획하에서만 가능한데, 그런 체제를 지향하는 것은 아닐 것이다.

학생들이 전공 외 분야로 자연스럽게 진출하기도 하는 것이 정상적인 사회다. 그리고 이미 오래전부터 산업 수요와는 전혀 맞지 않는 과들이 더 많았던 것이 현실인데 돌연한 강조는 논리에 맞지 않는 궤변일 뿐이다. 문학과 철학, 사학이 어느 시대에 무슨 산업 수요에 맞겠는가? 수학이나 물리학, 지질학은 산업 수요에 직접적으로 맞는 학문인가?

또한 대학을 단순한 특정 기능인 양성소로 보는 이 시각에는 전혀 동의할 수 없다. 이런 논리라면 정치하는 비정치학 전공자들이나 관료들 중 비행정학 전공자들, 그리고 언론인들 중 비언론학 출신자들은 수요에 맞지 않는 사람들이니 모두 물러나야 한다. 교육부 장관은 법학 전공자이자 교육계 종사 경험도 없지만, 일국의 교육부 장관직을 멋지게 수행하고 있지 않은가!

실패한 국가사회주의 체제의 부정직 유신과 천민자본주의 체제의 야만성이라는 최악의 조합을 보여주고 있는 탈소비에트 러시아. 대부분의 영역에서 한국 사회보다 후진적인 모습을 보여주고 있다고는 하지만, 체제가 붕괴하면서 발생한 심각한 정치, 경제, 사회의 위기 속에서도 국가가 이렇게 대놓고 '산업 수요에 맞지 않는 학과들을 통폐합해야 한다'는 논리로 인문사회 계열을 축소해야 한다는 정책을 진두지휘하지는 않는다.

비록 내용적으로는 부정과 부패, 편법과 불법이 난무해 사실상 제대로 원칙을 지킨다고는 할 수 없지만, 그렇다고 국가가 나서서 공공연하게 의료와 교육 등에 대한 책임을 버리고 사적 영역이나 시장에 맡겨야 한다고 주장하지도 않는다. 경제가 파산했어도, 이 때문에 비록 질이 낮아졌더라도 학교 급식을 포퓰리즘이네 뭐네 하며 중단한다는 어처구니없는 짓도 하지 않았다.

물론 현재 권위주의적 경향의 강화 속에서 진정한 학문적 자유가 보장되거나 비판적 인문사회학 연구가 보장되고 있는 것은 아니며, 전체적으로는 교육 분야에서도 심각한 문제들이 산적해 있는 것이 사실이다. 그러나 기본적인 교육에 대한 철학과 방향은 시장 논리나 기업 사회 논리만으로 흔들리지 않는다.

과학 교육을 하는 데서도 자신들 나름의 기준과 깊이를 토대로, 교양 정도를 넘어 심도 있는 인문학적 교육은 물론 다양한 예술 교육, 나아가 자연과의 교감을 통한 진정한 교양 교육을 여전히 강조하고 있다는 점은 많은 것을 의미한다. 산학 협력이 필요하지 않다거나 기업이나 산업과의 연계성과 무관해야 한다는 주장은 아니다. 대학의 역할과 기능을 기업의 요

낮에는 영재 학교, 밤에는 윤락 업소

구에만 직선적으로 맞춰야 한다는 생각하에 과목 조정을 넘어 학과를 통폐합하는 것은 스스로 천박한 삼류 국가임을 드러내는 것이나 다름없다.

앞의 에피소드에서도 보았듯 한국의 교육 관료 및 교육 관련자들은 여전히 진정한 교육자적인 품성과 자세를 갖추려고 하기보다는 출세와 유흥, 그것을 위한 인맥 만들기와 경제적 이득과 같은 교육 외적인 것들에 훨씬 더 많은 관심을 둔다. 한 나라의 교육 제도를 시찰하겠다는 사람들이 경제위기로 교육 현장에서 벗어나 학업을 중단하고 빈곤에 허덕이는 그 나라의 가장 가난한 계층 출신의 여성들을 쾌락의 도구로 삼고, 이러한 시간을 함께 보내는 것을 인맥 쌓는 기회로 여기는 것이 과연 위 에피소드 주인공들만의 일시적인 일탈이라고 할 수 있을까? 교육에 대한 진지한 고민보다는 사회의 지배 엘리트, 기득권층의 이익을 위해 그리고 그들과의 네트워크 구축을 우선시하는 비민주적인 국가 관료 시스템의 일부로서 기능하는 수많은 교육 관련 당사자들의 각성이 필요하다.

교육에 대한 확고한 입장을 밝히지 못할 때, 교육에 대한 위로부터의 퇴행적 압력에 맞서기는커녕 양심을 팔아 전위대가 되거나 그 과정에서의 작은 지대를 추구하는 데 더 앞장서게 된다. 다시 한번 강조하지만 구조 개편에 무조건적으로 반대하거나 저항하자는 것이 아니다. 단지 기능인 양성소와 같은 입장이나 기업의 요구에 따른 인력 보급소와 같은 역할을 자임해 단기적 계획하에서 비교육적으로 구상된 교육 구조로 개편하는 데 반대하는 것이다.

억지로 통폐합되어 해괴하게 바뀐 학과 명칭들로 오히려 취직과 유학이 어려워진 사례들도 비일비재하다. 진정으로 교육을, 나아가 이 땅의 아이들을 걱정하는 이들이라면, 선진국들, 위에서 언급한 러시아의 사례처럼 우리보다 덜 발전되었다고 생각할 수 있는 국가들조차 이러한 논리로 대학 교육을 뒤흔들지는 않는다는 사실을 직시하길 바란다.

대학교수는 한국 사회 퇴행에
침묵해서는 안 된다[*]

정세원

다른 직종과는 달리 시간을 스스로 조절하고 통제할 수 있는
여지가 많다는 사실 하나만으로
최소한 한국 사회에서는
교수라는 이들이 담당해야 할 임무가 있다.

부끄러운 자기 고백을 해야겠다. 대학교를 졸업할 즈음 공부를 계속하는
방향으로 진로를 정했다. 여기서 '공부를 계속한다는 것'의 의미는 궁극적
으로 교수가 되겠다는 것이었다. 그 목표에 따라 대학원을 진학해 석사
과정을 마친 후 유학을 떠나 긴 고통의 시간을 보낸 끝에 박사 학위를 받
고 귀국했다. 그 후 많은 분들의 도움으로 시간강사와 연구소 연구원 등
의 과정을 거쳤고, 너무나도 운 좋게, 그리고 과분하게 교수라는 타이틀을
얻었다.

그러나 부끄럽게도 나는 학생들을 가르치는 '교원'임에는 틀림없으나,
진정한 '교육자'인지에 대해서는 떳떳하게 대답할 자신이 없다. 그렇다고

● "대학 교수는 한국 사회 퇴행에 침무해서 안 되다", 《프레시안》, 2015년 11월 20일 자.

높은 수준의 학문적 역량을 가진 '연구자', '전문가', '학자'인지에 대해서도 당당히 그렇다고 하기 어렵다. 학문의 길을 선택한 이후 학사, 석사, 박사를 따고, 강사, 연구원을 경험하고, 취직을 하기 위한 논문을 쓰는 데에 몰두해왔지만, 정작 그러한 과정의 최종 목적지인 '교수'는 무엇인가를 가르치는 교원임은 틀림없으나 그보다는 교육 분야의 직업, 한 직책으로서 더 크게 다가온 것이 사실이다.

학창 시절에 교육자에게 꼭 필요한 과목을 듣거나 교육자로서 꼭 필요한 지식과 기술을 습득했다고 더 진정한 교육자가 되는 것은 아니겠지만, 연구자이자 교육자로서 자격을 갖추기 위한 노력은 절대로 필요하다. 그러나 부끄럽게도 철학적으로 교육자로서의 철학과 품격을 갖춰야 한다는 것에 대한 고민을 진지하게 해본 적은 없다. 그리하여 지금 이 순간에도 과연 교육자로서의 삶을 살아가는 것은 무엇인지에 대해 끊임없이 고민하고 있지만, 여전히 답을 구하지 못하고 있는 것이 사실이다. 그뿐인가? 교육자나 학자로서는 말할 것도 없지만, 한 사회의 시민으로서, 어른으로서도 과연 제대로 된 삶을 살고 있는지에 대해서도 자신 있게 대답하기 어렵다.

외부에서 보는 것과는 달리, 수업 외에도 각종 논문과 발표, 다양한 프로젝트와 학사 행정 업무 등 무게가 만만치 않다. 하지만 다른 직종과는 달리 시간을 스스로 조절하고 통제할 수 있는 여지가 많다는 사실 하나만으로 최소한 한국 사회에서는 교수라는 이들이 담당해야 할 임무가 있다. 그러나 이러한 책무를 저버리고 이기적인 삶을 살거나 정반대로 나만이 옳다고 우겨대며 권한을 남용하지는 않았는지 반성해본다. 무엇보다도 바로 얼마 전까지 힘들게 살아왔던 시절의 기억과 다짐들을 잊고, 낮은 자세로 많은 이들과 고민을 함께하던 그때의 초심을 잃지는 않았는지 돌이켜본다.

먼저 무엇보다 권력에 취해 교육자로서의 자세나 태도를 저버리고 정치권이나 관료직으로의 진출을 꿈꾸며 주변 사람들을 이용하려 한 적은 없었는지 반성해본다. 내가 배운 것을 현실에서 적용해보는 것일 뿐이라는 궤변아에서 출세를 위해 학사석 양심을 서버리고 삶의 기본의 원희까저 버리거나 평소의 지론과 반대되는 주장을 펼친 적은 없었는지 고민해본다. 무엇보다도 그러한 권력을 얻기 위해 스스로 나서서 권력에 굴종하고 권력의 편에 서서 아첨과 궤변을 늘어놓은 적은 없었는지 반성해본다.

또한 커다란 권력이 아니더라도 가정과 학교 등 일상생활에서의 미시적인 권력에 취한 적은 없었는지 돌이켜본다. 특히 학생들에게 '선생'이라는 이름으로 사실상 '갑질'을 하지는 않았는지, 나이가 많다는 이유만으로 고압적이지는 않았는지 곰곰이 생각해본다. 학교 바깥 사회에서도 아직까지는 사회에서 과도한 대접을 받는 교수라는 이름을 내세워 작은 권력이라도 누려보려고 과장된 행동을 하지는 않았나 생각해본다.

또한 한국 사회에서 교수가 당연히 누려야 하는 권리라고 하면서 사실상 부를 독점하는 편에 서서 특권을 추구하고 기득권 세력의 논리에 편승해 부도덕한 부를 쌓으려고 하지 않았나 하는 반성도 해본다. 다수의 국민의 이익을 위해 나의 머리를 쓰지 않고, 나의 기득권 수호를 위해 부동산 투기를 부추기는 정권을 지지하거나 세금을 많이 낼까 봐 복지에 반대하는 쪽에 투표하거나 심지어 스스로 나서서 기득권 세력의 어용적 앞잡이가 되어 그들의 머리와 입이 되려고 한 적은 없었는지 생각해보기도 한다.

또한 타의 모범이 되어야 한다는 원칙을 버리고 도덕적으로 해이해져서 너무나 쉽게 나보다 사회적·경제적 지위가 낮다고 판단되는 이들에게 반말과 하대, 그리고 차별적 언사를 남발하지 않았는지 생각해본다. 특히 나의 출세나 성공을 위해 나에게 필요한 사람들과 높은 사람들에게는 90도로 굽신거리면서, 매일 보는 교직원이나 청소 노동자들에게는 아는 척

대학교수는 한국 사회 퇴행에 침묵해서는 안 된다

도 안 하고 다니지는 않았는지, 아니 오히려 나에게 인사를 안 했다고 역정을 낸 적은 없었는지 반성해본다. 또한 학교 외에서는, 학교에서 여성 연구자 혹은 여학생을 대하는 것과 전혀 다른 모습으로 여성을 대하지는 않았는지 반성해본다.

그리고 '좋은 게 좋은 것'이라는 논리로 썩은 부위를 도려내기 위한 직언을 하지 않고, 분위기를 망치지 않아야 한다거나 괜한 분란을 조성하지 말자며 곪은 부위를 건드리지 않고 나만의 안위를 위해 눈치 보지는 않았는지 반성해본다. 학교에서는 말할 것도 없고, 국가 단위에서 벌어지는 반민주적이고 부정의한 모습들에 눈을 감고 학생들에게는 정의롭고 정직하게 살라는 말을 함부로 해오지는 않았는지 곱씹어 본다.

무엇보다 표리부동하고 앞뒤가 맞지 않는 언행들을 해오지는 않았는지 고민해본다. 나의 권리만을 강조하면서 피해자나 을로서의 입장만을 강조하고, 가해자나 갑으로서의 입장에서 자행해온 잘못들에 대해서는 눈 감지 않았는지, 겉으로는 거대 담론적으로 그럴싸한 이야기를 하고 다니면서 미시적 삶, 나의 개인 생활에서는 정반대의 억압적 자세나 비도덕적 행태를 보이지는 않았는지 반성해본다. 특히 학생들이나 동료를 대할 때와 다른 이들을 대할 때 전혀 다른 모습을 보이지는 않았는지 깊이 자문해본다.

사실 내 전문 분야에 대해서도 제대로 알고 있는지에 대해서 자신이 없지만, 어찌 되었든 나는 특정 전문 분야를 조금 더 안다는 것을 제외하면 사실 그냥 '동네 아저씨'들 중 한 명에 불과하다. 따라서 위에서 언급한 잣대들은 너무 가혹한 것이 아닌가 하는 생각도 든다. 그러나 어찌 되었든 교수라는 사람들은 한 국가 내 최고 교육기관에 종사하는 사람들로서, 우리 사회를 이끌어가는 미래의 인재들을 양성하는 교육자의 사명감 하나만으로, 모든 면에서 타의 모범이 되어야 한다는 원칙을 확고하게 세우고 있어야 하지 않을까 싶다. 이러한 기본 원칙을 지키지 못하다 보니 교수 사회에서도 종종 성희롱과 부정, 비리가 적발되곤 한다.

바로 그러한 전문가, 학자, 교육자라면 과연 일상의 삶에서 어떤 자세를 갖춰야 할까 고민해본다. 가지각색의 답이 나오겠지만, 그 어떤 거창한 말보다 그저 나만의 이익이 아닌 다수의 이익과 행복을 위해 나의 양심을 지켜가는 기본적 원칙만 지키고자 노력한다면 그것으로도 충분하지 않을까 생각한다. 그러나 우리는 그런 기본적 원칙조차 제대로 지키지 못하고 있다. 예를 들어 아직은 그 노력의 결과가 긍정적이지는 않지만, 최근 정부의 역사 교과서 국정화 시도에 대해 역사 관련 학자들이 반대 성명을 낸 것, 나아가 행동으로 실천하는 것이야말로 진정한 교육자로서의 모습을 보여 준 것이라고 생각된다.

다른 분야에서의 예를 들어본다. 가령, 환경이나 토목과 관련된 분야의 학자라면 4대강 사업과 같은 환경 파괴적인 대규모 토목 공사에 대해 비판을 아끼지 말아야 한다. 언론 관련 분야의 학자라면 정권의 언론 장악과 종편 허용 과정, 그리고 인터넷 언론에 재갈을 물리는 행위에 대해 입을 다물어서는 안 된다. 의료와 관련된 분야의 학자라면 의료 민영화에 반대하고, 더 나아가 유럽과 같은 무상 의료 체제를 요구해야 한다. 도시공학이나 건축 관련 학자들이라면 재벌과 일부 특권층의 배만 불리는 도시 재개발 사업이나 소수 특권층의 재산을 늘리는 방식으로 진행되는 주택 건설에 반대해야 한다.

무엇보다도 사회과학 분야의 학자들은 그 임무가 더욱 막중하다고 할수 있다. 경제와 관련된 분야의 학자라면 미국식 주류 경제학에 과도하게 의존해온 재벌 위주의 성장과 시장주의적 발전에만 치중해왔던 과거를 반성하고, 시장의 실패를 조절하고 경제위기에도 흔들리지 않는 복지국가의 경제를 소개하고 받아들여야 한다. 정치나 사회와 관련된 분야의 학자라면, 추상적인 이론과 서구 중심적 담론을 넘어 현재 한국 사회와 국제 사회에서 벌어지고 있는 기득권층의 부와 특권 강화, 민주주의의 퇴행적 현상에 대해 적극적으로 발언하고 비판하며 대안을 제시해야 한다. 행정과 관련한 학자들이라면 행정이나 정책에 대한 기술적 연구를 넘어 그동안 정당정치나 자본의 지배 등에 가려져 왔던 한국 사회의 은폐된 지배 집단인 관료 지배 구조에 대해서도 비판적 논의를 해야 한다.

무엇보다 전공을 불문하고 교수들이 몸담고 있는 교육 분야에서는 말 그대로 교육자로서의 자세를 유지하는 것이 더 절실히 요구된다. 진정한 교육자라면 한 사회에서 고등교육이 갖는 지위에 대한 근본적인 교육적 원칙을 저버린 채, 시류를 좇거나 단기적 이익에 급급해서는 안 될 것이다. 만일 교수가 권력의 의지에 좌지우지되고, 기득권 네트워크가 주는 특권을 좇아, 민주주의적 원칙을 준수하지 않은 채 대학 본연의 자세를 유지하기 위한 노력을 보여주지 않을 때, 과연 어떤 후학들과 학생들이 따르겠는가? 나아가 다른 분야와 마찬가지로 선진국 수준의 무상 교육 제도로의 개혁을 이룰 수 있도록 하는 의식의 개선이 필요하다. 이것은 보수냐 진보냐가 아니라 상식과 비상식, 정의와 부정의의 문제다.

특히 현 시국에서 가장 중요한 것은 현재 거의 모든 영역에서 후퇴하고 있는 한국 사회와 그러한 후퇴를 강제하는 정치에 대해 침묵하지 않아야 한다는 것이다. 그리고 너무나도 확실한 진리 앞에서 그것을 받아들이기를 거부하고 역사의 진보를 거스르는 편에 서 있는 것, 그리고 그러한 자신의 모습을 은폐하기 위한 궤변을 만드는 데에 더 집중하는 것이야말로 교육자가 해서는 안 되는 자세일 것이다. 즉, 표리부동하지 않고 지행합일을 이루기 위해 끊임없이 노력하는 것이 기본적 자세가 아닌가 싶다. 그리고 그런 자세를 갖추는 전제는 소수 특권 권력 집단이 아닌, 국민 다수의 이익을 위해 연구하고 복무하겠다는 다짐, 그리고 언제나 낮은 자세로 임하고자 노력하는 것이 아닐까 생각된다. 반성해야 할 내용을 정리하다 보니 부끄럽기는 하지만, 이것이 말뿐인 반성으로 끝나지 않도록 최선을 다할 것을 학생들에게 약속해본다.

한국 교수는 왜 8·17을
기억해야 하는가?[*]

윤지관

그의 죽음을 계기로
교수 단체들이 결집해 대규모 시위를 벌였고,
부산대는 국립대 중 유일하게
직선 총장을 지켜낼 수 있었다.

총장 직선제를 지킬 것을 요구하며 대학 본관의 옥상에서 투신한 부산대 고故 고현철 교수의 1주기가 지났다. 부산대는 17일 교수·학생·직원이 함께 추모식을 열고 대학 민주화를 위해 목숨을 바친 고 교수의 뜻을 기리며 기념 조형물 제막식을 갖는다고 밝혔다.

국립대학의 중견 교수가 캠퍼스에서 대학 민주주의를 외치며 투신자살한 사건은 과거 유신 독재 시절 학생들의 잇단 죽음과도 대비되면서 대학 사회에 큰 충격을 안겼다. 모든 추모가 그러하듯이 산 자들은 애도를 통해 망자와 이별하고 그의 뜻을 현실에서 되새기고자 한다. 그의 죽음을 계기로 교수 단체들이 결집해 대규모 시위를 벌였고, 부산대는 국립대 중

● "한국의 교수는 왜 8.17을 기억해야 하나?", ≪프레시안≫, 2016년 8월 17일 자.

유일하게 직선 총장을 지켜낼 수 있었다.

그렇지만 고 교수의 희생은 총장 직선제를 지키기 위한 것만은 아니었다. 당시의 대학 현실에서 총장 직선제 고수가 정권의 비민주적 강압에 저항하는 가장 직접적인 방법이었을 뿐이나. 그가 남긴 유서를 자세히 읽어보면 이 점이 분명하다. 직선제를 지키겠다고 공약하고 당선된 당시 부산대 총장이 교육부 방침대로 간선제를 추진하게 된 것을 그는 대학의 자율성이 실종된 결정적 증거로 보았다.

민주주의가 이처럼 심각하게 훼손되고 있음에도 "대학과 사회 전반적으로" 이런 상황에 대한 인식은 "너무 무뎌져 있"다는 것이다. 그렇기 때문에 "대학에서의 민주주의 수호를 위해서는 오직 총장 직선제밖에 다른 방법이 없다"고 판단한다. 그 당시로서는 교육부의 총장 직선제 폐지 압력에 끝까지 맞선 곳이 부산대였으므로 부산대가 무너지면 대학 자율성의 마지막 보루가 무너진다는 절박함이 있었던 것이다.

고 교수의 안타까운 죽음은 대학의 자율성을 옥죄는 정부의 부당한 개입에 맞선 항의에서 비롯된 것이지만, 그 못지않게 대학과 사회 일반에 퍼져 있는 무기력과 순응주의에 대한 자성과 비판을 담고 있다. 그가 스스로 '충격요법'이 필요하다고 느끼고 극단적인 선택을 하게 된 것도 민주주의의 심각한 훼손이라는 이 역사의 퇴행에 무뎌진 일반적인 인식을 깨뜨리려는 의도에서였다. 과연 그 같은 선택이 지식인의 실천으로서 최선이었는지에는 이견의 여지가 있겠지만, 그가 충격을 가하고자 한 대상은 민주화 흐름을 거스르는 정권이 아니라 바로 무기력한 교수 사회였다는 것은 분명하다. 그의 죽음은 제 역할을 하지 못하고 있는 우리 교수들에 대한 아프고도 강력한 심문이기도 한 것이다.

그러나 대학 현장에서 민주주의가 어떤 방식으로 실현될 수 있는지는 단순한 문제가 아니다. 가령 총장 직선제 고수만 하더라도 그것이 반드시 대학 민주주의의 구현과 일치하지는 않는다. 물론 총장 직선제의 폐해에 대한 교육부의 지적과 간선제 요구는 대학의 자율적인 결정 과정에 개입하려는 목적이 앞섰기 때문에 고려의 가치조차 없다. 하지만 원론적으로 교수들만의 총장 직선 관행은 민주주의의 원리에 부합하지 않는 면이 있다. 총장 직선제 도입은 군부독재가 종식된 이후 대학 민주화의 중요한 전기를 이루지만 다른 구성원들의 참여를 원천적으로 봉쇄한 점에서는 교수 중심주의의 한계를 벗어나지 못한다. 총장 선출 과정은 학생까지 포함한 대학의 모든 구성원들이 참여하는 방식을 도출하고 이를 제도화하는 것이 진정한 민주주의에 더 가까울 것이다.

대학은 외부의 부당한 간섭이나 통제를 벗어나야 하고, 정부 개입에 맞서거나 기득권 세력과 결탁한 사학 권력에 맞서서 대학의 자율성을 지키고자 하는 싸움을 지속해야 한다. 그러나 민주주의의 적은 외부에만 있는 것이 아니라 내부에도 있다. 대학이 진정으로 민주화되려면 대학 내부의 비민주적 관행이나 질서를 혁신해나가는 노력이 병행되어야 한다. 그것은 바로 대학 내부의 기득권 구조를 혁파하는 일이며, 교수 중심주의를 극복하는 일도 그 가운데 하나다. 대학은 비판적 지성의 산실이면서 국가의 중요한 이데올로기 기구로 존재한다. 그렇기에 지식인의 속성이라고 할 수 있는 비판 기능을 상실하는 순간 기득권 세력의 일부로 손쉽게 편입되는 것이 교수들의 입지다.

교육부가 재정 지원을 빌미로 대학을 평가하고 '선택과 집중'을 내세운 몰아주기를 통해 대학을 길들이고 통제해왔다는 것은 주지의 사실이다. 대학들 사이에는 생존을 건 경쟁이 벌어지고 이 속에서 교수 사회가 순응주의 및 그 쌍생아인 패배주의에 젖어 있다는 자괴감이 팽배해 있다. 비판 의식을 상실한 교수 사회는 이기주의의 터전이 된다. 경쟁에서 하위권으로 밀린 대학은 생존을 내세워 대학 내부의 민주적 논의 자체를 봉쇄하고, 상위권에 속하는 대학은 승자의 혜택을 누리는 가운데 정부 정책에 문제를 제기할 여지부터 축소된다. 정부의 평생교육 단과대학 사업이 야기한 최근의 이화여대 사태에서 보듯이, 교육부 정책에 대한 대학 당국의 맹종과 이같이 무리하고 일방적인 결정을 막아야 할 교수 사회의 의탕 부족이 결국 학생들의 극렬한 항의를 촉발한 것이 아니겠는가?

고 고현철 교수가 "대학의 민주화는 진정한 민주주의 수호의 최후의 보루"라는 소신을 지키기 위해 자신의 몸을 던진 지 1년, 대학의 민주화는 아직도 요원하다. 고인이 암담하게 여겼던 1년 전의 정치 현실은 일각에서 '저강도 쿠데타'가 진행되고 있다고 경고할 정도로 파시즘적 성격이 짙었다. 그렇기 때문에 총장 직선제 폐지 강요에 맞선 당시의 저항에는 그 나름의 의미가 있었다. 그러나 이 같은 정권의 일방적인 민주 질서 파괴와 국정 실패가 총선을 통해 국민의 심판을 받고 정치 지형이 일정 정도 변화를 겪는 동안, 대학은 민주주의의 진전은커녕 오히려 정부의 통제에 순응하는 반민주적인 기득권의 성채가 되고 만 것은 아닐까? 교수들의 뼈 아픈 자성 없이는 고인에 대한 추모도 기념비를 세우고 그를 추억의 대상으로 삼는 망각의 의식儀式에 불과할 뿐이다.

대학의 민주화가 사회 민주화의 초석이 되려면, 대학의 자율성을 단순히 주장하는 것만으로는 부족하다. 교수 집단부터가 자신의 이해관계를 넘어서 비정규 교수·학생·직원이 함께하는 말 그대로의 학문 공동체를 일구어나갈 자세를 보여야 한다. 고인에게는 진정한 대학 민주주의를 위해 한 몸을 바칠 각오, 즉 모든 것을 내려놓는 결단을 내릴 용기가 있었다. 암울한 대학의 현실을 두고 권력과 자본을 탓하고 이를 비판하기는 쉽다. 그러나 고인의 뜻을 진정으로 살리는 길은 우리 속에 깃든 이기주의에 맞서 공적이고 민주적인 질서를 위해 기득권을 내려놓는 결단, 바로 그런 일상의 신길을 통해 열린 것이다.

이화여대 사태
제대로 보기[•]

김귀옥

학생이 없는 대학을 상상할 수도 없다.
학생들과 학부모들의 피눈물 나는 노력의 결과,
교수와 교직원들은 밥을 먹고 품위를 유지하며 살고 있다.

이화여대의 투쟁이 장기화되고 있다. 총장은 말할 것도 없고, 학생을 포함한 대학 구성원 모두 상처만 안게 될까 우려스럽기까지 하다. 문제의 발단은 고졸 직업여성의 학업을 위한 단과대학 신설 건이었으나 증폭이 된 근본 원인은 오늘날 한국 대학을 포함한 한국 사회의 곳곳에 만연한 소통의 부재 문제에 있다.

잠시 이화여대의 미래라이프대학을 둘러싼 문제부터 보자. 교육부가 시행하는 평생교육 단과대학 사업(이하 평단 사업)은 부실하게 진행되었던 대학 부설 평생교육원의 교육의 질을 높여 선취업 후진학을 장려하겠다는 취지로 고졸 취업자와 30세 이상 성인을 대상으로 한다. 평단 사업에

• "이화여대 사태 제대로 보기", ≪프레시안≫, 2016년 8월 27일 자.

선정된 대학은 교육부로부터 연간 30억 원을 교부받고 교육과정 개발이나 교수 충원을 할 수 있다. 교육부의 차원에서 평단 사업과 유사한 사업으로는 평생 학습 사업, 재직자 특별 전형 사업 등 중복되는 유사한 사업이 적지 않다. 또한 일각에서는 평년 사업이 사부상적 성별 분업을 고착화할 가능성에 대한 우려의 목소리도 나온다. 대학 교육은 성별 분업을 허물고 개인의 적성과 능력, 사회적 소통 능력과 협동심 함양, 미래 세대들에게 미래 사회에 요구되는 다양한 능력을 계발하고 준비하도록 진작하는 하는 데 중요한 의의가 있다. 그러나 미래라이프대학의 사업 내용을 보면 오히려 교육적 방향을 역행하고 있는 내용이 적지 않다.

교육부의 대학을 둘러싼 각종 교육 및 연구 사업에 대한 검토는 반드시 정확하고 심각하게 짚어봐야 한다. 교육 당국은 입만 열면 대학과의 소통을 얘기한다. 2016년 8월 18일 전국사립대학교수연합회(사교련)의 '제20대 국회에 제안하는 희망의 대학 정책' 대회에서 교육부 고위 공무원들이 대학교수들과 소통을 강조한 것은 이화여대 학생들의 용기 있는 행위와 대학 정책에 대한 여론의 관심 때문이 아닐까 싶다. 그러나 세간에서는 교육부가 해체되어야 교육이 산다는 유머가 돌 만큼 교육 당국이나 정부는 세계적 추세의 교육적 당면 과제와 교육 현실, 정책 방향에 대해 모르쇠로 일관하고 있다. 심지어 대학 구조 개혁이라는 명분으로 대학과 교육을 흔들어 학문의 자유 및 창의성을 죽이고 있다는 말마저 들린다. 정부와 국민, 교육 당국과 교육 현장과의 불통이 최악의 상태다.

강의실에서 사라진 소통

이화여대 사건을 계기로 한국 대학과 우리 사회의 불통 문제, 즉 소통 부개인 문제부터 살펴본 작정이다. 우선 대학 구성원들의 불통 문제를 살펴보자. 총장들은 대학의 주인은 학생·교수·직원이라고 목소리를 높인다. 그러나 현실을 보면 대학생은 주인은커녕, 손님 대접도 못 받는 나그네 실정이다. 그러한 양상은 강의시간만 봐도 여실히 나타난다.

현재 한국처럼 사립대학의 학생 수가 전체 대학생의 75퍼센트(대학교 중 사립대학의 수는 82퍼센트 남짓)를 차지하는 구조에서는 학생이 없는 대학을 상상할 수도 없다. 학생들과 학부모들의 피눈물 나는 노력의 결과, 교수와 교직원들은 밥을 먹고 품위를 유지하며 살고 있다. 2011년 대학생들의 대대적인 반값 등록금 투쟁으로 대학 교육에 대한 각종 지원 사업이 늘어났다고 하지만, 아직도 대학 교육에 대한 정부의 지원 예산은 OECD 평균인 GDP 대비 1.1퍼센트의 절반 정도다.

그렇다면 대학 교육의 질은 몇 년 사이에 얼마나 높아졌을까? 수많은 대학 교육의 양과 질을 나타내는 지표들 중 하나인 교수 1인당 학생 수는 평균 26.4명으로 OECD 국가의 교수 1인당 평균 학생 수 15명보다 11.4명이 많다. 최근 고등학교 교사 1인당 평균 학생 수가 15.1명임을 감안하면 대학의 교육 환경은 후진국형에 가깝다.

교육부는 저출산·소자녀의 영향으로 대학 정원 감축의 필요성을 대대적으로 역설하며 현재 대학 구조 조정을 진행하는 명분을 삼고 있다. 그런데 정부의 대학 구조 조정의 칼바람 때문에 전임교원은 늘어나기는커녕 줄어들지 않으면 다행이라고 할까. 이명박·박근혜 정권 들어 대학에서 채용되고 있는 신임 교수의 대다수가 다양한 종류의 비정년 트랙 교수다.

이러한 교육 현실에서 정부의 지원이 집중되어 있는 학교와 비켜서 있는 학교 간에는 교육적 환경이 양극화되어 있다. 서울 시내의 A 대학은 교수 1인당 학생 수가 32명이 넘는다. 그러한 강의실에서 학생들은 교수와 무슨 의사소통이 가능하겠는가? 학문적 토론은 말할 것도 없고, 진로 및 적성, 대학·인생의 낭만과 고민 등을 얘기할 수 있겠는가?

졸업생들에게 묻는다. 졸업할 때 네 이름을 기억해주는 교수가, 적성이나 진로에 관심을 둔 교수가 몇 명이나 있었는가? 이 질문에 흔쾌히 대답할 수 있는 학생들을 만나기란 쉽지 않다. 취업이나 대학원 진학 과정에시 추천서가 필요할 때 난감하다고 하는 학생들이 압도적으로 많다. 교수 개개인의 게으름이나 프로젝트, 각종 회의 준비, 잡무 등에 따른 업무의 과중도 있고, 학교 제도의 불비도 있다.

근본적인 문제는 교육 당국의 백년대계는커녕 한 발자국 앞도 내다보지 못하는 교육정책과 그에 기초한 재정 사업에 있다. 시민단체 '사교육걱정없는세상' 관계자는 "전임교원 30퍼센트를 줄이지 않을 때 소요되는 예산은 1조 2844억 원으로, 정부가 2016년 한해 프라임 사업, CK 사업 등 대학 재정 지원 사업으로 사용한 1조 5000억 원에 비해 적은 금액"이라고 주장한다. 이는 단순한 교수의 수와 지위만의 문제가 아니라 교육의 주인이자 한국의 미래 인재인 대학생들의 교육의 질 문제이자, 교육적 소통의 문제다.

디지털 시대인 만큼 새로운 정보는 말할 것도 없고, 윤리적 문제, 새로운 인식방법론 문제를 각 방면에서 연구하고 교육적으로 소통해야 한다. 그러나 오늘날 한국 교수들은 연구하느라고 보내는 시간보다는 정부 사업 지원보고서를 쓰고 관리하느라고 보내는 시간이 더 많은 실정이다. 이러한 형국에 열린 강의실이 되기는커녕, 학생과 교수들이 다양한 채널로 소통하고, 합리적이며 미래지향적인 아이디어를 교류하고 실현하기 위해 노력할 수 있는 대학을 현재 한국 사회에서 발견하기란 쉽지 않다. 어떤 대학에서는 교수의 학생 면담을 의무화할 만큼 자연스러운 교류가 일어나지 못한 지 오래다.

대학의 불통은 취업과 정부 발주 프로젝트 중심으로 서열화된 대학, 과밀한 강의실, 그에 따른 주입식 강의, 상대평가에 기반을 둔 학점 제도, 요식행위와 같은 졸업장 등으로 표현된다.

대학 총장의 제왕적 리더십

이화여대 사태의 본질은 총장의 불통하는 리더십이다. 최근 김혜숙 이화여대 교수협의회 공동회장(비상대책위원회 위원)이 지적했듯이 그간 계속되었던 총장의 일방적인 소통, 즉 불통의 모습 때문에 대다수의 학생들과 교수들의 신뢰를 잃어버린 듯하다.

한국 대학에서 볼 수 있는 불통이 어디 이화여대만의 문제겠는가? 상지대는 말할 것도 없고, 최근의 한신대 총장과 학생, 교수들의 대치 문제 등을 보면, 해방 이후 70여 년간 쌓여온 한국 대학의 고질 병폐인 불통의 문제를 발견하게 된다. 과거 대학의 설립자나 이사장, 총장은 대학에서 제왕적 무소불위의 권력을 가지고 있었다. 사립대학은 법 제도적으로 엄밀히 말하면, 공교육기관이자 재단이기 때문에, 대학에는 개인 소유 개념이 존재하지 않는다.

하지만 한국은 오랫동안 사립대학의 설립자, 또는 이사장을 주인으로 불렀다. 그 주인은 학생들의 등록금, 교비 등을 개인 쌈짓돈으로 여기며 독단과 전횡을 행하는 일이 비일비재했고, 자질이 부족한 자신의 자녀들을 교수나 행정 요직에 앉히는 것도 다반사였다. 교수나 직원들을 개인 비서처럼 부리는 일도 수많은 대학에서 대동소이하게 발생했다. 과거 J대학에서는 아침에 일정한 시간이 되면 교수들이나 직원들이 운동장으로 끌려 나가 구호에 맞춰 달려야 했고, B 대학에서는 교수들이 대학 경비 직원에게 출석체크를 받는 웃지 못할 해프닝이 벌어지기도 했다. 물론 이는 설립자 또는 이사장의 명령에 의해서다.

1987년 정치적 민주화 이래로 수많은 대학이 학내 민주화 투쟁으로 몸살을 잃었다. 그 과정에서 대학에서 해임되거나 사퇴했던 교수들, 퇴학당했거나 스스로 그만둔 학생들의 수가 적지 않았다. 그러나 1998년 전후로 차츰 제왕적 대통령 이미지가 약해지듯이, 대학의 설립자 이미지 역시 그랬다. 2000년대 중반까지 잠시 대학의 민주화가 이루어지는 듯했다.

이명박 정부와 박근혜 정부가 들어서면서 한국 사회의 정의는 다시 약화되고, 이익 연대가 강화되었다. 급기야 사립대학들 중에서 분쟁을 겪어서 퇴출되었던 독단적 설립자들이 2005년 개정 사립학교법에 의해 개방형 이사, 이사장으로 들어오기 시작했다. 이 과정에서 설립자에게 미운털 박힌 교수들이 해직되거나 박해받는 일이 수많은 대학에서 발생했다. 또한 중앙대에서 보듯이 교육적 이념보다는 기업적 이윤을 앞세운 재벌이 교육을 위기로 몰아넣는 일이 발생하기도 했다. 설령 제2, 제3의 사학분쟁까지 치닫지는 않더라도 총장이나 이사장이 전횡하는 구조는 2005년 개정 사립학교법이 시행되면서 다시금 확대일로로 가는 듯했다.

총장이기 전에 교육자가 돼라

사립대학의 수십 년 된 제왕적 권력 구조에 더해 최근 급변하는 대학 교육 환경도 제왕적 권력을 강화하고 있다. 최근의 대학 구조 개혁이니, 대학 재정 제한 조치니 하는 정부 주도의 대학 구조 조정 정책과 정부의 교육 교부금에 대학들은 목을 매고 있다. 재정 지원 사업을 획득하기 위해 그것을 추진할 수 있는 강력한 리더십을 가진 이사장이나 총장이 연일 부각되면서, 수십 년간 대학 민주화 과정에서 어렵게 획득했던 일부 대학들의 민주적 총장 제도가 교육부에 의해 거부당하고 있다. 그 결과 2015년 부산대 고현철 교수는 대학 민주화와 총장 직선제의 폐지에 반발해 투신 사망하는 가슴 아픈 일까지 있었다.

이화여대의 최경희 총장은 평단 사업이라는 30억 원짜리 프로젝트와 학생·교수와의 민주적 소통을 맞바꾸려 했다. 최 총장은 평가와 실적, 결과를 위해서라면 어떤 절차도 무시해도 좋다는 것을 몸소 실천했다. 이러한 한국의 대학 현실에 교육과 윤리는 깡그리 무너져가고 있는 게 아닌가? 이화여대 총장은 우수한 여자대학의 최고 리더다. 이뿐만 아니라 이화여대가 한국 여성사에서 중요한 역할과 헌신을 해왔다는 점에서 이화여대 총장은 한 대학의 총장을 넘어서서 한국 여성계의 리더이자, 사회적 리더라고도 할 수 있다. 최 총장은 안타깝게도 이러한 역사적 사실을 망각하고 있다.

게다가 최 총장은 평단 사업을 진행하는 과정의 투명성뿐만 아니라, 학생들이나 교수들과 민주적으로 소통하는 것 자체를 무시했다. 평단 사업의 부당성을 항의하는 학생들에게 이해시키고 설득하기보다는 외부 경찰을 교내로 먼저 불러들였다. 과장해서 역사적 비유를 하면, 제 백성의 항의를 진압하기 위해 외국군을 국내로 불러들인 것이라고나 할까. 그것도 한 번도 아니고, 이미 2015년 10월에도 박근혜 대통령의 이화여대 방문을 반대하는 200여 명의 학생들의 시위에 수백 명의 사복 경찰을 불러들인 바 있다. 대화보다는 폭력을 앞세웠다. 노동자들의 주장을 폭력으로 진압하려는 한국 CEO들의 모습과도 흡사하다. 대화의 진정성을 말하려면, 우선 책임 있는 사과 자세를 보여야 한다.

교육은 공공재다. 교육부는 좋은 교육제도를 통해 공적으로 미래 인재가 육성되도록 뒷받침을 하는 지원 부서이지, 교육을 흔드는 기관이 아니다. 미래 인재가 잘 키워져야 그들이 사회에서 제 역할을 다하며 행복하게 살 수 있고, 또한 그들이 공정하게 납부하는 세금에 의해 국가 재원도 원만하게 조성되며, 국가 경영도 건전해질 수 있다. 대학 교육은 학생들의 능력과 희망을 최대한 살리면서 사회경제적 수요와 미래 대안적 인재를 양성하는 역할을 하되, 특정 기업의 맞춤형 인재만을 키워내서는 안 된다. 미래 인재들은 단순한 기계 부품 역할을 하거나 정보나 기술로 환원되는 존재가 아니라, 그 이상의 가치를 가진 존재들이기 때문이다. 귀중한 인재들이 학교에서 전문 지식뿐만 아니라 협력적 가치와 방법을 배워 사회에 진출해 사회 구성원들과의 협력과 헌신, 공생의 소중함을 깨닫도록 도와줘야 한다. 교수와 선배가 학생과 제자, 후배들에게 사회적 소통의 의미와 방식을 실천하도록 기회를 주지 않는다면, 이들 또한 교수와 선배들을 욕하면서 배우게 될 수밖에 없을 것이다.

소통은 민주주의의 기초이자, 우리가 살아나가는 방식 그 자체다. 최총장이 교육자로서 학생들이자 제자들과의 진정한 대화를 원하고 사태수습의 책임을 지려 한다면, 권력을 내려놓을 줄 알아야 한다. 그는 총장이기 전에 교육자다. 그것이 진정한 소통의 리더십이자 교육자의 길이다.

청년 수당,
진짜로 효과를 보려면?[•]

안현효

청년 취업 정책에서의 진정한 갭은 대학의 학과가 비현실적인 전공,

이른바 '문송' 학과가 지나치게 많은 것에만 있는 것이 아니라,

청년이 원하는 직장과 사회가 제공하는 직장 사이의

갭이라고 보아야 할 것이 아닌가?

서울시 청년 수당, 성남시 청년 배당, 그리고 정의당 '징검다리 패키지'

청년 실업 문제는 누구나 다 아는 일이면서 오래된 일이다. 2016년 2월 3
일, 국회에서는 정의당 부설 미래정치센터가 주도해 청년 실업 문제에 대
한 정책 토론회를 열었다. 청년 앞에 놓인 미래는 비정규직과 불안전 고
용이다. 토론회에서 제기된 대안들은 고용보험 제도 개혁을 통해 사각지
대를 줄여 수혜 범위를 보다 넓게 적용하는 방안과 제도의 규모 증대, 새
로운 청년 급여 제도에 관한 것 등이었다. 여기서 제출된 청년 급여 제도
제안은 고용노동부가 시행 중인 '취업 성공 패키지 사업'과 서울시와 성남

[•] "청년 수당, 진짜로 효과를 보려면?", ≪프레시안≫, 2016년 2월 19일 자.

시에서 추진하고 있는 '청년 수당', '청년 배당'과 비교해볼 때, 청년의 입장에서 제기한 흥미로운 정책 제안이어서 진지하게 검토할 필요가 있어 보인다.

정부가 현재 시행하고 있는 청년 실업 정책인 취업 성공 패키지 사업은 연간 13만 명을 대상으로 한다. 2~3개월 동안 일종의 훈련 참여 수당으로 최대 40만 원 정도씩을 지원하는 취업 지원 프로그램이다. 이와 달리 서울시의 '청년 수당'은 월 50만 원 정도를 지급함으로써 청년들이 자신의 사업과 취업 전망을 기획하도록 지원한다. 또한 성남시의 '청년 배당'은 월 10만 원 정도를 지역 내 일정 나이의 모든 청년에게 일괄 지급하는 보편적 기본소득 형태를 띤다. 그리고 지난해 미래정치센터에서 내놓은 안은 '징검다리 패키지'라는 것으로, 취업을 하지 못한 청년들에게 약 50만 원씩 1년간 지급하며, 취업 연계 교육을 동시 병행하는 내용으로 구성되어 있다.

제기된 네 가지 안은 우리 시대를 바라보는 철학과 청년의 삶을 바라보는 철학에서 차이가 있어 흥미롭다. 우선 정부 안은 당면한 청년 취업률 제고에 초점을 맞춘다. 서울시 안은 청년들 스스로가 미래의 삶을 개척할 수 있도록 조건 없이 지원하겠다는 비교적 실험적인 제도다. 성남시의 안은 현대 자본주의의 직업 창출 능력에 대한 비관주의에 기초하며, 미래정치센터의 안은 청년의 입장에서 설계했다는 점이 특징이다. 이러한 안들은 서로 활발한 토론이 필요하다.

나는 미래정치센터의 '징검다리 패키지'를 좀 더 검토해보고자 한다. 이 제안을 통해 우리가 알 수 있는 것은 청년들은 좀 더 안정적인 직장을 구하고 있으며 이를 얻기 위해 사회의 지원을 바란다는 것이다. 그 지원은 좋은 직장을 구하기 전까지의 금전적 보조이며, 또 좋은 직장을 구할 수 있는 교육 프로그램이다. 여기에서 청년 정책이 시작해야 할 것 같다.

물론 이 프로그램에서 당장 소득 보조의 재원을 어떻게 구하느냐는 문제가 있을 것이며 이는 당일 토론회에서도 많은 논의가 된 듯하다. 이 프로그램의 또 다른 측면은 취업을 하는 데 도움이 되는 직업 교육을 기획·제공하는 일이다. 여기에 대학의 역할이 있다.

잘못된 대학 교육정책, 이공계 늘리기만 하면 취직 잘되나?

정부의 청년 정책이 취업률, 즉 실업 해소에 초점을 두고 있어서 취업의 질에 대한 관심이 높지 않다. 특히 교육부가 대학의 구조 개혁 방향과 취업률 제고를 연동한 정책을 강력하게 추진하고 있기 때문에 그 경향은 더욱 강해진다. 이와 같은 단순 취업률 제고 정책은 청년들의 입장을 고려해 설계한 고용 정책이라고 보기 어렵다.

대학을 쥐어짜면 취업률이 일시적으로는 오를지 모르나 취업의 질은 더욱 악화되기 쉽다. 이보다는 청년들이 공무원과 같은 안정된 직장에 몰리는 이유에 주목해야 한다. 사회가 실업에 대한 보호 정책을 강력히 제공해 불안정 고용이나 실업에 대한 부담을 줄여주지 않는 한, 미래를 고민하는 청년의 입장에서 안정된 직장을 선호하는 것은 너무나 당연하다. 따라서 청년 취업 정책에서의 진정한 갭gap은 대학의 학과가 비현실적인 전공, 이른바 '문송'('문과라서 죄송합니다'의 줄임말) 학과가 지나치게 많은 것에만 있는 것이 아니라, 청년이 원하는 직장과 사회가 제공하는 직장 사이의 갭이라고 보아야 할 것이 아닌가?

그러므로 대학 개혁은 개혁에 찬성하느냐 반대하느냐의 문제가 아니라, 대학 개혁을 어떤 관점에서 보느냐의 문제다. 이공계는 공급이 부족한 반면, 인문계는 수요가 부족하니 이 양의 차이를 해소하자는 것만으로는 청년 취업 문제를 완전하게 해결할 수 없다. 공급 측면에서 보자. 청년들이 원하는 직장은 좀 더 소득이 높고, 안정적인 곳이다. 수요 측면에서 보자. 지금 한국 사회에서 필요한 인재는 단순 업무를 하는 인재가 아니라, 보다 창의적이고 생산성이 높은 업무를 할 수 있는 인재다.

이 두 가지 요구는 결국 같은 것이므로 이를 대학이 연결할 수 있어야 한다. 이런 관점에서 보면 대학에서 필요로 하는 교육과정은 현재 제공하는 것보다 더 창의적이고 수준 높은 교육이지 단순한 직무 교육이 아니다. 그럼에도 불구하고 현재 대학은 단순한 직무 교육을 수행하도록 쫓기고 있다.

청년 지원 프로그램도 대학 개혁이 뒷받침되어야 효과 낸다

오늘날의 대학이 대중 교육화되고 있지만 이 변화가 직업 교육의 확산을 의미하는 것은 아니다. 대중 교육이란 엘리트 교육의 반대말로 누구에게나 대학 교육을 제공한다는 것이고 현대 민주주의 정신에도 맞다. 하지만 누구나 참여할 수 있는 고등교육의 내용이 단순한 직무 교육에 그친다면, 미래 사회 문제를 해결하는 창의적 인재 육성이라는 과제는 방기될 수 있다. 이 문제를 해결하기 위해서는 대학의 학제가 기초학문 교육과 응용학문 교육을 적절히 융합할 수 있는 형태로 바뀌어 모든 대학생이 충분한 기초학문 교육을 수행한 다음에 응용학문 전공을 공부하도록 보장해야 할 것이다.

예를 들면 단순히 소양 및 기초 역량 교육에 머물고 있는 교양 교육을 대폭 강화해 인문·자연·사회의 기본학문을 골고루 충실히 익히도록 하고, 이에 기초해 직업 교육을 받도록 함으로써 단순 직업 교육이 아니라 전문적이고 창조적인 직업 교육이 될 수 있도록 바꾸는 개혁이 필요할 것이다. 이 과정이 4년으로 부족할 수 있기 때문에 대학 졸업 후의 추가적인 직무 교육을 '징검다리 패키지'와 같은 정책으로 소화한다면, 취업이라는 발등의 불을 끄다가 삶을 살아가는 장기적 잠재력까지 소진시키는 우를 범하지 않게 될 것이다.

06

거꾸로 가는 교육에서 희망을 찾을 수 없다

선도부, '선배 똑바로 쳐다보면
죄악'이라는데[*]

서영표

강자와 약자, 선배와 후배,
기능인이 되어가는 교사와 학생,
제왕처럼 군림하는 교장과 평교사 사이에는
은폐된 폭력의 논리가 작동한다.

굳고 녹슨 모든 관계들은 오랫동안 신성시되어온 관념들 및 견해들과 함께
해체되고, 새롭게 형성된 모든 것들은 정착되기 전에 낡은 것이 되어버린다.

160여 년 전 새롭게 등장하고 있던 자본주의를 묘사하면서 마르크스가
한 이야기다. 자본주의로의 급격한 이행기에 살았던 많은 사람은 이러한
변화를 우려의 시선으로 바라보았다. 혹자는 보다 단순한 사회에서 유지
되었던 사회적 통합이 무너지고 도덕적 규범이 제 역할을 하지 못하는 것
을 걱정했다. 이기주의가 만연하고 있었던 것이다. 또 어떤 사람은 목적
만을 추구하는 맹목적 합리성이 불러올 사회적 문제를 비관적인 시선으

---

[*] "선도부, '선배 똑바로 쳐다보면 죄악'이라는데…", 《프레시안》, 2015년 8월 20일 자.

로 바라보았다. 마르크스가 모든 인격적 가치마저도 '현금 지급'과 '교환 가치'로 용해될 것이라고 우려한 것과 크게 다르지 않다.

한 세기가 훨씬 넘는 세월이 흐르는 동안 세상은 몇 번의 굴곡을 겪으면서 여러 번 급격하게 변했다. 이제 지난 세기 날카로운 통찰력을 지닌 사상가들이 읽어냈던 목적만을 추구하는 이기적인 인간들의 경쟁 사회가 완벽하게 실현된 것 같다. '단단한 모든 것이 녹아 공기 중으로 사라져버리는' 세상이 된 듯하다. 사람들은 이러한 모습을 '포스트모던한 소비사회'라고 이야기하기도 한다. 정체성identity과 다양성diversity이 현대사회를 규정짓는 핵심어가 된 지 오래다. 스마트폰으로 상징되는 정보사회는 마르크스가 읽어냈던 자본주의를 완벽하게 구현하고 있는 듯 보인다.

물론 그때나 지금이나 자본의 논리 옆에는 변형된 신분제, 권위주의, 가부장제가 자리 잡고 있다. 부르주아 혁명을 통해 일소된 것이 아니라 새로운 모습으로 유지·온존되어온 것이다. 포스트모던한 정체성과 다양성은 끝없는 욕망을 창출하고 그에 따른 낭비적 소비주의는 위계와 복종의 낡은 토양 위에 뿌리내리고 있다. 순식간에 사라져버리는 것들도 있지만 인습과 폐단은 끈질기게 살아남아 새로운 에너지를 공급받는다.

스마트폰 들고 낡은 권위주의 찾는 교육

며칠 전 이제 막 고등학교에 입학한 딸아이에게서 우연히 선도부에 관한 이야기를 들었다. 순간 의아해졌다. 선도부? 아직도 선도부가 있어? 말 그대로 선도부는 올바른 길로 이끌어준다는 의미를 담고 있다. 하지만 내가 기억하는 바로는 선도부는 올바름과는 전혀 상관없는 성적순으로 선발된, 우리와 똑같은 철없는 아이들이었을 뿐이다. 차이가 있다면 선도부에 선발되었다는 것에서 오는 우쭐함으로 어깨에 힘을 넣고 후배들을 대했다는 것 정도다. 그리고 그 올바름이라는 것이 두발 길이와 복장을 단속하는 '경찰 업무'였을 뿐이었다. 나의 경험은 거의 30년 전의 것이니 그런 '경찰 업무'가 선도라는 이름으로 가능했으리라. 다양성과 정체성의 시대에 일방적으로 정해놓은 학교 규율에 대한 권한을 일부 학생에게 주어 관리하게 하는 것은 시대착오적일 수밖에 없다고 생각했다. 갑자기 궁금해졌다. 요즘 선도부는 어떨까? 조금은 달라졌을 것이라는 내 예상이 맞을까?

딸아이에게서 전해 들은 이야기는 충격적이었다. 30년 전과 전혀 다를 것이 없었기 때문이다. 후배는 선배를 똑바로 쳐다보지도 못한다고 했다. '전통'이랍시고 선생님들의 묵인하에 선배들이 후배들의 교실에 들어와 책상 위에 올라서게 한 후 복장 검사를 한다고도 했다. 스마트폰이 지배하는 세상에 군사독재 시절의 권위주의가 어린 학생들에 의해서 '수행'되고 내면화되고 있는 것이다. 누군가 학교는 순응하는 육체와 정신을 만들어내는 곳이고, 그래서 병영을 닮았다고 했다. 아무리 그렇다고 해도 최소한 시대의 변화는 따라가야 하는 것은 아니겠는가? 세상의 변화를 가장 민감하게 받아들이는 세대가 청소년들이다. 그들에게 세상에서 가장 낡은 것을 강요하고 있는 것이다.

여기에서 그치지 않는다. 아직도 녹아 사라지기를 거부하는 케케묵은 군사주의적(일제 식민 지배까지 거슬러 올라갈 것이다) 문화와 함께 모든 것을 현금 계산과 교환가치로 용해시키는 노골적인 자본주의적 경쟁 논리도 학교를 병들게 하고 있다. 민주화와 인권의 신장은 체벌을 약화시켰지만 그것을 대체한 것이 시장의 논리다. 교사와 학생들 사이의 신뢰 관계가 현금 계산의 관계로 용해되면서 학생에 대한 지도는 벌점과 상점으로 '계산'된다. 벌점과 상점의 기준이 자의적이라는 것은 제쳐두자. 아이들의 일거수일투족을 감시하는 권위주의적 문화는 모든 행동을 점수로 환산해서 계산할 수 있다는 포스트모던한 소비주의 논리와 결합하면서 더욱 강력해지고 있다. 감옥에서나 가능할 것 같은 감시의 시선과 사람, 사람들 사이의 관계, 그리고 자연까지도 화폐로 환산해서 계산하는 시장 문명이 서로에게 자양분이 되면서 거대해지고 있다. 더 무서운 일은 이것이 어린 학생들의 정신에 내면화되면서 더 깊이 뿌리 내리고 있다는 것이다.

어린 학생들이 학교 밖에서 보는 것은 이익을 위해서는 수단과 방법을 가리지 않는 어른들의 모습이다. 사회의 지도층이라는 사람들은 권력을 사적으로 남용하는 것을 당연하게 생각한다. 도덕적인 흠집이 큰 사람들이 버젓이 장관이 되고, 국회의원이라는 사람들은 틈만 나면 무책임한 막말을 쏟아낸다. 합리적인 토론과 민주주의를 학습할 기회는 없다. 이유 없는 살인과 폭력이 일상화된 세상을 '배우고' 있는 것이다. 강자가 약자에게 군림하는 것도 '자연스러운' 일이다. 처음부터 '다른' 생각과 해석을 차단당한, 정답을 주입하는 교육에서 타자에 대한 배려와 소통은 불가능할지도 모르겠다. 자기 의견을 말하는 학생들에게 학교가, 교사가, 부모가 하는 말이라곤 "아직은 너의 의견을 말할 때가 아니야, 대학에 가서 해도 늦지 않아"라는 억지 부리는 말뿐이다. 사회 지도층이라고 으스대는 사람들은 결국 우리 사회의 선도부가 아닐까? 도덕적인 정당성이나 지적 지도력이 아니라 단지 좋은 학교를 나오고 돈이 많다는 이유만으로 대다수 사람들을 경멸적으로 바라보면서 눈 마주치기를 거부하는 학교 선배들의 역할을 이들이 하고 있는 것은 아닐까?

민주주의와 소통은 오랜 기간의 훈련을 통해서 얻어지는 고도의 능력이다. 본인의 주장을 명확히 할 수 있어야 하지만 동시에 다른 사람들의 말을 잘 들어야 한다. 논리적으로 주장을 개진할 수 있어야 하지만 나의 논리가 비약일 수 있고 현실과 동떨어져 있을 수 있다는 오류 가능성을 염두에 두어야 한다. 어른들이 어린 학생들에게서 민주주의와 소통을 훈련할 기회를 빼앗은 결과가 지금 목도하고 있는 정치적 현실이다. 억지와 강변과 궤변이 난무하지만 논리적인 의견 개진을 찾기 힘들다. 토론 프로그램은 넘쳐나지만 서로가 의견을 나누고 합의에 이르는 것은 볼 수 없다. 권위주의적 교육의 피해자였던 어린 학생들이 자라서 어른이 되면 가해자가 되는 악순환은 이렇게 비뚤어진 교육을 유지하는 실전에 그들을 동참시키고 있기 때문이다.

이쯤 되면 우리나라의 교육은 목표를 상실한 것으로 보인다. 시대를 따라가지도 못하고 사회가 유지될 수 있는 최소한의 신뢰·연대·협력·소통의 자질을 길러주기는커녕 파괴하고 있다. 현실에 대해 능동적으로 대처하고 비판적으로 해석하며 창의적인 비전을 만들어낼 가능성을 발전시키지는 못할망정 짓밟고 있다. 학교 폭력이라는 노골적인 행위는 주변에서 흔히 볼 수 있는 어른들을 아이들이 그대로 따라 하는 '모방 범죄'다. 강자와 약자, 선배와 후배, 기능인이 되어가는 교사와 학생, 제왕처럼 군림하는 교장과 평교사 사이에는 은폐된 폭력의 논리가 작동한다. 학교를 구성하는 모든 사람들이 이겨야만 산다는, 2등은 없고 1등만이 있다는 경쟁논리를 최고의 가치로 삼는다. 학생들은 좋은 대학에 가야 하고 교사들은 학생들을 좋은 대학에 보내야 한다. 그리고 서로를 수단적 가치로 바라본다. 교사에게 학생은 월급을 받게 해주는 수단이고 학생에게 교사는 좋은 대학에 갈 수 있게 해주는 수단이다. 학생들은 교사를 스승으로 대하지 않고 '월급쟁이'로 바라보지만 층층이 서열화된 권력을 공유하고 향유할 때는 공모한다. 그래서 너무 낡아서 스마트폰 사회와는 어울리지 않는 권위주의를 유지하는 데 동의한다.

권력은 아래로, 아래로 향한다. 더 약한 집단을 찾아서. 경쟁의 압박과 스트레스, 성적과 부를 기준으로 서열화된 사회에서 느끼는 소외감을 해소할 어떤 연대와 소통의 근거도 없다. 그것을 해소할 수 있는 거의 유일한 길은 자기가 받은 지배와 소외를 누군가에게 돌려주는 것이다. 이런 동물의 왕국을 견뎌내는 대다수 학생들은 '그들'이 바라는 것처럼 순응하고 복종하는 '훌륭한' 대한민국의 시민이 된다. 너무나 인간적인 나머지 이것을 견디지 못하는 학생들이 세상을 버리는 것이 아닐까? 우리의 '선도부'들은 그 학생들의 나약함을 비난하겠지만. 그래서 우리는 인간적이어서는 안 된다. 동료 인간에게 유대를 꿈꾸어서는 안 된다. 그러면 패배자가 될 수밖에 없다.

정말 우리 아이를 생각한다면 침묵은 죄악이다

교육의 중요성을 역설하는 정치인들은 무슨 생각을 하고 있는 건지 궁금해진다. 그들은 교육이 뭐라고 생각하는 걸까? 정말 순응하는 정신과 육체를 훈육하는 것을 교육이라고 생각하는 것 같기도 하다. 그렇지 않다면 학교와 교육의 붕괴를 인지하지 못할 수는 없다. 이건 단순히 학교 교육의 붕괴가 아니다. 사회의 붕괴다. 소위 사회를 이끄는 엘리트 집단은 자기들만의 리그를 만들고 권력과 부를 공유하면서 사회적 책임을 방기하게 될 것이다. 군림하는 것이 자연스럽다는 것을 초등학교부터 체화시켰기 때문이다. 앞 세대의 어른들도 다 그렇게 살았기 때문이다. 권력 앞에 나약해진 대다수 시민들은 불만을 갖더라도 표현하지 못하게 된다. 순응하는 데 익숙해졌기 때문에 자신의 생각을 동료 시민들과 공유하고 집합적으로 행동하는 방법을 알지 못하게 될 가능성이 높다. 그러면서 사이버 공간에서의 '배설'과 '약자에 대한 공격'으로 억압된 욕망을 표출하게 될 것이다.

우리 아이들의 책임이 아니다. 권위주의적인 학교, 교사, 부모가 말하는 것처럼 우리 아이들은 아직 완전한 인격체가 아니기 때문이다. 그 아이들을 완전한 인격체를 가진 시민으로 길러내기 위해서는 '선도부'가 아닌 자유로운 의견 개진과 토론이 필요하다. 정답을 무조건 받아들이는 것이 아니라 다양한 해석과 비판을 가르치고 실천하게 해야 한다. 지금 우리의 교육은 지도가 필요한 곳에서는 방임과 자율로 일관하고 자유와 자율을 주어야 할 곳에서는 낡은 규율과 권위를 고집하고 있다.

참 어려운 시대에 살고 있다. 전통이 가진 아름다운 연대 정신은 버리고 연줄과 권위의 악습만이 남아 있다. 근대적인 최소한의 합리주의는 버리고 성장과 파괴의 논리만이 여전히 강력하다. 포스트모던 사회가 가져다준 차이와 다양성의 인정은 온데간데없고 사는 집과 타는 차, 입는 옷에 따른 차별과 그 차별을 피하기 위한 낭비적인 소비주의가 팽배하다. 우리 아이들은 이런 현실에 비판적인 자세로 대응해야 한다. 하지만 우리는 그들을 무장해제시키고 있다. 낡은 전통과 맹목적인 근대화의 논리와 무지막지한 경쟁적 소비주의로부터 부와 권력을 누리고 있는 집단이 그것을 조장하고 대부분의 교사와 부모들이 부화뇌동하고 있다. 그들 또한 권위주의적 학교 교육을 통해 길러진 순응하는 육체와 정신을 가지고 있으며, 경쟁적인 소비주의 문화를 완벽하게 내면화하고 있기 때문일 것이다.

용기를 내야 한다. 아닌 것은 아닌 것이다. 정말 우리의 아이들을 생각한다면, 정말 우리의 미래를 생각한다면 침묵은 죄악이다.

지옥을 경험하는
고3 수험생들에게[*]

안현효

모두가 100점이면 안 되는 곳이 학교라니,

정말 아이러니 아닌가?

학교가 가르치는 곳이 아니고

평가하는 기관이란 말인가?

최근 후포고등학교에 인문 특강을 하러 갔다. 토크쇼 〈백년손님〉의 배경이 되는 후포리에 위치한 고등학교라는 것 외에는 아는 것이 없는 낯선 곳이었다. 날씨는 좋았지만 갑자기 찾아온 영하의 쌀쌀한 기온 때문에 동해안의 아름다운 풍경을 감상할 엄두를 내지 못했다.

특강 이후 교사들과 나눈 담소에서 대학 입시가 교육 현장에 미치는 영향력을 몸소 느낄 수 있었다. 모든 대화는 결국 3년 후의 입시로 귀결되었다. 국민은 수능 시험이 대학 입학의 알파요 오메가로 알고 있지만, 실제 입시는 내신을 기반으로 하는 수시, 학생부를 중심으로 하는 수시, 논술을 중심으로 하는 수시, 수능 성적을 중심으로 하는 정시의 네댓 가지로 나뉘

● "지옥을 경험하는 고3생들에게", ≪프레시안≫, 2015년 12월 4일 자.

어 있다. 이 입시 제도는 수험 생활을 해보지 않고서는 이해하기 어려울 만큼 복잡하다.

수험 생활을 하는 고3에게는 하루 24시간 중 잠자는 시간을 빼고는 학교, 학원, 독서실에서 시간을 보내야 하는 시옥 끝은 삶이 기다리고 있다. 그런데 대다수 고등학교의 실상은 고1부터 그런 생활을 한다는 것이다. 3년 내내 수업, 자습, 학원, 과외 등으로 시간을 보내야 한다.

실로 엄청난 시간이며 노력이 아닌가? 이렇게 많은 시간이 투입되는데 왜 대학에 들어온 신입생들의 학력은 더 떨어지고 있을까? 대학에서는 글쓰기, 토론, 영어 능력 같은 기초 학력 문제가 교양 교육의 큰 주제로 부각된 지 이미 오래다.

아이러니는 현실이 이런데도 교육적 담론은 지식 기반 사회, 창조적 사고력, 비판적 사고력 등 미래 지향적이라는 점이다. 이 미래 지향적 담론에 따라 교육과정도 바뀌고, 교육 방식에 대한 논의도 활발하다. 탈학교의 담론이 아니라고 하더라도, 주입식 교육으로는 안 되고, 토론식·참여형 교육으로 바뀌어야 한다는 것은 이제 상식이 되었다. 한국 경제의 문제도 캐치업 수준에서 벗어나서 문제 해결력을 갖추고 창의적인 사고를 할 수 있는 인재의 양성을 통해 해결할 수 있을 것이라는 점에 대해서는 누구나 동의한다.

모두가 100점이면 안 되는 학교라니!

그러나 고3 교실 풍경을 보면 일방적인 주입식 교육은 물론이고, 더 나아가서 문제 풀이 중심으로 이루어지고 있다. 마음이 급해서 문제만 풀다 보니 실제로 성적도 오르지 않고, 시간도 없으니 깊이 있게 생각할 여유도 없다. 심지어는 교육방송(EBS) 영어 교재의 해설 부분만 읽고 시험을 치른다는 얘기도 들었다.

원인이 무엇이겠는가? 어떤 논평은 대학 입시가 문제라고 한다. 입시 철만 되면 널뛰는 수능 난이도 문제로 언론은 도배가 된다. 매년 같은 얘기지만 수능 시험의 난이도 문제가 아니다.

수학능력시험의 약자인 수능은 미국의 SAT를 모방해 만들었다. SAT는 Scholastic Aptitude Test(수학적성시험) 또는 Scholastic Assessment Test(수학능력평가시험)를 의미하는 것으로 객관식과 주관식, 에세이 등도 있고 문제 은행으로 진행되며, 연간 수차례 치른다. 우리 수능은 문제 은행도 아니고, 객관식만 있고 연간 한 차례 치른다. 이게 결정적 차이일까?

어떤 논평은 미국 SAT 식으로 연간 수차례 치러야 한다고 주장한다. 실제로 그런 적도 있다. 그러나 1년 만에 폐지되었다. 고3 학생들이 지옥을 두 번 겪은 것이다!

이런 상황을 예상하지 못했을지 나는 정말 궁금하다. 한국의 똑똑한 교육학자들이 정말 몰라서, 수능을 연간 두 번 치른 것일까? 사교육 혁파를 슬로건으로 내건 교육 개혁의 수십 년 역사를 죽 일별해보면 입시 제도를 둘러싼 어떤 변화도 고3 지옥을 해결할 수 없고, 미래 지향적 교육 담론을 실현할 수 없다는 점을 알 수 있다. 일부러 실제 원인은 보지 않고, 원인이 초래한 다른 현상을 해결하려고 매달린 듯한 느낌을 지울 수 없다.

물론 나는 그동안의 교육 개혁의 노력이 F학점이라고 보지는 않는다. 하나의 예를 들어보면 수능 등급제다. 처음 수능 등급제가 도입될 때 불공정하다는 비난이 쇄도했다. 2등급의 맨 위는 얼마나 억울하냐는 거다. 점수 차를 모두 인정해야지 구간으로 하면 공정하지 못하다는 것이다. 그런데 지금 시점에서는 대학교와 수험생들이 등급제를 받아들이고 있다. 더 이상 등급제가 불공정하다는 등의 주장은 없다. 등급제가 불공정하다는 주장을 확대하면 결국 학력고사로 대학 가던 옛날이 더 낫다는 주장으로 이어진다. 그러나 이러한 생각이 전혀 맞지 않는다는 것을 알아야 한다. 요컨대 한 줄 세우기보다는 네 줄 세우기가 더 낫다! 하지만 이것 역시 줄 세우기에 다름 아니라는 점이 문제다.

초등학교에서는 등수를 매기시 않는다. 평가를 하지 않는 것은 아니다. 별표, 동그라미, 세모 등의 귀여운 아이콘을 사용해 아이의 성과와 성실성을 세 가지 정도의 수준으로 평가한다. 그렇기 때문에 초등학교는 선생님이 아이들에게 필요한 내용을 고민해서 가르칠 수 있다.

그런데 학년이 올라가면 상대 평가 체제로 바뀌어 학생의 역량을 순서 매기기 시작한다. 가르쳐야 할 것, 가르치는 방법에 대한 관심은 온데간데없고, 학생의 평가에만 매달린다. 교사의 창의성은 주어진 교육 내용의 범위 내에 한정된다. 중간고사 시험을 치르고 성적을 주었는데 학생이 와서 "제가 어젯밤 틀린 것 공부하고 다시 풀었으니 맞는 거로 해주세요"라고 하면 정정하는 교사가 우리나라에 있을까? 교육적으로 보면 정정해주어야 한다. 학생이 배워야 할 것을 완수했기 때문이다. 하지만 이는 공정하지 않다. 너도나도 와서 다시 풀었으니 성적을 고쳐달라고 하면 어쩔 것인가? 모두가 100점이면 안 되는 곳이 학교라니, 정말 아이러니 아닌가? 학교가 가르치는 곳이 아니고 평가하는 기관이란 말인가?

대한민국 생존이 담긴 학벌 문제, 대토론해야

공교육 붕괴를 말하지만 평가 기관으로서 공교육은 점점 더 공고해지고 있다. 붕괴하고 있는 것은 교육 그 자체다. 나는 탈학교를 주장하는 것이 아니다. 공교육의 정상화를 주장하는 것이다. 여기서 진정한 학력學力을 길러야 한다고 믿는다. 공부하는 능력 말이다. 하지만 현실은 학력學歷, 즉 학벌學閥이다.

지옥을 경험하는 고3 수험생들에게

교육의 병목, 고3 지옥의 원인은 학벌 체제에 있다. 능력주의meritocracy의 변종인 학벌 체제는 이제 대한민국의 질곡이 되어가고 있다. 대학 입시 문제가 해결되지 않는 것은 대학의 서열화 때문이다. 다양화를 해야 하는데 서열화가 나타난다. 대학의 서열화가 문제되는 것은 좋은 대학을 나와야 좋은 직장과 높은 수입을 얻기 때문이다.

학벌 체제가 어느 정도 순기능을 했던 시기도 있었을 것이다. 소수가 나라를 이끌 수 있을 때는 그렇다. 하지만 이제 소수만으로는 대한민국의 문제를 해결할 수 없다. 협업 능력이 있는 다수의 창의적 인재가 필요하다. 창의적 인재를 육성하기 위해서는 교육의 목표가 창의적 사고, 비판적 사고, 문제 해결력, 의사소통 능력, 협업 능력을 함양할 수 있는 교육으로 바뀌어야 하고, 이를 실현하기 위한 교육 내용의 개편, 교육과정의 도입, 교육 방식의 개선이 필요하다. 또 학생의 평가도 상대평가를 통한 줄 세우기가 아니라, 주관식, 논술형, 프로젝트 및 참여평가를 통한 참평가로 절대평가를 해야 한다. 그러나 그 모든 개선 노력은 대학 입시에서 막힌다.

그간 학벌 체제를 문제 삼는 논의가 많이 있었다. 주로 재야 운동권이 이러한 논의를 주도했는데, 노무현 정부 초기에 대학 체제 개편 논의에 포함됨으로써 제도화할 기회도 있었다. 그런데 당시 언론의 벌떼 같은 공격으로 초기에 초토화된 것이 기억난다.

그 논란을 보며 받은 느낌은 너무 단순한 대안이라는 점이었다. 본질은 맞지만, 정책으로 구현되려면 손질해야 할 부분이 한두 가지가 아니다. 학벌을 철폐해야 한다고 주장하는 것은 쉬운 일이다. 하지만 실제로 하려고 들면 그것은 한국 사회의 대변혁을 의미한다. 대한민국의 학벌 체제는 한국 사회와 한국 경제에 질곡이 될 만큼 한계에 도달했지만 그래서 이에 따른 고통은 점점 깊고 넓어지지만, 그만큼 이 체제에서 이익을 보는 사람들이 많고 이들이 사회의 지도층일 가능성이 높다. 그렇기 때문에 오히려 더 섬세한 설계가 필요하다. 이러한 해답을 찾는 과정에서 사회적 토론을 해야 한다. 나는 이러한 지루한 사회적 토론 과정에 참여한 적이 있다. 처음에는 합의 도달이 불가능해 보였다. 하지만 2주마다 회의와 토론을 했고, 6~7개월쯤 지나서 쟁점의 해결 방법이 어느 정도 모였다.

고3의 병목, 대학 입시에 깔린 학벌주의는 그 정도 기간과 비용을 들여서 대토론을 해볼 주제다. 아니, 해볼 주제가 아니라 해야 하는 주제다. 대한민국의 생존이 달려 있고, 특히 우리 미래 세대인 고등학생들의 행복한 삶이 달린 주제이기 때문이다. 잠 못 드는 한밤에 이 글을 쓰면서 언젠가 TV, 신문과 대학과 학교 등에서 학벌 폐지를 위한 사회적 대토론이 활발하게 이루어져서 고3 학생들이 더 이상 생지옥에서가 아니라 즐겁고 행복한 학교에서 공부하는 모습을 상상해본다.

지옥을 경험하는 고3 수험생들에게

'10억 주면 감옥도 간다'는
학생들, 문제는……•

안현효

죽음을 불사하는 경쟁 사회에서 살고 있는데
'묻지 마 살인'을 비롯해 '양극화의 심화', 몇 년간 정체된 '1인당 소득' 등
우리 사회의 성과가 그다지 신통치 않은 것은 어떻게 설명할 것인가?
경쟁이 부족하지 않다. 협동이 부족한 것이지.

며칠 전 교육청에서 근무하는 친구를 만났는데 친구가 메르스 사태 때의 경험을 이야기해주었다. 명문 여고의 학부모였는데 전화를 해서 자기 딸이 전교 1등인데 메르스에 감염되면 안 되니 학교에 가지 않겠지만 출석으로 인정해달라고 떼를 썼다는 것이다. 이야기를 듣고 보니 그 이야기가 아니더라도 비슷한 보도를 들은 기억도 났다. 그러니까 한 명의 이야기가 아니라 흔하게 있을 법한 사건이었던 셈이다. 어디 이런 예뿐이랴. 언젠가는 10억을 준다면 감옥에 가는 일도 불사하겠냐는 설문 내용에 80퍼센트의 학생들이 '그렇다'를 선택했다는 보도도 있었다. 개인의 이기적 욕심에 관한 사례는 부지기수다. 학생들 간의 '왕따' 현상, 이에 따른 자살 사

• "'10억 주면 감옥 간다'는 학생들, 문제는…", ≪프레시안≫, 2016년 1월 9일 자.

태 등 자료를 찾아보지 않고서도 얼마든지 이러한 경우를 찾아볼 수 있다. 이러한 사례는 극단적으로 발전해서 도로에서 일어나는 위협 운전, '묻지 마 살인' 등으로도 이어진다. 우리 사회는 이기심이 극도로 발전한 사회인 것이다.

그래서 나온 것이 인성 교육이다. 정부는 작년에 인성 관련 특별법도 만들고, 인성 교육을 강조하며 각종 프로그램을 진행하고 있다. 그런데 그 내용을 보면, 인성을 '더불어 살아가는 데 필요한 인간다운 성품과 역량'이며, 그 핵심 가치는 '예, 효, 정직, 책임, 존중, 배려, 소통, 협동' 등이라고 설명하고 있다. 물론 교육계는 이 문제를 중요하게 생각하고 이를 교육할 필요가 있다. 그런데 인성 교육의 방법에 대해서는 깊은 성찰이 없는 채로 핵심 가치만 가르치면 된다는 식의 생각이 퍼져 있는 것 같다.

인성의 의미와 형성에 관한 심리학적·철학적 논의는 주지주의적 교육과 체험적 교육이라는 방법을 교육의 방법으로 제시한다. 하지만 주지주의적 교육을 단순한 주입식 교육으로 이해하는 경우도 많다. 예를 들어 예, 효 등의 덕목의 가치를 설명하고 이를 토론하는 인성 교육을 생각해볼 수 있을 것이다. 하지만 학생들은 금방 이러한 주제에 대해 식상해하고 지루해해서 결국 주입식 교육으로 흘러가고 만다. 그래서 여러 종류의 체험 교육이 제시되고 있다. 이 역시 교육계의 입장에서는 해결해야 하는 쟁점인 것은 틀림없고 나는 교육계의 일원으로서 주지주의적 접근, 특히 고전 독서를 통한 인성 교육에 개인적으로 깊은 관심을 두고 있다. 여기서 '인성이 무엇이며, 인성을 어떻게 교육해야 하는가'라는 복잡한 쟁점을 검토할 여유는 없지만 이 문제를 생각할 때면 우리 사회가 인성 문제의 복잡한 사슬을 제대로 파악하지 않은 채로 대응 요법에만 매달리고 있는 것은 아닌가 하는 답답한 마음이 항상 들었다. 원인에 대한 파악이 제대로 되지 않는다면 해결책도 나오지 않을 것이다

나는 이 문제가 우리 사회의 얽혀 있는 사슬들로부터 나온 하나의 현상이라고 생각한다. 따라서 인성이 안 좋은 개인을 비난하는 것만으로도 해결되지 않고, 또 인성 교육에만 매달려서 이 문제를 해결할 수도 없다는 생각이 든다. 단적으로 경쟁의 압력이 약한 사회에서는 사람들의 심성이 극도로 개인화되어 있지 않은 것을 관찰하기 때문이다. 풍요로운 사회는 자연히 타인에 대한 배려를 보여준다. 물론 현대사회는 정도의 차이가 있지만 어느 정도는 개인의 이기주의가 인정되고 또 지배하는 사회다. 그런데 우리나라는 현재 그 정도가 더 매우 심하다. 과거에 비해 경쟁이 더 극도로 발달한 상태이기도 하다. 자기 외에는 타인을 배려하지 않는 사회, 그래서 만인이 만인에 대한 투쟁 상태로 변해 있는 상황이 아닌가 하는 느낌이 들 정도다.

〈배틀로얄〉(2000)이라는 일본 영화는 한 학급의 학생들을 섬에 보내서 한 명만 남을 때까지 서로 죽이게 만드는 스토리로 구성되어 있다. 영화는 우리 사회를 우화적으로 극단화시켜 보여줌으로써 사태의 본질을 드러내는 듯하다. 요컨대 인성 문제는 개인의 문제도 아니고, 교육만의 문제도 아니다. 즉, 극도로 악화된 경쟁주의가 이 문제를 낳는 본질적 원인이다. 그러므로 아무리 우리가 인성 교육에 매달려도 소기의 목적을 달성하지 못하고 뭔가 허공에 소리 지르는 듯한 느낌을 받는 것이다.

이제 문제 하나하나를 쫓아다니면서 해결해야 한다고 주장할 것이 아니라, 인성 문제를 포함한 이러한 문제들이 야기되는 구조적·제도적 원인을 찾아 고치려는 노력이 필요하다. 극도로 악화된 경쟁주의를 완화시키려는 노력이 필요하다. 혹자는 경쟁이 필요하기 때문에 이건 어쩔 수 없다고 생각할지 모른다. 하지만 지금 우리가 겪고 있는 경쟁은 나쁜 경쟁, 즉 사회에 도움이 되지 않는 경쟁이다. 경쟁을 통해 전체가 도움이 되는 경쟁이 아니라, 일종의 제로섬 게임 같은 경쟁으로 변질되었다. 개인주의에 기초한 현대사회에서 경쟁 자체를 없앨 수는 없다. 하지만 경쟁만으로 모든 것이 구성되지 않는다. 어떤 조직과 사회도 집단의 정체성, 이익이 있다. 따라서 협력에 기초하지 않고서는 생산성도 오르지 않고 집단과 사회의 풍요로움도 보장할 수 없기 때문에 협력과 협동을 상너하는 세도와 사회적 장치를 만들어내지 못하면 인성 교육도 실패하지 않을까 우려된다.

학교 사회에서 경쟁 압력을 완화하고 협력적 교육을 활성화하려면 성적 평가 방식부터 상대평가에서 절대평가로 바꿔야 한다는 것을 쉽게 생각할 수 있다. 주제가 이러한 제도적 문제로 초점이 맞춰진다면 우리는 금방 이 문제가 수많은 제도적 사슬 속에 갇혀 있다는 점을 알 수 있게 된다. 절대평가로 바꾸지 못하는 이유는 성적 인플레이션 때문이고, 성적 인플레이션이 문제 되는 이유는 학교들이 입시 경쟁 속에 빠져 있기 때문이며, 학교가 입시 경쟁에 빠져 있는 이유는 대학 서열화 때문이다.

물론 자본주의의 심장부에는 죽음을 불사하는 경쟁이 있고, 따라서 우리 사회가 생존하고 번영하기 위해서는 이 죽음을 불사하는 경쟁을 포기할 수 없다고 주장하는 사람도 있을 수 있다. 그런데 지금 우리는 분명히 죽음을 불사하는 경쟁 사회에 살고 있는데 '묻지 마 살인'을 비롯해 '양극화의 심화', 몇 년간 정체된 '1인당 소득' 등 우리 사회의 성과가 그다지 신통치 않은 것은 어떻게 설명할 것인가? 경쟁이 부족하지 않다. 협동이 부족한 것이지.

대학생 스펙의
불편한 진실[*]

김귀옥

현재와 같은 사회구조에서 대학생들은 반값 등록금이 실현되어도
아르바이트를 하지 않을 수 없다.
앞으로 고학력 사회는 더욱 심화되고
대학 서열 구조, 즉 학벌 사회도 심화될 것이다.

얼마 전 한 모임에서 만난 대기업 중견 간부가 된 한 대학 동창이 "요즘 대학에서 도대체 뭘 가르쳐?"라는 조소 어린 질문을 했다. 그의 이어지는 말은 이랬다. "요즘 대학생들은 화려한 스펙이 있지만 현장 실무 능력은 '꽝'이야." 신자유주의 바람이 휘몰아치고 있는 교육 현장의 팍팍한 현실을 알지 못하니 그런 질문을 하겠지만, 마음은 다소 불쾌했다.

오늘날 스펙이라는 말이 주는 불편함을 논외로 한다면 광의의 스펙은 모든 일을 하는 데 요구된다. 스펙, 즉 'specification'은 제품 설명서를 말한다. 다시 말하면 이 물건은 어떤 능력, 사양을 갖고 있다는 것을 말해주는 보증서와 같다. 어떤 전문 분야의 일을 하는데 그 방면의 일을 하기 위

• "대학생 스펙의 불편한 진실", ≪프레시안≫, 2012년 11월 9일 자.

해 요구되는 능력을 갖추고 있다는 보증을 해주는 것이 바로 '스펙'이다.

20대 청년 중 80퍼센트 이상이 대학생인 시대. 해마다 60만 명이 넘는 대학 졸업생이 넘쳐나고 있다. 매년 신규 일자리는 20여만 개에 불과하고, 내폴 학틱이 필요 없는 경우노 낳다. 너욱이 신사유주의의 신이 시배하는 사회에서 새로운 일자리의 상당수는 정규직도 아니다. 그래서 좋은 일자리(정규직, 고용 안정성, 미래 발전 가능성, 쾌적한 작업장 등)에 들어간다는 것은 낙타가 바늘구멍을 통과하는 일과 같다.

1995년 김영삼 정부의 5·31 교육정책 덕분에 대학교는 이미 졸업장 발부 공장이 되었다. 그러면서 대학 성적표는 더 이상 학생의 능력을 가늠할 수 있는 능력을 상실했다. 대학원생들은 교수를 통해 연구나 교육 철학, 방법론 등을 배우기는커녕 논문 제조기가 된 교수의 연구를 위한 도구에 불과하게 되었다.

예전에는 학교의 주체 중 하나로 여겨졌던 학생들에게 요즘의 학교는 멋지지만 낯선 말을 부여했다. '대학 고객'이 그것이다. 학교 당국은 교수들에게 늘 고객 관리하라는 요구를 하고 있다. 휴학 지도, 편입 지도, 학사 경고 지도 등은 학생들이 학교를 포기하지 않도록 지도하라는 것이다. 가장 큰 스트레스를 주는 것은 취업 지도다. 취업률을 올리는 것이 대학의 존망과 직결되어 있는 현실에서 학문을 통한 교육은 꿈이 되어가고 있다. 이론과 현실을 연결하는 교육의 이상은 산학 협력이라는 말로 인맥 등을 통한 취업 보장으로 변질되었다.

대학 공부, 전공이나 교양 공부 잘하는 것이 더 이상 취업으로 연결되지 않는다. 예로부터 대학 공부는 사회생활에서 피가 되고 살이 되는 것이지만, 그 자체가 피나 살이 되지는 않는다. 그런데 요즘은 대학 강의가 피와 살이 되도록 하라는 것이다. 교수들이 공부해온 방식이나 목적이 피와 살ㄱ 자체가 아니라, 피와 살이 되게 하는 원리나 방법인진대, ㄱ런 목저이 잘 실행될 리가 있나? 즉, 대부분의 교수들이 토익이나 토플, 지매트GMAT 점수 올리기 공부, 자격증 취득 공부 등을 전공으로 한 적이 없다. 그래서 학생들은 스펙을 쌓기 위해 학원으로 간다. 또는 해외 연수를 간다. 스펙 쌓기에 많은 시간이 걸릴수록 그 학생은 대학 정규 교육에서는 멀어질 수밖에 없다.

모순은 여기서 그치지 않는다. 표준화된 스펙으로 충만한 대학생이 발붙일 직장이 많지 않다는 점이다. 스펙은 화려하지만, 정작 취직된 후 현장에서 사용되는 능력은 '특정한 스펙'이 아니라, 현실적이면서도 복합적이고 유기적 능력이다. 오히려 그러한 능력을 함양시켜 주는 데에는 대학 교육이 가진 장점이 있다. 신자유주의 시대에도 대학 강좌는 아직까지 다양한 내용들로 진행되고 있고, 다양한 교육 방법이 나오고 있다. 그런데 대학생이 스펙 쌓기에 많은 시간을 들일수록 그들은 다양한 경험과는 멀어진다. 비판적·성찰적 문제의식도 더 엷어질 수밖에 없다. 영어 점수, 자격증 취득 공부는 대부분 암기식·주입식 공부가 되다 보니, 창의성과는 더 멀어지게 된다.

또한 스펙 쌓기에 많은 시간을 들일수록 많은 교육비가 들어 학생들은 아르바이트를 하는 데 더 많은 시간을 쓰게 된다. 1년 치 등록금이 1000만 원이라는 비용적 부담은 말할 것도 없고, 스펙 쌓기에 드는 비용을 부모에게 다 의지할 수 없기에 대학생 열 명 중 여덟, 아홉 명은 과외비를 마련하기 위해 과외 아르바이트를 하는 격이다. 그러다 보니 학교 공부에 대한 집중력은 더 떨어지게 된다. 2012년 당시 4100여 원 시급으로는 (2018년 시급은 7530원) 절대 부족한 실정이다. 임금을 조금 더 벌기 위해 야간 아르바이트를 하면 수업 시간에 잠이 오는 건 공식이다. 목표-수단 전치 현상이 발생하게 된다.

이래서 반값 등록금은 절실하다. 그렇다고 해서 반값 등록금이 만병통

치약인가? 현실적 문제를 더는 데에는 도움이 되겠지만 근본적인 처방은 될 수 없다. 즉, 현재와 같은 사회구조에서 대학생들은 반값 등록금이 실현되어도 아르바이트를 하지 않을 수 없다. 앞으로 고학력 사회는 더욱 심화되고 대학 서열 구조, 즉 학벌 사회도 심화될 것이다. 현재와 같은 대학 서열 구조가 해체되지 않는 한 대학생들은 더 많은 스펙 쌓기를 요구받을 수 있다. 자격증과 해외 연수, 국내외 봉사 등 이러한 증명서보다 더한 것을 요구할지도 모른다. 그 비용을 아르바이트로 충당하다 보면, 대학 교육의 정상화는 더욱 요원해질 것이다.

정답은 사회구조 개혁이다. 스펙 쌓기 문제가 발생한 것은 대학의 문제가 아니라 사회의 모순 때문이다. 현재 대선 후보들이 화려한 교육 개혁 방안을 내놓고 있다. 정말 필요한 문제다. 그러나 현재의 사회구조를 그대로 놔둔다면 아무리 멋진 교육 개혁 방안을 제시하더라도 '제도는 제도'일 뿐이다.

우선은 선택과 집중의 신자유주의적 원칙을 내려놔야 한다. 모든 일에는 귀천이 없다는 말을 실현시켜야 한다. 노동 강도가 세고, 노동 시간이 길수록 정당한 임금을 받아야 한다. 다시 말해 사회가 유지되기 위해서 반드시 필요한 3D 업종일수록 제대로 평가를 받아야 그에 상응하는 노동력이 공급될 수 있다.

또한 현재와 같은 비정상적인 비정규직을 정규직화, 또는 안정화시키는 경제 시스템을 만들어야 한다. 여성 노동력의 70퍼센트가 비정규직이고, 퇴직 연령 45세인 환경 속에서 우리 사회에서는 삶의 안정을 찾기 어렵다. 이러한 불안한 노동시장의 환경 속에서 20대 대학생들은 스펙을 쌓느라고 청춘을 허비하고 있다. 스펙 쌓느라 시간을 허비하는 대신 다양한 자기 개발을 하고, 이론을 현실적으로 연계시킬 수 있는 노력을 할 수 있는 환경을 만드는 것이 청년들에게나 우리 사회에 더 가치 있을 것이다 또한 중소기업이 안정성을 가져야 한다. 승자 독식 사회에서 재벌이 재채기를 하면 중소기업은 몸살을 앓는 현재와 같은 구조 속에서는 인재들이 중소기업을 지원하기 어렵다. 대선 후보들이 중소기업 관련한 공약을 숱하게 내놓고 있다. 그러나 재벌로부터 다양한 형태의 후원을 받고 있는 정당이나 대선 후보가 과연 진정으로 중소기업 살리기를 할 수 있고, 대학 살리기를 할 수 있겠는가?

가장 중요한 것은 일하는 사람이든, 공부하는 사람이든 자신이 하는 일에 자부심을 느껴야 한다는 것이다. 돈과 권력, 배경이 어떤 사람을 평가하는 척도가 된 사회에서는 소수를 제외하고는 자부심을 느낄 수 없다. 우리 청년들은 이미 어려서부터 개미의 가치 못지않게 베짱이의 가치도 배운 세대다. 다시 말해 돈이나 권력의 힘 못지않게 자아실현의 의미도 배웠다.

그러나 기성의 사회는 사는 재미를 잃게 만든다. 현재는 돈과 권력이 지배하는 세상이지만, 머지않아 그런 세상은 끝날 것이다. 그럴 때 사는 의미를 다시 배워야 한다. 그 의미를 고전에서 찾을 수 있다. 학이시습지 불역열호學而時習之 不亦說乎. 누구나 재미있게 공부하고 즐겁게 살 자격이 있다. 스펙 많은 사람은 많아서 재밌겠지만, 적은 사람은 적더라도 재밌게 살 수 있는 세상이 내가 살고 싶은 세상이다. 청년들이 세상을 널리 이롭게 하는 자신의 미래를 꿈꾸며, 쫄지 말고 열정을 갖고 즐겁게 공부할 수 있는 세상을 꿈꾼다.

신자유주의 교육과
전교조의 법외노조화[*]

이도흠

신자유주의 사회에서는 상위 1퍼센트만이
진정한 자유와 행복을 누릴 수 있다.
여기까지 오르지 못하는 모든 이들이 '루저'다.

한국 사회에서 가장 후진적이고 모순이 많은 부분을 꼽으라면 단연 교육
이다. 인격을 도야하기보다 훼손하고, 지혜를 놓치고 지식을 억지로 외우
게 하고, 자기 스스로 문제를 해결할 능력을 퇴화시키고, 남이 해놓은 것
을 답습하고, 세계의 모순과 부조리에 대한 깨우침을 주기보다 무지한 우
중으로 전락시키고, 그리하여 더불어 잘살기보다 경쟁해 이기는 자로 육
성한다. 수조 원을 들여서 외려 창의력과 인성을 마비시키고, 교실을 경
쟁과 폭력과 자살 충동의 장으로 바꾸는 곳이 한국 교육 현장이다.

신자유주의 체제는 이를 더욱 심화했다. 교육은 영혼마저 신자유주의
화했다. 천민자본주의에 신자유주의가 결합하면서 물신주의적·경쟁적·

[*] "전교조 '법외 노조화' 어떻게 대응해야 하나", 《프레시안》, 2013년 10월 17일 자.

이기적 인간을 양산했다. 신자유주의 교육이 내세우는 개인의 자율성 함양, 능력 개발, 수월성이라는 것은 학생을 인격과 덕성과 교양을 갖춘 전인적인 인간으로 기르려는 것이 아니라 개인들 사이의 무한 경쟁을 촉진하고 이를 합리화하려는 이데올로기 장치일 뿐이다.

특목고, 자사고, 0교시 수업, 방과 후 수업은 모두 경제적 인간, 기업 맞춤형 인간을 양산하려는 방편에 지나지 않는다. 이명박 정권에서 행한 4·15조치란 국가가 중등교육과 고등교육에서 완전히 손을 떼고 그렇게 해서 생긴 교육의 빈 공간을 학원이라는 사적 자본과 대자본이 장악하게 하려는 것이었다. 교육 전체가 신자유주의적인 자본의 관리, 운영 시스템에 장악되고 노동력의 재생산이 자본의 공리계에 의해 보장되는 것이다. 이때 이데올로기적 국가 장치로서의 병원, 학교, 가족 등은 자본 공리계의 구성 요소일 뿐이다.

신자유주의 사회에서는 상위 1퍼센트만이 진정한 자유와 행복을 누릴 수 있다. 여기까지 오르지 못하는 모든 이들이 '루저'다. 예전에는 가난한 학생이 상층으로 이동할 수 있는 통로가 교육이었다. 하지만 신자유주의 체제에서 이는 거의 불가능하다. "명문대 가려면 돈 많은 할배, 정보력이 뛰어난 엄마, 무관심한 아빠의 삼위일체를 갖추어야 한다"라는 말이 항간에 회자되듯이, 상위 1퍼센트라는 목표는 그들 수준의 자본력과 정보력이 있어야만 도달할 수 있다. 교육은 빈민으로 전락하지 않기 위해 필사적으로 벌이는 생존경쟁의 도구이지만, 그 생존경쟁은 이미 승자와 패자가 정해진 게임이다. 근원적으로 모두가 패자이며, 패자로서 상처를 받고 소외와 박탈감을 겪을 수밖에 없다.

그럼에도 상위 1퍼센트에 오를 수 있다는 사이비 희망을 심어주고, 그에 오르지 못하면 개인의 능력과 재주가 모자라서 그런 것이라며 부조리한 체제 자체를 합리화한다. 이런 과정에서 개인은 경쟁 제일주의와 능력주의를 내면화한다. 이를 통해 국가는 교육을 사기업에 떠넘기는 것을 정당화하고, 신자유주의 체제의 모순을 개인의 책임으로 돌리며, 사회 전체로서는 사회 모순을 은폐하고 노동자들의 계급의식이나 저항 의지를 최소화하고 사회 통합을 이룬다.

초·중등 교육기관뿐만 아니라 대학마저도 더 이상 '진리욕의 실천 도량'이나 '진리 탐구 및 전승 기관'이 아니다. 기업 연수원으로 전락해 진리 대신 기업이 요구하는 가치와 기술을 전수한다. 학교 안에 마트가 버젓이 들어오고, 대학의 최대 목표는 진리의 창달이나 인재의 육성이 아니라 대학 발전 기금의 확보와 대학 평가 점수의 상승이다. 학생들은 취업이나 욕망과 관련된 강의에 몰리고 이론 강의는 속속 폐강된다. 교수는 돈이 되는 프로젝트에 매달리고 승진과 대학 평가에 관련된, 학문적으로 사회적으로 거의 의미를 갖지 못하는 논문을 양산한다.

이로 학벌이 계급과 권력을 결정하고 지배 구조를 공고히 했다. 경쟁과 서열 위주의 교육으로 학생은 입시 폭력의 희생자로 전락했고, 한국 사회는 점점 공동체를 지향하기보다 이기적이고 탐욕적인 사회로 변화했다. 엄청난 사교육비로 교육 격차와 서민의 경제난이 심화되었으며, 교육을 통한 계급의 세습화 또한 공고화되었다.

이런 교육에 맞서서 최전선에서 싸우며 참인간을 기르는 참교육을 실천한 이들이 전교조 교사들이다. 지식보다 지혜를 가르치고, 암기하기보다 생각하게 하고, 경쟁하기보다 함께 어깨동무하고 험한 길을 가기를 권했다. 그들은 자신을 태워서 어두운 세상을 밝게 비추었지만, 빛을 쬐면 허상과 비리, 부패가 낱낱이 드러나는 정권과 그 일당은 이를 '빨갱이 교육'으로 매도하더니, 이제 그 조직 자체를 무력화하려는 공작을 진행하고 있다.

이제 2013년 10월 23일이 되면, 해직 교사의 노조 가입을 허용하는 조합 규약을 개정하지 않으면 전교조는 합법화 이후 14년 만에 법외노조가 된다. 노동부가 들이대고 있는 노조법 시행령 제9조 제2항이란 지금까지 단 한 번도 적용된 적이 없이 사문화된 것이었다. 법적 근거도 없거니와 헌법이 보장하고 있는 노동자의 단결권을 제한하기 때문이다. 상식적으로 보아도 해고자나 은퇴자를 조합원으로 인정하지 않는 것은 조합 자체를 부정하는 것이다.

그렇기에 대법원도 해고자를 조합원으로 인정하는 판결을 했고, 국가인권위원회에서 해고자에게도 조합원 자격 인정 권고했으며, 국제노동기구ILO는 긴급 개입 조치를 통해 전교조의 설립 등록 취소와 규약개정 위협을 즉각 중지하고 국제적 기준에 부합하지 않는 노동조합 관련 법령을 국제노동기구 결사의 자유 위원회의 권고에 맞도록 수정할 것을 요구했다. 대다수 선진국도 그렇지만, 우리나라의 대다수 노동조합 또한 해고자를 조합원으로 인정하고 있다.

법적 근거도 없고 위헌의 소지도 다분하고 상식에도 어긋나는데 정부는 왜 이리 무리수를 두는 것인가? 박근혜 정권은 종북 프레임을 제1의 통치술로 택한 듯하다. 이들이 가장 우려하는 것은 국정원 선거 개입에 분노해 민주주의를 지키려는 시민사회와 신자유주의의 모순에 격분해 이 체제를 변혁하려는 노동자 및 좌파 세력이 연대하는 것이다. 유신 잔당, 관료, 군부, 자본, 보수 언론, 대형 교회, 어용학자로 이루어진 보수 카르텔은 자신의 위기를 국민의 애국주의에 호소해 국가의 위기로 대체하고, 자신의 집권 및 정책을 비판하는 모든 세력이나 주장을 나라에 혼란을 야기하는 종북으로 매도하고 있다. 이 전선을 유지하면서 국정원 선거 개입과 신자유주의 모순으로 야기된 위기를 돌파하는 방법은 새로운 종북을 끊임없이 만들어내는 것이다.

이런 그들이 이석기 다음으로 가장 좋은 먹잇감으로 선택한 것이 전교조다. 결국 그들은 법외노조가 되어 투쟁하는 전교조와 전선을 형성하고 이 단체와 구성원들을 종북으로 매도하면서 보수 카르텔에 대한 모든 비판과 저항, 진보적 의제와 담론을 종북의 프레임 속으로 녹여버리고 자신들을 국가의 수호자로 위장하는 네 진력할 것이니. 다른 한편으로는 전교조 교사를 규약 개정을 찬성하는 자와 반대하는 자로 분리시키고, 아홉 명의 해직 교사를 비롯한 '불온한' 세력을 배제해 전교조를 순치하거나 무력화하려는 것이다.

어제(2017년 10월 16일)부터 시작해 17일과 18일에 걸쳐 투표를 하는 전교조 교사들도 분명히 알아야 한다. 이런 전략에서 행해지는 것이기에, 현 정권은 규약 개정을 하더라도 다른 조건을 들이대며 압박할 것이며, 규약 개정에 찬성하는 자가 과반수에 미치지 못하더라도 세력을 형성할 정도에 이를 경우 내부 대립과 갈등 속에서 전교조는 힘을 상실할 것이다. 다른 사례라면 모를까 사학 비리를 내부 고발하거나 학생들에게 일제 고사 선택권을 주는 등 조합 취지에 부합하는 실천을 해 해임당한 자를 조합이 보호하지 못한다면, 이는 조합의 존재 근거 자체를 부정하는 것이다.

빅토르 위고는 "학교의 문을 여는 것은 감옥의 문을 닫는 것이다"라고 말했다. 이를 패러디해 말하면, 전교조를 무력화하는 것은 참교육의 길을 폐쇄하는 것이며, 이는 신자유주의 교육의 모순을 증대하는 일이자 감옥을 늘리는 일이다. 현 정권이 파시즘 체제라는 비난을 받고 싶지 않거든, 전교조 무력화 공작을 즉각 중지해야 한다.

07

분단적 인식과 21세기 세계는

종북주의자들이여,

부정과 비리를 고발하는 종과 북을 울려라[*]

우희종

종북이라 불리면 어떤가?

어차피 짝퉁 종북인데도 불구하고

그리 염려한다는 것 자체가

이미 싸구려 종북 타령에 넘어가는 셈이다.

한국의 종북 빨갱이는 외롭다. 누구도 알아주지 않기 때문이다.

18대 대선으로 박근혜 대통령이 등장한 이후 이제는 사사건건 사회 전반에 걸쳐 종북 빨갱이 논란이 아주 풍요롭게 전개되고 있다. 뉴스에서 종북이 거론되지 않는 날이 하루도 없다. 국민의 삶을 다루는 것이 뉴스이기에 매일같이 종북 타령이 빠지지 않고 등장하는 것은 국민의 절반이 종북이 되어버린 상황에서 매우 적절한 것이기도 하다. 그런데 전근대적인 북한을 찬양하고 미화하는 진정한 소수의 종북주의자들과 달리 박근혜를 지지하지 않는 것만으로 종북주의자가 되는 것이라면, 짝퉁 종북주의자가 아닌 다른 절반의 국민의 정체성은 무엇인지 궁금해진다.

[*] "종북주의자들이여, 종과 북을 울려라", 《프레시안》, 2013년 12일 6일 자.

그들에 대한 답을 내리기 전에 분명한 것은 이런 종북 타령에 근거할 때, 우리 사회를 구성하고 있는 종북주의자 무리와 그렇지 않는 무리들의 잔치는 진정한 종북자들이 설 땅을 빼앗아버린다는 점이다. 그들을 소중히 다루고 대접해야 할 국정원마저 소위 국민 절반의 짝퉁 종북주의자들을 감시·관리하기 위해 힘을 기울여 신경 쓰다 보니 정작 진정한 소수의 종북주의자들은 짝 잃은 기러기처럼 외로울 것이다. 진짜 종북주의자들과 함께 내란을 꿈꾸는, 정작 있을지 의문스러운 몽상가들과의 관계를 저버린 채 불륜에 빠져 엉뚱한 짝퉁 종북주의자들과의 사랑에 빠진 국가정보원을 어찌할 것인가.

19세기 영국의 시인이자 정치가였던 조지 바이런George Byron이 "남자의 사랑은 인생에서 그리 대단치 않은 것이지만, 여자의 사랑은 삶 그 자체다"라고 했다지만, '그때그때 달라요'라는 흘러간 개그를 우리 사회에서 실천하고 있는 국정원 사랑을 보면 역시 순정파 사랑이 어울리지 않는 현대사회의 단면을 잘 반영하고 있다는 생각이 든다. 이렇게 잘못된 사랑의 상처가 남겨진 한국에서 이념과 사상에 관해 이야기하는 것은 어찌 보면 매우 간단하다. 왜곡된 사랑이 꽃핀 곳에는 종북이냐, 아니냐라는 매우 알기 쉽고 분명한 오직 두 종류의 분류만이 있을 뿐이고, 국민에게는 둘 중의 하나를 선택할 수 있는 사상의 자유마저 허락되기 때문이다.

그러다 보니 심지어 대법원 판사와 국무총리까지 역임한 사람이 민주 사회의 근간인 국회 해산을 거론할 정도가 되었다. 오직 종북과 종북이 아닌 것으로만 무장한 이들의 시각으로 봤을 때 이런저런 목소리를 내는 국회는 불륜 행각을 즐기는 자신들의 행태에 장애가 되는 거추장스러운 자식에 불과하다. 민주 사회의 피와 살이라고 할 수 있는 혈육마저 버리는 자들의 시각과 모습이 그대로 반영된 셈이다.

또한 국가 민주 헌정 실천에 앞장서야 할 정당의 대표자가 왜곡된 국정원 사랑을 바로잡기 위한 노력에 대해 손발을 자르지 않아야 한다면서 제동을 건다. 병들어 잘못된 행태를 교정하고 치료하려는 행위를 손발 자르는 것으로 보는 태도야말로 같이 불륜에 빠져 허우적대는 집단 불륜 상태임을 스스로 고백하는 것 외에 다름 아니다. 이늘에겐 소위 송북이 아니면, 모든 것이 허락된다. 민주 헌정이든, 민주 질서이든, 인권 존중이든, 국론과 사회 분열이든, 사회 약자에 대한 배려이든 별로 소중하지 않다. 오직 자신들의 이해관계에 반대하는 자들은 종북주의자들이고, 이들은 제거하고 섬멸해야만 하는 흉측한 적에 불과하다.

이런 상황이다 보니 한국의 정치는 슬프다. 누구도 정치를 하지 않는다. 국민의 삶과 국가 발전을 위해 풀어야 할 산더미 같은 문제나 빨리 마무리해서 시행해야 할 정책 등은 종북 타령 속에 서로 상대 정당의 말꼬리를 물고 늘어지는 국회 싸움으로 전개된다. 그 누구도 현 정치 상황을 풀어낼 의지나 생각도 없고 또한 그에 대한 방법을 찾지 않아 그저 시간만 흘려보내고 있다. 이렇게 한국 정치가 싸움박질로 전락한 것은 당연한 일인지도 모른다. 명백한 불륜 현장을 들킨 자들이 취하는 대부분의 태도는 오직 현장 상황을 싸움판으로 몰아가야 하는 것 외에는 없기 때문이다. 문제의 본질을 비켜간 말싸움 상황에서 정작 질서를 잡아 열심히 살아가야 할 집안 살림은 풍비박산 나는 형국이다. 다시 말하면 요즘 우리 사회가 이토록 시끄러운 것은 불륜 현장을 들킨 자들이 자신들의 불륜에 장애가 되는 자들을 종북주의자라고 부름으로써 그들을 침묵시켜 불륜의 즐거움을 영영 세세 누리고자 하는 것일 뿐이다.

그렇다면 조금 부풀려 말해서 종북이라 불리면 어떤가? 어차피 짝퉁 종북인데도 불구하고 그리 염려한다는 것 자체가 이미 싸구려 종북 타령에 넘어가는 셈이다. 종북이라 불리더라도 잘못된 불륜을 밝혀 집안이 제대로 돌아가게 하는 것이, 진정한 종북주의자들에게 원래 야호 가인 국정원

종북주의자들이여, 부정과 비리를 고발하는 종과 북을 울려라

을 되돌려주는 것일 터인데 말이다. 짝퉁 종북론이 통하면서, 아니 겁에 질린 소심한 짝퉁 종북주의자들의 두려움이 작동하면서 저들의 달콤함은 지속된다. 일제시대 이후 구호의 무늬만 바꿔 상대방을 침묵시키면서 저들이 항상 누려왔던 바로 그 꿀맛이다.

그러다 보니 이제 저들이 누리며 강요하는 이념과 사상의 자유는 오직 종북이냐, 아니냐의 두 종류밖에 없으며, 이런 간단한 방법이 통하는 세상은 그들에겐 참으로 편하고 행복할 것이다. 국론이 분열되면 될수록 불륜을 손쉽게 포장할 수 있는 집안 분위기가 된다. 비록 짝퉁으로 만들어내 어설프기는 해도, 진정 사상의 자유가 허락되어 국민의 절반이 21세기 세습 왕조인 북한을 사랑하는 황당한 종북주의자가 되는 아름다운 사회를 구축하는 것은 그 어느 사회도 이루기 어려운 위대한 업적임에 틀림없다.

이렇듯 사회 전반을 알기 쉽게 관리하고 간단히 통제할 수 있는 유효 수단인 어설픈 종북 타령은 대선 과정과 더불어 사회 전반에 스며들어 있는 각종 부정부패와 비리 흔적 지우기에 아주 적절하게 사용되고 있다. 국가 민주 헌정 질서를 흔드는 내란죄에 버금가는 국가정보기관의 불륜 행태도 손쉽게 잠재울 수 있는 수단으로 활용되고 있고, 입맛에 맞지 않는 자들을 도끼로 찍어내듯이 제거하며, 정치적 의견이 다른 상대의 입막음에도 언제나 유효·적절하게 적용된다. 국가의 민주 헌정을 바로잡고자 하는 국민마저 자기 검열에 들게 한다.

그렇다 보니 지금의 여권 정치인들과 국정원은 자신이 만든 돌로 된 여인상을 지극히 사랑하게 된 피그말리온처럼 자신들이 만들어낸 짝퉁 종북주의자들에 대한 사랑에 푹 빠진 것이 아닌가 한다. 어쩌면 이들은 미의 여신인 아프로디테가 등장해 여인 조각상에 생명을 불어넣었다는 피그말리온의 이야기에서처럼, 박근혜 여신이 등장해 자신들의 작품인 짝퉁 종북주의자들을 살아 있는 진정한 종북 빨갱이로 만들 수 있다고 생각하는지도 모른다. 그렇지 않고서는 박근혜 씨가 대통령으로 당선된 대선 이후, 종북 타령이 이토록 사회 전반 구석구석으로 스며드는 현상을 설명하기 어렵다.

사회 전반에 깔린 종북 타령은 굴종 외교와 국방과도 맥을 같이하고 있다. 중국의 방공구역 선포에 따른 한국의 반응은 자국의 이익보다는 철저하게 미국의 대응 지침에 순응하고 있다. 어찌할 줄 모르며 적당히 눈치보던 초기 자세부터 미국 태도에 따라 점차 강력해지는 한국 정부의 입장 변화를 보면서 미국에 대한 한국 정부의 피학적 즐거움을 눈치채지 못한 이는 없을 것이다. 처음부터 미국 허락하에 설정된 드넓은 일본의 방공구역에 비해 한국의 방공구역은 얼마나 초라했는지는 더 말할 나위 없다. 이는 일본 집단 자위권 선포에 대한 정부 반응에서도 읽을 수 있다.

동북아의 본처인 일본에 대한 사랑을 놓지 않는 미국에 붙어서 집안 권력을 유지하려는 한국 정부는 자신을 냉대하는 미국에 대해 스스로 합리화하고 포장하면서 미국과의 불륜 관계를 미화하고 국민을 추스르고 있다. 외교 관계의 문제로 비화한 다른 나라에 비해서 도청까지 한 불륜 상대에게 "그러지 마세요"라고 귀여운 앙탈까지 했다고 하지 않는가?

물론 세상이란 돈과 권력, 매력이 없으면 불륜도 하기 어렵다. 굳이 불륜임에도 불구하고 관계가 유지되는 것은 상대방의 돈과 권력 혹은 매력이 함께하기 때문이다. 자신을 버리는 헌신적 사랑이 아니라면 아무리 불륜이더라도 최소한 자신이 원하는 것은 있고, 스스로를 돌보는 자존감은 필요하다. 그런데 한국 정부가 벌이고 있는 미국과의 애정 행각은 자국민과 한국 사회를 위한 관계가 아니라는 점에 문제가 있다. 불법 도청을 하고, 천문학적인 빚더미 해결을 위해 무기 판매 때나 미소 짓는 상대를 향한 뜨거운 애정은 불행히도 권력을 유지하려는 자들을 위한 것이지 결코 국민이나 자국을 위한 것은 아니다.

최근 급변하는 동북아 정세에도 정부는 단지 미국의 대변인 역할만 하고 있고, 과거 미국 쇠고기 수입 협상에서도 자국민보다는 미국 입장을 철저히 대변했다. 이는 주변 강대국과의 관계가 얽힌 상황 속에 현실적으로 남한 사회에서 미국 지지를 무시하는 정권이란 존재하기 어렵다는 것을 의미한다. 또한 건강한 한국 사회나 국민의 이익을 포기해서라도 권력을 잡고자 하는 파렴치한 자들이 있는 한, 우리 사회는 언제나 그런 권력 지향형 정치 집단과 건강한 민주 사회를 이루고자 하는 집단 사이의 분열과 갈등이 생기게 된다는 것을 의미한다.

이렇게 살펴보니 사회 전반의 부정부패와 비리 개선을 위해 목소리 높이는 이들을 종북주의자로 몰아가는 이들의 뜨거운 미국 사랑은 자존감 있는 사랑 관계가 아니라 철저히 가학과 피학의 불륜 관계다. 표면적 미소와 국제 외교의 차가운 냉대 속에 끝없이 미국 사랑을 외쳐야만 하는 이들의 피학적 낭만은 결국 자신들이 권력 유지를 위한 몸짓이기도 하다. 이들로 말미암아 국가 수호의 국정원마저 진정한 상대를 저버린 채 잘못된 불륜 관계에 빠져들게 된 것이다.

국내에서 허상의 종북주의자들을 만들어 비난하며 세몰이를 하는 집단은 탐욕이 가득한 낭만주의자다. 넘치는 권력욕을 사랑으로 포장한 피학 성애자 집단이기도 하다. 가학과 피학이 동전의 양면이듯이 권력을 위한 이들의 대외적 피학성과 국내 민주 집단에 대한 가학성은 상통한다. 말뿐인 진보와 엉터리 보수로 이루어진 한국 사회가 안정되지 못하고 시끄러운 것은 이들과 이들의 작품인 짝퉁 종북주의자들과의 소란한 동거가 '권력'이라는 단어로 관통되면서, 불륜의 긴장감으로 가득한 남한 사회의 살아 있는 즐거움을 만들어내는 셈이다.

이제 전체 국민 중 종북주의자라고 불리는 절반과 그렇지 않은 절반의 모습이 자연스럽게 그 정체를 드러낸다. 그들이 국론 분열을 위해 열심히 손가락질하면서 연일 뉴스에 등장시키는 종북은 바로 '사회의 부정부패를 고발하는 종과 북을 울리는 자'들을 지칭하는 말이었다. 과거 프랑스 혁명에서 드높이 외쳐졌던 '자유, 평등, 우애'처럼 건강한 민주 사회와 국민을 위해 이제 우리가 외칠 수 있는 것은 무엇인가? 다른 것 없다. 분류의 여신을 제대로 환영하는 우레와 같은 종북의 함성이다. "우리 사회의 종북주의자들이여, 영원하라. 그리하여 부정과 부패를 타파하고 우리의 삶과 미래 세대를 위해 종북의 소리를 드높이 울려라."

종북주의자들이여, 부정과 비리를 고발하는 종과 북을 울려라

'종북'과 '대선 불복'이라는
상징조작의 굴레에서 벗어나야[•]

김서중

촛불 비용이 어디서 나는지 궁금했다는 이명박 전 대통령의 의문은

촛불 집회 현장에서 이루어지는 모금으로 해소되는데,

이들 수구 단체의 집회 비용에 대한 의문은

어떻게 해소할 수 있을까?

대통령중심제 국가에서 대통령을 뽑는 선거가 얼마나 중요한지 새삼 강조할 필요는 없다. 우리는 이미 독재로 점철된 역사를 통해 충분한 교훈을 얻은 바 있다. 아니 멀리 갈 것도 없다. 우리 국민은 2007년 대통령 선거를 잘못한 대가를 혹독하게 치렀다. 광우병 파동으로부터 시작해 수십조 원을 들여 전 국토를 훼손한 4대강 사업에 이르기까지 이명박 대통령의 독단으로 국민이 받은 고통은 이루 헤아릴 수 없다. 그리고 그 경험을 반복하지 않기 위해서라도 2012년 대선은 매우 중요했다.

그런 국가 대사인 대선을 며칠 앞두고 국정원 직원의 공직선거법 위반 의혹이 제기되었다. 선거 개입 증거를 삭제하려고 국정원 직원은 '셀프 감

[•] "'종북'과 '대선 불복'이라는 상징조작에서 벗어나야", ≪프레시안≫, 2013년 12월 13일 자.

금'을 했고 당시 여당 후보인 박근혜 후보는 "자신은 아무런 도움도 받은 바 없고, 20대의 가녀린 여성인 국정원 직원은 무죄인데도 감금의 고통을 당했다"라며 당당하게 민주통합당을 역공했다. 그리고 1년이 지난 지금 국정원 직원의 선거 개입 의혹은 국정원 심리전단팀의 조직적 선거 개입으로부터 국가보훈처, 군 사이버 사령부 등까지 확대되고 있다. 국기 문란 사건이 벌어진 것이다.

반면 무죄임을 당당하게 역설했던 박근혜 대통령은 이에 대한 사과는 커녕 언급조차 회피하고 있다. 수사가 제대로 이루어지는 것도 아니다. 김용판 전 서울경찰청장의 수사 방해부터 '채동욱 찍어내기', '윤석열 파동'에 이르기까지 곳곳이 지뢰밭이다. 윤석열 팀장이 물러선 후에도 젊은 검사들의 소신 있는 행동으로 120만 건이 넘는 트윗, 리트윗 글이 있다는 수사 결과가 나왔지만, 앞으로 검찰 수사가 제대로 이루어질지에 대해서는 회의가 든다. 검찰 수사를 믿을 수 없다면 특검이라도 해야 할 텐데 민주통합당은 특검도 관철시키지 못했다.

2012년 국가기관의 대선 개입은 3·15 부정선거보다 더 심각한 상황인데 왜 그 해결 과정이 이토록 지지부진할까? 많은 요인이 복합적으로 작용한 결과겠지만, '종북', '대선 불복'이라는 낙인찍기가 가장 큰 요인 중 하나라는 것을 부정하기 어렵다. 민주주의를 갈망하는 국민 여론의 힘으로 돌파해야 하는데, 민주주의 국가의 기강을 뒤흔든 선거 부정을 지적하면 '종북' 세력이라 하고, 선거법 위반 수사를 제대로 하자고 하면 '대선 불복'이냐고 몰아세워 국민 여론을 분열시키려는 세력이 있다. 국민을 대변해야 할 야당 민주통합당은 '종북'과 '대선 불복' 이야기만 나오면 정면 돌파보다는 방어적으로 자신들은 종북과 무관하다는 자기 한계 긋기에 정신이 없다.

'종북'이라는 낙인찍기는 전방위적으로 이루어진다. 선거 부정 수사를 제대로 하고 국가정보기관의 존재 이유를 근본적으로 배반한 국정원을 개혁하자는 촛불 집회 옆에서는 항시 수구전위대들의 맞불 집회가 열린다. 해병대 복장으로 보이는 하의에, 군 운동복을 연상시키는 상의의 단체복을 입고, 간이 의자를 정렬시킨 후 군대에서 정렬하듯 일사불란하게 앉아 있는 나이 지긋한 집회 참여자들이 있다. 이들의 모습에서 수십 년 전 각급 학교의 학생들을 비롯해 주민들을 동원했던 각종 집회와 행사, 즉 전체주의 국가 시절의 악몽이 중첩되며, 수십 년 전으로 회귀하고 있는 듯한 오싹한 전율을 느끼는 것은 당연하다.

이때 드는 의문 하나. 그 시절 동원 비용은 '국가'가 댔는데 저들의 비용은 어디서 나는 것일까? 촛불 집회를 보면서 촛불 비용이 어디서 나는지 궁금했다는 이명박 전 대통령의 의문은 촛불 집회 현장에서 이루어지는 모금으로 해소되는데, 이들 수구 단체의 집회 비용에 대한 의문은 어떻게 해소할 수 있을까?

그리고 여지없이 이런 집회에서 나오는 단골 구호는 "종북 세력 몰아내자"이다. 동원된 것 같은 그들이 전체주의 사회의 일원 같은데 오히려 자발적으로 모여 민주주의 권리를 행사하는 시민들에 대해 종북이라는 낙인을 찍는다. 그리고 신기하게도 그 낙인은 일반 시민을 민주주의 권리 행사로부터 격리시키는 마법을 부린다.

민주주의를 지키자는 주장이 '종북'이라면 종북은 좋은 의미이지만, 이와 반대로 반민주적인 것을 의미한다면 민주주의를 주장하는 사람에게 써서는 안 된다. 국가기관을 통한 선거 개입, 수사 방해, 동원된 맞불 집회를 여는 그들이 오히려 민주주의를 파괴하며 북을 이롭게 하는 종북 세력이라 비판하는 정면 돌파가 필요하다. 민주 시민에게 '종북'이라는 낙인찍기는 상징조작을 통한 개념의 악용이다. 대한민국이 북한 체제보다 우월하다는 자부심이 진정한 국가 안보라면, 민주주의를 거부하는 세력은 이적 세력이다. 국정원의 선거 개입 범법 행위를 수사하고 관련자를 처벌하자는 것은 체제를 수호하자는 것이다. 그리고 이를 반대하는 세력이 이적 세력이다.

또 새누리당과 청와대는 국가기관의 대신 개입 사건을 철저히 수사하자고 하면 '대선 불복'이라는 카드를 꺼낸다. 민주통합당이 결정적인 주장을 하면 '대선 불복'이냐고 몰아세웠다. 대통령의 하야를 주장하고, 반민주적 통치의 불행한 역사를 되풀이하지 말라는 주장을 했다는 이유로 민주통합당의 장하나·양승조 의원에 대한 국회의원 제명을 추진한다고 한다.

새누리당에 질문 하나. 부정선거가 조직적으로 일어나고 그것이 선거의 당락을 좌우할 정도였다고 해도 선거 결과를 승복해야 하는가? 대통령은 임기 중 어떤 경우에도 물러나서는 안 되는 '위대한 영도자'인가? 대통령이 '선거에서 도와줄 수만 있다면 열린우리당을 돕고 싶다'는 바람을 표현한 것만으로도 탄핵을 의결한 정당이 바로 새누리당의 전신인 한나라당이다.

국가기관의 선거 개입이 명백하다. 철저한 수사는 당연한 법치의 실현이다. 그리고 그 결과가 대통령이 물러날 정도라면 물러나는 것이 민주주의다. 지금은 그 정도의 선거 부정행위가 있었는지 여부를 알기 위해 철저한 수사를 하자는 것인데 그 주장 자체를 '대선 불복'으로 몰아세우고 국회의원 제명을 시도하며 입막음을 하려는 시도는 민주주의를 부정하는 행태다. 새누리당은 민주주의를 인정하지 않는가?

하지만 '대선 불복'이라는 이데올로기는 강력한 파괴력을 지니고 있다. 민주통합당은 국회의원 제명 시도는 반대하지만 장하나·양승조 의원의 발언은 당론이 아닌 것으로 서둘러 해명하며 선긋기에 나섰다.

지금 국가기관의 대선 개입 부정선거 범죄 행위와 관련해 악용되는 '종북'과 '대선 불복'이라는 상징조작은 회피가 아니라 정면 돌파의 대상이다.

'종북'과 '대선 불복'이라는 상징조작의 굴레에서 벗어나야

'종북'과 '대선 불복'이라는 낙인을 앞세워 민주주의를 부정하는 반민주세력의 이적 행위를 정면 돌파하지 못하는 한, 대한민국의 민주주의는 먼 미래일 뿐이다.

국정원의 국익은
간첩 조작?[*]

이호중

오로지 심증에만 근거한 그들의 수사는
모든 법적 절차와 인권 보장을 위태롭게 만들고 있다.
증거 조작까지 해가며 그들만의 심증을 증명하려 한다.
확신범도 이런 확신범이 없다.

검찰은 2017년 3월 27일 중국 당국이 위조되었다고 회신한 문서 세 건의 증거 신청을 철회했다. 세 건의 문서란 유우성 씨의 북한·중국 출입경 기록, 화룡시 공안국 명의의 사실 확인서, 싼허三河 변방검사참 답변서를 말한다. 검찰은 싼허 변방검사참 답변서가 위조된 것을 확인했고 나머지 두 개의 문건도 위조 가능성이 있다는 점이 그 이유라고 설명했다. 그러나 증거 철회에도 불구하고 유 씨의 간첩 혐의에 대해서는 공소를 유지한다고 했다.

유 씨의 출입경 기록은 간첩 혐의를 입증할 검찰 측의 결정적인 증거였다. 2013년 8월 1심 재판부는 유 씨가 탈북자 명단을 북한에 넘겼다는 혐

[*] "국정원의 립석지 낭만세 늘이있다고?", 《프레시안》, 2014년 3월 20일 자.

의에 대해 유력한 증거로 제출된 동생 유가려 씨의 진술에 신빙성을 인정하지 않았으며, 결국 간첩 혐의를 입증할 증거가 부족하다며 무죄를 선고했다. 출입경 기록은 항소심에서 새롭게 제출된 주요 증거였는데 이것이 위조되었음이 드러난 이상 검찰의 올바른 자세는 간첩 사건의 공소를 취소하는 것이어야 마땅하다.

지금까지 나온 언론 보도에 의하면, 국정원은 세 개 문건의 위조는 자신들이 저지른 것이 아니라 협력자가 저지른 것으로 몰아가는 듯하다. 새누리당 윤상현 원내 수석부 대표가 여기에 맞장구쳤다. 그는 설마 국정원이 위조를 지시했겠냐고 하면서, "국정원 협력자인 김 모 씨에게 국정원이 놀아나지 않았나 하는 생각이 든다"라고 했다. 그는 개인적으로 남재준 국정원장의 '팬'이라고도 했다.

국정원 직원 권 모 과장이 자살을 기도한 이후 검찰의 국정원 윗선 수사는 약간 제동이 걸린 분위기다. 그런데 때를 맞추어 국정원의 전직 대공 수사 직원들은 보도 자료를 내면서 "국정원이 마치 엄청난 범죄 집단인 양 매도되고 있다"라고 불만을 표시했다. 그들은 이번 사건의 본질은 유우성 씨 간첩 사건이고 증거 조작에 초점을 맞추는 것은 본말이 전도된 것이라고 주장한다. "오로지 국가만을 위해 헌신"했는데 한순간에 "날조범이라는 딱지"가 붙여졌다면서, "대한민국이 제대로 가고 있는가"를 묻는다.

설마 국정원이 증거 조작을? 국정원의 범죄 경력

정말 그럴까. 국정원이 정말로 협력자의 농간에 놀아났다면 국정원으로서는 그것만큼 자존심 상하는 일도 없을 테지만, 상식적으로 생각해보면 그랬을 가능성은 거의 없다. 국정원 협력자인 김 모 씨는 국정원 직원이 요청한 일을 해주고 일정 금액의 보수를 받는 브로커에 지나지 않는다. 그의 역할로 볼 때 그가 자발적으로 유 씨 사건에 깊숙이 개입해 국정원 직원도 모르게 출입경 기록을 위조했어야 할 특별한 동기나 이유는 없다고 보는 게 상식에 부합한다. 항소심 재판이 진행되던 작년 12월경 국정원 대공 수사국 김 모 조정관이 협력자 김 씨와 국내에서 수차례 접촉했다는 사실, 위조된 세 개 문건을 입수하기 위해 국정원의 내부 기획 회의가 있었다는 것도 검찰 수사에서 드러났다.

국정원이 과거 중앙정보부 시절부터 얼마나 간첩 만들기에 능숙했는지는 수많은 재심 무죄 판결이 분명하게 보여준다. 1970~1980년대 간첩 조작 사건의 희생자는 대부분 납북 어부, 월북자 가족, 재일동포들이었다. 정치적 필요에 따라 그들은 언제든지 '간첩'으로 '차출'될 수 있었다. 당시의 간첩 조작 사건들을 들여다보면 일종의 공식 같은 것을 발견할 수 있다. 먼저 어느 날 갑자기 느닷없이 수사관들이 들이닥쳐 연행하는 것으로 시작된다. 당시에는 체포 영장 제도가 없던 터라, 대개 임의동행이라는 탈을 쓰고 실제로는 강제 연행과 불법 구금이 관행처럼 자행되었다. 당사자는 어디로 끌려가는지 알지 못했으며, 짧게는 십여 일에서 길게는 백일이 넘는 동안 가족과의 연락조차 두절된 채로 골방에서 고문을 당하면서 허위 자백을 강요받았다. 불법 구금의 사실을 은폐하기 위해 수사관들은 피의자 신문조서나 진술서 등의 기재 날짜를 조작하는 일도 서슴지 않았다. 간첩 조작 사건에서 증거가 있을 리 만무하다. 불법 구금은 고문 등 가혹 행위와 자백 강요로 이어지는 사건 조작의 밑거름이었다. 불법 구금과 고문으로 강요된 허위 자백은 간첩 혐의의 유력한 증거가 되었다. 그럼에도 불구하고 불법 구금은 법 형식상으로는 임의동행 내지 보호실 유치라는 임의수사의 외관을 쓰고 관행처럼 반복되었으며, 검찰과 법원은 이러한 불법 구금과 고문 등이 인권유린 행위에 대해 철저하게 눈감아왔다. 간첩 조작 사건에 관한 진실화해위원회의 조사에 의하면, 검사는 안기부의 불법 수사에 대해 조사하기는커녕, 오히려 간첩 혐의자들이 안기부에서 자백한 내용을 부인하면 "다시 안기부에 보내 조사받도록 하겠다"라는 식의 협박을 가하기 일쑤였고, 또 실제로 혐의를 부인하는 피의자를 다시 안기부에 보내기도 했다.

시대는 변했지만, 간첩 조작은 여전하다. 바뀐 것은 간첩으로 차출되는 주요 자원이 납북 어부, 월북자 가족 등에서 탈북자로 이동했다는 것뿐이다. 유우성 씨처럼 탈북자들은 북한에 남아 있는 가족과 연락하기 위해 중국을 방문하고 때로는 북한에 다녀오기도 한다. 이들의 절박한 사정은 국정원의 주요한 먹잇감이 된다. 북한에 납북되었다가 돌아온 시골 어부들, 어쩌다 월북한 친척을 둔 죄 아닌 죄로 월북자 가족들이 졸지에 간첩으로 둔갑될 수 있었던 것과 다르지 않다.

그들만의 위험한 심증

과거 국정원의 간첩 조작 사건은 대부분 군사독재 정권의 정치적 필요에 조응하는 것이었다. 하지만 국정원은 단순히 정치권력의 '간첩 만들기 프로젝트'를 수주한 하도급자에 불과한 조직이 아니다. 국정원 직원들, 특히 대공 수사 파트는 자신들의 심증을 굳게 믿는다. 사실 이것이 더 위험하다. 국정원의 전직 대공 수사 요원들이 말한 것처럼, 국정원 직원들은 국익을 위해 목숨을 걸어야 하는 경우가 있을 수도 있다. 그렇지만 그 심증 때문에 증거를 조작해 간첩 사건을 만들어내는 일에 목숨을 걸어서야 되겠는가? 아무런 증거도 없이 무고한 사람을 간첩으로 둔갑시키는 것은 어떠한 이유에서도 '국익'이라고 말할 수 없다.

유우성 씨 사건은 처음부터 석연치 않은 증거들로 가득 차 있었다. 1심

재판 때 국정원과 검찰은 유 씨가 북한에서 찍은 사진이라며 유 씨의 핸드폰 사진을 증거로 제출했는데, 그 사진들은 모두 중국 연길시에서 촬영한 것이었다. 2012년 10월 입국한 동생 유가려 씨는 국정원이 관리하는 합동신문센터에서 약 6개월간 수용되어 조사만났고 그때의 신술이 유우성 씨 간첩 혐의의 결정적 증거가 되었다. 당시에 국정원은 유가려 씨를 접견하려는 변호인의 접근을 철저하게 차단했다. 접견은 물론 서신 전달도 불가능했다. 변호인의 준항고가 있었고, 며칠 전 서울중앙지방법원은 준항고가 있은 지 1년여 만에 당시 유가려 씨에 대해 국정원이 사실상 수사를 진행하면서도 변호사 접견을 차단한 것은 헌법상 변호인의 조력을 받을 권리를 침해한 것이라고 결정했다. 법원은 국정원 직원이 오빠인 유우성 씨가 처벌받고 나오면 함께 한국에서 살게 해주겠다고 말하는 등 유가려 씨가 회유에 의한 심리적 불안과 중압감 속에서 진술했을 가능성이 있다고 인정했다. 국정원이 유가려 씨의 진술을 얻어내는 과정은 피의자의 기본적 인권인 변호인의 조력을 받을 권리를 침해하면서 회유와 강압에 의해 이루어진 위법한 수사였던 것이다. 2013년 3월 4일에 유가려 씨의 법정 증언이 있었다. 영상 진술실에서 진술하는 것을 법정에서 모니터로 지켜보면서 증인신문이 이루어졌는데, 법정 모니터 화면에는 잡히지 않았지만 국정원 직원이 바로 옆에 앉아 있었고, 그녀는 진술하는 도중 그 직원을 힐끔힐끔 쳐다보면서 눈치를 보았다. 그 국정원 직원은 판사의 명령으로 영상 진술실에서 쫓겨났다.

국정원에 수사권을 주지 말아야 할 이유

오로지 심증에만 근거한 그들의 수사는 모든 법적 절차와 인권 보장을 위태롭게 만들고 있다. 증거 조작까지 해가며 그들만의 심증을 증명하려 함다. 확신범도 이런 확신범이 없다. 진정 대한민국을 위태롭게 하는 것은 오로지 심증만으로 나라를 지키겠다고 나서는 그들이다. 그들의 심증대로 유우성 씨가 진짜 간첩 행위를 했다면 합법적인 수사에서 확보된 증거를 내놓고 재판에 임하면 된다.

이것이 바로 국정원 개혁이 반드시 필요한 이유다. 국정원은 해외 정보뿐만 아니라 국내 보안 정보의 수집 권한, 그리고 수사권까지 보유하고 있다. 밀행성이라는 이유로 국정원의 업무에 대해서는 민주주의적·법치주의적 통제가 제대로 이루어지지 않는 상황이다. 무엇보다 비밀 정보기관이 수사권을 갖고 있는 것은 심각한 문제다. 미국을 비롯해 영국, 독일 등 선진국은 정보기관에 수사권을 주지 않는다. 그들의 과도한 '국익 사랑'이 민주주의와 인권 보장의 헌법적 가치를 무참하게 훼손해왔다는 것을 역사적 경험으로 터득했기 때문이다. 제2차 세계대전이 끝난 후 나치 시절 정보기관의 폐해를 경험한 서독은 동서 냉전의 와중에서도 정보기관의 권력을 분산하고 수사권을 박탈하는 조치를 취했다.

민주주의, 법치주의, 기본적 인권 보장은 대한민국이 지향해야 할 근본 가치다. 시대에 뒤떨어진 냉전적 사고와 자신들만의 심증이 나라를 지킨다는 생각으로 무장한 국정원이 헌법 위에 군림하면서 막강한 수사 권력을 휘두르는 것이 얼마나 위험한 결과를 초래할지, 우리가 2014년에도 이를 목격하고 있는 현실이 참으로 슬프지 아니한가? 대한민국은 정녕 어디로 가고 있는가?

'빨갱이' 외친
윤복희와 최태민, 박근혜[*]

김귀옥

당대 쟁쟁한 학자까지 동원할 수 있었던
최태민의 권력이 어디서 나왔겠는가?
그가 박정희의 영애 박근혜를 등에 업지 않았다면
불가능한 일이었을 것이다.

1979년 6월 2일 문화방송(MBC)의 서울국제가요제 대상에 빛난 가수 윤복희. 그날 그녀가 불렀던 「여러분」은 오랫동안 독재와 산업화에 지친 수많은 국민을 힐링시킨 가요로 기억되었다. 2011년 5월에 임재범이 다시 「여러분」을 불러 그 노래의 힘을 새삼 떠올리게 했다. 그녀는 1960년대 박정희 정권이 풍기문란의 원흉으로 지목했던 미니스커트 선풍을 몰고 온 장본인으로도 유명하다. 1967년 미국 생활을 접고 귀국한 지 얼마 되지 않아 패션쇼에서 미니스커트를 선보이면서 한국 패션의 아이콘이 되었다.

그랬던 그녀가 2016년 전 국민의 염원을 담은 촛불 시민들에게 낡은 빨갱이 프레임을 씌우는 글로 상처를 줬다. 그녀가 자신의 SNS에 쓴 "대한

[*] "'빨갱이' 외친 윤복희와 최태민-박근혜", ≪프레시안≫, 2016년 12월 6일 자.

민국을 위해 기도합니다. 내 사랑하는 나라를 위해 기도합니다. 억울한 분들의 기도를 들으소서. 빨갱이들이 날뛰는 사탄의 세력을 물리쳐주소서"라는 글이 문제가 되자 "내 나라 대한민국을 위한 기도"라고 변명했다. 그러나 논란이 잦아들기는커녕 오히려 더 커지자 그녀는 게시물을 삭제했다.

반공적 기독교와 최태민

그녀의 글이 촛불 시민에게 의도적으로 상처를 주기 위해서 쓴 글은 아닐 것이라 확신한다. 그런데도 나는 그 글을 통해 한국 사람들의 무의식과 트라우마까지 지배하고 있는 기독교 신앙과 반공주의의 긴 인연을 발견했다. 윤복희 씨의 전성시대였던 1970년대 반공주의적 기독교를 주도해왔던 한가운데에는 박근혜 대통령의 영적 지도자 최태민 목사가 있었다. 그렇다고 해서 윤복희 씨가 최태민과 어떠한 인연이 있다고는 전혀 생각지 않으므로 오해는 하지 말기 바란다.

지금까지 최태민과 관련된 확실하지 않은 정보들이 계속 쏟아지고 있다. 1975년 이전까지 최태민과 관련된 가장 확실해 보이는 정보는 연세대 연합신학원과 ≪한국복음신문사≫ 기자 출신으로 신흥 이단 종교를 연구했던 탁명환 신흥종교문제연구소장의 진술이다. 1973년 탁 소장이 최태민(당시 이름 원자경)을 대전에서 만났을 때, 최는 불교, 기독교, 천도교를 혼합한 '영세계 원리'교를 운영하고 있었다고 한다.

1975년 원자경에서 최태민으로 변신한 그는 대한구국선교단의 총재가 되었다. 그는 4월 23일 구국 선언문을 발표해 "김일성의 중공 방문은 전쟁을 도발하기 위한 노골적인 행위이니 일부 정치인, 재야인사, 종교인, 학생들은 극한투쟁이나 정치 혼란만을 피할 것이 아니라 반공 기치 아래

뭉치자"라고 호소했다. 물론 이 구국선교단의 명예 총재는 23세의 박근혜였다.

곧이어 5월 4일에는 최태민의 구국선교단이 주최한 구국 기도회가 중앙교회에서 개최되었다. 그날 기도회를 진행한 목사는 당시 기독교내안감리회를 대표하던 박장원 목사였다. 그는 "북괴는 남한을 적화통일하겠다는 망상에 사로잡혀 땅굴을 파는 등 갖은 수단을 동원하는 시점에서 우리는 국론을 통일하고 총화 단결을 이룩하자"라고 설교했다. 당시 박장원 목사는 부흥회 전문 목사로 유명했다고 하는데, 목사 집안 출신으로 잘 알려져 있다. 그의 부친은 박용익 목사이고, 동생은 박신원 목사다. 박장원 목사의 아들은 인천의 대형 교회인 인천방주교회의 박보영 담임목사다.

유신십자군과 구국십자군

곧이어 대한구국선교단 산하에 '구국십자군'이 설립되었다. 1975년 6월 21일 설립된 구국십자군의 초대 사령관으로는 박장원 목사가 임명되었다. 최태민은 구국십자군을 20만 명의 세례 교인으로 구성된 조직으로 만들겠다고 선언했다. 또한 '구국을 전제로 전국 복음화 운동을 펼치고 사이비 종교를 일소하며 퇴폐풍조 등 사회 부조리를 제거해 조국 통일 성업의 초석이 되는 것을' 목표로 제시했다.

배재고등학교 교정에서 진행된 구국십자군 창군식에 박근혜 구국선교단 명예 총재가 등단했다. 박근혜 명예 총재는 격려사를 통해 원로 목사들을 포함한 이른바 '창군 대원' 1000여 명 앞에서 '공산주의의 위협으로부터 나라와 민족, 자유세계를 지키는 초석'이 되어달라고 당부했다고 《동아일보》(1975년 6월 23일 자)는 전했다. 이 구국십자군은 목사와 평신도로 구성되어 있고, 각 시도 단위, 군단, 각 개체 회 단위로 분단을 조직차고, 매주 토요일 정기 기본 군사 훈련을 실시하도록 했다.

최태민이 구국십자군을 착안했던 것은 몇 가지 상황에 기인했던 것으로 보인다. 박정희의 유신 체제 출범 과정에서 저항 운동을 벌여왔던 한국 기독교계의 정통성을 주장하는 KCC를 중심으로 한 기독교 진보 세력을 견제하겠다는 의도가 보인다. 그는 정통 기독교계에 대항하는 카드로 반공을 전면에 거는 전투적 기독교 단체로서 구국십자군을 착안했던 것으로 보이며, 이 운동을 통해 박근혜는 말할 것도 없고, 박정희의 환심을 사려했던 것으로 보인다.

또 구국십자군은 박정희를 직접 찬양하는 맥락에 있었다. 물론 십자군은 11세기 말에서 13세기 말에 걸친 서유럽의 십자군 전쟁에서 비롯되었다. 한국 교회 목사들이 반공 전선에서 자주 사용했다. 한 예로 1948년 '여수-순천 반란 사건' 때에 한경직 목사가 지리산 일대에서 구국 전도 운동을 펼치면서 '구국전도대가'를 지어, 국경, 토벌대를 '십자가 정병'이라고 불렀다. 물론 이승만 대통령도 한국전쟁은 '의로운 십자군 전쟁'이라고 부르며, 공산군의 대항 개념으로 십자군을 불렀다. 이들은 기독교의 맥락에 서 있는 사람들이다.

그러나 박정희는 알려진 대로 기독교 신자가 아니다. 그럼에도 박정희역시 십자군을 좋아했다. 1961년 5·16 쿠데타를 일으킨 박정희 군대를 '구국의 십자군'이라 불렀던 것으로 보인다. 1962년 5·16 쿠데타 1주년 기념행사에서 군사 혁명 정부의 내각 수반 송요찬이 '1년 전 군사 혁명을 가리켜 구국의 십자군'이라고 했다. 또한 1973년 3월 20일에 있었던 베트남 전쟁 파병 장병 개선 환영 대회에서 박정희는 "어제의 평화십자군이 오늘의 유신십자군, 구국의 십자군이 되어달라"고 얘기했다.

나아가 구국십자군이 출범한 1975년에 부활했던 학도호국단과도 맞물리는 것으로 보인다. 학도호국단은 원래 이승만 정권 시절인 1949년 만들어졌다가 1960년 4·19 혁명으로 일시 폐지되었던 것을 군국주의자 박정희가 그 가치를 재평가해 1975년 5월 21일 국무회의에서 '학도호국단 설치령'을 심의·의결했고 남녀 학생 모두 학생 군사 교육을 필수적으로 이수해야만 졸업할 수 있었다. 1985년에서야 호국단이 폐지되고 총학생회가 부활할 수 있었다. 유신 정국은 군국주의의 부활로 공포 정치를 했던 것이다. 그러한 분위기에 발맞춰 최태민은 대한구국선교단과 구국십자군을 창조한 것이다.

구국선교단은 복합적인 사회단체로서 일종의 정부 조직이자, 헤드쿼터였다. 여기에는 종교와 선교, 연구회, 병원, 사회복지 기관 등이 있었다. 또 일종의 군사 조직 개념으로서 구국십자군이 있었다면, 이데올로기 생산 기지로서 조국통일문제연구원이 있었다. 이 연구소는 형식적으로는 교수들에게 맡긴 것처럼 보인다. 조국통일문제연구원의 원장으로 국민윤리를 주도한 한태수 한양대 교수와 부원장 권윤혁 동국대 교수가 있었다.

또 연구원은 정치·경제·사회·조사·문화 분과로 구성되었다. 놀라운 점은 사회 분과 위원장으로는 변시민 교수, 조사 분과에는 김점곤 교수, 문화 분과에는 조연현 씨 등으로 이루어졌다는 점이다. 이 연구원은 세계 교수단 평화 대회, 민간 외교 사절단 파견, 국난 타개 대책 연구, 학술지 발간을 하겠다고 계획되었으나 그대로 추진되지는 않은 것 같다. 하지만 당대 쟁쟁한 학자까지 동원할 수 있었던 최태민의 권력이 어디서 나왔겠는가? 그가 박정희의 영애 박근혜를 등에 업지 않았다면 불가능한 일이었을 것이다.

목사들을 동원한 반공 군사 훈련

구국십자군이 정식으로 창군된 것은 1975년 6월 21일이라고 한다. 하지만 5월 22일부터 24일간 10개 교단을 망라한 목사 100명(여자 권사 여섯 명 포함)이 제식 훈련, M16 소총 사격 훈련 등의 군사 훈련을 받으며 승공 정신을 함양해야 했다. 물론 박근혜는 퇴소식 때 격려사를 통해 "한국 선교 90년 사상 처음으로 교파를 초월해 구국 일념으로 모인 결단"이라고 했는데, 과연 목사들이 자발적으로 참여했겠는가?

구국선교단의 단장은 새문안교회의 강신명 목사(1909~1985년)였다. 강신명 목사는 경상북도 영주 사람이지만 해방 직전에 평북 선천북교회에 있다가 분단 이후 월남해 한경직 목사와 함께 영락교회에서 활동했다. 1955년 새문안교회로 옮겨와 25년간 목회를 했고, 대한예수교장로회(통합 측)의 리더이자, 한국기독교지도자협회 회장, 서울장로회신학교 설립자였다. 그의 경력에는 최태민과의 인연은 빠져 있으나, 있다 하더라도 지우고 싶은 경력일 것이다. 사이비 목사 최태민에게 새문안교회의 목사가 이렇게 할 지경이라면 군소 교회 목사들이 구국십자군, 구국선교단을 피해 갈 수 있었겠는가?

심지어 1975년 7월 경주 화랑의 집에서 개최된 '제1회 화랑 수련 대회'에는 남녀 1000명의 구국십자군이 참여했다. 그곳에서 최태민은 '1000여 년 전 신라 구국의 선봉이었던 화랑처럼 우리 기독교도들도 어려운 상황에 처한 우리나라를 건지는 구국의 선봉'이 되라고 이야기했다. 또한 같은 해 8월에 구국십자군은 강화도에 '강화특수군단'을 설립했다. 군단에서는 멸공대, 기동대, 전도대 등 500명씩 1500명으로 구성된, 순교적 신앙으로 총궐기하겠다고 선서했다.

대한구국선교단은 광복 30주년을 맞아 4개 항 특별 성명을 발표했는데, 제1항이 "멸공만이 구국의 길임을 다시 천명하며, 멸공의 제1선에서 투쟁할 것을 결의한다"라고 해 멸공을 앞세웠다. 그의 종교는 반공멸공교라고 할 만했다.

1976년 4월 29일엔 구국선교단 부설로 구국여성봉사단이 이화여고 유관순기념관에서 발족했다. 그날 행사엔 박근혜와 유상근 통일원장관, 구자춘 서울시장, 박순천, 모윤숙, 양순담, 송금선 등 여성계 인사와 단원이 3000명 모였다. 1978년 종새에는 박근혜, 사무국장에는 문제의 인물 최필녀, 즉 최순실이 취임했다.

당시 박정희 대통령이나 청와대, 정치계 인사들이 최태민의 기금 유용이나 박근혜에 대한 '지배' 문제를 언급하기 시작하면서 구국선교단은 견제받기 시작했던 것으로 추측된다. 최태민은 새마음갖기운동본부와 사단법인 구국여성봉사단을 합쳐 1979년 5월 1일 새마음봉사단을 탄생시켰다. 새마음봉사단의 탄생과 관련해서는 JTBC 〈이규연의 스포트라이트〉 2016년 11월 20일 방송분을 참조하면 좋을 듯하다. 최태민은 1970년대 박정희 정권의 유신 체제와 반공주의를 십분 살리며 박근혜의 비선실세로서 독점적 권력을 누렸다.

1970년대 한국 기독교계에서도 최태민을 견제하기 위한 노력을 했던 듯하다. ≪국민일보≫(2016년 11월 9일 자)에 따르면 1975년 7월 예수교장로회(통합) 측에서는 총회 임원회를 열어 통일교나 구국선교단 등 교단이 인정하지 않은 집단에 가입하는 것을 금했다. 그해 12월 임원회에서도 구국선교단은 교단과 아무런 관계가 없다고 이단 선언을 했다. 그럼에도 구국선교단에 동참하는 목회자들이 늘어났다고 했다.

1970년대 개신교계는 구국선교단을 인정하든 인정하지 않든 멸공, 반공의 기치를 높이 들어야 했다. 그러한 상황은 보수적 개신교 지도자뿐만 아니라 저항적 개신교 지도자 역시 마찬가지였다. 자신이 정부를 비판하기 위해서는 먼저 강력한 반공주의자임을 끊임없이 입증하거나 고백해야 했다. 강인철 교수가 말하는 "승공을 위한 민주화와 인권 보장 요구"였다. 다시 말해 "한국의 시단저인 (북한) 공산 세력과 최견선에서 대적할 세계사적 사명을 부여받고 있다면 한국이야말로 제대로 된 자유민주주의를 구현하는 모범적 국가"여야 한다는 논리였다. 대한구국선교단이나 구국 십자군뿐만 아니라 대한기독교연합회, 기독교지도자협의회, 기독교반공 연합회 등 수많은 단체가 반공 활동을 계속했고, 반공을 기초로 한 목회자 가 계속 탄생했다.

반공 무의식과 반공 트라우마를 치유하려면

다시 윤복희로 돌아가자. 윤복희 씨는 촛불 시민에게 상처를 입혔지만, 그녀 자신도 상처를 입었을 것이다. 그런데 그녀에게 상처를 입힌 것은 촛불 시위가 아니라, 박근혜 게이트다. 박근혜 게이트가 없었다면 이러한 촛불 시위도 없을 것이기 때문이다. 윤복희의 빨갱이 언급은 그녀가 의도 했든, 의도하지 않았든 나와는 다른 사람을 '빨갱이'로 호명하거나 타자화 하는 1970년대를 살았던 많은 한국인의 사고방식이자, 무의식의 문제다. 이는 가수 윤복희 씨만의 문제가 아니다. 프로이트에 따르면 인간의 무의 식은 의식 깊숙이 형성되어 있으므로 평시에는 잘 나타나지 않는다. 무의 식은 꿈이나 본능적 상황, 이성을 잃은 감정의 표출 과정에서 어떤 계기를 통해 복합적으로 나타날 수 있다.

한국은 한국전쟁과 그 후 수십 년 동안 반공에 의해 지배당한 사회다. 최근 색깔론이 많이 엷어지고, '빨갱이'나 '종북 좌빨'이 대중적 담론으로 수용되었다지만, 여전히 우리 사회에서는 빨갱이나 종북 좌빨은 차별과 배제, 감금과 죽음의 기표로 작용하고 있다. 실제로 1970~1980년대 반공 은 곧 공포를 의미했고, 간첩이나 빨갱이로 낙인찍히는 당사자는 말할 것 없고 그러한 가족으로 낙인찍히는 것만으로도 인간다운 삶을 포기해야 했다. 게다가 한국 사회에는 1990년대까지도 연좌제가 있어서 그 자손들마저 사회경제적 활동을 제약당해야 했다.

2000년대 초·중반 남북 관계가 한창 좋았을 때도 많은 국민은 "남북 관계가 언제 뒤바뀔지 모른다", "함부로 진보인 양 나서지 말라" 등과 같은 말을 했다. 자신이 빨갱이가 되지 않기 위해 수상한 사람을 빨갱이로 오명하거나 신고해야 했던 시대가 너무 길었다. 공포와 의심, 불안과 자기 검열 등의 증세를 가진 한국인들의 반공 무의식과 반공 트라우마는 아직도 우리 사회에 깊숙이 잔존해 있다.

디지털 시대, 인공지능 시대를 바라보는 최첨단 과학의 시대를 살면서도 우리는 여전히 구태의연한 냉전 문화를 벗어나지 못하고 있다. 핵심적인 문제는 한국인, 한국 사회의 깊숙이 내면화된 반공적 무의식이 아니다. 객관적인 남북의 냉전적 상황이 해소되어야 집단 무의식이 자유로워질 수 있다. 또 그러한 과정에서 개인들이 가지고 있는 트라우마도 치유될 수 있다.

그런데 개인만의 노력으로는 이러한 현실은 실현되지 않는다. 그렇기에 헌법 제66조 제3항은 "대통령은 조국의 평화적 통일을 위한 성실한 의무를 진다"라고 규정하고 있다. 평화 통일을 원하면 평화 통일을 위해 노력할 정부를 만들어야 하고, 행복과 복지를 원하면 복지를 실현시켜줄 정부를 만들어야 한다.

'빨갱이' 외친 윤복희와 최태민, 박근혜

'북풍' 근절하는
최초의 정권이 탄생할까?[*]

김귀옥

뉴스에는 잊힐 만하면 간첩 사건이 전해진다.
1970년대 선배들은 대통령 선거나 국회의원 선거나 비상사태가 되면
어김없이 간첩 사건이 일어났다고 전한다.

2017년 2월 13일, 김정일의 장남 김정남이 쿠알라룸푸르 공항에서 암살
당했다. 연일 보도되는 새로운 사실, 추측성 보도를 들으니 저절로 인상
이 찌푸려지고 심기가 불편해진다. 일주일 만에 황교안 대통령 권한대행
은 "김정남 사건 배후는 북한"이며, "국제사회의 시선을 돌리기 위한 북한
의 여타 도발"에 대한 강력한 억제, 대남 협박 등에 상응하는 대비를 해야
한다고 국가안전보장회의 상임위원회에서 말했다. 국가안보를 책임진 지
도자로서의 태도라 할 수 있다. 그런데 북한뿐만 아니라 현재 남한 정부
역시 촛불 집회에 직면해 국제사회로 관심을 돌리는 것이 절실하지 않을
까 하는 생각이 든다.

● "'북풍' 근절하는 최초의 정권이 탄생할까?", ≪프레시안≫, 2017년 2월 24일 자.

한반도에는 여전히 북풍이 불고 있다. 그러나 2월 하순이 되자 북풍 속에서도 봄기운이 느껴진다. 바람의 방향이 잠시 바뀌었던 탓도 있으나 어쩌면 기나긴 한반도 분단의 북풍에 적응한 탓인지도 모르겠다. 한반도 분단 체제는 일종의 창window이자 거울이다. 분단이라는 창을 통해 남과 북의 상대를 보고, 욕하는 동안 서로가 닮아가고 있는지도 모르겠다. 그런데 그 창이자 거울은 서로를 투명하게 비추는 것이 아니라, 오목 또는 볼록 렌즈를 달고 있어서 서로를 괴물로 보거나 자신이 보고 싶은 대로 보게 하는 듯하다. 또 때로는 자신의 모습을 상대의 모습이라고 여기는 행동을 반복하고 있다.

한반도 북풍의 대명사, 간첩

돌아보면 분단 70여 년간 남으로 불어온 북풍의 종류도 여러 가지였다. 가장 많은 북풍은 간첩 사건이다. 공식적으로는 1972년 7·4 남북공동성명에서 조국 통일의 3대 원칙 '자주, 평화, 민족 대단결'을 내건 이후, 남북 정권은 모두 간첩 파견을 중단했다고 한다. 그러나 뉴스에는 잊힐 만하면 간첩 사건이 전해진다. 1970년대 선배들은 대통령 선거나 국회의원 선거나 비상사태가 되면 어김없이 간첩 사건이 일어났다고 전한다. 선배들은 우스갯소리로 중요 정국이 되면 '삼계탕(삼양라면에 계란 푼 것)'을 걸고 간첩은 동서남북 어디에서 어떻게 나타나는지를 두고 내기를 했다는 얘기를 들었다. 그들에게는 우스갯소리였는지 모르나, 나는 모골이 송연해지는 아찔함을 느꼈던 기억이 난다.

그랬던 간첩이 2000년대 들면서 '조작 간첩'으로 판결이 내려지기 시작했다. 1958년 거물급 간첩으로 선고받았던 조봉암에게 2011년에 무죄 판결이 내려졌다. 1970년대 수많은 재일동포 간첩 사건들이 최근 재심 과정에서 무죄로 판결되고 있으니 1970년대 선배들의 삼계탕 내기가 거짓말이나 허세만도 아닌 듯하다. 최근 유우성 서울시 공무원 간첩 조작 사건까지 포함해, 무수한 간첩 사건들 중에 과거 중앙정보부나 안전기획부로부터 현재의 국정원에 이르기까지 재일동포, 자국민, 탈북자들의 인권을 유린한 간첩 조작 사건이 대략 77건이다. 그런데 여기서 끝이 아니라, 현재 재심 청구 중인 사건이나 재조사 요청을 아직 하지 못한 사건들도 많다고 한다.

2000년대 들어 재심 결과 무죄로 판결받은 간첩 사건 리스트를 보면 박정희 정권과 전두환 정권기에 사건이 집중되어 있다. 즉, 두 정권은 간첩 사건으로 시작되어 간첩 사건으로 끝났다고 할 수 있을 만큼 간첩 사건이 잦았다. 4·19혁명 정신을 받아 혁신계 대변지의 하나로 1961년 1월 25일 설립된 ≪민족일보≫는 5·16 쿠데타 직후인 7월 23일 북한의 활동을 고무·동조했다는 혐의로 사장 조용수 외 12명이 기소되어 조용수는 사형에 처해지고 말았다. 그러나 2008년 재심에서 무죄가 선고되었다.

1968년 전후로도 여러 건의 조작 간첩 사건이 있었다. 1968년은 베트남 전쟁을 반대하면서 서구권이나 미국, 일본 등에서는 68혁명의 횃불이 격렬하게 타올랐고, 민주화를 겪었다. 또한 소련군이 체코를 짓밟은 '프라하의 봄'으로 동서 양 진영 모두 체제 안보, 국가 안보상의 위기를 겪어야 했다. 그런 위기 상황은 한반도에도 반영되었다. 1968년 1월 21일 북한 무장 공비의 청와대 기습 미수 사건(일명 김신조 사건)과 1월 23일 미국의 간첩선 푸에블로호의 북한 침범 및 억류 사건 등이 발발했다. 그 무렵 남북 어부 백남욱 간첩 사건(2008년 무죄), 남조선 해방전략당 사건(2014년 무죄), 이수근 이중 간첩 사건(2008년 무죄), 박노수 등으로 대표되는 유럽 거점 간첩단 사건(2015년 무죄) 등이 있었다.

또한 유신헌법 선포 전후로 조작 간첩 사건이 집중되었다. 재일동포 구말모 간첩 사건(징역 15년 선고, 2012년 무죄), 납북 어부 박월림 간첩 사건(징역 4년 선고, 2012년 무죄), 포항제철 이사 김철우 간첩 사건(징역 10년 선고, 2013년 무죄), 서울대 최종길 교수(1973년 중앙정보부 조사 중 사망, 2006년 국가 배상 판결), 이호철을 포함한 문인 간첩단 사건(징역 1년 선고, 2011년 무죄), 재일동포 유학생 류영수, 류성삼, 김정사, 강우규 사건(각각 2012년, 2013년, 2014년 무죄) 등이 연이어져 정치적 공포와 반공의 분위기가 사회 전반을 지배했다. 물론 한국 정부의 초청으로 유학 왔던 상당수의 재일동포 유학생들은 졸업도 하지 못한 채 일본으로 돌아갔다.

그런 조작 간첩 사건들은 1980년에도 계속되었다. 5·18 민주화 운동 이후 연이은 간첩 사건이 발표되었고, 2000년대 이후 무죄가 입증되는 경우가 많았다. 그중 대표적인 사건이 노무현(당시 변호사) 전 대통령의 인생을 바꾼 부림사건(2014년 무죄)과 아람회 간첩단 사건(2009년 무죄) 등이다. 1986년까지 40여 건에 달했던 간첩 사건이 재심 결과 모두 무죄로 판결되었다.

물론 1990년대 이래로도 간첩 사건은 잊을 만하면 일어났다. 최근 간첩 사건 중에는 탈북자 간첩 사건도 눈에 띤다. 2011년 탈북자 한준식 간첩 혐의 사건, 2013년 탈북자 유우성 간첩 사건, 2014년의 탈북자 홍강철 간첩 사건 등이다. 한준식은 조사받던 중 자살했고, 유우성이나 홍강철은 모두 무죄로 판결되었다.

개인적인 차원에서 보면 간첩 혐의를 받았던 사람들이나 가족은 '무죄' 판결로 연좌제의 너울, 사회적 격리와 공포로부터 벗어나게 되었겠지만, 그들이 겪었을 눈물과 고통의 세월은 무엇으로도 되돌릴 수 없고, 깊은 트라우마로부터 벗어나기는 더욱 힘들 것이다.

사회적 차원에서는 1980년대까지 숱한 조작 간첩 사건이 발생하면, 초·중·고등학생들부터 군인, 예비군, 일반 시민까지 반공궐기대회, 반공

강연회 등 반공 패키지 행사에 동원되었다. 또한 그런 사건들은 정치적으로는 헌법적 질서, 시민들의 기본권·자유권 등을 약화시키는 데도 일익을 담당했다.

정국을 싹쓸이한 태풍급 북풍, 북한 관련 테러 사건

간첩 사건이 작은 북풍이라면, 태풍급 북풍이 있었다. 대표적인 태풍급 북풍이 1974년의 육영수 여사 저격 사건, 1983년의 버마 암살 폭파 사건(일명 아웅산 폭발 사건)이나 1987년의 KAL 858기 사건과 같은 북한 관련 테러 사건이다. MBC에서 만든 100부작 다큐멘터리 〈이제는 말할 수 있다〉에서 2부작으로 방영된 '육영수와 문세광'에서 육영수 여사 저격 사건을 둘러싼 오래된 소문과 새로운 사실을 다루며, 실체적 진실을 둘러싼 의문을 증폭시켰다. 1974년 8월 15일 광복절, 육 여사 저격 사건 직후 "김일성 처단하자", "일본은 반성하라"라는 내용의 반공·반일 궐기대회 및 각종 행사가 벌어졌다. 반공·반북 분위기와 함께 반일 정서가 묶인 것은 역사적 역설이다. 그런데 육 여사 저격범 문세광(당시 23세)이 재일동포 2세였던 사실이나, 1973년 8월 반유신 운동의 리더 격이었던 김대중 전 대통령의 납치 사건이 도쿄에서 벌어져 한국과 일본 간에 껄끄러웠던 외교 상황이 되었던 문제와도 미묘하게 얽혀 있었다.

다음으로 1983년 버마 암살 폭파 사건을 들 수 있다. 12·12 쿠데타와 광주 학살이라는 태생적 원죄가 있던 전두환 정권은 출범 초에 핵 개발이나 미사일 개발 등의 문제로 미국과의 갈등을 겪었고, 1970년대 말, 1980년 초의 경제적 부침에 따른 경제위기를 겪었다. 그런 와중에 1983년 버마를 방문한 전두환 대통령의 공식 수행원과 수행 보도진 신문기자 17명이 폭발과 함께 사망하는 버마 암살 폭파 사건이 있었다. 그해 가을 내내 폭파 범의 배후로 추정되는 북한 정권을 규탄하는 반공궐기대회 등이 개최되었다. 버마 당국 역시 이 사건의 배후가 북한이라고 발표하며, 북한과 외교 단절을 했다가, 2006년에야 북한과의 외교 관계를 회복했다.

1987년 KAL 858기 사건은 그해 6월민주화항쟁의 분위기에 찬물을 끼얹었다. 그 사건은 노태우 정권을 탄생시키며, 신군부 정권이 연장되는 데 결정적인 역할을 했다. 승객 115명이 실종된 KAL 858기 사건은 2000년대 이르러 '국가정보원 과거 사건 진실 규명을 통한 발전위원회(이하 국정원 발전위)'의 7대 조사 대상 사건 중 하나로 선정되었다. 이에 실종자 가족은 진실을 알게 될지도 모른다는 기대감에 부풀었다. 국정원발전위 조사 과정에서 1987년 전두환 정권이 '노태우 후보를 대선에서 당선시키기 위해 KAL 858기 사건'을 적극 활용하라는 공식 문건, 이른바 '무지개 공작'의 실체 일부가 드러났으나 1987년 북한을 배후로 둔 미녀 북한 간첩 김현희에 의한 폭파 사건이라는 결론은 요지부동이었다(≪통일뉴스≫ 2015년 11월 29일 자).

양치기 소년의 거짓말이 된 북풍 사건들

북풍의 또 다른 종류는 북한의 위기 상황과 관련되어 있었다. 북한의 권력 투쟁과 최고 권력상의 급변 사태 시에도 북풍은 여지없이 불었다. 그중에는 세계적인 특종이자 오보로 판명된 ≪조선일보≫의 1986년 11월 17일 김일성 사망설이 있다. ≪조선일보≫가 뿌린 호외에는 "휴전선 방송, 열차 타고 가다 총격받았다", "북괴 김일성이 총에 맞아 피살되었거나 심각한 사고 발생"했고, 휴전선 이북 선전 마을에 16일부터 반기가 게양되었다는 등의 내용을 담고 있었다. 그 이후 1994년 실제로 김일성이 사망한 직후 조문 파동과 함께, 뉴스들은 앞다투어 "두발 위협성 경계", "두발 가능성 높아" 등의 속보를 발표했다. 그런데 정작 위기는 미국의 북한 침공 작전에 있었다. 당시 미국의 항모가 인천 앞바다에 와 있거나 주한 미군의 가족들이 피신을 하는 등, 한반도에는 어느 때보다도 전쟁 발발 위험이 높았다. 그해 10월에 북한과 미국 간에 제네바 기본합의서가 채택되면서 전쟁 위기 상황이 해소되었다.

또한 2011년 11월 17일, 김정일 사망 시에도 우리 정부는 도발 대비 전망과 가능성을 발표했다. 그런데 김정일 사망 직후 출렁대던 금융(주식)시장이 일주일 만에 회복되었다. 금융시장에서는 1990년대 이래로 김정일 사망 직전까지 북한발 빅뉴스가 23번 정도 있었다고 한다. 각 사건 때마다 잠시 금융시장 등에 영향을 줬으나 대부분 금융시장은 일주일 내로 회복되었다고 한다(≪주간동아≫ 2011년 12월 26일, 818호). 이번의 김정남 사건 역시 금융 주식시장에는 별다른 영향이 없다.

쾰른의 택시 운전사가 부르는
고향의 노래[*]

김귀옥

김용무 씨는 이제 남과 북 어디에서도

입국이 허용되지 않는 사람이 되었다.

그는 국적의 그림자를 잃어버린 사람이 되고 만 것이다.

「쾰른 택시운전사의 사랑이야기」

파리에만 택시운전사가 있었던 줄 알았다

인식에 대한 빛나던 욕망

고국을 향한 뜨겁던 사랑

동지를 향한 끈적대는 연민

쾰른의 라인강변을 따라

택시 운전대를 잡으면서도 식을 줄 몰랐다

[*] "쾰른의 택시 운전사가 부르는 고향의 노래", 《프레시안》, 2012년 9월 20일 자.

......

유럽의 산위에서 내려다본

한국은 냉전의 섬

미륵 선생이 탔던 철로에 녹슨 지 오래고

먼 옛날 선조가 우마에 의지하여 다니던

실크로드에는 실크의 전설 속에서 먼지만 날려

한반도는 먼지와 안개 속에서 길을 잃어

21세기 국경 없는 세기가 열릴 때

노구가 된 몸으로 다시 희망을 보았다

6.15는 동토의 한반도를 녹일 들불,

토막 난 한반도를 붙여놓을 접착제가 되리라 기대했다

6.15통신을 통해 통일의 복음을 뿌리는

전도사가 되리라는 선서를 통일의 재단에 올렸다

어느 날 날아온 신분증

"당신은 남과 북 어디에도 자리가 없소"

2005년 대한민국의 빗장 걸기

2005년 조선민주주의인민공화국의 빗장 닫기

피눈물을 삼키며

그는 독일 시민권을 얻어야 했다

그에게 남과 북은

분단의 상징일 뿐

그의 조국은 통일 조국

그의 피 속에는 분단도 냉전도 없다

그의 사람을 향한 사랑에는 미움도 원망도 없다

오직 그는 평화와 통일된 세상의 시민이고 사람일 뿐이나

남북으로 흐르는 쾰른 라인강변의 택시 운전사

쾰른은 중류 라인강변의 대도시다. 역사적으로도 유명하지만, 현재 교통의 요지로서 라인란트의 경제·문화 중심지로 꼽힌다.

그곳에 가면 한 가지 흔치 않은 풍경을 볼 수 있다. 30년째 택시를 몰고 있는 75세의 재독 한국인이다. 독일에서는 65세가 되면 대부분 퇴직해 노인층 노동력은 '0'에 가깝다. 물론 한국에서는 노인 노동력이 적지 않다. 거리에서 종이 상자를 수집하는 할머니들, 시장에서 일하는 할머니들을 쉽게 만날 수 있는데, 이는 노인에 대한 복지 제도가 불충분하기 때문이다. 이상적인 노인복지를 시행하고 있는 독일에서 75세의 노인이 택시를 몰고 있는 풍경은 낯설다 못해 경이롭지 않겠는가?

쾰른의 택시 운전사는 바로 재독 한국인인 김용무 씨다. 나는 2009년 6·15 유럽공동위원회가 개최한 학술 행사에 강연자로 초청받은 자리에서 그와 잠시 인사하게 되었다. 그는 초라한 행색이었지만 철학자로서의 신비스러운 용모를 갖춘 지성인이었다. 서울대 문리대학에서 철학을 수학하고, 육군사관학교에서 교수로 강의했으며, 이후 독일 쾰른대학교로 유학을 갔다. 한국에서 간호사 일을 했던 그의 배우자 김문자 씨도 그를 따라 이민을 가 독일에서 간호사로 일하면서 남편의 수학을 내조했다. 처음 만난 자리에서는 시간이 없어서 별로 이야기를 나누지 못했으나 귀국 후 시민들과 몇몇 자료를 통해 김용무 씨에 관한 여러 가지 사연들을 접할 수

있었다.

　김용무 씨는 한국에서 벌어지고 있던 수많은 사건을 보면서 공부만 하는 자신의 처지를 자책했다. 특히 1980년 5·18 광주민주화항쟁이 발발했을 당시 느꼈던 한국 상황에 대한 절망감은 그만의 문제가 아니었을 것이다. 그래서 그는 당시 독일에 유학을 온 학생들이나, 재독동포들과 함께 한국 민주화운동과 통일운동에 발 벗고 나섰다. 그가 유학생들과 재독동포들의 일을 제 가족 일처럼 돌보게 되면서 간호사인 배우자에게 가게 부담을 맡기는 통에 집안은 항상 가난했다. 그런 까닭에 늦게 본 두 아들들은 그야말로 희생양이 되고 말았다.

　대부분의 재독동포의 경우에도 1세대들은 정착하느라고 정신이 없다. 그들은 자식 교육을 잘 시켜 주류 사회에 들어가게 하거나 최소한 독일 주재 한국 대기업에 직원으로 일하게 되기를 바라기도 한다. 실제로 그러한 사례도 많다. 그러나 김용무 씨는 조국 통일만이 꿈이었다. 그는 자식들에게도 그러한 얘기를 줄곧 해주었으나, 2세대인 자식들에게는 강요로 들릴 뿐이었다. 자식들은 재독동포 사회의 차가운 현실을 외면하고 있는 아버지를 원망하며 긴 세월 방황했다.

　김용무 씨는 생활비를 벌기 위해 뭔가 하지 않을 수 없어서 생활의 방편으로 잡은 운전대를 75세가 된 지금도 놓지 못하고 있다. 2009년 췌장암으로 아내와 갑자기 사별하게 된 후 지금까지 그 운전대는 고독의 벗이 되었다.

한반도 분단과 주변인으로서의 해외 동포

해외 살이 45년. 조국의 민주화와 통일을 위해 젊음을 바친 김용무 씨는 이제 남과 북 어디에서도 입국이 허용되지 않는 사람이 되었다. 그는 국적의 그림자를 잃어버린 사람이 되고 만 것이다.

흔히 해외에서 만나게 되는 재외 동포들은 이런 얘기를 하곤 한다. 한국 안에서는 남한 중심의 분단적 사고를 하지만, 해외에 나가면 한반도 문제가 전체식으로 보인다. 아무리 싫어도 남과 북은 하나의 민족으로 운명적으로 얽혀 있다는 것을 알게 된다고 한다.

1960년대 이후 해외로 이주한 해외 동포 1세대 중 이북 출신이 얼마나 되는지 정확한 통계는 모른다. 일반적으로 1960년대 이래로 1980년대까지 재미동포 1세대 중 3분의 1이 이북 출신이고, 3분의 1은 호남 출신, 3분의 1은 비호남 출신이라고 한다. 또한 재일동포의 일제강점기 출신 지역의 97퍼센트는 경상도를 포함한 삼남 지역이다. 60만 명 가운데 10만 명 가까운 사람이 1959년부터 1984년까지 북송되었다. 그러다 보니 재일동포나 재미동포 대다수가 남북으로 인연을 맺고 있다. 세부적으로는 차이가 있을지라도 큰 틀에서는 재독동포도 이런 사정과 다르지 않은 듯하다.

한반도 분단은 개인들의 가족사에도 다 얽혀 있다. 그러다 보니 자신도 모르는 사이에 남과 북의 운명적인 사건에 연루되는 사람들이 적지 않다. 그런 사건들 중 하나가 가족 간첩단 사건이다. 최근에 얘기되고 있는 '통영의 딸' 신숙자 씨 사건 역시 독일 유학생이었던 오길남 박사가 방북·체류·탈북하면서 생긴 비극적인 가족사 중 하나다.

또한 1980년대 한국의 민주화 이전까지 해외로 이주했던 사람들 중에는 한국 정부의 반민주적 독재 정권을 비판했던 사람들이 많았다고 한다. 그런 사람들 중 일부는 기회가 닿아 방북하기도 했다. 아마도 1970년대까지 남한에 비해 앞선 북한의 경제 발전과 복지 상황에 대한 동경심이 작동했었는지도 모른다.

나로서는 김용무 씨 사건의 진상을 정확히 알 수는 없다. 다만 독일어 전문 번역가로 활동하고 있는 바준대 씨의 증언에 따르면 김용무 씨는

1994년의 박홍 전 서강대 총장의 이른바 '주사파 척결' 발언 사건의 피해자라고 한다('민주화실천가족운동협의회'가 펴낸 보고서「이 사건을 말한다」중). 박홍 전 총장의 주사파 척결이라는 매카시 선풍이 1년여 몰아치는 가운데 안기부 공작원이라고 양심 고백을 한 독일 유학생 한 모씨 부부에 의해 김용무 씨는 간첩으로 낙인찍히게 되었다. 심지어 김용무 씨는 송두율 교수 사건에도 얽혀 있다고 했다.

2004년과 2005년 국내외 통일운동 단체들이 해외 망명객으로 분류된 10여 명을 국내로 초청할 때도 김용무 씨는 입국 거절을 당했다. 2005년 평양에서 개최된 6·15 통일 행사에 방문하려고 했으나, 베이징 북한 대사관에서 비자 발급을 거절당했다. 남과 북, 분단된 조국 어디에서도 그는 입국이 허용되지 않았다.

최근 들어 가족 간첩단 사건이나 재일 한국인 유학생 간첩단 사건의 조작 혐의가 속속 드러나고 있다. 죄는 재심을 통해 무죄라는 것을 밝히면 되지만, 그들은 수십 년간의 냉전 체제에서 입은, 상상을 불허하는 피해와 고통으로부터 자유로워질 수 없다. 그런 세월 속에 개인은 폐인이 되고 가족은 해체되는 위기를 겪어야 했기 때문이다. 잔혹한 냉전의 시대는 무수한 피해자를 만들어냈다.

고향으로 돌아오는 길

김용무 씨를 생각하면「고향의 봄」을 부르며 안경 너머로 눈물을 흘리던 모습이 떠오른다. 여러 재독동포들이나 김용무 씨 지인들의 꿈은 살아생전에 고향을 방문하는 것이다. 그는 만일 살아서 고향 땅을 밟지 못한다면, 한 줌의 뼈가 되어서라도 고향 선산에 배우자의 유골과 함께 묻히고 싶다고 한다. 또한 자식들과 손잡고 한국을 방문해 한국의 친척들을 자유롭게 만나기를 원한다. 자식들에게 뿌리 뽑힌 존재가 아님을 느끼게 해주고 싶은 것이리라.

냉전의 시대, 냉전은 체제에만 있었던 것이 아니라 개인에게도 그림자가 드리워졌다. 냉전 때문에 가족들이 갈라지고, 고향은 꿈속에만 있었다. 과거 미국에서 매카시 선풍이 할리우드를 포함한 미국 전역을 휩쓸 당시 공산주의자로 몰린 찰리 채플린은 1952년 제2의 고국인 미국에서 강제로 추방당했다. 1972년이 되어서야 미국은 그에게 만 20년 만에 미국으로 돌아와 아카데미 특별상을 수상하도록 허용했다. 75세의 김용무 씨에게 고국은 없는 것인가?

곧 추석이다. 추석 보름달은 동서남북 차별 없이 넉넉하게 비출 것이다. 보름달은 길 떠난 사람이 집을 찾아들어 가족과 상봉해 시름을 나눌 수 있도록 길을 밝혀줄 것이다. 그 달은 독일 쾰른의 아름다운 라인강에도 비추게 되겠지. 그 보름달이 쾰른의 택시 운전사가 고향 땅을 밟고, 그리워하는 고국의 가족과 상봉할 수 있도록 길을 밝힐 수는 없을까?

브렉시트,
신자유주의 재앙의 신호탄[•]

안현효

브렉시트 후 삶이 더 나아질 것이라는 정치인의 선동에 넘어가서
브렉시트에 찬성한 것이라고 보지 않는다.
브렉시트의 불확실성을 알고도
현 체제의 불만을 표하기 위해 찬성한 것이다.

영국이 국민 투표로 브렉시트를 결정한 이후 세계경제 및 금융시장은 의
외로 조용하다. 일부는 브렉시트에도 불구하고 유럽 통합에는 문제가 없
을 것이라고 예견하는 반면, 일부는 장기적으로 예측할 수 없는 격변이 시
작되었다고 한다. 그러나 나는 브렉시트의 경제적 영향이 중요한 것은 틀
림없지만, 그보다도 정치적 의미가 더 중요하다고 생각한다. 브렉시트에
대한 일반적 견해는 영국의 당파적 정치인들이 감당하지 못할 선동 정치
를 한 것이라는 주장이다. 그런데 더 주목할 것은 이 사건은 체제에 대한
대중적 불만의 표현이라는 점이다.

이는 영국만의 문제가 아니다. 트럼프가 차기 대통령이 될지도 모른다

[•] "브렉시트, 신자유주의 재앙의 신호탄", ≪프레시안≫, 2016년 8월 2일 자.

는 현실적이면서도 불안한 예측을 하는 미국도 같은 흐름에 있다. 이른바 선진국에서의 정치 위기와 더불어, 필리핀 선거 등 개발도상국에서의 특이한 흐름 역시 전통적인 정치 구도를 넘어서고 있다. 게다가 세계 도처에서 벌어지는 테러 역시 기독교와 이슬람의 분명 충돌로 번져갈 조짐까지 보인다.

나는 영국민들이 브렉시트 후 삶이 더 나아질 것이라는 정치인의 선동에 넘어가서 브렉시트에 찬성한 것이라고 보지 않는다. 브렉시트의 불확실성을 알고도 현 체제의 불만을 표하기 위해 찬성한 것이다. 왜냐하면 대안이 객관식으로 주어졌기 때문이다. 찬성, 아니면 반대! 미국도 마찬가지다. 트럼프는 미국민의 현 체제에 대한 불만과 염증을 교묘히 이용하고 있다. 놀랍게도 트럼프보다는 진보적인 클린턴이 지배 체제를 대변하는 듯이 보인다. 미국민을 대변한 버니 샌더스는 민중이 파시즘을 지지하는 상황을 막기 위해 울며 겨자 먹기로 현 체제를 지지하는 아이러니가 나타난다.

이 모든 사태는 기존의 것이 무용해지고 새로운 것은 부재한 위기의 징후로 보인다. 그러나 우리를 더 두렵게 하는 것은 이 위기의 실체가 무엇이고 또 어떻게 극복해야 하는지 애매하다는 점이다. 이 상황이 지구촌이라는 거대한 생태계에서 일어나는 소소한 충돌이 아님은 분명하다. 왜냐하면 이 사건들은 대부분 경제적 문제와 맞물려 있기 때문이다. 영국민의 삶이 팍팍해지지 않았다면 분담금 문제가 그렇게 절실하게 다가오지 않았을 것이고, 난민 유입에 대해 민감하지 않았을 것이다. 미국인 또한 중산층의 몰락이 아니었다면 앞뒤가 맞지 않는 선동 정치에 지지를 보내지 않을 것이다. 또 문명 충돌, 종교전쟁의 양상을 띠고 있는 IS 등 급진파의 테러 역시 중동 지역의 지정학적·경제적 이해관계와 떼어놓고 생각할 수 없을 것이다.

경제문제에 초점을 맞추어보면 이 사태의 배후에는 꽤 오래 진행된 상황이 있다는 점을 알 수 있다. 이른바 '신자유주의'다. '이른바'라는 단어를 붙인 이유는 현재 '신자유주의'는 이데올로기적으로 폐지되었기 때문이다. 신자유주의의 첨병이라 할 수 있는 국제통화기금IMF조차도 과거의 반케인스 정책을 반성하고 나섰다. 오늘날 신자유주의를 공공연하게 외치고 있는 정치 세력은 없다. 그런데 이상하게 그 영향의 여진은 현재 우리 삶에 영향을 미친다. 또한 앞으로도 장기간 영향을 미칠 것으로 생각된다. 1970년대 자본주의 위기를 계기로 케인스주의를 배격하며 등장한 신자유주의가 근 40년간 지배했다는 점을 고려하면, 그 영향이 장기간 지속하리라는 것은 자연스러운 예측이다.

신자유주의의 중대한 결과가 세계화, 금융화, 양극화 등인 것은 잘 알려져 있다. 그러므로 파시즘의 재대두, 고립주의의 등장, 문명 충돌의 심화, 이에 따른 파멸적 전쟁 등을 막으려는 진지한 정치 세력은 신자유주의의 효과를 제어할 대안 마련에 시급히 나서야 한다.

신자유주의가 가져온 폐해를 극복하기 위해 어떤 지점에 초점을 맞춰야 하는가? 신자유주의는 케인스주의처럼 자본주의 약 50년을 지배했던 이론, 이념, 정치 노선이기 때문에 자본주의와 반자본주의 같은 거대 담론만으로는 효과적으로 분석되지 않는다. 이보다 좀 더 세심한 대안이 필요한데, 이러다 보면 파편적인 정책 대안만 모으게 되는 상황이 발생할 수 있다.

신자유주의를 비판하고 대안을 모색할 수 있는 추상성이 중간 정도인 효과적인 구호는 없을까? 나는 '민생과 민주주의'라는 구호가 어떨까 생각해본다. 비록 이 용어를 그대로 쓰지 않더라도 이 용어가 지시하는 지점에 착안하자는 말이다. 민생은 보통 사람의 경제적 삶을 말한다. 보통 사람의 경제적 삶이 윤택해지기 위해서는 경제성장이 중요하다. 하지만 지금의 경제학은 주객을 전도시켜 경제성장만이 모든 경제정책의 목표인 것으로 말한다. 이러한 담화 구조하에서는 경제성장이 궁극적으로 지향해야 하는 바가 무엇인지가 없어지고 만다. 심지어는 경제성장을 위해서는 민생이 파괴되어도 된다는 식의 생각이 유포된다.

그러나 저성장, 심지어는 0퍼센트의 성장이 표준이 되는 이른바 '뉴노멀'이 경제성장을 통한 경제적 삶의 향상이라는 메시지를 근저에서 무너뜨린다. 따라서 경제정책이 추구해야 할 궁극적 목표, 즉 민생에 다시 한번 주목할 필요가 있는 것이다. 민주주의라는 용어도 논란이 많은 용어임에는 틀림없다. 다수의 결정이라는 본질적 특성 때문에 중우정치로 흐를 수도 있다. 다수의 결정 과정을 거쳐서 파시즘이 등장하기도 한다. 하지만 이러한 상황이 민주주의를 부정하고, 엘리트가 지배하는(물론 실제로는 그럴지도 모르지만) 사회를 옹호하는 증거가 될 수 없다. 최소한 주권의 소재를 따지는 이념적 수준에서는 그렇지 아니한가? 그래서 국민주권을 부정한 '개돼지'를 말하는 고위 공무원은 파면되는 것이다. 하지만 우리는 또 '개돼지론'이 현실을 반영한 말이라는 것도 안다. 즉, 오늘날 민주주의가 위기에 처해 있는 것이다. 이때 대안은 민주주의의 부정이 아니라, 민주주의를 할 주체의 정치적 성숙, 또 이를 위한 제도적 차원의 지원, 즉 사회적·교육적 프로그램이다.

지금 신자유주의 이후 우리 사회에서 떠도는 다양한 대안 정책들을 이러한 기준으로 평가해보자. 이때 브렉시트는 영국 민중들이 민생과 민주주의를 구해달라는 단말마적인 비명으로 이해될 수 있지 않을까?

브렉시트, 신자유주의 재앙의 신호탄

트럼프의 미국,
달라진 것은 없다[•]

정재원

> 흥미로운 점은 미국은 중국과는 경제적으로 상호 보완하는 관계로 얽혀 있어
> 물리적 충돌은 자제하는 데 비해,
> 경제적 관계가 약한 러시아와는
> 간접적·물리적 충돌도 불사하고 있다는 것이다.

전 세계가 극우주의와 극단주의로 몸살을 앓는 가운데 세계 정치·경제를 주도하는 미국에서 공화당 주류보다도 더 공격적이고 퇴행적인 집단이 트럼프를 내세워 정권을 장악하는 일이 일어났다. 여성, 소수자, 이민자, 비백인, 이슬람교도 등은 물론 환경운동과 인권운동 등 다양한 사회운동, 그리고 오바마 케어를 비롯한 각종 사회복지 제도와 심지어 언론의 자유에 대해서도 적대적인 트럼프 정권의 탄생은 미국인들에게도 커다란 재앙이 아닐 수 없다. 그런데 트럼프 일당이 추구하는 대외 정책은 미국 내 정책보다 훨씬 더 위협적이다. 특히 공화당 주류와 불화하는 듯싶던 트럼프 일당은 공통분모를 급속도로 찾아가며 대외적으로는 제국주의적 본질

[•] "트럼프의 미국, 달라진 것은 없다", ≪프레시안≫, 2017년 1월 29일 자.

을 한층 더 과감하게 드러내고 있다.

'신고립주의', '보호무역주의', '미국 제일주의' 등 국제정치와 국제 정치·경제 분야의 학자들과 언론이 제공하는 세련된 용어로 포장된 트럼프 신부의 대외 정책 기조를 두고, 넓은 이들이 그 틀 내에서 논의를 이어가고 있다. 특히 그러한 세련된 용어를 나열하며 트럼프 정권이 추구하는 대외 정책의 기조가 오바마의 민주당 정권의 정책과 마치 대립되는 것처럼 묘사하고 있기도 하다. 분명 공화당 정권과 민주당 정권 간의 대외 정책은 그 기조에 있어서 분명 다른 면이 있다. 또한 같은 정당 내에서도 어떤 집단이 집권하느냐에 따라 세부적인 부분에서는 크게 달라질 수도 있다.

그러나 과도한 정당 중심적 정치와 정책 분석을 피해야 한다. 특히 유일한 헤게모니 국가로서 미국의 대외 정치와 정책은 특정 정당이나 특정 대통령의 성향과는 무관하게 돌아갈 수 있다. 너무 당연한 말이지만, 조지 부시나 오바마, 트럼프, 공화당, 민주당 할 것 없이 미국은 미국의 헤게모니를 유지하고 이익을 극대화하기 위해 다른 국가들의 희생을 불사해 왔다. 시기나 역학 관계 혹은 정권에 따라 서로 대립되어 보이는 기조를 내세웠을 뿐, 대외 정책의 기조는 변한 적이 없다. 즉, 자유무역을 외치며 신자유주의 세계화를 주도했다고는 하지만, 자유무역은 미국이 아닌 국가에 강요한 것일 뿐, 자국은 노골적으로 보호무역의 장벽을 쳐오기도 했다. 부시 공화당 정권에 평화적 해결을 강조했다지만 무력을 동원한 주권 국가에 대한 공격과 그것을 위한 비용은 민주당 정권하에서도 결단코 줄지 않았다.

물론 트럼프 정권은 취임하자마자 미국의 환태평양경제동반자협정TPP 탈퇴를 선언해서 전 세계를 충격에 빠뜨리며 전 정권과 정반대의 정책 기조를 관철시킬 것처럼 행동하고 있다. 무엇보다 대중국, 대북한 강경 적대 정책, 이란과 쿠바 등 오랜 적대국과의 화해 무드의 반전, 그리고 독일을 위시한 유럽과의 긴장 관계, 중동 정책의 대변화 등 말 그대로 세계 곳곳에서의 미국 정책의 변화로 긴장과 위기가 예견되는 것이 사실이다. 특히 이슬람 난민을 포함한 대이슬람 국가정책, 멕시코 이주민을 포함한 대라틴아메리카 국가정책도 급격하게 악화될 가능성도 보이고 있다. 앞으로 그가 내건 공약들이 실현될 경우 마치 그 전의 정권들과 근본적으로, 그리고 본질적으로 다른 미국이 될지도 모른다는 생각을 하게 될 정도로 많은 부분이 변할 수 있다고 느껴지는 것이 사실이다.

무엇보다 급격한 변화를 보이며 수많은 논란과 의구심, 그리고 정책이 실제로 크게 변화할 것이 틀림없다는 확신을 갖게 하는 부분이 바로 대러시아 정책이다. 사실 다른 국가들에 대한 트럼프 정권의 정책 기조는 지역 내의 과도한 긴장과 갈등에 따른 제한의 문제였지 사실상 예측 가능한 틀 내에서 움직이고 있다고 할 수 있다. 그러나 오랜 대러시아 적대 정책에서는 큰 차이가 없던 미국의 정책 변화는 매우 놀라운 것이었다. 그러나 트럼프 정권의 친러시아 정책에 대해 단순히 트럼프 개인의 성향 혹은 러시아에 책잡힌 트럼프와 러시아의 밀월 관계만으로 설명되어서는 안 된다.

결론부터 말하자면, 결단코 미국은 그 어떤 정당의 집권하에서도, 그 어떤 대통령의 통치하에서도 러시아와 밀월 관계를 가질 생각이 없다. 트럼프가 블라디미르 푸틴을 어떻게 평가하는지도 전혀 중요하지 않다. 푸틴과 매우 가까운 친러시아 인사인 렉스 틸러슨Rex Tillerson 전 엑슨모빌 최고경영자를 초대 국무장관에 지명한 것을 두고 미-러 간 밀월 관계를 보여주는 사건이라고 전 세계 언론이 호들갑을 떨었지만, 이 역시 별 의미는 없다. 1972년 국가안보보좌관이었던 헨리 키신저는 리처드 닉슨의 중국 방문 전에 소련을 견제하기 위해 중국과 친화할 필요가 있다고 밝혔는데, 훗날에는 정반대로 중국을 견제하기 위해 소련이 필요할 때도 있다고 했다. 그보다 훨씬 더 전인 제2차 세계대전에서도 미국의 프랭클린 루스벨트 대통령이 히틀러의 독일을 무너뜨리기 위해 스탈린을 추켜세우기까지 하면서 소련과 우호적 관계를 맺은 것은 이미 잘 알려져 있다.

공동의 픽에 맞서 선생을 수행하기 위한 농맹을 포함해 미국은 역사적으로 자신의 단일한 패권을 유지하기 위해 부상하는 새로운 패권 경쟁 대상 국가들을 서로 견제하고 경쟁하게 만드는 전략하에서 행동해왔다. 현재 러시아에 대한 접근 역시 그러한 일관된 기조하에서 이루어지고 있다는 것은 두말할 나위가 없다. 이러한 친러시아 정책으로 미국은 현 국면에서 여러 가지를 동시에 얻을 수 있다. 무엇보다 속으로는 중국의 힘을 크게 두려워하는 러시아를 부추겨 중국을 견제하기 위함이기도 하지만, 그 외에도 독일을 중심으로 하는 EU 견제 및 통제, IS 문제로 몸살을 앓고 있는 중동은 물론 수니파·시아파를 막론하고 세계 곳곳에서 확대되고 있는 이슬람 세력의 약화를 꾀하기 위해서도 러시아가 절대적으로 필요한 상황에 있는 것이다.

러시아도 과거 이와 유사한 정책을 취한 바 있다. 미국 및 유럽과 대립 일로에 있을 때 돌연 9·11 테러가 일어났고, 이슬람의 세력 확장을 저지하고자 하는 공통의 이해관계 속에 러시아는 자국의 영향하에 있는 중앙아시아와 조지아 등지에 아프가니스탄의 탈레반과 알카에다 세력 퇴치를 목적으로 미군 기지 건설을 허용했다. 그 대신 자국 내 체첸 반군 진압을 정당화하고 미국으로 하여금 자신을 대신해 중앙아시아 등지에서의 이슬람 세력 확산을 저지하게 하는 데 일정 정도 성공한 바 있다. 그런가 하면 미국의 일방적인 이라크 침공에 따른 유럽(특히 독일과 프랑스)과 미국 간의 갈등 시 러시아는 유럽을 매우 교묘하게 부추기며 미국과의 대립을 통해 자신의 입지를 강화하기도 했다. 이번에도 러시아는 우크라이나 사태 때문에 발생한 서구의 제재로 악화된 경제위기를 타개하기 위해 미국과 밀월 관계를 유지하며, 미국과 유럽의 간극을 이용해 자신의 외교적·경제적 목적을 달성하려고 할 것이다.

그러나 많은 전문가들의 예측과는 달리, 이러한 밀월 관계는 서로의 이익을 확보한 후 곧바로 와해될 것이다. 러시아가 미국 대선에 개입할 정도로 트럼프 당선을 원했고, 러시아 측에서도 트럼프와 밀월 관계를 지속할 수 있다고 생각한 것처럼 보도하고 있지만, 이는 반 정도만 사실이다. 정반대로 러시아 역시 현실을 정확히 직시하고 있다. 즉, 미국은 같은 중심부로 큰 틀에서 이익을 공유하고 있는 유럽은 허용할 수 있으나, 중국의 패권 도전을 강하게 억압하고 있다. 그런데 여기에 중국 외의 또 다른 패권 국가가 등장하는 것은 미국으로서 절대로 용인할 수 없다.

흥미로운 점은 미국은 중국과는 경제적으로 상호 보완하는 관계로 얽혀 있어 물리적 충돌은 자제하는 데 비해, 경제적 관계가 약한 러시아와는 간접적·물리적 충돌도 불사하고 있다는 것이다. 특히 유라시아 연합을 구성하며 역내에 자체적으로 막대한 자원과 시장, 중요한 지정학적·지경학적 입지, 그리고 저임금 숙련 노동력을 보유한 유라시아 연합을 주도하는 러시아라는 또 다른 패권 도전 국가의 등장은 미국으로서는 절대로 허용할 수 없는 사실이다. 따라서 중동에서의 IS 사태의 해결, 궁극적으로는 이슬람 세력의 확장 저지라는 목표는 단기간에 이룰 수 없기 때문에 서로의 협력 관계는 일정 부분 지속될 것이다. 그러나 우크라이나 사태를 러시아에 유리하게 종결시키는 등 러시아의 급격한 부상을 방조하지는 않을 것이며, 기존 우방국들을 중심으로 미국과 러시아가 영향력 경쟁을 벌이고 있는 전 세계 여러 지역에서의 갈등은 머지않아 재현될 것으로 판단된다.

많은 전문가들은 미국의 대외 정책 기조 변화가 세계정세 변화에 영향을 미칠 뿐 아니라 신자유주의에 입각한 현재의 세계화라는 오랜 경향조차 급격하게 변화하거나 심지어 퇴조할 것이라고 주장하기까지 한다. 신자유주의와 세계화를 어떻게 정의하느냐에 따라 이러한 예측은 맞을 수도 있고 틀릴 수도 있다. 하지만 미국의 정책 기조가 지금까지의 전형적인 신자유주의 정책과는 달라 보일시라노 결단코 미국의 이익, 특히 극소수의 미국 자본가들과 기득권 세력을 위한 정책의 추구라는 점에서 그 본질은 달라지지 않을 것이다. 또한 보호무역주의처럼 보이는 정책들조차 신자유주의와 근본적으로 대립되거나 그러한 기조를 정면으로 거스르는 정책은 아니라는 점을 강조할 필요가 있다.

여기에 더해 어떤 국가를 대상으로 하든 미국의 이익을 위한 보호무역주의를 강화하고, 그 질서 속에서의 복종을 강요하면서도 대만과 이스라엘 등 지역 내 소수의 미국 동맹국들이나 친미 독재 정권들을 지원함으로써 미 군산복합체의 이익이 실현되도록 제한된 분쟁을 야기하는 정책도 한층 강화될 것이다. 그리고 북한을 비롯한 전 세계의 많은 지역이 미국에는 중국뿐 아니라 러시아와의 이익이 정면으로 충돌하는 지점들이기 때문에 향후 러시아와의 밀월 관계는 중국을 일정 정도 견제하는 선까지만 지속된 후 종결될 것이다. 러시아는 금융을 중심으로 하는 이익 구도에서는 미국에 아직 위협이 되지는 않지만, 그 외의 이익 구도에서는 미국과 필연적으로 충돌할 수밖에 없다.

신자유주의, 금융세계화, 무장한 세계화 등으로 표현되며 세계 정치·경제 질서를 지배해왔던 기본 원리에는 근본적인 변화가 없을 것이다. 즉, 자본이 아닌 국가가 우위에 서서 국가주의나 민족주의, 보호무역주의 등을 내세우며 마치 (신)자유주의적 질서나 개방적 자유시장주의에 반하는 듯한 정책을 펼친다고 해서 본질적인 변화는 없을 것이다. 더욱이 그러한 근본적 변화의 상징으로 보이는 듯한 미국의 급작스러운 대러시아 친화 정책 역시 근본적인 변화와는 거리가 멀다. 트럼프라는 개인 갱위사에게 과도하게 초점을 맞추거나 집권 정당의 정책 기조에만 근거하는 분석은 한계가 있다. 조금 더 장기적인 역사적 시각과 세계 자본주의 체제 전체적인 구조 속에서 미국의 세계 재편 전략 속 미국 사회 내 기득권 세력들의 지배 방식 속에서 상황을 파악하는 것이 필요하다.

08

노동과 사회운동의 새로운 길을 찾다

노동자는 때려잡고,
조폭은 지켜주는 나라*

정재원

경찰은 전혀 법을 '엄정하게' 집행하지 않는다.

이들은 경찰 앞에서도 당당하게

웃통을 벗고 용 문신을 자랑하며, 해머를 휘둘러

가난하고 힘없는 노동자들과 철거민 등 서민들을 겁박한다.

2016년 10월 29일 1차 민중총궐기와 관련해 경찰은 민주노총 등 일부 참가 단체 대표들에게 소요죄까지 적용하는 등 강경한 입장을 보이고 있다. 언론이 완벽하게 장악된 현재, 시위가 왜 일어났는지에 대한 본질에 대해서는 철저하게 침묵으로 일관하고 있다. 살인적 진압 작전으로 한 시민이 사경을 헤매고 있다는 사실도 축소된 채 마치 이러한 상황의 본질이 시위 자체의 폭력·비폭력의 문제인 양 사태를 왜곡시키는 데 성공한 지배 권력은 경찰 등 공권력을 내세워 소위 '엄정한 법 집행'을 주장하고 있다.

그러나 사태의 본질을 은폐하기 위한 정치적 의도는 둘째치더라도 과연 경찰을 포함한 대한민국의 공권력은 엄정한 법 집행을 했다고 할 수 있

* "노동자는 때려잡고, 조폭은 지켜주는 나라", 《프레시안》, 2013년 12월 20일 자.

을까? 해방 이후 도저히 한두 페이지로는 나열할 수 없을 만큼 대한민국의 공권력은 철저하게 권력과 기득권 세력에 굴종했다. 그들의 지배를 위한 도구 역할을 해왔다는 것은 두말할 나위도 없다. 따라서 권력과 기득권 세력의 이익을 수호하고 이에 저항하는 시민들을 억압하기 위한 극도로 편파적인 법 집행의 역사는 이제 누구나 다 아는 대한민국의 한 모습이었다. 그리고 현재 다시 그 더러운 역사가 한창 재연 중이라는 점에 더 큰 비극이 있다.

그런데 이러한 공권력 남용의 역사와 현실에 대해 폭로하고 대응하는 것도 중요하지만, 우리가 그동안 거의 주목하지 않았던 우리 사회의 무법지대, 인권의 사각지대에 대해 본격적으로 드러내고 논의를 하고자 한다. 엄정한 법의 집행은커녕 공권력의 방조 혹은 공권력과의 공생 관계를 특징으로 하는 이러한 비공식적이고 범죄적인 영역은 우리 사회에 거대하고 뿌리 깊게 자리 잡고 있다. 그럼에도 불구하고 이들은 사회의 약자와 서민을 착취함으로써 부당한 부를 축적하고 있는 다양한 지배 집단들, 그리고 그들의 이해를 대변하는 공권력이 소위 '침묵의 카르텔'을 맺고 있어 좀처럼 진지한 논의의 대상으로조차 대두된 적이 거의 없다

〈내부자들〉(2015)은 청소년 관람 불가 영화임에도 700만 관객을 돌파하는 등 엄청난 인기를 얻은 영화다. 탄탄한 구성과 연기자들의 명연 탓에 인기가 높은 것도 있지만 이렇게 웃음기 뺀 무거운 영화가 인기를 얻는 데에는 다 그럴만한 이유가 있다. 즉, 이 영화는 '권력' 주위에 서로 얽혀 있는 '공권력과 조직폭력 집단과 언론'이라는, 한국 사회를 지배하는 '침묵의 카르텔'을 노골적으로 보여주고 있다는 데에서 대중의 호응을 얻었다. 과장은 분명 있지만, 결단코 그 본질은 다르지 않다는 것에서 사람들은 많은 공감을 한다. 물론 이들 카르텔을 구성하고 있는 집단은 때로 서로 무섭게 싸우기도 한다. 그 어떤 법의 적용도 집행도 잘 되지 않는 이런 집단

은 종종 서로 싸우다가도 공통의 이익을 위해서라면 무섭게 침묵하고 단결한다.

지식인들이 보수와 진보, 자본과 노동, 국가와 시민사회, 계급과 민족, 신자유주의와 세계화 등 수많은 학술적 논의를 통해 지배계급이 일방적으로 지배하지 않는 더 나은 사회를 꿈꾸며 수많은 이론 논쟁과 실천을 해왔다. 그러나 안타깝게도 우리 사회의 또 다른 지배 메커니즘에 대해서는 놀라울 정도로 무관심했던 것이 사실이다. 위로는 정당정치에 가려진, 혹은 정당정치와는 별도로 구성된 다양한 기득권 세력이 있다고 한다면, 아래로는 바로 이들과 동맹 관계를 맺고 있는 수많은 비공식 집단, 범죄 집단이 우리 사회의 많은 부분에서 실질적으로 지배하고 있음에도 우리는 자료 부족이나 단순한 범죄 영역이라고 치부해 연구 대상에서 제외시켰다.

사실 〈내부자들〉 이전에도 영화나 드라마에서 이러한 현실이 적나라하게 묘사되어왔고 그때마다 상당한 사회적 반응이 있었다. 이렇게 문제의식을 드러낸 영화뿐 아니라 단순한 조폭 영화나 조폭을 소재로 한 코미디물에서조차 곳곳에서 나올 만큼 이들의 존재는 너무나 자연스럽게 여겨지는 비극을 우리는 겪고 있다. 불과 얼마 전에도 한 조직폭력 단체의 중간 간부의 결혼식에 어마어마한 수의 조직원들이 세를 과시했지만, 경찰은 단지 반대파와의 폭력 사태가 날 경우 등을 대비해 경비를 서준 것이나 다름없는 짓을 한 바 있다. 물론 특정 법을 어긴 것이 아니기 때문에 '엄정한 법 집행'을 안 했는지는 모르지만, 노동단체나 시민단체에 대해 어떻게든 적극적으로 법을 해석해서 탄압할 때와는 너무 다른 이러한 광경은 우리 사회의 실질적 지배자가 누구인지, 그들이 보호해주는 이들과 탄압하는 이들이 누구인지를 가늠하게 한다.

과거 야당이나 시위대를 공격하는 데에 종종 동원되던 이들은 1980년대 이후 '구시대'라는 명칭으로 비끼어, 파업을 종반시키거나 철거민들을

노동자는 때려잡고, 조폭은 지켜주는 나라

협박하는 등 철거에 동원되었다. 이른바 '용역'이라 불리는 이들은 최근까지도 곳곳에서 법 위에 군림하며 공공연하게 무법 지대를 만들고 있다. 그런데 우리네 경찰은 전혀 법을 '엄정하게' 집행하지 않는다. 이들은 경찰 앞에서도 당당하게 웃통을 벗고 용 문신을 자랑하며, 해머를 휘둘러 가난하고 힘없는 노동자들과 철거민 등 서민들을 겁박한다. 용산 참사 때나 쌍용자동차 사태 때에도 경찰의 묵인, 아니 경찰과의 협력하에서 이들은 방패 등 사제 무기까지 공유하며 나란히 진압에 나서기도 했다. 물론 때로는 알바 형식으로 일당을 받는 청년들을 동원하기도 하지만, 이들의 핵심은 조직폭력 집단이다.

이들은 상대적으로 마약이나 총기 밀매 등이 어려운 한국에서 그동안 어마어마한 규모로 확장된 각종 성매매 산업 주변에서 기생해왔다. 일부는 사채업이나 이른바 '못 받은 돈 받아주는 심부름센터' 등으로 다소 업종을 달리하기도 했지만, 점차 합법적인 근거지가 필요하게 되어 건설업이나 유통업 등으로도 진출하는 등 기업화되기도 했다. 그러나 이들의 가장 중요한 근거지는 각종 성매매 산업을 중심으로 한 유흥업이다.

그런데 이들의 근거지들은 경제위기 속에서도 절대로 축소되거나 약화되지 않았다. 언제나 초호황 속에 있다. 왜냐하면 지배 집단들뿐 아니라, 계급을 막론하고 진보적이라는 남성들조차 가늠하기 어려울 만큼 어마어마한 수의 여성들을 착취하는 구조에서 재미를 보기 때문이다. 정부는 경제가 어렵다며 비정규직을 양산하고 복지를 축소하면서도 접대비 상한제를 철폐하거나 성매매특별법을 사실상 무력화시키는 등 이러한 '카르텔'을 확고히 하는 데 큰 도움을 주고 있기도 하다.

이러한 직간접적인 다양한 성매매 업소들은 많은 남성 노동자들의 비판 정신을 사라지게 하는 근거지이기도 하다. OECD 국가들 중 최악의 장시간 노동에 대한 대가는 휴가권이나 휴식권과 같은 정당한 복지 제공이 아닌, 성매매가 상정된 유흥이다. 그리고 많은 노동자들은 스스로 힘겨운 저임금, 불안정 노동으로부터 벗어나 반범죄적 영역으로 흘러들어간다. GDP상으로 농림수산업을 합친 비중보다 더 높은 것이 성 산업이다. OECD 국가들 중 가장 낮은 사회적 서비스업 비중과 가장 높은 자영업 비중, OECD 국가들 중 가장 높은 비정규직 비율과 가장 낮은 복지 비용이라는 지표는 한국 사회의 남성은 물론 여성 노동자들이 결국 다양한 반범죄적 비공식 영역으로 빠질 가능성이 높은 현실을 보여준다.

국가가 보장을 포기하고 국민 다수를 무한 경쟁 구조 속으로 몰아넣어 서로 물어뜯고 속이고 억압하는 데 너무 오랫동안 익숙해진 한국 사회의 구성원들에게는 정직하고 힘들게 노동하는 것이야말로 바보 같은 짓이 되고 말았다. 결국 힘들게 살아가고 있는 몇몇 서민들이 선택할 수밖에 없는 길은 비공식적 노동을 하는 것이다. 특히 지배 집단들의 쾌락과 이해관계가 얽힌 조금 더 범죄적인 영역으로의 진입은 필연적인 수순이 되고 만다. 유아기 때부터 승자만을 위하는 사회를 조장하는 국가의 위험한 정책 속에서, 수십만에 달하는 학업 포기 학생과 가출 청소년이 양산되는 상황은, 범죄 영역의 확장에 중요한 자양분이 되고 있기도 하다. 하지만 정부는 이러한 구조적 문제를 극복하려는 의지가 없다. 그러는 사이에 남성들은 착취자가 되는 반면, 여성들은 철저한 피착취자로 강제된다.

현실이 이러한데 놀랍게도 범죄학이나 범죄사회학에서는 이에 관한 측면은 거의 다루지 않고 있다. 일탈은 다소 낭만화되어 있는가 하면 범죄는 사회의 진보와는 큰 관련 없이 다루어진다. 물론 수많은 이론이 권력이나 부의 불평등에 따른 범죄 발생에 대해 논하고는 있지만, 이들이 국가권력이나 지배 집단들과 관계를 맺으며 지배의 한 부분을 이루는 측면은 다루어지지 않고 있다. 초점은 예방이나 교화 등에 맞춰져 있다. 물론 범죄라는 카테고리 안에도 너무나 다양한 범죄가 있고, 따라서 예방이나 교화 등에 초점을 맞추더라도 다뤄야 할 부분이 너무나 많은 것이 사실이다. 또한 안타깝게도 선천적인 현상이든 사회 환경에 따른 후천적 현상이든 한 사회 내에서 정상적인 삶을 살아가기 어려운 주변화된 집단은 분명히 존재하기에 이들을 적절하게 통제하고 관리할 수 있는 틀과 영역이 필요한 측면도 있을 수 있다.

그러나 이러한 그들의 근거 토대를 축소시키기 위한 지배 집단들의 의지에 따라 많은 것은 달라질 수 있다. 과거 국가사회주의 체제의 몇 안 되는 장점이라고 한다면, 바로 그러한 집단들이 최소화되어 있었던 점을 들수 있다. 물론 현실 사회주의 사회에서도 이러한 집단들은 존재했다. 그러나 이들이 대규모로 조직화되어 사실상 국가 지배 집단의 일원이 되지 않았던 이유 중 하나는 조직폭력 집단이 지배 집단과 공공연하게 카르텔을 맺을 수 있는 경제적 토대가 마련되어 있지 않았기 때문이다. 즉, 이러한 집단들이 공공연하게 기생하고 커나갈 수 있는 자본주의 특유의 인간상품화, 그를 통한 이윤을 극대화할 수 있는 공간들, 그리고 그러한 자본을 바탕으로 한 지배 동맹이 존재하지 않았기 때문에 조직폭력 집단의 지배는 노골적이지 않았다.

또한 유럽 국가들, 특히 스웨덴이나 노르웨이와 같은 북유럽 복지국가에서 마피아가 활개 친다는 말은 거의 들어보지 못했을 것이다. 물론 유럽 사회라고 반범죄 조직이 전혀 없지는 않을 것이다. 그러나 이들 국가에서 범죄 영역이 최소화되어 있다는 것은 분명하며, 이는 많은 것을 시사한다. 따라서 진정으로 한국 사회의 변혁을 이야기하려면, 그리고 양성이 평등한 복지국가를 지향하려면 조직폭력 집단을 비롯한 각종 반범죄적 비공식 영역에 대한 논의는 절대로 필요하다. 이러한 영역은 특히 한국의 경우 철저하게 침묵의 카르텔 속에서 권력과 부를 가진 집단으로부터 비호를 받기 때문에 더욱 공개적인 논의가 요구된다.

시도 때도 없이 동원되는 '종북'과 '포퓰리즘', 그리고 '경제위기' 등의 용어로 국민을 현혹시켜 복지국가로 나아가는 것을 격렬하게 반대하고 끈질기게 방해하면서도, 다른 한편으로는 자신들의 쾌락과 탐욕을 위해서는 어마어마한 돈을 투사하고 소비하는 지배 십난늘. 이늘과 이해가 맞닿아 여성과 서민을 착취하면서 당당하게 막대한 돈을 벌고 있는 조직폭력 집단. 특히 구체적인 범법 행위로 인해 언론에 알려지게 되는 소수 폭력 집단들에 비해 그동안 단순한 범죄 영역 중 하나 정도로만 인식되어왔던 법의 집행에서 벗어나 있는 집단에 대한 연구 및 본격적인 축소를 위한 논의가 너무나 절실하다.

노동자는 때려잡고, 조폭은 지켜주는 나라

故 백남기 씨에게 사망 선언한
레지던트 K님께[*]

김진해

모든 일이 후회되고,

시시때때로 화가 치밀어 오를 겁니다.

술 없이는 눈을 감아도 잠이 오지 않겠지요.

한 치 앞도 알 수 없는 내일이 두려울 겁니다.

궁금했어요. 하지 않아도 될 말을 유족들에게 군이 남긴 이유가 뭘까? "제 이름으로 진단서가 나가지만 사망 원인에 대해서는 저에게 권한이 없습니다. 부원장과 주치의가 협의한 대로 써야 합니다."

더 궁금했어요. '잠수'를 타기로 마음먹고 남긴 메모에 "진실만을 깨달으려 하세요"라고 적은 이유가 뭘까? 아무 말 없이 사라졌어도 이상하지 않았을 텐데 당신은 군이 흔적을 남겼더군요.

어쩌면 317일 동안 당신도 백남기 어른의 가장 가까운 곳에서 그분의 사투를 지켜보았을 것이고, 눈물 흘리는 가족들에게 말없이 응원의 눈길을 주었을 겁니다. 그러니 당신이 그 말도 안 되는 상황에서 '진실만을 보

● "故 백남기에 사망 선언한 레지던트 K님께", ≪프레시안≫, 2016년 10월 20일 자.

라'고 하지 않았을까 싶어요.

나는 당신이 남긴 흔적을 보며 존엄성에 대해 얘기해보고 싶었어요. 하나의 존엄성은 고 백남기 어른과 그 가족의 존엄성입니다. 존엄성을 정의하는 것은 어려운 일이라, 도리어 각각의 상황에 맞게 생각하는 것이 좀더 나을 듯하군요. 알다시피 지금 백남기 어른과 가족의 존엄성은 완전히 짓밟혔습니다. 대부분의 사람은 돌아가신 분을 고이 보내드리고 싶어 합니다. 조금만 상상해봐도 알 수 있지 않을까요? 그동안 백남기 어른의 부인이 어떻게 병상을 지켰을지, 두 딸 도라지와 민주화 씨는 어땠을지……. 당신은 가까이에서 직접 보았겠지요? 무탈하게 농사짓던 사람이 물대포를 맞고 순식간에 죽음의 몸으로 바뀌었을 때, 그분의 부인과 자식들이 어떤 마음으로 몇백 개의 밤과 낮을 보냈는지. 의식 없는 아버지의 손을 주무르고, 젖은 수건으로 머리카락과 얼굴을 조심스레 닦아주고는, 이내 어두운 병실 복도 구석으로 물러 나와 초점 잃고 앉아 있었을 딸들을요. 기자회견장이나 집회 현장의 단상 말고요. 인간의 입에서 나올 수 없는 말로 조롱당할 때에도, '인간이기를 포기하지 말라'고 눈물로 타이르는 모습을요. 당신이 어디에 있든 이분들의 짓밟힌 존엄성에 관해 잘 알고 있을 겁니다.

다른 하나는 바로 당신의 존엄성입니다. 지금 당신은 어딘가에 몸과 마음을 내동댕이치고 있을지도 모르겠군요. 누군가에게 "괜한 소리를 해서 문제를 꼬이게 만들었다"라고 타박을 받았을지도 모르겠네요. 목구멍으로 넘어가는 밥이 모래알 같을 것이고, 넘기는 물이 독약 같겠지요. 온통 검게 변한 미래를 생각하며 한숨을 쉬고 있을지도 모르겠네요. 지난 몇 주가 악몽처럼 느껴지겠지요. 모든 일이 후회되고, 시시때때로 화가 치밀어 오를 겁니다. 술 없이는 눈을 감아도 잠이 오지 않겠지요. 한 치 앞도 알 수 없는 내일이 두려울 겁니다.

故 백남기 씨에게 사망 선언한 레지던트 K님께

당신은 분명히 알고 있을 테지요. 살면서 내 뜻과 정반대되는 상황이 벌어지고, 내 생각과 정면으로 배치되는 명령이 떨어졌을 때 그걸 배반한다는 것이 얼마나 어려운지를. 외과 의사들에게는 환자에게 처음 메스를 댈 때가 아니라, 첫 사망 선고를 내릴 때가 가장 두렵다면서요. 사망을 선언할 수 있는 권한은 오직 의사에게만 있다더군요. 제일 먼저 달려온 소방관도 경찰관도 검사도 가족도 아닌, 오직 의사만이 한 생명의 숨이 멎었다는 것을 선언할 수 있다면서요. 그게 얼마나 두려운 일일지 상상이 가지 않습니다. 아무리 사망 선언을 자주 한다고 해도 하나의 우주가 사라졌다는 걸 확인시킨다는 게, 내 선언으로 가족이 주저앉아 버린다는 게 자연인으로서 어찌 감당하기 쉬운 일이겠어요. 엄숙한 책임이 자신에게 주어져 있다는 걸 받아들이지 않으면 할 수 없겠지요.

그렇기 때문에 그때 당신은 두 가지 감정 사이에서 갈등했을 겁니다. 조직의 명령 앞에 힘없는 개인으로 흔들렸을 겁니다. 이분의 죽음은 외인사인데 병사로 쓰라는 명령을 어떻게 해야 할까? 명령을 지킬 것인가, 의사의 양심을 지킬 것인가? 엄격한 조직 안에 있는 사람이 명령을 어겼을 때 예상되는 상황은 비슷하죠. 엄청난 질타와 배제, 권리 박탈.

저는 공부를 하면서 '왜?'라는 질문이 좋지 않다는 걸 알았어요. '왜'라는 질문에 답하기가 참 어렵기 때문이죠. 답의 폭을 좁힐뿐더러, 한계 있는 인간이 답할 수 있는 여지도 많지 않다는 걸 알게 되었다고 할까요. 그래서 비겁한 타협입니다만, '어떻게?' 정도의 질문을 하게 되었죠. 연인과 헤어진 친구에게 '왜 헤어졌어?'라고 물으면 '더 이상 사랑하지 않아서', '딴 사람이 생겨서'처럼 뻔한 답만 돌아오죠. 그런데 '어떻게?'라는 질문을 하면 시간의 두께를 묻게 되더군요. '어쩌다 그렇게 됐어?'라는 질문이랑 비슷하잖아요. '어쩌다 헤어졌어?', 이러면 한 시간도, 아니 밤이 새도록 얘기하게 되잖아요. 시간의 두께에 쌓인 일이, 회한이 줄줄이 나오잖아요.

그래서 궁금했어요. 당신은 어쩌다 하지 않아도 될 말을 하게 되었나요? 딴 사람들은 당신의 말에 '면피용이다', '자기 알리바이 때문이다'라고 얘기하겠지만, 저는 동의하지 않습니다. 알리바이는 당신이 그냥 말없이 '병사'라고 씨노 충분해요. 소리 없이 연락이 두절되어도 충분해요. 설마 당신의 스승인 주치의가 당신에게 모든 걸 떠넘기진 않았을 테니까요. 기자회견장이나 국감에 나온 당신의 스승이 보인 태도를 보니, 당신이 그런 흔적을 남기지 않았어도 '당당히' 당신을 방어해줬을 거예요. 아마 그분은 모처와 전화를 주고받으며 이런저런 고민과 계산을 했겠지만, 당신의 고민은 매우 단순했을 거예요.

저는 지금 당신이 존엄성을 위협받고 있다고 봅니다. 의사라는 '삶의 방식'에 따라 타인의 삶(죽음)에 개입해 정직하게 죽음을 선언하는 것이 당신의 존엄성을 지키는 일이잖아요. 그것이 가족에게도 삶(죽음)의 존엄성을 지켜드리고 당신의 존엄성도 지키는 일인데, 그것을 타인이 박탈해버렸습니다.

독일의 철학자 페터 비에리 Peter Bieri는 『삶의 격』(2014)이라는 책에서 자신이 목격한 특별한 사건을 들려주더군요. 그는 여행을 하다가 어느 장터에서 '난쟁이 멀리 던지기 대회'라는 것을 보게 되었나 봐요. 난쟁이를 누가 더 멀리 던지는지를 겨루는 경기였다고 합니다. 군중은 난쟁이가 내팽개쳐질 때마다 환호성을 지르며 손뼉을 쳤대요. 저자는 어떻게 저런 경기가 있을까 놀랐지만, 난쟁이 멀리 던지기 '세계 대회'도 있다는 이야기를 듣고 더욱 경악했습니다. 그나마 프랑스 대법원과 유엔에서 '인간의 존엄성을 수호하기 위해 이 대회를 금지했다는 이야기도 알게 되었다고 하더군요.

저자는 난쟁이 던지기가 투포환 던지기와 같은 것이라고 말합니다. 사람이 뭔가를 던지려면 서공처럼 부피와 무게를 지닌 물체를 대상으로 삼

故 백남기 씨에게 사망 선언한 레지던트 K님께

아야 하는데, 던져지는 난쟁이도 인격이 있는 '주체'에서 '물체'로 격하된다는 것이죠. 이러한 인격의 '물화物化'에서 존엄성 상실을 찾을 수 있다고 하더군요.

저자는 이런 해설을 붙입니다. "난쟁이 던지기는 투포환 경기나 망치 멀리 던지기 같은 것이다. 사람이 뭔가를 던지기 위해서는 쇠공이나 망치처럼 부피와 무게를 지닌 물건이 대상이 되어야 한다. 난쟁이를 던질 때도 다르지 않다. 난쟁이는 더도 덜도 아닌 덩어리, 즉 물건으로 취급되는 것이다. 사람을 던질 때 그 사람에게서 존엄성이 박탈되는 이유는 그도 하나의 주체라는 점이 간과되기 때문이다. 그는 단순한 물체, 물건으로 격하되고 이러한 인격의 물화에 바로 존엄성의 상실이 있는 것이다."

당신도 원치 않았듯이, 모든 사람은 타인에게 단순히 '이용당하는' 존재가 되길 원치 않습니다. 누구든 타인이 정해놓은 목적을 달성하기 위한 수단(물건)이 되고 싶어 하지 않습니다. 우리는 이 거대한 어둠의 실상을 잘 알지 못합니다. 그들이 무엇을 달성하기 위해 얼마나 많은 평범한 사람을 이용하고 있는지 잘 알지 못합니다. 그래서 우리는 늘 이용당하는지도 모릅니다.

저는 누군가가 당신을 난쟁이 취급을 했다고 봅니다. 그래서 빼앗긴 존엄성을 다시 생각해보기를 권합니다. 존엄성을 가진 인간은 언제나 정당하기 때문입니다. 너무 깊은 자책이나 너무 많은 걱정은 하지 마세요. 어느 시인의 말이 힘이 되면 좋겠네요.

아, 세상의 모든 눈을 다 맞을 수는 없다
세상의 모든 시간을 다 살 수는 없다
(황인숙, 〈세상의 모든 아침〉 중에서)

다른 것은 생각 말고, 당신의 눈을 맞으세요. 당신의 시간을 사세요. 그러기 위해 어디서 용기를 얻어야 할지는 당신 스스로 찾아야 할 것 같네요. 그게 삶이므로.

故 백남기 씨에게 사망 선언한 레지던트 K님께

지식인의
사회적 연대[*]

권영숙

학자들은 골방 안 샌님이 되는
자신의 역할에 만족하거나
스스로 골방으로 들어간다.
자신을 '먹물'이라고 자조한다.

이 땅에서 지식인의 사회적 연대를 어찌 바라볼 것인가? 혹은 1980년대와 1990년대 초 강한 울림을 가졌던 이른바 '민중과 지식인' 구도는 더 이상 유효하지 않은가? 그것이 유효하지 않다면 이제 지식인의 사회적 참여는 더 이상 무의미한가? 지식인의 사회적 참여라는 말도 고색창연하다면, 지식인의 '사회연대'라고 고쳐 부르자. 그렇다면 지식인들 혹은 학자들의 사회연대는 어떻게 생각해야 하는가?

요즘 다시 1980년대 초로 회귀한 듯하다고도 하고, 심지어 유신 체제로 퇴행했다고도 한다. 그러면서 이른바 매개 조직들, 즉 합법성과 정치적 정당성 부여 및 여론 형성 기능이라는 자원으로 사회운동을 지원하고, 그

[*] "정치적 진보를 넘어 사회적 연대를", ≪프레시안≫, 2013년 11월 1일 자.

들에게 법적인 조력을 하거나 최소한의 '방패막이'가 되어주는 사회단체들의 역할이 다시 중요해지고 있다. 민주사회를 위한 변호사 모임이 그러하고, 대한문 시위 장소를 유지하기 위해 매일 저녁 미사를 올리는 가톨릭 신부와 수녀들이 그렇고, 또 민주화를 위한 전국교수협의회(이하 민교협) 등 비판적 진보적 교수 단체들도 일부 그 역할을 맡고 있다. 이 글은 최근의 이러한 사회적 풍경 속에서 '사회적 연대'라는 화두를 던지려고 한다. 그리고 정치적 진보를 넘어서, 사회적 연대를 고민하자는 문제의식을 제기하고자 한다. 이를 위한 논의를 주로 민교협과 학술운동을 중심으로 이야기해보려고 한다.

민주화 이행 이후 운동 지형

1987년 창립된 민교협은 1987년 6월 항쟁 이후 곧장 민중운동과 시민운동으로 양분된 '사회운동 필드'에서 일종의 '매개 조직'이라고 할 수 있다. 즉, 1989년 경실련 창립을 필두로 해서 이른바 시민운동이 출현했고, 그들은 기존의 노동 등 민중운동과 재야 민주화 및 민족운동으로부터 차별적인 운동을 표방하며 스스로 분리·정립했다. 그들은 민중을 대체하는 '시민'을 새로운 주체로 내세웠고, 민족·민중·민주를 강조했던 기존 운동의 삼민 이념에 대해서는 '시민사회' 이론과 일반 민주주의를 새로운 가치로 내세웠다. 일견 '민주주의'라는 마스터 프레임master frame 하에서 공존할 것 같기도 한 이들 민중 프레임과 시민 프레임은 정치체제를 바라보는 인식에서부터 우리 사회체제에 대한 규정, 그리고 조직화의 방식과 집합행위 레퍼투아르repertoire 까지 모두 달랐다. 이와 함께 민주주의 내의 서걱거림과 사회운동의 분기와 분열도 시작되었다.

그리고 1991년 노동운동과 급진 민주주의 진영은 인기부에 구금 중이던 한진중공업 박창수 노조위원장의 의문사와 명지대학교 강경대 학생의 폭력경찰 진압 치사 사건을 기폭제로 해서 6월 항쟁의 한계를 뛰어넘기 위해 이른바 '5월 투쟁'을 전개했지만 패배로 끝났다. 한국의 많은 학자들이 민주화 이행 이후 한국 사회의 주요한 특징으로 지적했듯이, 1991년 5월 투쟁이 패배로 끝난 중요한 핵심 이유 역시 일반 대중, 특히 중간층의 이반이 있었다고 본다. 하지만 필자는 이 중간층 '이반'의 본질을 정확히 이해할 필요가 있다고 생각한다. 1990년대 초반 한국 중산층들은 6월 항쟁으로 이룬 직선제 대통령제를 통해 정치권력의 교체를 이루는 것을 민주화라고 생각하는 '개혁' 지향적 중산층이었다. 그리고 그들은 일정한 수준의 사회경제적 자유화 혹은 시민적 권리의 확대를 원했다.

즉 임혁백, 최장집 등이 주장했던 것과 달리, 민주화 이행 이후에도 중간층은 보수화된 것이 아니며, 정확히 말하면 한국 사회 중간층이 가진 민주적 열망과 개혁적 지향은 민주화 이행 이후 26년 동안 사회운동, 특히 시민운동 지형을 휘감은 최대의 동력이었다. 그리고 그것은 이념적으로 참여적 민주주의적 지향과 선거 민주주의의 결합으로 나타났다. 이에 따라 시민운동은 폭발적으로 팽창했다. 그리고 김영삼 정부부터 시작해 김대중·노무현 정부까지, 온건성에 약간씩 차이가 있는 시민운동 단체들을 배양·후원하고, 나아가 특정한 단체와는 유착되기도 했다. 운동 엘리트라는 말이 나올 만하다.

반면 이제야 전국적 대중조직을 건설하기 시작한 민중운동은 찬밥 신세였다. 아니 탄압의 대상이었다. 그들은 새 정부하에서 다음에 올 선거를 가만히 기다리기에는 '생존권' 싸움이 절박했던, 말 그대로 '기층 민중'이었다. 그래서 그들은 민주화 이행 이후 계속 싸웠다. 아니 정확히 말하면, 이때부터 본격적으로 싸우기 시작했다, 그 신생 민주주의를 믿고서 말이다. 하지만 전국노동조합협의회(이하 전노협)는 1990년 1월 20일 창립

일 이전부터 '불법 노조'로 규정되어버렸고, 정부는 공안 대책 회의를 소집했다. 전국농민회총연맹(전농), 전국빈민연합(전빈련) 등 대중 조직도 마찬가지였다. 특히 1987년 9월 노동자 대투쟁을 거쳐 만들어진 2000여 개의 민주 노조를 기반으로 한 녹십 노조 진형은 이행 이후 체제의 가시였다. 그리고 공안 드라이브로 몰아가기 좋은 호재였다. 만약 시민사회가 침묵하기만 한다면, 그리고 자유주의 야당 정치 세력이 노동을 대변하고 보호하지 않는다면 말이다.

결국 그렇게 되었다. 전노협은 탄압받았고 궤멸될 지경이었다. 정권은 전노협 아닌 사무 업종 노조에 노조 신고 필증을 속속 내주면서, 새로운 노조 모델을 제시했다. 정치적 민주주의는 법치주의의 이름으로 노동을 압박하고, 노동은 고립되었다.

하지만 그런 일이 벌어지는 동안 시민운동은 거의 움직이지 않았다. 민중운동 탄압에 대해서 비판하지 않았다. 오히려 그들은 노동 민중운동의 전투성을 비판하고, 제도적·합법적 온건한 집합행동으로의 변화를 촉구했다. 그들은 기층 민중의 생존권 문제와 분배 문제를 담아내기에는 턱없이 부족한, 바로 대한민국의 정치적 민주주의와 제도정치의 용렬한 이념적 색채를 비판하지 않았다. 자유주의적 정치민주화, 정치적 진보만 외쳤다. 그것이 '공공선'이었다. 이른바 '일반 민주주의'만이 절대적 가치가 되어버렸다. 민중의 생존권 요구 투쟁은 '부문의 요구'이고, 일반 민주주의와는 질적으로 구분되는, 심지어 거리가 먼 어떤 것이었다.

사회운동의 매개 조직들

이런 사회운동 지형의 양분 속에서 매개 조직들intermediate organizations의 역할이 특히 중요해졌다. 이를테면 민교협과 민변이 대표적이다. 그리고 '(종로)5가'로 통칭되는 종교 단체들도 중요하다. 이 중 민변은 정치적 민주주의하에서 그나마 최소한의 법적 보호를 꾀하도록 민중 진영을 엄호하고, 또 문제에 대한 법적 프레임을 제시하는 역할을 했다. 실제적인 법률적 구제 활동, 예컨대 구속 기소된 노동자 등에 대한 변호 활동을 주도했다. 매개 조직으로서 민변이 한 역할을 무시할 수 없다.

비슷한 양상으로 전노협과 민교협의 관계를 들 수 있다. 민교협 자체가 운동 지형 내에서 매개 조직으로서, 민중운동과 시민운동 사이에서 거리를 메우거나 노동의 이슈를 시민사회의 이슈로 만드는 노력(때로는 이슈를 희석시키는 부정적인 역할)을 했다. 또한 민교협은 노동문제에 대해 적극 발언하고 노동을 엄호했다. 가장 큰 기여를 한 것은 민교협 교수들과 연구자들이 여러 사회활동가들과 함께 만든 '전노협 후원회'일 것이다. 전노협 후원회는 노조 업무 조사로 노조 활동 기금이 고갈된 전노협에 단비 같은 존재였다. 이뿐만 아니라 전노협 후원회는 구속 노동자들에 대한 신속한 구명 활동에 나섰고, 나아가 사회적 여론을 친노동적으로 만드는 노력도 기울였다.

노동 민중과 학술운동

학술운동 역시 1990년대 초 상당히 활발했다. 학문별로 기존의 학문 단체들에 대항적 의미가 있는 '비판적' 학술 단체들이 속속 결성되었다.

여기서 비판적 학회란 1980년대 말 이후 '산업사회연구회(산사연)'을 모태로 해, 한국 학계의 우경적이고 보수적인 학회들 사이에서 분과별로 비판적 학회들, 나아가 학술운동단체로서의 학회들이 하나씩 생겨났는데 그들을 일컫는 말이다. 한국사회학회의 대당으로 비판사회학회, 그리고 한국정치학회의 대당으로 한국정치연구회, 역사연구회 등 거의 대부분의 분과 학문 단체가 결성되었다.

그리고 비판적 학회들의 연합 단체인 학술단체협의회(학단협) 연합 심포지엄이 해마다 열리면서 그 산하에 있는 수십 개의 학회가 참여했고, 이 심포지엄은 해마다 우리 사회에 중요한 의제 설정 기능을 했다. 그리고 이들은 기본적으로 친노동적·친민중적 시각을 통해 노동 및 민중적 현실을 이론화하고 나아가 노동 및 민중적 요구에 대해 학문적으로 뒷받침하는 근거와 정당성의 담론을 제공하는 역할을 활발히 했다. 비판사회학회의 전신이 바로 '산업사회연구회'인 것에서도 이를 알 수 있다.

지금, 노동·연대·지식인

그러나 지금은 이른바 비판적 학회들도 기존의 제도 학회들과 큰 차이를 보이지 않는다. 그 학회 사람들 역시 경력을 관리하고 출판 논문 수를 늘리며 대학에 자리 잡는 데 모든 노력을 다하고, 또 대학에 자리 잡은 이후에는 논문 실적을 쌓아 재임용받고, 연구 재단에서 펀딩받아 자기 대학원생들 먹여 살리느라 여념이 없다. 여기에는 교수들의 비정규직화와 고용 불안정성의 증가, 대학의 법인화와 상업화, 학문이 국가 관리 기구에 종속된 시스템 등 학계와 학교 사정이 갈수록 열악해진 탓도 있다.

이와 더불어 학술운동이라는 말도 자취를 감췄다. 한국의 진보운동 전체가 위축되면서 학술운동과 비판적 학문 역시 위축되었다. 그러나 운동이 위축될수록 비판의 기능은 살아나야 한다. 결국 비판의 기능을 하는 비판적 지식인들이 제 역할을 하지 못하고 나아가 그들에게 사회적 역할이 주어지지 않으면 운동의 위축은 더욱 가속화될 것이다. 아무리 지식인을 먹물이네, 어쩌네 하더라도, 그들이 만들어내는 지식과 비판적 학문이 사회운동의 담론과 어젠다 구성의 근거로 활용되기 때문이다.

지금의 민교협을 봐도 그렇다. 좀 거칠게 말하면 민교협과 소속 교수들은 사회운동단체들의 집회에 필요한 구색 맞추기 발언자로 차출될 뿐, 운동과 밀접하게 연계하여 운동의 이론적 근거를 제공하는 지식 생산자로서 역할은 축소됐다. 즉, '교수'라는 이름표가 필요한 것이 아닌지, 그나마 이름이 있는 '민교협'이라는 간판이 필요한 것이 아닌지라는 의문이 드는 것이다. 한국의 노동운동을 비롯한 사회운동과 운동 조직들, 나아가 투쟁하는 사람들 역시 이 구도에서 벗어나 있지 않다. 나아가 지식과 이론에 대해서 기대하지 않는다.

　이 지점에서 한국의 민중과 지식인의 관계를 다시 화두로 꺼내야할 듯하다. 만약 그 구도가 낡았다고 본다면, 운동에서 지식 생산자의 역할, 혹은 이념과 이론의 역할에 대해서 생각해봐야 한다. 사회운동은 무식과 무지로는 체제에 균열을 내는 투쟁에서 승리하지 못한다. 나아가 이 사회를 바꾸고 체제를 재구성하려는 구상을 제출하지 못한다. 실천은 이론이라는 무기와 함께하지 않으면 방향과 좌표 없는 악무한적인, 말 그대로 '운동'일 뿐일 테니 말이다. 우리가 알아야 할 것은, 운동 그 자체가 '방향'을 보증해주지 않는다는 사실이다. 나아가 운동 그 자체가 '올바름'을 보증해주지도 않는다. 많은 사람이 오해하고 착각하는 점이 이것이다.

　그러나 한국 사회의 운동에선 반지성주의가 판친다. 갈수록 그 경향이 심해진다. 대중뿐 아니라 활동가들조차도 먹물스럽지 않기 위해 안간힘을 쓰고 자신의 '지식인' 투를 세탁하기 위해 애쓴다. 대중이 활동가를 잡아먹는 꼴이다. 그리고 학자들은 골방 안 샌님이 되는 자신의 역할에 만족하거나 스스로 골방으로 들어간다. 자신을 '먹물'이라고 자조한다.

　하지만 지금 다시, 아주 해묵은 화두인 그리고 이미 폐기처분되어야 할 것 같은 '민중과 지식인'의 구도에 대해서 생각해본다. 그람시적 의미의 유기적 지식인에 대해서 우리는 어떻게 정리해야 할까? 전문적 지식 기사가 아니라 전문적인 지식으로 세상에 대해서 발언할 수는 없을까? 전문적 지식인은 결국 한계가 있는 지식인인가? 그리고 나아가 지식인의 사회적 발언과 사회 참여는 왜 축소되고 있을까?

이런 질문을 하는 것은 한국 사회가 살수록 병들고 있기 때문이다. 희망 없고 대책 없는 정의가 말라가는 사회이기 때문이다. 자본주의는 시퍼렇게 살아 뻗치면서 성장할 뿐 반성할 줄 모른다. 민주주의는 신자유주의적 민주주의라는 괴물로 변모하고, 선거 민주주의는 선거만의 민주주의로 바뀌면서 민중과 멀어진다. 대중의 '민주주의에 대한 환멸'은 우파 세력에 대한 지지로 나타나고 있다.

한국 지식인들의 책임도 크다. 스스로 민주주의자로 자처하면서, 사실은 그 민주주의의 한계에 대한 근본적인 질문은 미룬 채, 그것만을 유일 대안으로 대중에게 강요한 점, 대중의 현실에 대해서 눈감은 점, 연대 의식을 스스로 내팽개친 점 등. 그 속에서 자신을 바라볼 눈과 자신을 위해 외쳐줄 입과 들어줄 귀를 잃은 소수자 대중의 삶은 절망으로 채색되고 있다. OECD 최고의 자살률, 교육 불평등, 노동자들의 죽음, 복지 부재에 따른 어처구니없는 비극들, 그리고 세계 최하위의 여성 평등률 등만 봐도 알 수 있다.

'정치적' 진보 하나만 외친 민주주의의 결과다. 이제 정치적 진보를 넘어서 '사회적 연대'를 생각해봐야 한다. 그것도 적극적으로 말이다. 비판적인 지식인들이 이 사회로, 그리고 이 사회 안의 민중 속으로 뚜벅뚜벅 걸어 들어가기를 바란다.

극우 광기의 시대,
민족주의 좌파 진영 운동의 대전환이 필요하다[*]

정재원

이주 노동자의 40퍼센트 이상을 차지하고 있는 중국 조선족 동포들의 문제에

현재 한국 사회가 어떤 반응을 보이고 있는지,

그들을 어떻게 대우하고 있는지

우리는 뚜렷이 목도하고 있다.

얼마 전 한 정당이 강제로 해산당하는 초유의 일이 일어났다. 그리고 북한에 대한 부정적 묘사가 많지 않았다는 이유로 북한 방문기를 쓴 한 재미 교포는 종북주의자가 되어 추방되었다. 그리고 어제 그 당 소속 의원이었던 이석기는 내란 음모 무죄, 내란 선동 유죄라는 해괴한 논리하에 9년 형을 선고받았다. 통합진보당 사건으로 절정에 다다랐던 '종북론', 그리고 이에 입각한 광적인 반동적 매카시즘은 노년층뿐 아니라, 중장년층, 청년층에도 깊게 스며들었다. 온라인에서 벗어나 이제는 세월호 유가족 조롱 폭식, 서북 청년단 재건, 차별금지법 제정 무산, 그리고 북콘서트장에서의 사제 폭탄 투척에 이르는 일련의 실공간에서의 물리적 행동의 기본적인

[*] "통일 운동이 종북 혐의에서 벗어나려면", ≪프레시안≫, 2015년 1월 24일 자.

토대가 되고 있다.

그런데 문제는 남북의 체제 차이를 넘어 민족을 우선하고 미국 등 외세에 반대하고 통일운동이 필요하다고 생각하는 사람들이 존재하는 한, 그리고 그러한 의식하에 사회변혁운동을 하려는 집단이 존재하는 한, 이러한 공격은 쉽게 중단되지 않을 것이라는 데에 있다. 왜냐하면 진짜 친북적인 태도에서 기인했든 어쩔 수 없는 상대 인정이든 분명 민족주의 좌파 혹은 NL론에 입각한 반미 및 통일 운동 진영 자체의 운동 방식이 대중에게 호소력은커녕 반감을 사왔던 면도 크기 때문이다. 따라서 이제 통일 그 자체에만 목적을 두는 현재의 운동은 다른 측면에서도 비판적으로 볼 필요가 있다.

무엇보다 지금과 같은 남한의 천민자본주의 체제를 뜯어고쳐 바꾸지 않는 한, 통일이 된다 하더라도 거시경제적인 지표들 중 일부 긍정적인 변화도 분명히 있겠지만 대다수 남북한 노동 대중의 실질적 삶은 나아지지 않을 것이다. 무엇보다도 시장경제에 익숙하지 못한 북한 주민의 상당수는 빈곤층이나 저임금 노동자가 될 것이고, 작금의 한국 자본의 기업 문화가 유지된다면 기존의 사무직·생산직 차별, 정규·비정규 차별, 지독한 잔업 문화에 더해 북한 출신에 대한 차별과 같은 다층적 착취 구조는 더욱 고착화될 것이다. 지금도 일정 규모 이하의 영세 사업장이나 영세 공장, 각종 자영업, 건설 현장 등에서는 이주 노동자들이 고된 노동과 차별에 고통받고 있으며, 인간 이하의 대우를 받는 경우도 허다할 것이다.

남한의 건설족과 토건족, 투기꾼, 가진 자들, 지배자들, 그리고 각종 기득권 세력들은 개발과 시설 현대화, 경제의 자본주의화라는 명목하에 부동산 소유, 땅 투기 전쟁을 벌이며 북한의 구석구석에 추악한 남한의 소유 구조를 더욱 천박하게 전이시키려 할 것이다. 대한민국에 특유하게 구조화된 국가의 책임 회피적 고용 구조인 자영업 중심저 발전 게회은 시저 소유와 시장에 익숙하지 못한 상태로 자영업에 뛰어들 북한 주민을 상대로 한 수많은 사기와 남한의 대영세 자영업 착취 구조를 그대로 옮겨놓을 가능성이 높다. 따라서 이미 OECD 국가 내에서 수위를 다투고 있는 비공식 경제는 한층 더 커져 범죄 구조로 떨어지는 사람들이 급증할 것이다. 게다가 여타의 체제 전환 국가들의 경험에서 알 수 있듯, 기업들은 헐값으로 북한의 기업들을 사들이고, 북한 저임금 노동자들을 싼값에 고용해 이들을 노골적으로 착취할 가능성이 다분하다.

무엇보다도 기업들에 의한 개발과 투자의 현장들에는 반드시 성매매 접대 유흥업소가 넘쳐날 것이고, 시장경제가 요구하는 지식과 기술이 부족한 수많은 북한 여성은 유흥업소로 끊임없이 흘러 들어갈 것이다. 미국과 미군이 만들어놓은 엄청난 여성 모멸적, 민족 모멸적 구조와 그 장소에서의 미군 남성들의 범죄 행위를 전혀 건드리지 못하고 있는 것은 사실이다. 하지만 이에 대한 해결책 마련 이상으로 훨씬 절실한 것이 한국 남성들에 의한 어마어마한 여성 착취 구조가 있다는 사실에 대한 인식이다.

이러한 재앙을 막는 길은 언뜻 보기에 통일과 전혀 상관없을 것 같은 남한에서의 이주 노동자, 여성 등의 문제에 대한 고민이며, 복지 체제 확립을 위한 각종 투쟁(성 접대비를 복지비로 전환하기 위한 투쟁, 토지 및 택지 국유화 투쟁, 부유세 신설 투쟁 등)이자, 무상 교육, 무상 의료를 위한 고소득층·재벌들의 소득 상당 부분을 복지로 강제하는 법의 제정과 같은 것이라는 점을 깨달아야 한다. 이것이 통일운동이 진정으로, 그리고 중장기적으로 책임지고 제시해야 할 부분이다.

천박한 기업이나 부동산 투기자들, 기득권 세력들, 가진 자들만이 문제가 아니라 우리네 노동 대중의 의식 자체에 심각한 문제가 존재한다는 것도 인정해야 한다. 이주 노동자의 40퍼센트 이상을 차지하고 있는 중국 조선족 동포들의 문제에 현재 한국 사회가 어떤 반응을 보이고 있는지, 그들을 어떻게 대우하고 있는지 우리는 뚜렷이 목도하고 있다. 중국 조선족 동포들은 아직 한국 노동시장의 극소수만을 차지하고 있지만 그들에 대한 한국인들의 적개심은 하늘을 찌를 듯하다. 현재 대량 실업 상황이나 궁세 내핍 상황이 아님에도 불구하고 같은 동포에게소자 석대석으로 행동하는 것으로 보아 만일 북한 동포들이 노동시장에 대규모로 유입될 경우에 그 사태는 가히 공포 그 자체일 것임은 불보듯 뻔하다. 정말이지, 이제 통일 그 자체가 아니라 통일 이후의 사회에 대해 고민하고 현재 한국 자본주의의 천박성을 깨나가는 것이 더욱 중요한 목표라는 것을 인식할 때다.

기존의 계급 차별뿐 아니라, 이제야 조금씩 문제가 제기되고 있는 여성, 학벌, 학력, 지연, 나이, 직업, 장애 등에 의거한 우리 사회에 고질적인 차별과 배제, 불평등 문제 해결도 후퇴할 가능성이 다분하다. 여기에 더해 우리 사회에서는 익숙하지 않은, 서구 사회의 오랜 불평등과 차별의 문제인 타민족 혐오증까지 노골적으로 발생하고 있는 상황에서 이 경고는 일정 정도 타당하다. 이러한 상황에서 통일이 된다면, 기업과 국가에 의한 착취, 억압과 동시에 일반 노동 대중 내에서조차 갈등과 차별, 불평등은 더욱 심화될 가능성이 높다.

시장 없는 사회체제 실험은 소련이나 북한에서 모두 실패했다. 그러나 시장의 폭력을 제어하고 통제하는 것은 우리의 임무이며, 그것이야말로 특권적 기득권 세력이 가장 두려워하는 것이다. 따라서 통일 이후 북녘 사회마저 시장경제라는 이름하에 남한식 천민자본주의가 이식되는 것을 막아야 한다. 실현 불가능한 연방 코리아를 주장하기보다는, 현실적으로 가능한 북한 인민들의 저임금 노동자화, 도시 빈민화, 그리고 북한 여성의 성매매를 최소화하기 위한 근본적 패러다임의 전환이 있어야 할 것이다.

그 길은 현재로서는 단 한 가지다. 북구의 서구 복지국가에서 실행되고

극우 광기의 시대, 민족주의 좌파 진영 운동의 대전환이 필요하다

있으며, 일부 제도는 우리보다 덜 발전된 국가에서조차 실행하고 있는 사회민주주의적 변혁을 위해 싸워야 한다. 통일과 반미 투쟁의 열정을 주택·토지의 공공성 확보, 교육·의료 무상 실시, 그리고 이를 위한 부유세 채택 및 공정 과세·탈세에 대한 철저한 징수 등이 실현될 수 있도록 싸울 수 있는 방향으로 전환해야 한다. 1년에만도 수십 개의 점포가 생기고 사라지는 극도로 불안정한 자영업 종사자 비율을 유럽 수준으로 줄일 수 있도록 국가가 고소득층 증세를 강제해 전 세계적으로 최하 수준인 사회 서비스업 비율을 OECD 평균 수준으로 올려야 한다.

그리고 자영업 중 고소득 전문직 및 유흥업소의 대규모 탈세 처벌, 교회 등 종교 시설의 세제 혜택 철폐, 수조 원에 달하는 기업의 성 접대 비용의 복지비 전환, 150만 명의 여성들을 옭아매고 있는 GDP 5퍼센트에 이르는 각종 성 산업의 축소 등으로 세계에서 수위를 다투고 있는 어마어마한 비공식 경제를 줄여 재원을 크게 확보할 수 있다. 이러한 유흥업소 등지에 기생하며 노동 대중의 주변화를 야기하고, 용역 폭력의 온상이 되고 있는 어마어마한 규모의 각종 폭력배와 실업자 축소를 위한 싸움이야말로 북한 인민들을 현재의 야만적 남한 자본주의의 음지로 빠져들지 않게 할 진정한 '통일운동'이다. 지금과 같은 약육강식의 정글 법칙이 유지된다면, 통일의 기쁨은 그 순간뿐일 것이다. 통일운동이 종북이라는 혐의를 벗어나기 위해서도 올바른 길을 찾아나가야 할 시점이다.

한국 사회의 진보를 위한
사회주의체제·탈사회주의 사회 연구의 중요성[*]

성재원

> 외부 세력에 대한 저항과 계급적 이익 표현으로 이용되는
> 이슬람에 대한 이해 부족으로,
> 중동의 이슬람과 유사한 것으로 일반화되거나
> 이슬람주의자들은 모조리 근본주의자로 오해받기도 한다.

과거 수많은 대학생들이 대학교 1학년 때 어떤 정파가 주도하는 동아리, 학회, 비합 서클에 가입했는지에 따라 주체적 고민 없이 자연스럽게 특정 정파의 구성원이 되곤 했다. 신이 이끌었다고들 강변하지만, 주변이 온통 빨간 십자가로 뒤덮인 나라에서는 기독교인이 되기 쉽고, 주위에 이슬람 외 종교를 접할 수도 없는 나라에서는 무슬림이 되듯, 자주적이고 비판적 사고가 모자란 경우 좀처럼 진실을 알려고 하지 않고 자신의 관념이 진실이라고 믿으며 평생을 그 관념의 우리 안에 갇혀 살게 된다.

문제는 하나의 관념에 사로잡힌 집단이 여전히 사회운동과 진보 좌파 정치에서 상당한 발언권을 갖고 있다는 데에 비극이 있다. 그 집단은 국

---

[*] "러시아서 '탈핵' 외치면 좌파인가 우파인가?", ≪프레시안≫, 2015년 5월 22일 자.

내 최대 규모의 진보 포럼에서, 다당제 정치와 현재의 소유 체제를 비롯한 사회경제체제를 근본적으로 바꿀 계획이 없는 어느 국가의 급진 좌파 정권의 등장에 대해 무려 40분 동안 '우경화', '개량주의'로 몰아 비판하기도 했다. 옛 현실 사회주의는 사실 모종의 '자본주의'였다면서 현실 사회주의에 대한 고민을 너무나 쉽게 해결했다고 자부하는 그 집단은, 무책임하게도 사회주의에 관한 원론적 자구만으로 러시아 혁명 초기 외에는 지구상의 그 어떤 국가의 좌파 정권이든 모두 타도해야 할 개량주의라고 규정해왔다.

이들은 시공간을 뛰어넘어 사회주의와 혁명 이론을 주문처럼 읊어대면서 아직도 사회주의나 혁명을 외치면 논쟁에서 우월한 위치를 점한다고 착각하고 있다. 다른 이들은 왜 근본적인 체제 변혁에 대해 쉽게 외치지 않는 걸까? 90여 년 전 사회주의 실험이 시도되기도 전이라면 사회주의나 혁명을 뚜렷하게 외치지 않는 이들이 진짜 개량주의, 우경화로 매도되어 마땅할지도 모르겠다. 그러나 현실 사회주의 실험이 실패로 끝난 후에도 치열한 분석과 반성 없이 몇몇 원전과 이론만 붙잡고 교조주의적·원론적 주장을 반복하는 것은 인류와 역사에 대한 가장 큰 '죄악'이고, 사회의 진보와 사회운동의 발전을 가로막는 해악이다. 과거 현실 사회주의 체제에 대한 반성과 비판 없이 단순히 외쳐대기만 하는 주장은 그저 급진적인 관념론에 불과하다.

현실 사회주의 체제는 사회주의 사회를 상정한 원전들에서의 예측과 거리가 멀어도 한참 먼 체제였지만, 자본주의 체제와는 더더욱 거리가 멀었다. 따라서 몇 가지 요인만으로 양 체제의 차이가 없다는 주장은 전형적인 단순 일반화의 오류이며, 따라서 수많은 상부 구조에 대한 연구를 무의미하게 만들 가능성이 크나. 반면 두 체제가 동질적이라는 주장과 정반대로, 구소련식 현실 사회주의는 어찌되었든 이론 그대로의 사회주의 체제라고 생각하는 우파적 경향도 있는데, 이는 전자보다 더 큰 문제점이 있다. 조금 다른 맥락이지만, 체제의 붕괴와 전환이 이미 오래전에 이루어졌으므로 그 유산이 현재에 미치는 영향에 대해서는 쉽게 기각하고 연구하는 경향도 이러한 오류의 범주에 든다.

옛 사회주의체제 국가들 중 러시아는 러시아 자체가 주변부 제국이면서도 동시에 내부에 주변부를 두고 있는 특이한 위치에서 연유하는 문제들이 많이 존재한다. 더군다나 주변부이면서도 동시에 제국주의 국가였던 옛 제정러시아와 현재의 러시아 사이에 70년 동안 존재했던 전혀 다른 역사적 체제는 연속성 및 단절의 경계와 내용 문제에 대해 매우 까다롭고 복잡한 접근법을 요구한다. 이러한 의미에서 러시아와 구소련 지역 국가들의 고유한 문제는 물론, 시장 체제로의 전환 이후 확산되고 있는 세계 보편적 문제들에 대해서도 현실 사회주의 체제를 규명하는 연구는 진보적 연구자들에게 여전히 유효하다고 할 수 있다.

체제에 대한 개념적 혼란은 시장경제 체제로 전환한 국가들, 특히 현대 러시아의 구체적인 정치·경제·사회·문화 연구에서 더욱 가중되고 있다. 이는 체제 전환 과정에서 이른바 '보수파·개혁파', '좌파·우파'의 잘못된 구분법과 현실 사회주의 국가들의 '민주화'라는 개념 규정 등 많은 혼동에서도 기인한다. 이론상으로는 좀 더 직접 민주주의적 체제였어야 할 사회주의 체제가, 현실에서는 정반대의 억압적 권위주의적 체제였다는 역사적 사실이 좌파적인 수사들이 등장할 때마다 우리에게 혼동을 준다.

체제 전환 이후에도 지배 정당의 역할에 더 익숙한 공산당 등 현실 사회주의 좌파 후신 세력들은 사회주의권 바깥에서 발달한 (신)좌파적 의제들에는 물론 자유주의적 의제들을 소화하지 못하고 있다. 또한 세계화 과정에서 중심부 국가와 자본이 러시아를 비롯한 중심부 외 지역에서 가하고 있는 불공평하고 부정적인 행위에 대한 분석은 난가룹다. 그러니 지구의 안팎에서 자국에 의해 행해지는 유사하거나 더 잔혹한 행태에 대해서는 침묵하거나 무관심 혹은 아예 무지한 것이 사실이다.

이런 상황에서 서구에서는 우파보다는 좌파적인 운동 영역이었던 환경, 여성, 반핵, 인권 등의 문제가 러시아에서는 자유주의자들의 활동 영역으로 자리매김하고 있다. 과거 공산당의 폭압적 지배로 좌파적 대안이 왜곡되어진 이들 국가들에서는 자유주의적 의제들이 급진적 성격을 갖는 경우가 많아 자유주의적 단체들이 저항 세력의 주축을 이루기도 한다. 이러한 분위기 속에서 특히 자유시장, 개방경제 등으로 상징되는 경제적 측면에서의 세계화와 신자유주의 이념은 민중에게 자연스럽게 진보적인 것으로 받아들여지기도 했다. 따라서 비록 유럽을 지향하고, 미국을 찬양하며, 서구의 지원을 노골적으로 받거나 신자유주의, 극우 민족주의적 이념이나 근본주의적 종교, 그리고 특정 지배 엘리트를 저항의 이데올로기로 삼고 있다고 하더라도, 민중의 저항이 일어나는 지점을 정확히 파악할 필요가 있다.

러시아식 구좌파는 물론 신좌파 양자 공히 앞서 언급한 시민사회 문제에 대한 올바른 관점에서의 접근과 시민사회단체들과의 올바른 연대는 아직 요원하다. 그런가 하면 좌파적 정당과 시민사회운동의 사상적 동질성은 많지 않지만, 바로 그 이유로 상식적으로 불가능한 연대도 이루어진다. 반대로 좌파적 대안 이데올로기가 사라진 현재, 좌파 성향을 갖지 않은 반외세·반제국주의·반권위주의 세력들 중에서 많은 이들이 반동적인 이슬람 근본주의나 민족주의에 의존하는 경우도 종종 목도된다. 반제국주의적인 부분을 제외하면 이들의 이념은 좌파적인 것과 거리가 먼 경우가 대부분이다.

정치 외에는 신경 쓰기 힘들 만큼 권위주의적 정권이 행하는 정치적 탄압에 저항하는 데 집중해야 하는 러시아 정치의 후진적 현실도 올바른 관점에 입각한 연대를 방해하는 이유 중의 하나다. 하지만 이보다는 그에 선행하는, 위에서 언급한 더 근본적인 이유들이 존재한다. 즉, 서구에서 수백 년에 걸쳐 이루어진 일들이 압축적·복합적으로 일어나는 현상과 자본주의 경험도 없고 자유주의적 가치가 제대로 실험되지도 못한 채 사회주의 체제로 전환되었다가 다시 시장경제로 회귀하면서 여전히 자유 자본주의적 가치조차 제대로 완수되지 못한 단계에 있는 러시아의 특수한 현실에 대한 이해가 필요한 것이다.

체제 문제는 마치 별도의 연구 분야인 것처럼 보이는 민족 문제도 그 연구의 핵심에서 매우 중요한 요인으로 작용한다. 사회주의 소련의 대소수민족 정책과 제국주의 국가들의 대식민지 정책은 근본적으로 큰 차이가 있음에도 불구하고, 최근 억압적 지배 구조의 유사성만으로 파시즘이나 제국주의 체제를 현실 사회주의와 같은 질의 체제로 보는 주장이 있다. 물론 소비에트 연방 공화국에 반강제로 편입된 비러시아 소수민족에 대한 소련 중앙의 정책은 이상과 달리 식민지에 대한 그것과 유사한 점도 현저했다.

그러나 소련의 정책은 식민 본국을 위한 잔혹한 수탈과 억압, 동화 과정과는 많은 차이가 있었다. 오히려 그러한 서구 식민지-피식민지 관계와 다른 유산이 소련 붕괴 과정과 심지어 현재에 이르기까지 서구와 다른 민족 문제의 양상을 보여주도록 한 것이라고 할 수 있다. 따라서 독립을 획득한 구소련 소수민족국가들의 입장에만 의존하거나 단순 일반화된 민족 자결주의 혹은 민족국가 건설론에 입각한 구소련의 과거 민족 억압에 대한 논의는 경계해야 한다.

비슷한 문제는 종교 등 문화에 대한 영역에도 존재한다. 특히 구소련 내의 이슬람 연구에 대한 주의가 요구된다고 할 수 있는데, 소수민족 문제와 관련해 민족적 정체성에 중요한 부분을 이루기 때문이다. 구소련 민

한국 사회의 진보를 위한 사회주의체제·탈사회주의 사회 연구의 중요성

족·국가 중에서도 이슬람화된 시기와 정도, 수용 양상이 매우 판이함에도 불구하고, 수용 과정에 대한 역사적 사실은 비교적 정확하게 서술하는 반면, 수용한 민족과 지역의 여러 특수성을 세밀하게 분석하지 못하는 경향이 있다. 더군다나 70년간 소련 시기를 거치며 매우 세속화되고 변질된 이슬람, 종교로서가 아니라 관습으로 굳어져 종교적 요소가 약해진 면도 존재하는 구소련 지역 이슬람에 대한 이해 부족에 따른 잘못된 분석도 눈에 띈다. 또한 외부 세력에 대한 저항과 계급적 이익 표현으로 이용되는 이슬람에 대한 이해 부족으로, 중동의 이슬람과 유사한 것으로 일반화되거나 이슬람주의자들은 모조리 근본주의자로 오해받기도 한다.

또한 러시아 외 구소련과 동유럽의 많은 신생 민족국가에서 민족주의는 신자유주의적 경제 개혁을 강요하는 서구라는 또 다른 외세 개입이라는 문제와 크게 대립하지 않았던 특징을 보여왔다. 따라서 다양한 우파 조직들이 자민족 민족주의와 대립될 수 있는 적극적 유럽화를 추구하는 것은 모순되게 보이지 않았던 것이다. 유럽이라는 과거로의 복귀, 즉 비공산 민주주의 체제와 시장경제로의 복귀란 이제 서구 경제에 무조건적으로 의존했던 공산주의 시대 이전의 주변부 자본주의 구조로 복귀하는 것을 의미했다.

사회주의 체제 붕괴 이후 어떤 국가는 비교적 역동적으로 발전해 유럽의 주변부로 편입되고, 다른 어떤 국가들은 세계 체제의 주변부 혹은 반주변부로 분화하며, 지역을 막론하고 이들 지역의 후진성이 중심부의 발전을 위한 조건으로 변화할 것이란 점은 자명했다. 그러나 세계 자본주의 체제로의 재편입에 대해 동유럽 국가들의 민중은 종속적 지위도 마다하지 않으며 오히려 적극적으로 시장을 개방하면서 설사 유럽 자본주의의 주변부가 되더라도 서구의 일원이 되는 것이 러시아에 종속되는 것보다 낫다고 판단해왔다.

따라서 시장경제로의 전환은 곧 유럽으로의 통합을 위한 적극적 개방을 의미했다. 미국과 서구가 강요하는 신자유주의 정책이 가져올 파국도 명확히 인식하고 있었지만, 대부분의 구사회주의 국가들의 지배계급들뿐 아니라 민중조차 시장정세 혹은 사본주의 제체노의 전환을 받아들였다. 대안이 없는 상황 속에서 중심부 지역 국가들에 의해 운명이 좌지우지되는 것을 명확히 인식하고 있으면서도 안타깝게도 그 틀 속에서 신자유주의에 입각한 개혁 및 개방 정책을 추구해온 것이다.

이렇듯 탈사회주의 국가들의 다양한 분야에서 벌어졌던 현상은 우리에게 익숙한 기존의 잣대로 분석하고 이해하기에 어려운 측면이 많다. 그러나 사실 앞에서 지적한 문제들은 탈사회주의 국가들에만 해당하는 것은 아니다. 서구 중심부 지역을 제외한 모든 국가의 사회변혁 운동과 사회현상 연구에 필요한 시각 교정의 시발점이기도 하다. 그러나 단순 현상 분석이나 학문적 연구가 아니라, 사회의 진보적 발전을 위한 연구를 지향하는 자들이라면 현실 사회주의 체제에 대한 사변적인 관념론적 해석에서 벗어나 치열한 고민에 입각한 냉정한 연구와 분석, 반성과 자기비판이 선행되어야 한다. 그러한 작업 없이 외쳐대는 급진적 구호는 대중에게 설득력을 얻지 못하며, 따라서 자기만족 외에는 사회에 아무런 영향을 미치지 못할 것이다.

지은이(가나다순)

곽차섭   부산대학교 사학과 교수. 관심 분야는 르네상스기 이탈리아 지성사 및 미시문화사이다. 주요 저서로 『마키아벨리즘과 근대 국가의 이념』, 『아레티노 평전: 르네상스기 한 괴짜 논객의 삶』 등이 있고, 역서로 마키아벨리의 『군주론』 등이 있다.

권영숙   서울대학교 사회과학연구원 연구원. 미국 컬럼비아 대학교에서 사회학 박사 학위를 받았다. 주요 논문으로 「'우리'의 정치적 재구성을 위한 사회적 연대의 정치학」 등이 있다.

김귀옥   한성대학교 교양학부 사회학 교수. 현재 민교협 상임공동의장, 한성대 교협 부회장, 한국구술사학회 부회장 등으로 활동 중이다. 분단과 전쟁, 이산가족과 여성, 분단을 넘는 사람들, 디아스포라(diaspora) 공동체 등에 관심을 갖고, 현지 조사(fieldwork research)와 구술사 방법론을 통해 사람들의 기억 속에 묻혀 있는 기록을 발굴하는 일을 수행해왔다. 주요 저서로 『식민주의, 전쟁 군'위안부'』(공저), 『월남민의 생활경험과 정체성』, 『이산가족, '반공전사'도 '빨갱이'도 아닌…: 이산가족 문제를 보는 새로운 시각』, 『朝鮮半島の分斷と離散家族』, 『전쟁의 기억 냉전의 구술』(공저), 『북한여성들은 어떻게 살고 있을까』(공저) 등이 있다.

김규종   경북대학교 노어노문학과 교수. 현재 경북대학교 전교교수회 부의장, 민교협 공동의장 겸 대경민교협 의장, 경북대학교 인문대학장, 민예총 대구지부 영화연구소장으로 활동하며 인문학의 확대와 보급에 힘쓰고 있다. 주요 저서로 『노자의 눈에 비친 공자』, 『대학생으로 살아남기』, 『기생충이 없었다면 섹스도 없었다?!』, 『문학교수, 영화 속으로 들어가다』(1~6권), 『극작가 체호프의 희곡을 어떻게 읽을 것인가』, 『소련 초기 보드빌 연구』, 『역동적인 대한민국을 찾아서』(공저), 『우리 시대의 레미제라블 읽기』(공저)가 있고, 역서로는 『강철은 어떻게 단련되었는가』, 『광장의 왕』, 『마야코프스키 희곡전집』, 『체호프 희곡전집』, 『귀여운 여인』이 있다.

김서중   성공회대학교 신문방송학과 교수. 현재 민주언론시민연합 정책위원장을 맡고 있다. 주요 저서로 『한국 사회와 미디어 공공성』(공저) 등이 있으며, 주요 논문으로 언론의 미래: 「저널리즘 가치의 재발견과 민주적 소통」과 「세월호 보도 참사와 근본 원인」 등이 있다.

김진해   경희대학교 후마니타스 칼리지 소속. 주요 저서로 『한국어의 규범성과 다양성: 표준어 넘어서기』(공저)와 『나를 위한 글쓰기』(공저) 등이 있다.

김태만   한국해양대학교 국제대학 동아시아학과 교수. 국제대학장을 역임했으며, 포럼지식공감 공동대표, 한국현대중국학회 부회장, 한겨레부산국제심포 기획운영위원, 대통령자문 정책기획위원 등을 맡았다. 주요 저서로 『다시, 루쉰(魯迅)에게 길을 묻다』, 『중국영화로 만나는 현대중국』(공저), 『중국에게 묻다』(공저), 『철학이있는 도시 영혼이 있는 기업』(공저)가 있고, 역서로 『홀로 문을 두드리다: 오늘의 중국 문화와 예술 들여다보기』 등이 있다. 주요 논문으로 「시진핑의 '중국몽(中國夢)'과 문화강대국의 길」, 「시진핑의 문화정책과 일대일로의 문화전략」, 「초기 루쉰의 문예사상: 『신생(新生)』의 요절(夭折)과 부활(復活)을 중심으로」 등이 있다.

백도명   서울대학교 보건대학원 교수. 하버드 대학에서 산업의학 박사 학위를 받았으며, 민교협 상임의장을 역임했다. 주요 저서로 『보건학개론』(공저) 등이 있다.

서영표   제주대학교 사회학과 부교수. 환경사회학, 도시사회학, 사회학이론을 공부하고 가르치고 있다. 주요 저서로 『런던코뮌』, 『불만의 도시와 쾌락하는 몸』이 있고, 역서로 『민중: 영국 노동계급의 사회사 1910~2010』가 있다. 주요 논문으로 「기후변화 인식을 둘러싼 담론투쟁」, 「제주에서 사회학하기: 사회학의 존재이유」, 「변화를 향한 열망, 하지만 여전히 규율되고 있는 의식: 2016년 촛불시위에 대한 하나의 해석」, 「Reading Korean Society through Stuart Hall's Cultural Theory: Constructing a New Paradigm for Socialist Politics in the Century」 외 다수가 있다.

신승환   가톨릭대학교 철학과 교수. 레겐스부르크 대학에서 신학 박사 학위를 받았다. 주요 저서로 『철학, 인간을 답하다』, 『해석학-새로운 사유의 철학』, 『지금 여기의 인문학』이 있고, 주요 논문으로 「형이상학-예술-탈근대주의: M. 하이데거의 진리 개념과 합리성 비판」 등이 있다.

안현효   대구대학교 사범대학 일반사회교육학과 교수 겸 기초교육대학 학장. 강원도에서 태어나 경남 마산에서 성장기를 보냈다. 서울대학교 경제학과를 졸업하고 같은 대학 대학원에서 박사 학위를 받았다. 주요 저서로 『자본주의 역사로 본 경제학 이야기』, 『더불어 행복한 민주공화국』(공저), 『좌우파 사전』(공저) 등이 있다.

우희종   서울대학교 수의과대학 학장. 전국 민교협 공동의장 및 상임의장을 역임했으며, 현재 20대 국회동물복지포럼 자문위원장으로 활동 중이다. 과학과 사회의 관계에 주목하며, 과학 철학, 종교 및 명상에도 개인적 관심을 두고 있다. 주요 저서로 『생명과학과 선』, 『부다와 다윈이 만난다면』, 『합물간 경계를 넘어』, 『생명』 등이 있다.

윤지관   덕성여자대학교 영문학과 교수. 영문학자이자 번역가, 문학평론가로도 활동하고 있다. 한국문학번역원장을 역임했고, 현재 한국대학학회 회장을 맡고 있다. 주요 저서로『근대사회의 교양과 비평』,『놋쇠하늘 아래서』,『세계문학을 향하여』등이 있으며, 역서로『오만과 편견』,『이성과 감성』등이 있다.

윤찬영   전주대학교 사회복지학과 교수. 서울대학교 사회복지학과 학사, 서울대학교 대학원 사회복지학과 석사, 서울대학교 대학원 사회복지학과 박사 과정을 밟았다. 참여연대 사회복지위원장과 비판사회복지학회장, 민교협 전북지회장을 역임했다. 주요 저서로『사회복지법제론』,『사회복지의 이해』등이 있다.

이도흠   한양대학교 국어국문학과 교수. 현재 한국기호학회 회장, 정의평화불교연대 상임대표, 지순협 대안대학 이사장을 맡고 있다. 계간 ≪불교평론≫ 편집위원장, 한양대 한국학연구소 소장, 계간 ≪문학과 경계≫ 주간, 민주화를위한전국교수협의회 상임의장을 역임했다. 주요 저서로『화쟁기호학, 이론과 실제』,『신라인의 마음으로 삼국유사를 읽는다』,『인류의 위기에 대한 원효와 마르크스의 대화』등이 있다. 역서로『엄마』가 있다. '21세기 중앙 논문상' 우수상, '교수신문 교수학술에세이' 최우수상, 원효 학술상, 유심 학술상을 수상했다.

이동진   경북대학교 사회학과 교수. 서울대학교 사회학과에서 박사학위를 받았고, 한국학중앙연구원 초빙연구원, 한국형사정책연구원 연구원, 만주학회 편집위원장, 한국사회사학회 부회장 등을 역임했다. 주요 저서로『디아스포라의 지형학』(공저),『중국동북연구: 방법과 동향』(공저),『만주, 동아시아 융합의 공간』(공저),『동아시아의 민족이산과 도시』(공저),『중국의 오늘과 내일』(공저) 등이 있다.

이병천   강원대학교 경제무역학부 교수. 1952년 경남 마산에서 태어나 서울대학교 경제학과를 졸업하고, 같은 대학원에서 경제학 석사와 박사 학위를 받았다. 한국사회경제학회 회장, 참여사회연구소장, 반년간지 ≪시민과 세계≫ 공동 편집인 등을 역임했으며, 미국 UC 버클리와 UW 매디슨 대학의 객원교수를 지냈다. 주요 저서로『한국자본주의 모델』,『한국경제론의 충돌』,『개발독재와 박정희 시대』(편저),『다시 대한민국을 묻는다』(공편),『민주정부 10년 무엇을 남겼나』(공편),『사회경제 민주주의의 경제학』(공편) 등이 있다.『(가제) 숲의 경제학』을 집필 중이다.

이항우   충북대학교 사회학과 교수. 서울대학교 사회학과에서 학사와 석사 학위를 받고 뉴욕 주립대학교에서 박사 학위를 받았다. 주요 저서로『보수의 이념과잉 진보의 정치비곤』,『클릭의 사회학』,『정보사회의 이해』(공저),『충북민주화운동사』(공저) 등이 있고, 역서로『현대 사회·정치 이론』이 있다.

이호중　서강대학교 법학전문대학원 교수. 주요 논문으로 「수사 및 공판절차에서 피의자·피고인의 방어권 보장」, 「인혁당재건위 사건 재심무죄판결의 의미와 사법과거청산의 과제」 등이 있으며, 주요 저서로 『범죄학이론(Theoretical Criminology, by Vold)』(공역), 『구금시설내 인권침해의 유형분석 및 지침개발』(공저), 『구금시설 평가지침서 개발연구』(공저), 『학교폭력 대응방안으로서 회복적 소녀사법 실험연구』, 『강제실종협약의 가입·비준 관련 국내법적 쟁점』 등이 있다.

정재원　국민대학교 글로벌 인문지역대학 유라시아학과 교수. 저서로 『러시아 제국과 소비에트: 이념, 종교, 혁명』(공저), 『현대 러시아의 해부』(공저), 『중국의 부상과 중앙아시아』(공저), 『카프카스 역사와 지정학: 전쟁, 분쟁, 그리고 이념』(공저), 『5·18 민주화 운동의 국제적 비교와 시민의식』(공저), 『다시 돌아보는 러시아 혁명』(공저), 『유라시아의 심장 다시 뛰다: 중앙아시아 지역의 형성과 역동성』(공저) 등이 있고, 역서로 『러시아를 움직이는 힘』(공역), 『뉴 레프트 리뷰』(공역) 등이 있다.

촛불항쟁과 새로운 민주공화국

민교협 정치시평

ⓒ 김귀옥·김진해, 2018

기획 **민주화를위한전국교수협의회** / 엮은이 **김귀옥·김진해**
펴낸이 **김종수** / 펴낸곳 **한울엠플러스(주)**
편집책임 **최규선** / 편집 **배은희·임혜정**

초판 1쇄 인쇄 **2018년 6월 5일** / 초판 1쇄 발행 **2018년 7월 2일**

주소 **10881 경기도 파주시 광인사길 153 한울시소빌딩 3층**
전화 **031-955-0655** / 팩스 **031-955-0656** / 홈페이지 **www.hanulmplus.kr**
등록번호 **제406-2015-000143호**

ISBN **978-89-460-6497-3 03330** (양장) / **978-89-460-6498-0 03330** (반양장)

Printed in Korea.
* 책값은 겉표지에 표시되어 있습니다.